suhrkamp taschenbuch 2585

»Es ist, wie so oft bei Hans Mayer, abermals ein Werk der großen Konfession geworden. Die Außenseiter, die Repräsentanten und die Märtyrer, die Widergesetzlichen und die Leidenden, die Inkommensurablen und doch den Zeittypus so beispielhaft Aufschließenden, sie sind sein Thema. Und wo könnte dieser grandiose Literaturkenner mit mehr Herzblut dem (kultur-)historischen Gang der nationalen Dinge folgen als in der Frage nach dem Verhältnis von Deutschen und Juden?

›Ich bin ein deutscher Universitätsprofessor und ein deutscher Schriftsteller. Deutscher bin ich nicht mehr und kann es auch nie mehr sein.‹ Das schreibt ein Autor, der mit wachsendem Erschrecken ein Land erlebt, in dem Judenächtung und klammheimliche oder offene Wertschätzung des *judenreinen* ›Dritten Reiches‹ längst wieder an der Tagesordnung sind. In keiner Schicht des derzeitigen deutschen Bewußtseins findet Mayer noch eine ›traumatische Erinnerung an die von Deutschen begangenen Menschheitsverbrechen‹. Und er weiß nur zu genau, welch desaströse Entwicklung zu jenem ›Widerruf‹ der heute so viel debattierten ›deutsch-jüdischen Symbiose‹ geführt hat. Der 30. Januar 1933, jenes Ur-Datum einer, wie Mayer sagt, ›gleichsam universalen Gegenaufklärung‹, hat endgültig alles zunichte gemacht, was an Toleranzversprechen, an Assimilationsentwürfen, an realen Gleichberechtigungshoffnungen jemals im Bewußtsein von Deutschen und Juden existiert hat.

Hans Mayer, geboren am 19. März 1907 in Köln, studierte Jura, Geschichte und Philosophie, emigrierte von 1935 bis 1945 nach Frankreich und in die Schweiz und lehrte von 1948 bis 1963 Literaturgeschichte in Leipzig. 1965 wurde er als Professor für deutsche Literatur und Sprache an die Technische Universität Hannover berufen. Sein Werk im Suhrkamp Verlag ist auf den Seiten 469 und 470 dieses Bandes verzeichnet.

Hans Mayer
Der Widerruf

Über Deutsche und Juden

Suhrkamp

Umschlagfoto: Alexander Beck

suhrkamp taschenbuch 2585
Erste Auflage 1996
© Suhrkamp Verlag Frankfurt am Main 1994
Suhrkamp Taschenbuch Verlag
Alle Rechte vorbehalten, insbesondere das
des öffentlichen Vortrags, der Übertragung
durch Rundfunk und Fernsehen
sowie der Übersetzung, auch einzelner Teile.
Druck: Nomos Verlagsgesellschaft, Baden-Baden
Printed in Germany
Umschlag nach Entwürfen von
Willy Fleckhaus und Rolf Staudt

1 2 3 4 5 6 – 01 00 99 98 97 96

Der Widerruf
Über Deutsche und Juden

Dem Gedenken

Inhalt

I. Der Tag des Widerrufs

Erinnerung an den 30. Januar 1933

Auch dieser Tag verlief, von heute aus gesehen, im »Dunkel des gelebten Augenblicks«. Das ist eine wohlbekannte Formel aus der Philosophie von Ernst Bloch und will sagen, daß nicht nur der Einzelne, sondern manchmal auch die sogenannte Menschheit den folgenreichsten Augenblick ihres Daseins zwar als Vorgang erlebt, doch ohne zu ahnen, was sich bei diesem Vorgang für ihre Gegenwart und Zukunft ereignet hatte. Das Dunkel steckt mitten in der Tageshelle. Die Geschichte hat überreichlich dafür Belege zu bieten.

König Ludwig XVI. von Frankreich, das ist wohlbekannt, notierte am 14. Juli 1789, am Tage des Bastille-Sturms, es sei nichts Besonderes geschehen. Hat er bereits Nachrichten aus Paris erhalten in seinem Versailles? Er dachte wohl an Besonderheiten wie Jagd oder Festlichkeiten. Dieses Thema hat später die Schriftsteller immer wieder beschäftigt. Was wußte man am Abend des quatorze juillet? Arthur Schnitzler hat den Vorgang als »Farce« geschildert in dem Einakter »Der grüne Kakadu«. Eine Künstlerkneipe in Paris am Abend nach der Erstürmung der Festung. Abgeschlagene Köpfe werden in der Straße umhergetragen. Allein nun scheint wieder Alltag zu sein. Die Herzöge in der nicht sehr standesgemäßen Gaststube, gelangweilt von den Schäferspielen im Trianon, empfinden ein bißchen Sensation, äußern auch spöttischen Hochmut. Das Lachen wird bald vergehen. Heinrich Mann schildert in seinem während des ersten Weltkrieges erfolgreich aufgeführten Schauspiel von der Pariser Putzmacherin Madame Legros, wie diese Heldin wider Willen, die bloß darauf bedacht war, einen Unschuldigen aus der Bastille zu befreien, zwar dieses Ziel erreichte und viel mehr, doch nun in den Alltag zurückzukehren gedenkt. Da war so viel Arbeit liegengeblieben.

Dunkel des gelebten Augenblicks offenbar auch bei Ausbruch der Petersburger Februar-Revolution von 1917, die den Zarismus beseitigte. In seiner außerordentlich lesenswerten Geschichte dieser Revolution schildert Leo Trotzki in dem Kapitel »Der Zar und die Zarin«, übrigens ausdrücklich unter dem Hinweis auf Ludwig XVI., daß Zar Nikolai II. ähnlich ahnungslos auf den Ausbruch der Umwälzungen reagierte. Nichts Besonderes. Er ahnte nicht, daß er sein Todesurteil erhalten hatte.

Der 30. Januar 1933 begann gleichfalls, wie der 14. Juli 1789 bei Arthur Schnitzler, als Farce, und er hat sich zur Menschheitstragödie ausgeweitet, das wissen wir heute. In seinem Buch über den Dezember-Putsch des Louis Napoleon Bonaparte im Jahr 1850 schrieb Karl Marx, es sei merkwürdig, daß immer wieder in unserer Weltgeschichte, oder in dem, was wir dafür halten, die wirklich schrecklichen und leidvollen Ereignisse, nachdem das Leid verging, noch einmal wiederkehren: als Farce und Parodie. Marx spielt an auf die tragischen Erschütterungen einer griechischen Trilogie, die auszuklingen hatte in einem derben Satyrspiel. Er wollte damit erinnern an die tragische Epoche des eigentlichen Napoleon, die nun abgelöst worden sei durch eine schauspielhafte Imitation mit Hilfe des Neffen Bonaparte, des »kleinen Napoleon«, wie man zu spotten pflegte.

Am 30. Januar 1933 spielte sich in der Wilhelmstraße zu Berlin im Palais des Reichspräsidenten Paul von Hindenburg ein Vorgang ab, den offenbar keiner der unmittelbar Beteiligten, vom Hauptdarsteller freilich abgesehen, besonders ernst nahm. Wieder einmal Rücktritt

einer Reichsregierung, abermals die autokratische Ernennung eines neuen Reichskanzlers durch den Reichspräsidenten, der Gebrauch gemacht hatte von seinen
Sondervollmachten aufgrund des Artikels 48 der republikanischen Reichsverfassung von 1919. Der neue
Reichskanzler stammte aus Österreich. Es hatte Mühe
gemacht, ihm das deutsche Bürgerrecht zu beschaffen.
Als seine Partei, die sich in ihrem Titel besonders viel vorgenommen hatte, denn sie wollte national sein und sozia-
listisch, deutsch natürlich und überdies eine Arbeiterpartei, im Land Thüringen die Regierung stellen durfte, gab
es im thüringischen Hildburghausen nur eine zu beset-
zende Planstelle für einen Beamten, der eben dadurch
deutscher Staatsbürger werden konnte. Man sprach in
den Zeitungen von der Nachtwächterstelle in Hildburghausen. Die konnte man einem Führer nicht anbieten.
Dann bekam das Land Braunschweig auch eine braune
Regierung, die hatte immerhin die Stelle eines Regie-
rungsrates zu bieten. So wurde der Braunauer ein deutscher Staatsbürger, nun Reichskanzler vom 30. Januar
1933. Die deutsche Sozialdemokratie war seit Jahren
nicht mehr in der Regierung. Die Leute um Hindenburg
dachten nicht daran, diese beim Wandel der Reichsregie-
rungen, die nötig wurden, weil der Reichstag immer wieder das Mißtrauen aussprach, zu berücksichtigen. Die
Teilnahme der Kommunisten war undenkbar: für diese
selbst wie für ihre Gegner. Die immer mehr zusam-
menschrumpfenden bürgerlichen Parteien, denen die
Wähler davonliefen, hatten seit den Reichstagswahlen
vom 14. September 1930, als die Partei des Österreichers
zweitstärkste Kraft wurde nach den Sozialdemokraten,
immer wieder glücklos zu regieren versucht. Der Katholik Heinrich Brüning versuchte, die Inflation und die
wachsende Arbeitslosenzahl durch strenge Einsparun-
gen zu bekämpfen, denn nun mußten die gepumpten

amerikanischen Gelder zurückgezahlt werden. Damit machte er es niemandem recht, vor allem nicht den östlichen und zumeist adligen Grundbesitzern aus Hindenburgs Umgebung. Ein zynischer Intrigant wie Franz von Papen dachte bloß daran, sich zu profilieren, ein Gesetz zu erlassen gegen angebliche »Schmutz und Schund«, festlegen zu lassen, wie eine Badehose auszusehen hat (das ist buchstäblich wahr!) und im übrigen eine sozialdemokratische Regierung in dem mächtigen Land Preußen durch eine kleine militärische Abordnung aus ihren Ministerien zu verjagen. Man »wich der Gewalt«, rief das Reichsgericht an, das bedächtig an die Arbeit ging und schließlich ein Urteil erließ, das nichts änderte an den vollendeten Tatsachen. Franz von Papen wurde durch einen anderen Adelsmann, den General Kurt von Schleicher, abgelöst. Der war dann auch zu Beginn des Jahres 1933 als Reichskanzler am Ende. Nun brauchte man eine Regierung, die zwar auch zahlenmäßig keine Mehrheit im Reichstag besitzen würde, aber vielleicht mit Hilfe der präsidialen Notverordnungen etwas dauerhafter regieren könnte. Dazu brauchte man den Reichskanzler aus Braunau am Inn. Man hatte ihn in seiner Handlungsfähigkeit gut umwickelt. Jener Papen wurde Vizekanzler, der deutschnationale Zeitungsmagnat Alfred Hugenberg, ein ehemaliger Krupp-Direktor, war auch im Kabinett. Die Reichswehr wurde durch einen Berufsoffizier vertreten. Die Finanzen hütete ein Adliger der Deutschnationalen, durchaus kein Freund des neuen Reichskanzlers, wie man wußte.

Alles war kurzfristig angelegt, man mußte die Augenblickskrise überwinden, dann würde man weitersehen. Mit Hilfe des neuen Reichskanzlers konnte man die sozialistischen Gewerkschaften zähmen, weitmöglich ausschalten. Wenn der Mohr seine Arbeit getan hatte, mit Schiller zu reden, würde man ihn gehen heißen. Dies war der Plan der Papen und Hugenberg und der Leute um Hindenburg. Auch hier wäre ein Schiller-Zitat fällig, diesmal aus dem Wallenstein. Dort spottet der abtrünnige Feldherr über die Intrigen seiner Gegner am Hof zu Wien. Ihr Plan sei »so verwünscht gescheit«, daß man versucht sei, »ihn herzlich dumm zu nennen«. Genau so ist es gewesen und gekommen.

Im wörtlichen Sinne gab es kein »Dunkel« des gelebten Augenblicks an jenem Abend des 30. Januar 1933. Allenthalben in Deutschland, damals noch von der Maas bis an die Memel, feierte man die neue Regierung mit Fackelzügen, und Braunhemden der SA mit dem Hakenkreuz am Arm und die schwarz-weiß-roten Leute vom »Stahlhelm« zogen durch die Straßen. Allgemeiner Jubel. Erschreckend war die Wandlung nicht nur im Inhalt, sondern im Tonfall der Rundfunksprecher. Sie hatten bis dahin ruhig republikanische Informationen vermittelt. Nun schrien sie bereits genau so, wie es ihnen später der Reichsminister Dr. Goebbels befehlen sollte, noch auf eigenen Füßen und ohne Weisungen.

Ein Soziologe hatte kurz zuvor von einer »großen antikapitalistischen Sehnsucht« unter den Deutschen gesprochen. Die Fackelzüge bedeuteten Verbrüderung, Gemeinschaft. Gleichzeitig aber auch Ankündigung künftiger Gewalttaten. »Wenn das Judenblut vom Messer spritzt...« Hell war die Nacht von vielen Fackeln im Deutschen Reich. In der Wilhelmstraße zog man vorbei an dem Führer und dem Reichspräsidenten. Hindenburg hatte kurz zuvor noch, übrigens in geographischer Unbildung, über den »böhmischen Gefreiten« gelächelt. Nun hat er ihn zu sich heraufgeholt. Jetzt war er zu dessen Geschöpf geworden. Mit den Fackeln hat es begonnen, daran entzündete sich ein Weltenbrand.

Gegen Ende der sechziger Jahre leitete Hans Werner Richter, der Gründer und Chef jener Gruppe 47 der deutschsprachigen Schriftsteller, eine Sendefolge des Berliner Hörfunks, worin er in regelmäßigen Abständen Zeitgenossen zu Gesprächen vor dem Mikrophon einlud. Jeweils sollte an das Erlebnis eines sogenannten »historischen Tages« in der deutschen Geschichte des Jahrhunderts, soweit es dafür noch Überlebende gab, erinnert werden. An zwei Sendungen dieser Folge habe ich teilnehmen können: als Zeitgenosse des 30. Januar 1933 und später als Zeitgenosse des 17. Juni 1953, also zwanzig Jahre später in eben diesem Berlin.

Teilnehmerin dieses Gesprächs unter Richters Leitung war Erika von Hornstein, aus altem Adelsgeschlecht. Die Familie hatte einstmals das Vermögen der Hohenzollern verwaltet. Sie berichtete vom 30. Januar. Da war sie noch ein kleines Mädchen, dem hatte man eingeschärft, es dürfe seinen Groschen nur in die Sammelbüchsen der Schwarz-Weiß-Roten stecken, nicht in die Gefäße der Braunen. Heinrich Böll war anwesend, Hermann Kesten, Wolfgang Koeppen und Hans Mayer. Wie hatten wir den 30. Januar 1933 erlebt? Hans Werner Richter vom Jahrgang 1908 hatte gar nichts erlebt als höchstpersönliche Sorge. Der Mann von der Insel Usedom, vor kurzem aus der Kommunistischen Partei ausgeschlossen, war finanziell am Ende. An jenem 30. Januar, so berichtete er, wurde der Hausrat versteigert. Da hatte er weder Zeit für Proteste noch für Kommentare zu den abendlichen Fakkelzügen. Heinrich Böll lag in Köln mit Grippe zu Bett. Jahrgang 1917. Auch hier das Elend. Es gab sechs Millionen Arbeitslose. Der Rundfunk war abbestellt, man konnte ihn nicht mehr bezahlen. Die Mutter Böll, die wir aus vielen Erzählungen des späteren Schriftstellers kennen, sei ins Krankenzimmer gekommen mit der Nachricht. Sie habe gesagt: »Das bedeutet Krieg!« Hier handelt es sich gewiß nicht um nachträgliche feuilletonistische Zuspitzung. Daß dieser neue Reichskanzler auf den Krieg hinarbeitete, war allgemein bekannt. Er hatte es auch oft genug verkündet. Bei den Wahlen der letzten Jahre hatte es die linke Parole gegeben: »Wer Hindenburg wählt, wählt Hitler. Wer Hitler wählt, wählt den Krieg.« Genau so ist es gewesen und gekommen.

Hermann Kesten und Wolfgang Koeppen waren junge Literaten. Kesten gehörte zu den literarischen Entdeckungen seit etwa 1929. Er arbeitete als Lektor im Verlag von Gustav Kiepenheuer. Dort hat er den 30. Januar erlebt. Ein Autor des Verlages, ehemaliger Expressionist und Pazifist, Eberhard Wolfgang Möller, präsentierte sich stolz im Braunhemd vor den jüdischen und nichtjüdischen Verlagsleuten. Man lächelte geniert, nahm das nicht ernst, nahm sich jedoch vor, den Möller fortan nicht mehr zu protegieren. Er brauchte es auch nicht. Er hatte inzwischen ein antisemitisches Hörspiel geschrieben »Rothschild siegt bei Waterloo«, das nun im Laufe des Jahres 1933 zum Pflichtpensum der deutschen Sender gehören würde.

Wolfgang Koeppen gehörte zur Redaktion des »Berliner Börsen-Courier«. Das war im Sinne der Braunen abermals ein »Judenblatt« mit einem jüdischen Chefredakteur, im Kulturteil regierte erfolgreich (und umstritten) der Kritiker Herbert Jhering. Er hatte den Bert Brecht aus Augsburg entdeckt. Am 29. Januar, so berichtete Koeppen vor dem Mikrophon, mußte er in München sein, nahm den Nachtzug nach Berlin, fuhr vom Bahnhof in die Redaktion, erfuhr dort von der neuen Regierungsbildung. Allgemeiner Eindruck: »Das wird sich nicht lange halten.«

Auch ich habe damals von meinem 30. Januar berichtet. Ich war bereits Doktor der Rechte und Gerichtsreferendar, hatte mich beim preußischen Justizminister gemeldet, um die Große Juristische Staatsprüfung abzulegen. Man schickte mir aus Berlin die erste der fälligen Aufgaben zu. Darüber saß ich nun. Am Rundfunk hatte ich von der neuen Regierungsbildung gehört. Für den Abend hatte die Kommunistische Partei eilends zu einer Massenkundgebung des Protests in der Rheinlandhalle aufgerufen. Die Rheinlandhalle war nicht weit von unserer Wohnung entfernt. So ging ich hin. Es waren viele Leute gekommen, doch von einer Massenkundgebung konnte nicht gesprochen werden. Die Kölner sind neugierig, benutzen jede Gelegenheit, etwas Spektakuläres anzuschauen. Die Fackelzüge waren es, eine Kundgebung nach so vielen anderen, das war langweilig. Die Stimmung war gedrückt, unruhig, was würde nun geschehen? Ein kommunistischer Reichstagsabgeordneter war aus Berlin gekommen, Werner Hirsch, ein Jude, man hat ihn später umgebracht. Der gab sich zukunftssicher. Die sollen ruhig abwirtschaften. »Und dann kommen wir!« Man klatschte ein bißchen müde. Ich habe nicht geklatscht, das weiß ich genau. Ich wußte nichts, ahnte aber, daß alles anders kommen würde. Davon habe ich dann am Tisch mit den Kollegen einer deutschen Literatur nach zwei Weltkriegen vor dem Mikrophon und unter Richters Leitung berichtet.

Auch für uns alle hatte es also an jenem Abend das Dunkel des gelebten Augenblicks gegeben. Man hatte nichts wirklich voraussehen können. Wer kann das durchaus Undenkbare voraussehen? Am Anfang hatte die unernste Polit-Intrige gestanden. Neu war im Personal eben dieser Reichskanzler, irgendwie war auch der Göring mit in die Regierung genommen worden. Er wurde aber bald ein gewaltiger Machtträger des preußischen Ministerpräsidenten mit Vollmachten eines Diktators. Auch mit dem Recht, wie es sich noch in diesem Jahr 1933 zeigen sollte, das fällige Köpferollen nicht mehr durch die Guillotine vollziehen zu lassen, sondern mit dem altdeutschen Handbeil. Im Frühsommer wurden auch Frauen auf diese Weise hingerichtet. Der Reichsinnenminister hieß Wilhelm Frick, war aber eigentlich machtlos. Es gab keine Reichspolizei. Polizei war Ländersache. Frick war ein treuer Anhänger seines Führers, wohl nicht mehr als ein bayerischer mittlerer Bürokrat. Er saß später auf der Nürnberger Anklagebank und endete am Galgen.

Es gibt eine wundersame Heilkraft der Natur, doch es gibt keine Heilkräfte der Geschichte. Es heißt zwar: »Darüber muß Gras wachsen«, allein unter dem Gras liegen nach wie vor die Toten.

Kaum ein heutiges Unglück im letzten Jahrzehnt des Jahrhunderts und Jahrtausends, so weit es von Menschen verursacht wurde, kann freigesprochen werden von dem Vorwurf, ursächlich verknüpft zu sein mit jenem Unheilstag des 30. Januar 1933. An jenem seit 1947 so erbittert und oft so töricht geführten Konflikt zwischen USA und UdSSR läßt es sich demonstrieren. Die Sowjetunion des Jahres 1933 war keine »richtige« Weltmacht, und J. W. Stalin war im eigenen Lande weit davon entfernt, durch Stirnrunzeln einen Tötungsbefehl erteilen zu können. Gesiegt hatte er über Bucharin und dessen Parteigänger zwar im Jahre 1928 auf dem VI. Weltkongreß der Kommunistischen Internationalen. Nun wurde die noch von Lenin sanktionierte Politik einer Planwirtschaft mit kapitalistischen Enklaven brutal beseitigt. »Sozialismus in einem Lande« hieß die Losung, noch dazu in einem rückständigen Lande. Trotzki hatte vom Exil her ebenso gewarnt wie der mit Trotzki verfeindete Bucharin. Stalin hat beide später umbringen lassen. Nun kam es zur »Liquidierung« des bäuerlichen Besitzes.

Zwangsdeportationen in der Landwirtschaft und Mord an den »Kulaken«. Michail Scholochow, der Lieblingsepiker des Mannes im Kreml, hat das in einem verlogenen Roman als »Neuland unterm Pflug« verherrlicht.

Trotzdem: die sowjetische Opposition gegen Stalin war nach wie vor einflußreich, zumal der 30. Januar 1933 den Bankrott der stalinistischen Westpolitik besiegelt hatte. Stalins unsinnige These, der eigentliche Feind der Kommunisten sei die Sozialdemokratie, der sogenannte »Sozialfaschismus«, er sei sogar im Augenblick die »Soziale Hauptstütze der Bourgeoisie«, hätte die Arbeiterschaft gespalten. Sie hatte vor allem den Faschismus und seine Gefahren unterschätzt. Es war folgerichtig, daß Stalin, allen Warnungen zum Trotz, nicht auf den Überfall vom Sommeranfang des Jahres 1941 gefaßt war. Er hatte, als ein Antisemit und Todfeind der Trotzki, Sinowjew oder Radek, dem Antisemiten in der Reichskanzlei geglaubt.

Seltsame Konstellation: die unermeßliche Gefahr, die es seit jenem Januartag 1933 für sein Land und damit für ihn selbst gab, scheint der Georgier nicht erkannt zu haben. Hingegen wußte er, sorgsam und abscheulich, zu reagieren auf die innere Gefahr für ihn im eigenen Lande, weil man dort Rechenschaft verlangte für unbegreifliche Fehler in der Innen- und Außenpolitik. Hatte Stalin bis etwa 1928 vor allem mit dem Widerstand der alten Bolschewiki um Lenin rechnen müssen, so war ihm gegen das Ende der zwanziger Jahre in dem Bezirkssekretär (und Machthaber) *S. M. Kirow* in Leningrad ein ernsthafter Rivale erwachsen. Kirow war jünger, Jahrgang 1886. Als Stalins Mitarbeiter hatte er gewarnt und verhindert, das weiß man heute. Er wurde zum Hoffnungsträger der neuen Sowjetgeneration. Seit dem 30. Januar wurde von ihm die Abrechnung mit der stalinistischen Politik erwartet.

Am 1. Dezember 1934 wurde Kirow in Leningrad ermordet. Stalin spielte den trauernden Freund und den Racheengel, denn natürlich hätten die gemeinsamen Gegner den Mord begangen. Nun wurden die Folterungen und Schauprozesse vorbereitet. In seiner Geheimrede, die bewußt nicht geheimgehalten wurde, hat N. S. Chruschtschow vor dem XX. Parteitag der Bolschewiki dieses Doppelspiel des Diktators aus Georgien recht offenherzig dargelegt. Er hat bereits damit wohl seine eigene spätere Absetzung besiegelt. Der Zusammenhang aber zwischen jener Intrige in der Berliner Wilhelmstraße, dem Mord an Kirow und den Justizmorden an Bucharin und seinen Freunden, an den sowjetischen Marschällen um Tuchatschewski ist unverkennbar.

Trotzdem bleibt ein unerklärbarer Rest. Eben dieser Stalin, den der Beginn des Rußlandkrieges überrascht hatte, der neue Generale einsetzen mußte, weil er die erfahrenen Militärs als Kirow-Mörder hatte erschießen lassen: eben er blieb Sieger in einem Weltkrieg. Die Sowjetflagge auf dem Brandenburger Tor. Die Sowjetunion als Weltmacht. Der Kalte Krieg, die Atommacht, das Wettrüsten. Undenkbar dies alles, bei der historischen Rückschau, ohne die Verwandlung der ersten deutschen demokratischen Republik in eine – scheinbar – »verschworene Gemeinschaft« von Welteroberern und Massenvernichtern.

Undenkbar wohl auch ein Staat Israel im heutigen Sinne ohne die Abläufe des deutschorganisierten Holocaust. Die zionistischen Siedlungen in Palästina waren vor 1933 das Werk überzeugter nationaljüdischer, zumeist sozialistischer Pioniere. Der zionistische »Bund« gehörte zur Zweiten Internationale. Lenin und Stalin hatten ihn bekämpft. Seit dem 30. Januar gibt es den verzweifelten

Notzionismus der Asylanten bis auf den heutigen Tag, und vor allem auch seit dem Zerfall des Stalinreiches.

Auch der heutige Staat Israel als theoretisches und praktisches Asylland wäre undenkbar ohne die jüdische Erfahrung mit Pogromen, Rassegesetzen, mit der Gaskammer.

Das neue Kabinett des 30. Januar unter dem neuen Reichskanzler beschließt die Gründung eines neuen Reichsministeriums. Für »Volksaufklärung und Propaganda«: als wären das nicht Gegensätze. Auftritt Dr. Joseph Goebbels. Ein erfolgreicher Massenredner und verkrachter Schriftsteller. Sein Studentenroman über einen Musterdeutschen mit dem hebräischen Vornamen Michael liest sich wie eine Parodie von Robert Neumann.

Das neue Ministerium *organisierte die Lüge als Staatsdoktrin*. Man wußte das in Deutschland. Davon zeugten viele staatsfeindliche Witze. Der »Schrumpfgermane« Goebbels, so die amtliche rassenkundliche Beurteilung, hinkte, wie man weiß. So ließ eine Lehrerin das Sprichwort »Lügen haben kurze Beine« in die Einzahl versetzen. »Die Lüge hat ein kurzes Bein«. Seitdem kennt unser Jahrhundert die trommelnde Regierungspropaganda mit Hilfe der Medien und bei Ausschaltung aller Gegenstimmen. Auch hier wurde der 30. Januar zum Wendetag.

Goebbels hat weitgehend überlebt: gerade auch bei jenen, die seinen Verlautbarungen niemals so recht trauten und die alte Wehrmachtsformeln ironisierten. Man weiß das bloß nicht mehr beim heutigen Sprechen. Ein Erschöpfter sagt: »Ich bin am Boden zerstört!« Ein Witzbold verabschiedet sich von einer Gesellschaft: »Ich möchte mich nun planmäßig absetzen!«

Dazu kommen noch die absoluten Feindbilder. Vor 1933 waren die Theorien des Staatstheoretikers Carl Schmitt, der in Bonn, Köln und Berlin amtierte, im wesentlichen bloß interessanter Gesprächsstoff der Fachwelt. Was damals, wie gesagt, manche Soziologen in Deutschland als »tiefe antikapitalistische Sehnsucht« im Volk zu konstatieren glaubten, ergänzte Schmitt durch immer neue Angriffe auf den Rechtsstaat, den demokratischen Diskurs, den Parlamentarismus. Politik könne, so argumentierte er, nicht den Kompromiß zum Thema haben. Der »Begriff des Politischen« entfalte sich umgekehrt in der Ablehnung aller Übereinkünfte innerhalb einer gesellschaftlich zersplitterten Gemeinschaft. Man müsse zwischen »Freund und Feind« unterscheiden können, um hart zu entscheiden: gegen die selbstgewählten Feinde. Schmitt nannte das den Dezisionismus, und er fand viele interessierte Leser. Auch heute noch. Ein so bedeutender (und jüdischer) Politologe wie Raymond Aron in Paris wollte sich seinen Carl Schmitt nicht verekeln lassen. Nach dem 30. Januar 1933 veränderte sich Schmitt, mit Ernst Bloch zu reden, »zur Kenntlichkeit«. Er war bis dahin durchaus kein Antisemit gewesen, hatte jüdische Schüler, die er förderte. Auf den jüdischen Kollegen Hugo Preuss, den Schöpfer der Weimarer Verfassung, hielt Schmitt in Berlin seine Lobrede. Dann wurde er Staatsrat bei Hermann Göring, Fundamentalist des Antisemitismus. Man dürfe Juden nur noch mit ihren Judennamen zitieren. Fortan hieß bei Schmitt der konservative Jurist Friedrich Julius Stahl aus dem 19. Jahrhundert einfach Joel Joelsohn. Den Begriff »Mensch« müsse man aus den Gesetzbüchern verbannen. Es gäbe immer nur Volksgenossen, Reichsbürger, Ausländer, Juden. Im Nürnberger Gefängnis gab Schmitt zu Protokoll, er sei stets nichts anderes gewesen als ein Katholik. Aber doch wohl ein sonderbarer.

Erinnert werden am 30. Januar 1993 muß auch dies, weil Schmitts Thesen virulent geblieben sind: im Zeichen der Kalten Kriege und sämtlicher Fundamentalismen mußte der Dezisionismus gleichsam die »idealtypische« Faustregel bedeuten. Das stets aggressive Entweder – Oder. Der »böhmische Gefreite« hat sich stets zum Dezisionismus bekannt. Sein heiser hervorgestoßenes »Sso oder Sso!« hat unsereiner noch im Ohr. Dankbar aber ist unsereiner auch dafür, daß gerade die »Neue Zürcher Zeitung« es war, die nach dem 30. Januar 1933, vor allem dank dem Ratgeber und Redaktor *Hans Barth*, entschieden auftrat gegen alles absolutistische Denken in bloßen Feindbildern. Denn es gibt keine Alternative zum Begriff Mensch in einer menschenwürdigen Gesellschaft.

II. Hoffnung des Beginns

Felix Mendelssohns geschichtlicher Augenblick

Im Frühjahr des Jahres 1981 wurde in Wien eine große und sehr sorgfältig vorbereitete Mendelssohn-Ausstellung eröffnet. Sie war ein Bestandteil der damaligen Wiener Festwochen und war Bestandteil des XX. Musikfestes der Wiener Konzertgesellschaft, welche gleichfalls den Komponisten Mendelssohn in den Mittelpunkt gestellt hatte. Es ging festlich zu in Wien im Mai und Juni 1981. Die Gültigkeit dieses Musikers und seines Werkes war evident. Man hatte Freude an Felix Mendelssohn Bartholdy. Von Freude sprach auch das Motto der Ausstellung und der Veranstaltungen. »Ein schöner Zwischenfall der deutschen Musik.«

War er das wirklich? Ist er nichts anderes gewesen: Felix Mendelssohn Bartholdy, der plötzlich, und mit achtunddreißig Jahren, in Leipzig sterben mußte? Ein Zwischenfall kommt unerwartet, und man ist bemüht, ihn rasch, wenn möglich ohne Peinlichkeiten, zu beenden, was heißen soll: ungeschehen zu machen. Wäre es wirklich so gewesen, daß Felix Mendelssohn, das Kind jüdischer Eltern, das selbst niemals in die jüdische Gemeinde aufgenommen wurde, unerwartet und unbegreiflich in seiner frühen Begabung unter den Deutschen auftauchte, Freunde sich erwarb in allen damals wichtigen europäischen Zentren, also in Rom, in Paris und London, in Wien, Düsseldorf, Leipzig und im heimischen Berlin, um dann, gleichsam aus der deutschen Musikgeschichte auszuscheiden, weil diese ganz andere, weit weniger »schöne« Richtungen einschlug?

Nichts von solchen Behauptungen und Thesen ist haltbar: Leben und Werk Felix Mendelssohns beweisen in allem das Gegenteil. Er war kein Meteor wie der um vier Jahre jüngere Georg Büchner aus Hessen, der unerwartet aufleuchtete in der deutschen Literatur, um mit dreiundzwanzig Jahren zu verglühen und dann auf lange Zeit vergessen zu bleiben.

Ein Vergleich Felix Mendelssohns mit Büchner oder Franz Kafka, vielleicht auch mit Arthur Rimbaud, macht die Gegensätze deutlich. Mendelssohn war als geistige Erscheinung wie als Musiker weder unvorhersehbar, noch im Künstlerischen eher folgenlos. Das Gegenteil ist richtig. Er hat in einem ganz ungewöhnlichen Sinne alle damals bekannten Traditionen deutscher Musik verkörpert und in sich zusammengefaßt. Er hat sie durch seine eigenen Schöpfungen und Erkenntnisse erweitert und weitergereicht. In einer Weise, die beispiellos war in der damaligen Zeit. Man kann die Behauptung wagen, daß durch Felix Mendelssohn, gerade in seinem Leipziger Wirken, nicht nur die Strukturen unseres heutigen Musiklebens festgelegt wurden, sondern daß es erst durch ihn, Felix Mendelssohn Bartholdy, auch für uns Heutige möglich wurde, die Musik und die musikalische Entwicklung als einen überschaubaren historischen Prozeß zu interpretieren. Auch die Musikgeschichte im heutigen Verstande ist nicht denkbar ohne Leipzig und Johann Sebastian Bach, ohne Mendelssohn und Philipp Spitta. Darum muß jedes heutige Nachdenken über diesen so einzigartigen Menschen und Künstler mit dieser Frage nach dem *geschichtlichen Augenblick* seines Daseins beginnen.

Abraham Mendelssohn, der Vater der vier Geschwister Fanny und Felix, Paul und Rebecka, pflegte später, ebenso stolz wie melancholisch, zu erklären: »Früher war ich der Sohn meines Vaters, nun bin ich der Vater meines Sohnes.« Man kann es nicht besser sagen. Abraham war der Vermittler zwischen Moses Mendelssohn und Felix Mendelssohn. Der Enkel des kleinen jüdischen Philosophen Mosche Ben Mendel aus Dessau war kein Zwischenfall der deutschen Kulturgeschichte. Der kluge Dessauer Finanzmann aber, Theologe und Philosoph, der seine glänzend deutsch geschriebenen Bücher als Moses Mendelssohn signierte, war in der Tat unvorhersehbar und ein Zwischenfall: einer allerdings mit unabsehbaren Folgen für die Deutschen und für die Welt.

Die Zeiten sind einstweilen vorbei, wo man sich mit den durchaus fragwürdigen Thesen auseinandersetzen mußte, daß alle großen Leistungen menschlicher Evolution das Werk der »Massen« gewesen sei: des »Volksgeistes«, wie es Herder und der junge Goethe im Sturm und Drang postuliert hatten. Sie selbst, die Goethe und Herder, bewiesen das Gegenteil. Ohne ungewöhnliche Charaktere und Begabungen pflegte alle Entwicklung zu stagnieren. Friedrich Schiller, der einstige Stürmer und Dränger, sprach später verächtlich von einer deutschen Entwicklung, die nicht gelenkt und bereichert werden könne durch einzelne große Gestalten. Schiller formulierte: »Aber der große Moment / findet ein kleines Geschlecht.«

Um das Jahr 1755 jedoch waren es zwei Menschen, die Freunde werden sollten, ohne welche alle spätere deutsche Aufklärung in der uns bekannt gewordenen Weise undenkbar gewesen wäre. Sie waren gleichen Alters. Der kleine Jude aus dem Dessauer Getto und der sächsische

Pastorensohn Gotthold Ephraim Lessing aus Kamenz, der die berühmte Fürstenschule zu Meißen hatte besuchen dürfen. Als der junge Lessing im Jahre 1749 neben anderen lustspielhaften Theaterstücken, weitgehend noch im Geschmack der französischen Konventionen, einen sonderbaren Einakter drucken ließ mit dem Titel »Die Juden«, muß er ursprünglich wohl geglaubt haben, das Jude-Sein seiner Kunstfigur, der er wohlweislich keinen Namen gab, sondern einfach als »der Reisende« bezeichnet, gehöre zur lustspielhaften Gattung der auf dem Theater so ergiebigen Sonderling-Figuren. Etwa wie der Geizige, der eingebildet Kranke, der wunderliche junge Gelehrte, der Weiberfeind, nun also auch der Jude. Allein Jude-Sein, das mußte Lessing bald erfahren, war kein Charaktermerkmal, und es war auch nicht lustig. Sein Reisender war ein edler Mensch, doch die von ihm gerettete Baronesse durfte er nicht heiraten. Das verhinderte sein kurzes Bekenntnis: »Ich bin ein Jude.« Weiter konnte auch der junge Lessing damals nicht gehen.

Er wurde sehr angegriffen, vor allem von einem berühmten Gelehrten in Göttingen, dem Professor Michaelis, der alles andere war als ein verstockter Konservativer. Michaelis behauptete öffentlich: es gäbe keine Juden wie jenen Reisenden. Lessing verwies in einer ausführlichen Entgegnung auf einen ihm bekannten Juden namens Moses Mendelssohn. Seine Entgegnung an Michaelis ließ Lessing später zusammen mit einem Neudruck der »Juden« publizieren.

Moses Mendelssohn war für den Durchschnittsdeutschen nach wie vor eigentlich kein Mensch wie Unseresgleichen. Die Königsberger Studenten waren verwundert, gar entrüstet, als ihr Professor Immanuel Kant den Mendelssohn im Saal erkannte und herzlich umarmte. Deutsche Aufklärung, das ist heute sehr deutlich geworden, war in den Ursprüngen das Werk weniger Deutscher, die jedoch zueinander fanden, wie Kant und Schiller, Lessing und Mendelssohn.

Moses Mendelssohn hat sich verzehren müssen zwischen der jüdischen Orthodoxie und einer deutschen Umwelt, die jüdische Emanzipation als Zumutung empfand. Mehr noch, der Einfluß des Philosophen Moses Mendelssohn auf das Denken seines Freundes Lessing ist bisher im mindesten noch nicht gründlich untersucht worden. Die Hauptgedanken des »Anti-Goeze«, also der berühmten Lessing-Polemik gegen den Hamburger Hauptpastor zu St. Katharinen, waren bereits vorweggenommen in Moses Mendelssohns Polemik gegen den Züricher Johann Kaspar Lavater, der die Juden schroff aufgefordert hatte, entweder im Getto zu bleiben oder sich taufen zu lassen. Mendelssohn antwortete mit einem Hinweis auf die *Grönländer*. Die wurden niemals durch die christliche Botschaft erreicht. Sind sie nun in der ewigen Verdammnis? Genau so argumentierte Lessing gegen Goeze und später in »Nathan der Weise«. Lessing verweist auf seine Griechen und Römer, die auch nicht gewartet hatten auf die Weihnachtszeit.

Am Ausgang des achtzehnten Jahrhunderts war alles fruchtbar geworden, auch als gesellschaftliche Praxis. Die Tochter Caroline des Göttinger Professors Michaelis wurde Jakobinerin in Mainz, durch August Wilhelm Schlegel aus dem Gefängnis befreit. Sie wurde Frau Professor Schlegel in Jena, entschied sich dann für den jungen Philosophen Joseph Schelling. Moses Mendelssohns Tochter Dorothea verließ ihren jüdischen Gatten, den Bankier Veit, und wandte sich zu Friedrich Schlegel, mit dem sie später zum Katholizismus übertrat. Die französische Revolution hatte vieles möglich gemacht, das Lessing und Moses Mendelssohn kaum hätten ahnen wollen. Die deutschen Juden zu Beginn des neunzehnten Jahrhunderts dachten nicht daran, sich taufen zu lassen.

Viele von ihnen entstrebten einer jeden religiösen Bindung.

Abraham Mendelssohns Kinder sind im religiösen Sinn niemals Juden gewesen. Am 21. März 1816, da war Felix sechs Jahre alt, vollzogen die Eltern Abraham und Lea Mendelssohn für sich und ihre Kinder den Übertritt zum lutherischen Christentum.

Geist der Goethe-Zeit

Die Kinder Fanny und Felix Mendelssohn sind, gleich den Frankfurter Kindern Cornelia und Johann Wolfgang Goethe, in der Mitte des achtzehnten Jahrhunderts und zu Frankfurt, in einem unbedrohten Wohlstand aufgewachsen, der alles möglich machte: eine umfassende Erziehung, Bildungsreisen jeglicher Art, die besten Lehrer und Lehrmeister. Als Kinder waren Felix und Fanny bereits vom Vater in der französischen Sprache unterrichtet worden; auf seinen späteren Reisen in Italien, Frankreich oder England konnte er sich mit Leichtigkeit der dortigen Landessprache bedienen. Er fand überall Freunde. Der Knabe Mendelssohn muß unwiderstehlich gewesen sein. Goethe war richtig in ihn verliebt, das hat er auch bestätigt. Der selbstverständliche Wohlstand enthob den jungen Menschen ebenso aller auftrumpfenden Geltungssucht wie die Gewißheit des eigenen Könnens und Schaffens. Mendelssohns überaus lesenswerte Briefe entbehren durchaus aller Wichtigtuerei. Sie sind kühl auch dort, wo sie von Freuden oder Erschütterungen zu berichten haben. Er muß in einem Zwiespalt gewesen sein und unerreichbar. Wirklich nahegestanden in der Totalität seines Daseins hat ihm wohl nur die 1805 geborene Schwester Fanny. Ihr plötzlicher Tod im Jahre 1847 zog auch den seinen nach sich.

Beides hat den geschichtlichen Ort des Künstlers Felix Mendelssohn bestimmt: Emanzipation als Folge der französischen Ereignisse *und* der elterliche Wohlstand. So konnte der frührreife, erstaunliche junge Künstler den besten Lehrer erhalten, der damals denkbar war: *Karl Friedrich Zelter*, den Duzfreund Goethes und Leiter der Berliner Singakademie.

Was Mendelssohn ihm verdankte, war unermeßlich. Zelter war das Kind kleiner Leute; besondere Sympathie für diesen jungen und wohlhabenden Juden war nicht vorauszusetzen. Auch in Zelters Berichten an Goethe ist, neben aller Begeisterung für dieses erstaunliche Kind, stets eine innere Distanz zu spüren. Bei Goethe hat es die nicht gegeben. Da war es von dem ersten Besuch in Weimar im Jahre 1821 bis zu der letzten mehrtägigen Gastfreundschaft Goethes im Jahre 1830 eine einzige tiefe Sympathie zwischen dem alten Minister und dem genialischen jungen Menschen.

Daß Felix Mendelssohn, nachdem er bei Zelter mit Johann Sebastian Bach vertraut geworden war, worauf ihm die Großmutter mütterlicherseits zu Weihnachten 1823 eine Abschrift der Matthäuspassion hatte anfertigen lassen, dann als Zwanzigjähriger in der Berliner Singakademie diese Passion zum erstenmal wieder aufführte und damit für die Nachwelt entdeckte, ist wohlbekannt. Nicht minder großartig ist auch die Konstellation im Jahre 1830. Beethoven ist tot, und Mendelssohn spielt auf Goethes Flügel die Symphonie in c-Moll. Vielleicht hat Goethe, wie seine bekannt gewordenen Regungen vermuten lassen, damals erst verstanden, mit wem er einstmals in den böhmischen Bädern zusammen gewesen war und wer ihm die Musik zu »Egmont« komponiert hatte.

Für den jungen Mendelssohn waren Goethe und Zelter wohl eine Einheit, die zu seinen Schöpfungen geführt hatte und gehörte. Seinem ältesten Sohn gab Mendelssohn drei Vornamen: Karl Wolfgang Paul. Vielleicht auch ein Hinweis auf sein eigenes Oratorium »Paulus«?

Hat es das gegeben, ein Lernen Felix Mendelssohns bei Johann Wolfgang Goethe? Er hatte sich vertraut gemacht mit den meisten Aspekten in Goethes Riesenwerk. Auch er war ein begabter Zeichner und Maler. Ein Augenmensch, was selten war bei so festgeprägten Musikern. Allein er hat wohl auch in einem tiefen Sinn beim Umgang mit Goethe eine Eigentümlichkeit gespürt und sich zu eigen gemacht, die seiner eigenen Natur entgegenkam: *die Abwehr des Tragischen.* In Mendelssohns Komposition der »Ersten Walpurgisnacht« aus dem »Faust« werden alle grotesken Verzerrungen, Todesschauer, alle Sprachformen der Hexenunzucht vermieden. Mendelssohn war kein Berlioz, doch er hat den Komponisten der »Symphonie fantastique« zu sich nach Leipzig eingeladen. Noch deutlicher wird Mendelssohns Goethe-ähnliche Scheu vor dem Grauen des Todes und des Sterbens in seinen beiden großen Symphonien über Schottland und Italien.

Mendelssohns »*Schottische Symphonie*« spürt sehr genau das Grauen der blutigen Königsgeschichte. Der Musiker war in Edinburgh gewesen und im Schloß Holyrood und in dem Raum, wo der italienische Sänger Rizzio vor den Augen der Maria Stuart erdolcht worden war. All dies ist spürbar im Aufbau der Symphonie in a-Moll. Allein Mendelssohn hat musikalisch die Form der Verfremdung gewählt. Mit wenigen Takten eines Prologs und Epilogs konzipiert er die Schottische Symphonie als ein *Werk geschichtlicher Erinnerung.* Er gibt der Erinnerung gleichsam einen zeitverschiebenden Rahmen. In der deutschen Literatur ist diese Form der Rahmenerzählung mitsamt aller gefühlsmäßigen Distanzierung zum Modell geworden, etwa bei Theodor Storm oder Conrad Ferdinand Meyer.

Der Epilog freilich der Schottischen Symphonie in a-Moll endet bei Mendelssohn als eine merkwürdige Apotheose. In glanzvollem A-Dur wird die Geschichte Schottlands mitsamt allen Untaten gleichsam ins Poetische überhöht. Was prologhaft als Erinnerungsbild begonnen hatte, klingt nun wie eine musikalische Feier zu Ehren von Friedrich Schiller und Sir Walter Scott.

Der merkwürdige Bruch am Ende dieser bedeutenden Symphonie hat die Musiker oft irritiert. Otto Klemperer ging so weit, bei seiner Rückkehr nach Deutschland am Ende der vierziger Jahre, die Schottische Symphonie einfach in a-Moll und leise ausklingen, also abbrechen zu lassen. Einige Jahre später freilich, wieder in London, hat er Mendelssohns Schottische Symphonie dann mitsamt der Apotheose partiturgetreu zu Ende geführt.

Auch in der »Italienischen Symphonie«, diesmal wirklich in A-Dur, gibt es erstaunliche musikalische und geistige Spannungen. Der hinreißende Auftakt in A-Dur ist vergleichbar der Beethoven-Anweisung »mehr Ausdruck der Empfindung als Malerei«. Die Tarantella am Schluß meint nicht ein reales Italien, sondern eine wohlbekannte Form italienischer Tänze.

Rätselhaft geblieben ist der langsame Satz in dieser Italienischen Symphonie. Ein Thema mit Variationen, gleichsam Veränderung eines Mendelssohn-»Liedes ohne Worte«. Allein das Liedthema kennt durchaus das zugehörige Wort, das weltberühmt ist. Goethes Ballade vom »König in Thule«. Das nördliche Thule inmitten einer italienischen Symphonie? Allein das Liedthema besitzt nicht nur einen hier ausgesparten Text und ist auch nicht als Einfall Felix Mendelssohns zu verstehen. Mendelssohn variiert die Liedkomposition Karl Friedrich

Zelters zu Goethes Ballade. Mitten in Italien und in der italienischen Melodie ist sie nun stehengeblieben: diese Hommage eines dankbaren Schülers an Karl Friedrich Zelter und Johann Wolfgang Goethe.

Auch der dritte Satz wagt eine merkwürdige Symbiose aus nördlichen und südlichen Geländen, um abermals Goethe zu zitieren. Der Hörnerklang evoziert den deutschen Wald. Man glaubt bisweilen, ein Stück aus Mendelssohns Musik zum »Sommernachtstraum« zu hören. Wenn die Schottische Symphonie gleichsam in der Beethoven-Tradition die Erhöhung ins Strahlende unternimmt, so endet Mendelssohns Finale der Italienischen Symphonie gleichsam in einiger Verdüsterung und leise.

Zwischen den Religionen

Der Enkel Moses Mendelssohns, um es zu wiederholen, hat nie dem Judentum angehört. Er wurde mit seiner Familie als evangelischer Christ lutherischer Observanz getauft. Seine Ehe mit Cécile Jeanrenaud führt ihn später in die Nähe der strengen calvinistischen Bereiche. Trotzdem sind Mendelssohns religiöse Empfindungen, denen er immer wieder musikalischen Ausdruck zu geben gedachte, fast verwirrend, eine Vielfalt religiöser Strukturen erkennbar. Die beiden großen Oratorien zu Ehren des Apostels Paulus und des Propheten Elias, die Reformations-Symphonie mit dem berühmten Dresdener Amen und dem Luther-Choral von der festen Burg als wichtigem thematischen Material. Am erstaunlichsten ist diese religiöse Grenzüberschreitung in Mendelssohns Zweiter Symphonie erkennbar geworden, beim »*Lobgesang*« opus 52.

Die Symphonie in B-Dur op. 52 wird als *Symphonie-Cantate nach Worten der heiligen Schrift* firmiert. Es ist ein *Lobgesang*, also ein »Deutsches Tedeum«, gleichsam als Vorwegnahme von Brahms und seinem *Deutschen Requiem*. Allein hier beginnen sogleich nicht bloß die Gegensätze, sondern die unterschiedlichen Legitimationen. Brahms schreibt als ein evangelischer Christ aus Hamburg, unter dem schmerzlichen Eindruck des Todes seiner Mutter. Es ist im doppelten Sinne Bekenntnismusik: persönliche Erfahrung des Todes und weiterwirkende Erfahrung des lutherischen Religionsunterrichts.

Das Deutsche Tedeum Felix Mendelssohns entbehrt einer solchen Legitimation, weshalb es sowohl in eklektischer wie superlativischer Weise danach strebt, *möglichst viele Legitimationen zusammenzukoppeln*. Das beginnt, just als Mischung aus Symphonie und Kantate, mit einer langen musikalischen »Sinfonia«. Darauf folgt als Nr. 2 das Allegro moderato Maestoso – Animato. Der Chor bricht die instrumentale Vorherrschaft mit dem losbrechenden Jubel:

> Alles was Odem hat, lobe den Herrn!
> Halleluja, lobe den Herrn!

Die Anlage entspricht dem Vorbild der Neunten Symphonie. Das ist unverkennbar und soll auch, nach Mendelssohns Absicht, erkannt werden. *Beethoven wird gleichsam als Zitat bemüht bei der Entfesselung von Emotionen.* Zu Beethoven gesellt sich Johann Sebastian Bach als zweiter Nothelfer: fast überdeutlich in dem Choral (Andante con moto) Nr. 8. Das hält sich zunächst noch im Rahmen der protestantischen Tradition, wird dann aber sowohl musikalisch wie geistlich ein Raub des Eklektizismus, wenn der Chor weitersingt (Un poco più animato):

Lob, Ehr' und Preis sei Gott, dem Vater und dem
                                        Sohne
und seinem heil'gen Geist im höchsten Himmelsthrone.
Lob dem dreiein'gen Gott, der Nacht und Dunkel
                                        schied
von Licht und Morgenrot, ihm danket unser Lied.

Damit nicht genug. Der *Lobgesang* entstand in Leipzig.
Er war als Gelegenheitsarbeit gedacht zum Jubiläum
(400 Jahre) der Erfindung Johann Gutenbergs, also der
Buchdruckerkunst. Durchaus im Sinne der Aufklärer,
also Lessings und des Großvaters Moses Mendelssohn,
läßt sich Felix Mendelssohn Bartholdy vom Buchdruck
inspirieren als einer Garantie der Aufklärung und Illumi-
nation der Geister. Der Heilige Geist in diesem Lobgesang ist Geist der Aufklärung. Das mag sich zwar in die
Tradition der *Zauberflöte* und auch der symphonischen
Konzepte Beethovens einfügen, durchaus aber nicht in
die von Mendelssohn zusammengestellte Zitatensamm-
lung der »Heiligen Schrift«. Welcher heiligen Schrift?

An der Ehrlichkeit des Künstlers ist nicht zu zweifeln.
Mendelssohn hat seinen lutherischen Religionsunterricht sehr ernst genommen: für ihn war das nicht bloß,
wie für Heinrich Heine oder für den um fünf Jahre jüngeren Karl Marx, eine Formalität der Verbeugung vor der
bürgerlichen Konvention. Mendelssohn machte sich in
der Tat zum Protestanten: *auch in seiner Musik*. Allein
die Musik rächte sich an dieser Unangefochtenheit. Es
ging alles zu glatt auf zwischen Bach und Beethoven und
Buchdruckerkunst, Choralkantate und Beethovenscher
Symphonik, zwischen Altem und Neuem Testament, katholischer Dreieinigkeit und protestantischer Verant-
wortungsethik. Man mußte sich entscheiden. Die für
Mendelssohn wichtigste Stelle im Lobgesang findet sich
in der Nr. 6 mit der bangen Frage:

Wir riefen in der Finsternis:
Hüter, ist die Nacht bald hin?

Die Nacht aber ist nach christlicher Konfession zu verstehen als Seelennacht eines Lebens im Diesseits. Erlösung ist zu verstehen als Tod. Mendelssohns Frage an den Hüter hingegen ist die eines Aufklärers. Das Diesseits soll erleuchtet werden.

Man muß einen Augenblick dieselbe Frage »Hüter, ist die Nacht bald hin?« bei Eduard Mörike aufsuchen in dem Gedicht »Wo find ich Trost« mit den Schlußzeilen

Hüter, Hüter, ist die Nacht bald hin?
Und was rettet mich von Tod und Sünde?

Hugo Wolf hat auch dies Gedicht vertont: ein katholischer Musiker, der sich einfühlte in die Lyrik des protestantischen Pfarrers. Der Vergleich zeigt den Unterschied zwischen dem weltanschaulichen Eklektizismus und einer Kunst der gequälten christlichen Seele in einer bürgerlichen Umwelt.

Nicht der Vorgang selbst der Emanzipation hat der Musik Felix Mendelssohns hier geschadet, sondern die scheinbare Leichtigkeit des Übergangs: zusammen mit dem Mißverständnis, als könne man heterogene Traditionen durch Addition und Summierung gleichsam zur Synthese zwingen: Judentum und Johann Sebastian Bach, Luther und Beethoven, Moses Mendelssohn und deutsches Bürgertum. Das Oratorium *Elias* ist viel geschlossener gegenüber dem *Lobgesang*, weil sich Mendelssohn hier, vermutlich nach eigenem Willen, zurückgewiesen fand auf seine voremanzipatorische Herkunft: auf das Alte Testament, die Welt der Propheten und der Psalmen.

Das künstlerische und geistig-geistliche Ringen Felix Mendelssohns zwischen Altem und Neuem Testament, im Falle des Oratoriums »Paulus« zwischen jesuani-schem und paulinischem Christentum, Aufklärung und Assimilation, hinterläßt in aller sinfonischen Musik die-ses Tonsetzers tiefe Spuren. Das Gerede vom »allzu glat-ten Mendelssohn« ist ebenso unberechtigt wie trüge-risch. Hier versucht ein leidenschaftlicher Mensch den Einklang mit einer Welt herzustellen, in der er selbst war, durch einen geschichtlichen Glücksfall hineinwuchs, so daß er sie nicht erlernen mußte wie Heinrich Heine oder Ludwig Börne, indem er die Vollendung der überliefer-ten musikalischen Formen zu erreichen suchte. Dies als künstlerischen Mangel zu bezeichnen, oder gar gegen das Luthertum von Brahms, erst recht gegen die Katholizität Anton Bruckners auszuspielen, heißt einfach, die künst-lerische Größe Mendelssohns zu verkennen, die sich in dem Zwiespalt zwischen seelischem Zweifel und kompo-sitorischer Zuversicht offenbart. Übrigens ist es auch mit der Zuversicht im »Deutschen Requiem« von Brahms nicht besonders gut bestellt. Da gibt es zwar die Große Fuge über die Auferstehung der »Erlöseten des Herrn«, bezeichnenderweise nach einem Text des Propheten Je-saja, aber Brahms hat nach eigenem Geständnis an die eigene Auferstehung nicht geglaubt.

Felix Mendelssohns Schaffen vollzieht sich in einer Epo-che zwischen zwei großen europäischen Revolutionen (1830 und 1848). Er selbst hat sich in dieser Konstella-tion zum Geist der Reformen und des Reformismus be-kannt. Alle revolutionären Umsturzpläne lehnte er ab: weil er in ihnen eine Bedrohung großer geistiger und künstlerischer Traditionen erblickte. Eine revolutionäre Ideologie etwa, die ihn hätte zwingen wollen, auf die Matthäus-Passion zu verzichten, oder auf Goethe, war undenkbar. Dieser traditionsbewußte Mensch und jüdische Künstler, denn er war nun einmal von der Herkunft her ein Jude, hat in seinem Wirken vor allem als ausübender Künstler alle ihm wichtig erscheinenden geistigen Strömungen unterstützt und anerkannt. Er war in Paris mit Chopin zusammengetroffen, hat in Leipzig zusammen mit Franz Liszt und Clara Wieck, der späteren Clara Schumann, Musik von Bach gespielt. Er hatte Hector Berlioz nach Leipzig geholt, die von Robert Schumann in Wien entdeckte große Schubert-Symphonie in C-Dur aufgeführt. Er war ein Freund der jungen rebellischen Davidsbündler und wurde von ihnen geehrt. Mit ihnen stand er im Kampf der Davidsbündler gegen die deutschen Philister. Gemeint war der Geist des deutschen Kleinbürgertums in voller Untertänigkeit vor Dutzenden von kleinen und kleinsten Potentaten. Robert Schumann hat dieses Philistertum bereits in den »Papillons« Opus 2, wie später im Marsch der Davidsbündler gegen die Philister (im Dreivierteltakt!) durch das Philisterlied charakterisiert: »Und als der Großvater...«

Das deutsche Philistertum des sogenannten Biedermeier war trübe und bösartig. Der Zwiespalt zwischen nationaler Befreiung und bürgerlicher Emanzipation trat immer wieder hervor. Deutsche Studenten hatten beim Wartburg-Fest 1817 nicht nur den Zopf und den Krückstock verbrannt, sondern auch das Bürgerliche Gesetzbuch der Franzosen und jüdische Schriften zur Judenemanzipation. Die Juli-Revolution von 1830 wurde, abgesehen von ein paar Revolten etwa in Kassel oder Braunschweig, nicht mitgetragen. In dieser Welt der deutschen erstarrten Restauration mußte Georg Büchner aus dem Lande fliehen. Sein Grab befindet sich in Zürich.

Mendelssohn war wohlhabend von Hause aus, er mußte nicht den Untertanen spielen, um leben und arbeiten zu können. Dennoch hat ihm die Welt der Restauration immer wieder Wunden beigebracht. Er ist im Unfrieden in Düsseldorf ausgeschieden, wo er gefeiert und bewundert, doch auch als Judenjunge mißachtet wurde. Die größten Kränkungen jedoch hat man ihm immer wieder in seiner Geburtsstadt Berlin bereitet. Der Meisterschüler Karl Friedrich Zelters, den sein Lehrer nach gutem Zunftbrauch zum Gesellen gemacht hatte: im Namen Bachs, Haydns und Mozarts, durfte hoffen, nach Zelters Tod, des Goethe-Duzfreundes, der seinem Weimarer Minister bald nachgestorben war, als Leiter der Berliner Singakademie gewählt zu werden. Sein Meisterstück hat er bekanntlich bereits als Zwanzigjähriger mit der Aufführung der Matthäus-Passion geliefert.

Mendelssohn wurde auch als Kandidat für die Nachfolge Zelters aufgestellt. Dann aber ließ man ihn durchfallen. Es ist gleichgültig, den Intrigen nachzuspüren. Man wollte ihn halt nicht haben, den Judenjungen, im protestantischen Singverein. Nach seiner Thronbesteigung im Jahre 1840 holte Friedrich Wilhelm IV. dann Mendelssohn als Generalmusikdirektor nach Berlin. Sein Vater hatte den anderen Berliner Komponisten mit jüdischer Abkunft, Giacomo Meyerbeer, aus Paris nach Berlin geholt. Beide haben sie, Meyerbeer wie Mendelssohn, nachweislich gute und erfolgreiche Arbeit geleistet in der preußischen Hauptstadt. Es half nicht. Meyerbeer kehrte nach Paris zurück. Mendelssohn ist zweimal von Leipzig nach Berlin umgezogen, und zweimal auch wieder zurück. Dies war keine Zeit für Siege der Davidsbündler über die Philister. Wie Felix Mendelssohn Bartholdy sich verhalten hätte im Revolutionsjahr 1848, das er nicht mehr erleben sollte, kann man nicht wissen. Vielleicht ist eine Aussage jedoch nicht ganz trügerisch, nach allem, was wir über ihn wissen, diesen Glücksfall einer deutsch-jüdischen Symbiose. Mendelssohn hätte weder, wie Richard Wagner, Manifeste verteilt auf den Dresdener Barrikaden, er hätte auch nicht dissertiert über »Die Kunst und die Revolution«. Allein er hätte auch nicht der Niederwerfung des Dresdener Aufstandes durch den preußischen Prinzen Wilhelm zugestimmt, den Kartätschenprinzen und späteren deutschen Kaiser. Richard Wagner, steckbrieflich gesucht, konnte im Frühjahr 1849 nach Zürich entkommen. Der Kartätschenprinz konnte ihm nicht ans Leben kommen. Im Sommer 1876 hingegen empfing Richard Wagner, Hausherr der Bayreuther Festspiele, als Ehrengast den deutschen Kaiser und König von Preußen: eben jenen Kartätschenprinzen.

Der Fall Wagner

Hier muß in der Tat von Richard Wagner gesprochen werden in seinen zeitgenössischen und postumen Verhaltensweisen zu Mendelssohn. Da gibt es eine Vielfalt der mündlichen und schriftlichen Äußerungen. Ab und zu ein paar respektvolle kühle Bemerkungen. Dann wieder schwere Vorwürfe. Mendelssohn habe im Gewandhaus zu Leipzig die Partitur einer eingereichten Wagner-Symphonie verschlampt. Daß der genialische junge Mendelssohn, der das Genie eines Robert Schumann oder Frédéric Chopin vom Jahrgang 1810 sogleich erkannte, von dem jungen Leipziger Richard Wagner wenig gehalten hat, steht fest. Immerhin hat Mendelssohn im Gewandhaus die Ouvertüre zum Tannhäuser aufführen lassen und selbst dirigiert. Auch Robert Schumann und Richard Wagner haben einander nicht ausstehen können. In Cosimas Tagebüchern behauptet der Meister einmal, jener Schumann sei unfähig gewesen, eine einzige wirkliche Melodie zu erfinden...

Was aber – man möchte sagen: zum Teufel – mag Richard Wagner veranlaßt haben, von Zürich aus im Jahre 1850 unter einem Decknamen jenes berüchtigte Pamphlet »Über das Judentum in der Musik« zu verfassen und zum Druck nach Leipzig zu senden, wo es ausgerechnet in Robert Schumanns »Neuer Zeitschrift für Musik« zu lesen war. Das Leipziger Musikleben sei, nach späterer Formulierung, ganz »verjudet«. Wagner behauptet von Zürich aus, man habe Mühe, in Leipzig einen »blonden Musiker« zu entdecken, und dergleichen mehr.

Er hat an Felix Mendelssohn Bartholdy gelitten, der Schreiber dieser Schmähschrift. In Cosimas Tagebuchaufzeichnungen, die, getreulich dienend als Kundry, alles niederschrieb, was der Meister hervorsprudelte, gibt es eine erstaunliche Episode. Man ist bereits in Bayreuth. Die Götterdämmerung wird komponiert. Eine schwere Modulation muß gewagt werden, doch es gelingt Wagner nicht, sie regelkundig zu vollziehen. Vom Arbeitszimmer steigt er hinauf zu Cosima, um sich zu beklagen: was sei er doch für ein Musiker! Mendelssohn hätte es sofort gekonnt...

Mendelssohn und die Nachwelt

Erst die Betrachtung der Gesamterscheinung dieses großen Künstlers in seiner Zeit macht sichtbar, wie stark Felix Mendelssohn von *Leipzig* aus und als Gewandhaus-Kapellmeister bis zum heutigen Tag das musikalische Leben nicht nur inspiriert, sondern organisiert hat.

Das Neue war hier die *geschichtliche Betrachtungsweise aller musikalischen Entwicklungen*. Im Leipziger Gewandhaus vor allem entsteht ein Typ des Konzertierens, also einer Musik von Produktion und Reproduktion, der von allem früheren Konzertieren auf der Grundlage stets neuer und vom Komponisten selbst vorgestellter Musik abgeht, um auch die angeblich vergessene, weil nicht mehr »neue« Musik wieder gegenwärtig zu machen. Mendelssohn hatte bei Zelter gleichsam als einer der ersten die Grundbegriffe einer auch heute noch gültigen Musikgeschichte gelernt. Immer wieder gerade Bach und Händel, dann Gluck und Haydn und Mozart. Auch Beethoven wurde von Zelter bereits in diese Evolution einbezogen. Durch Mendelssohn wird die Entwicklung weitergeführt, vor allem mit Schubert und Schumann.

Mendelssohns Debut im Leipziger Gewandhaus mit den berühmt gewordenen »*Historischen Konzerten*« bedeutet nicht weniger als die Anfänge sowohl allen modernen Konzertlebens, wie auch die *Anfänge einer Musikwissenschaft und Musikgeschichte*. Es war durchaus kein Zufall, daß große Namen der Musikwissenschaft wie Spitta und Riemann mit Leipzig verbunden waren.

Ein gewisses Vorbild mag Carl Maria von Weber in Dresden gewesen sein. Richard Wagner hat als Opernkapellmeister in Dresden das deutsche Opernrepertoire zwar sehr weitgehend gefördert, doch nicht daran gedacht, in gerechter Beurteilung die Größe vergangener Konzertmusik anzuerkennen. Sein Verhältnis zu Mozart war verkrampft. Gluck glaubte er verbessern zu müssen. Im Gegensatz zu Richard Wagner war Felix Mendelssohn durchaus nicht ichbesessen. Ein Freund seiner Freunde, ein Helfer, ein dankbarer Bewunderer großer Kunst, also nicht nur Musik, in Vergangenheit und Gegenwart.

Geist der Aufklärung und der Goethe-Zeit in einem. Ob Mendelssohn musikalisch ein »Romantiker« war im Sinne Schumanns und Chopins, von Berlioz oder Liszt, wird sich wohl nicht allein aus der Analyse der Partituren erschließen. Mendelssohn hat keine romantische Existenz geführt wie Schumann, Chopin oder Liszt. Er hat die revolutionäre französische Romantik eines Victor Hugo sehr früh erkannt und in seiner Ouvertüre zu »Ruy Blas« bezeugt. Italien und Schottland waren für ihn nicht, wie bei den deutschen Künstlern um 1820, Ausdrucksformen einer eigenen Identität. Sie waren Möglichkeiten einer Anregung, thematisches Material. Die »*Hebriden*« sind bei Mendelssohn gleichzeitig ein großes Naturerlebnis und ein Bekenntnis zu einem erschauten Mythos: mit Hilfe der geprägten musikalischen Form. Allein auch die »*Heimkehr aus der Fremde*« nach seinen vielen Reisen ist für Felix Mendelssohn ein Lebensthema gewesen.

Wohin gehen wir denn? hatte Friedrich von Hardenberg, der sich Novalis nannte, zehn Jahre vor der Geburt Felix Mendelssohns gefragt. Seine Antwort hatte gelautet: »Immer nach Hause.« Danach hat auch Mendelssohn sein Leben und Schaffen gerichtet. Das Unglück war – nicht für ihn, sondern für die Nachwelt –, daß es diese Heimkehr nach Hause nicht mehr gab und geben sollte.

Wachet auf, ruft uns die Stimme

Aber war das überhaupt für ihn möglich, für Felix Mendelssohn, der unbedingt noch nach Vaters Wunsch als Mendelssohn Bartholdy, übrigens ohne Bindestrich, auf die Nachwelt kommen mußte? War es für ihn denkbar, daß er sich in der Tat irgendwo »zu Hause« fühlen durfte? Der große Musiker war scharfsinnig, auch ein gewandter Schreiber und Reflektierer. Konnte es für ihn so etwas geben wie »Heimat«? Der Enkel des Moses Mendelssohn hat vom Getto nur noch ein Hörensagen mitbekommen. Löb Baruch, der spätere Ludwig Börne, war noch im Frankfurter Getto aufgewachsen und hatte es dem damals noch befreundeten jungen Heinrich Heine an Ort und Stelle gezeigt. Heine hat ausführlich beschrieben, wie er heranwuchs im Erlebnis einer bürgerlichen französischen Revolution, die freilich durch eine Besatzungsmacht nach Deutschland importiert wurde. Heinrich Heine hat dann sehr gelitten unter der deutschtümelnden, betont protestantisch-antisemitischen Gegenbewegung junger Deutscher seit dem Jahre 1815.

Felix Mendelssohn blieben diese Erfahrungen, soweit man sieht, erspart. Vielleicht hat ihn sogar die Ablehnung in Berlin als Zelters Nachfolger gar nicht sonderlich geschmerzt. War es ihm überhaupt ernst gewesen mit jener Kandidatur, die dann abgewiesen wurde?

Begriffe wie Heimat und »zu Hause« oder »nach Hause« wird man in diesem besonderen Fall aus dem Künstlertum Felix Mendelssohns ableiten müssen. Jede »Heimkehr aus der Fremde«, die auch kompositorisch zelebriert wurde, galt der Familie, dem engen Kreis der Freunde. Deutschland muß für Felix Mendelssohn noch ein unklarer Begriff gewesen sein. Andererseits hat er sich wohl kaum als »Preuße« gefühlt. Während seiner Tätigkeit in Düsseldorf konnte er erleben, wie stark die neuen preußischen Provinzialverwaltungen in Westfalen und in der Rheinprovinz mit dem Widerstand der Bevölkerung zu kämpfen hatten. In Leipzig war zu erfahren, daß die zahlreichen preußisch-sächsischen Kriege, die stets mit einer Niederlage der Sachsen geendet hatten, unvergessen blieben.

Goethe wußte genau, was er formulierte, wenn er für sich selbst erklärte: »Bin Weltenbürger, bin Weimaraner«. Gab es noch etwas dazwischen für ihn? Vielleicht hat Mendelssohn ähnlich empfunden. In Italien hat er sich »heimisch« gefühlt, mehr noch bei den Engländern und den Schotten. Paris muß ihm wohl nicht allzu viel bedeutet haben. Es fällt auf, daß Felix Mendelssohn, dieser glänzende Klavierspieler, durchaus im Gegensatz zu Chopin und dem frühen Liszt, vor allem auch zu seinem jüngeren Leipziger Gefährten Robert Schumann, als Tonsetzer keineswegs gewillt war, vom Klavier her zu komponieren. Das Gegenspiel zwischen Streichern und Holzbläsern entzückte ihn immer wieder: seit der genialischen Jugendarbeit einer Ouvertüre zum Sommernachtstraum. Die Musik des jungen Mendelssohn ist bewußt *dialogisch* gehalten. Auch das einzigartige frühe *Oktett* ist zu verstehen, nicht allein als Auseinandersetzung zwischen zwei Streichquartetten, sondern als eine, wie der Tonsetzer selbst erläutert hat, Konversation zwischen musischen Gesprächspartnern. Dieses dialogische Prinzip geht so weit, daß bereits der junge Mendelssohn zuerst ein Konzert für *zwei Klaviere* entwirft, dann erst die späteren Arbeiten in der herkömmlichen Tradition einer Schöpfung für Klavier und Orchester. Eines der eindrucksvollsten Bildnisse des jungen Mendelssohn zeigt einen eleganten Flaneur. Er will viel sehen und beobachten, auch für sich verarbeiten. Doch er meint stets nur Eindrücke, Impressionen, Anregungen, Reisebilder in Schottland oder in Italien.

Ein Betrachter vieler Länder, von denen er wohl keines als Vaterland für sich anerkennen würde. Verhält er sich anders in seinem Verhältnis zu den *Religionen*? Natürlich wußte Mendelssohn, daß er ein Jude war, kein Deutscher. Die vom Großvater Moses Mendelssohn empfohlene Assimilation konnte nur Annäherung bedeuten: ein Seinwollen, jedoch kein Sein.

Mit dem Christentum mochte es sich kaum anders verhalten. Als Nicht-Jude war er getauft worden, um als lutherischer Christ fortan zu leben. Das hat Felix Mendelssohn sehr ernst genommen. Allein er hat nie den Vorgang dieses Konvertitentums vergessen. Von Hause aus war er beides nicht: Deutscher und Christ.

Es gab aber eine innere Gewißheit: das Bewußtsein einer ungeheuren musikalischen Schaffenskraft. Hier war dieser junge Mensch bei sich selbst, war er zu Hause.

Darum ist vielleicht sein *Oratorium »Paulus«,* auch wenn man den späteren »Elias« als musikalische Ganzheit höher bewerten mag, ein sehr persönliches, nahezu autobiographisches Zeugnis geworden. Es ist bekannt, daß der römische Aufenthalt inspirierend wirkte. Hier in Rom war Paulus, der einstige Rabbi Saul und Christenverfolger, als christlicher Märtyrer hingerichtet worden mit dem Schwert. Paulus war römischer Bürger; er durfte nicht gemartert werden. Vor allem aber wurde Mendelssohn tief berührt durch den Bericht der Apostelgeschichte über das »Damaskus« des Saulus, der zum Paulus wurde. Der zweite Teil des Oratoriums demonstriert die Ernsthaftigkeit dieser jähen Erleuchtung: auch darin, daß von nun an das paulinische Christentum immer mehr an die Stelle des Urchristentums rings um Jesus treten sollte.

Die persönlichste Aussage des Tonsetzers aber findet sich im ersten Teil in der Vision des Saul auf dem Wege nach Damaskus. Bis zu diesem Augenblick hatte der Bariton das Wüten des Rabbi Saul, seinen Hetzgesang der Christenverfolgung bestreiten müssen. Der Tenorist als Berichterstatter der Apostelgeschichte, den Mendelssohn nach dem Vorbild der Bach-Passionen amtieren ließ, hatte die schreckliche Szene der Steinigung des Stephanus mitgeteilt. Der erste Märtyrer eines künftigen Christentums. Rabbi Saul aber empfand »Wohlgefallen« beim Anblick des Gesteinigten. Mendelssohn läßt keinen Zweifel aufkommen über dieses Gefühl des Saul: die Bekehrung muß jäh und unerwartet einem mit sich selbst zufriedenen jüdischen Schriftgelehrten zufallen.

Über die musikalische Ausdrucksform, die Mendelssohn für diesen beispiellosen Vorgang fand, ist viel gerätselt worden. Unendliche Helligkeit, die blind macht. Aus dem blendenden Licht tönt die Stimme mit dem Anruf: »Saul, was verfolgst du mich?« Mendelssohn muß geschaudert haben vor dem Gedanken an einen baritonal singenden Christus, nach dem Vorbild Johann Sebastian Bachs. Dies war eine Stimme der Verklärung, nicht mehr menschlich. Helle Frauenstimme, bloßer Klang, möglichst aller Individualität entkörpert. Mendelssohns Schwester Fanny Hensel, die mitsang bei der Uraufführung des Paulus, also die Musik kannte, hat von der tiefen Erschütterung bei der Uraufführung berichtet, als dieser unerhörte und unerwartete Klang hörbar wurde.

Es war ein schöpferischer Einfall gewesen, auch in der schwirrenden Unbestimmtheit des fis-Moll. Allein das war mehr. Felix Mendelssohn hatte die Vision des Saul auf dem Wege nach Damaskus als ein guter Jude komponiert. Du sollst dir kein Bildnis machen. Der Verklärte war körperlos, Klang, weiblicher Klang. Nichts sollte mehr an den Menschensohn erinnern. Auch der jüdische Gott hatte hier zu Saul gesprochen: als Stimme. So wie einstmals zu Moses als Stimme aus dem Dornbusch auf dem Sinai.

Hat Felix Mendelssohn Bartholdy hier in aller Bewußtheit als ein Jude gewirkt, dem das Bildnisverbot nach wie vor heilig ist? Nichts spricht gegen diese Vermutung. Dann aber, wenn die Vision zu Ende ist, von der die Begleiter nichts ahnen konnten, will man den Erblindeten nach Damaskus transportieren, und einmal noch der weibliche Stimmklang hörbar wird als Botschaft an den versteckten Christen Ananias, geschieht etwas Seltsames in dieser Paulus-Partitur. Bereits im Vorspiel zum Oratorium waren Anklänge hörbar geworden an den Choral »Wachet auf, ruft uns die Stimme«. Nun folgt

Mendelssohn dem großen Vorbild Johann Sebastian Bach und läßt eben diesen Choral als Deutung des Unerklärbaren von der irdischen Sängergemeinschaft intonieren. Die Übergipfelung rein instrumentaler Werke durch einen choralmäßigen Abschluß hat Mendelssohn nicht ungern praktiziert. Der Luther-Choral in der Reformations-Symphonie war legitim. Der choralmäßige Abschluß beim 2. Klavier-Trio mußte äußerlich wirken.

Wachet auf, ruft uns die Stimme: das war nicht allein Deutung der Paulus-Vision, sondern Bekenntnis des Musikers Felix Mendelssohn. Der bekannte sich zu seinem inneren Daimonion. Er fühlte sich aufgerufen durch die Stimme, den eigenen Weg zu suchen und zu finden. In seinem Todesjahr 1847 muß alle Gewißheit von ihm gefallen sein. Der plötzliche Tod der Schwester. Die Totenmusik des letzten Streichquartetts in f-Moll, alle bisherigen Gewißheiten schienen widerlegt zu sein durch eine zu erwartende und erwartete Umwälzung. Goethe hat in dem Gedicht »Anakreons Grab« den griechischen Lyriker glücklich gepriesen, weil ihm die Kälte des Lebenswinters erspart wurde. Vielleicht war Mendelssohn Bartholdy, der den Vornamen Felix trug, auch im Goetheschen Sinne ein glücklicher Künstler.

III. Lebensläufe aus Österreich-Ungarn

1. Karl Kraus

Der Vierzeiler Goethes aus den *Zahmen Xenien* ist bekannt:

> Wer Wissenschaft und Kunst besitzt,
> Hat auch Religion;
> Wer jene beiden nicht besitzt,
> der habe Religion.

Zwei Gegenzeilen dazu finden sich im ersten, 1916 erschienenen Band der *Worte in Versen* von Karl Kraus. Da heißt es:

> Wer Kunst und Religion besitzt, der hat auch
> Wissenschaft.
> Wer diese beiden nicht besitzt, der habe
> Wissenschaft.

Die Überschrift heißt *Nach Goethe*. An diesem literarischen Affront – denn so muß man doch wohl das auftrumpfende Gegengedicht von Kraus verstehen – ist vielerlei merkwürdig. Die vier kurzen Zeilen Goethes sind in zwei Langzeilen auseinandergestreckt worden. Leise Berichtigungen der sprachlichen Form fallen ins Auge und sollen es auch. Bei Goethe: »Wer jene beiden nicht besitzt...«, bei Kraus: »Wer diese beiden nicht besitzt...« (Man erinnert sich der einschlägigen Kapitel aus der Sprachlehre von Kraus mit den Themenkreisen *Der und welcher* oder *Dieser und jener*.) Bei Goethe eine unregelmäßige Bildung der beiden Nachsätze: »Hat auch Religion« – »Der habe Religion«. Bei Kraus ist eine gleichsam pedantisch-symmetrische Angleichung vollzogen, die das Epigramm sichtlich dem Prosastil annäherte:

»Der hat auch Wissenschaft« – »der habe Wissenschaft«. Hier also hat jemand das Goethesche Vorbild zunächst einmal »berichtigt«, bevor er es als Vorbild einer eigenen Sprachschöpfung übernahm. Das deutet auf Ebenbürtigkeitsgefühl und bewußtes Parallelschaffen. Andererseits ist doch wohl mehr als ein Witz beabsichtigt, wenngleich Witz für Karl Kraus einen Zustand und ein Gebilde hohen geistigen Ranges zu umschreiben pflegt. Die Kenntnis der Goetheschen Prägung wird vorausgesetzt. Das Element des Bekannten ist notwendig, um der epigrammatischen Neubildung beim Leser den Erfolg zu sichern: die beiden neu entstandenen Zeilen wirken nur dort, wo sie als gegen-goethesche Satzprägung verstanden wurden. Die Antithese setzt Kenntnis der These voraus. Gleichzeitig aber wird es für möglich gehalten, durch Umstellung und Neuordnung der überlieferten Satz- und Sinnelemente ein neues Gedicht von Eigenprägung entstehen zu lassen. Es sind Goethes Begriffe der Kunst, Wissenschaft und Religion, es ist die Goethesche Wendung von Indikativ zum Imperativ; dennoch soll offenbar ein eigenes Gedicht von Karl Kraus entstanden sein. Die beiden Zeilen wurden nämlich nicht bloß für wert gehalten, als Glosse in irgendeiner Nummer der *Fackel* zu dienen, sondern stehen im ersten Band der *Worte in Versen* zusammen mit zehn anderen kurzen Gedichten unter der Überschrift *Inschriften*. Der Dichter hat offenbar strenge Auslese gehalten. Dies hier aber, diese beiden Zeilen *Nach Goethe*, empfand er als eigene dichterische Schöpfung.

Der Lyriker Kraus – wenn in der Tat hier von Lyrik gesprochen werden kann – bediente sich demnach der gleichen Methode, die er auch als Satiriker und Polemiker anzuwenden pflegte: des Zitats. Unser Zweizeiler ist zunächst einmal ein arrangiertes und neumontiertes Goethe-Zitat, das sogar dies Zitatenhafte braucht, um wirken zu können. Wer Goethes Xenion nicht kennt, wird als Leser mit Notwendigkeit unbefriedigt bleiben.

Die Interpretation der zwei Zeilen steht damit aber vor einem tiefen und manifesten Widerspruch. Ein Zitat sollte sich in ein Gedicht verwandeln, so war doch wohl die Absicht; die lyrische Neuschöpfung bot sich als Montage dar. Das konnte nach Demut aussehen, nach einer eigentümlichen, der geistigen Gestalt von Karl Kraus angemessenen Imitation Goethes; sie wäre dann ein Gegenstück zum Wirken Hauptmanns, Hesses, Thomas Manns. Die Nachfahrenschaft, das Künstlertum einer Spätzeit würde dadurch unterstrichen. Derlei Gedankengänge waren Karl Kraus sehr vertraut. Im zweiten Band der *Worte in Versen*, 1917 erschienen, steht das Gedicht *Bekenntnis*:

Ich bin nur einer von den Epigonen,
die in dem alten Haus der Sprache wohnen.

Doch hab' ich drin mein eigenes Erleben,
ich breche aus und ich zerstöre Theben.

Komm' ich auch nach den alten Meistern, später,
so räch' ich blutig das Geschick der Väter.

Von Rache sprech' ich, will die Sprache rächen
an allen jenen, die die Sprache sprechen.

Bin Epigone, Ahnenwerthes Ahner.
Ihr aber seid die kundigen Thebaner!

Dennoch bleibt der Widerspruch. Die Demut des Epigonen, der nach den alten Meistern kommt und sie zu rächen auszieht, kann dort nicht völlig überzeugen, wo der

Zitierende das zitierte Vorbild schulmeisterhaft umredigiert und sprachlich zu »glätten« sucht. Der Epigone will sich also doch nicht allzu epigonal verhalten: es widerstrebt ihm, den Namen Wilhelm Meister in den eines Joseph Knecht abzuwandeln. Spürt man nicht die ohnmächtige Wut dessen, der »später kommt«, nach den alten Meistern – und nun bemüht sein möchte, das künstlerische Epigonentum in einen Rechtszustand der Spätzeit zu verwandeln? In dem Essay *Die chinesische Mauer* vom Juli 1909 hat Kraus, unverkennbar beeinflußt durch sexualpsychologische Gedanken Otto Weiningers, dies Thema des Späteren auf die Beziehung zwischen Mann und Frau angewandt und vom Manne der »Spätzeit« gesagt: »Er hat tausendmal mit dem Anderen gerungen, der vielleicht nicht lebt, aber dessen Sieg über ihn sicher ist. Nicht weil er bessere Eigenschaften hat, aber weil er der Andere ist, der Spätere, der dem Weib die Lust der Reihe bringt und der als Letzter triumphieren wird.« Die Aussage visierte sicher nicht nur den Triumph des Mannes, der nicht der Erste, aber der Späteste ist. Gemeint war ersichtlich auch das *Künstlertum* eines, der nach den alten Meistern kommt und darum die Eigengeltung des Spätlertums zu behaupten hat. Die Beziehung hat Walter Benjamin in seinem Kraus-Essay von 1931 bereits hergestellt, indem er an jenen Satz aus der *Chinesischen Mauer* anknüpft, dann aber sogleich den Begriff »Weib« durch jenen der »Sprache« ersetzt und vom Autor-Mann Karl Kraus sagt: »Wie hält er seinen Schritt hintan und sucht den Umweg des Epigonentums, um schließlich ihr die Lust der Reihe mit dem letzten Stoße, den Jack für Lulu in Bereitschaft hält, zu enden.«

Hier will einer Epigone sein und auch wieder nicht. Er spielt den demütigen Nachfahren, Verteidiger und Rächer der alten Meister gegenüber einer geist- und bildungslosen Moderne, die – damit wir auch unsererseits

Wedekind und die Erdgeistsphäre zitieren – »geschickt und heiter über frische Gräber hopst«, auch über die Gräber der großen Toten. Aber der Epigone empfindet sich nicht bloß als Nachwelt zu Goethe und Shakespeare, zu Nestroy und Offenbach; seine Epigonenattitüde soll, mit Benjamin zu reden, nur einen Umweg darstellen zum eigenen Schöpfertum. Der Spätere ist zwar Nachwelt gegenüber den Meistern, allein er leitet sein Eigenrecht gerade daher, *daß* er Nachwelt ist. Darum der Versuch, durch Zitate und Montage ein Goethe-Gedicht in ein Kraus-Gedicht zu zwingen; aus gleichem Grunde die Praxis der Änderung und Verbesserung am Goethe-Wort: eben aus dem Recht des Späteren.

Des Späteren, der im Bewußtsein wirkt, zwar nicht mehr der Erste, aber der Letzte zu sein. Sehr hat sich das Klima der Spätzeit verschlechtert. Die Montage der Goethe-Begriffe Kunst, Wissenschaft und Religion durch Kraus muß bestürzend wirken. Goethes Xenion, dessen Aussagekraft nicht überschätzt werden sollte, enthält dennoch authentische Elemente des Aufklärungsdenkens wie der klassischen Weimarer Ästhetik, so konstituierte sich Karl Kraus notwendigerweise als ihrer aller Gegner. Wer Kunst und Religion besitzt, braucht keine Wissenschaft. Wer Kunst und Wissenschaft besitzt, hat auch Religion, was heißen soll: hat eben dadurch Religion und bedarf offenbar keiner anderen mehr. Wer dagegen die ästhetische und wissenschaftliche Erziehung des Menschen nicht zu vollziehen gewillt ist, der habe Religion; der braucht Religion als Ersatz für Kunst und Wissenschaft. Das neumontierte Epigramm bei Karl Kraus verrät sich zunächst als Wissenschaftsfeindlichkeit, damit auch als Aufklärungsfeindschaft. Es sei erinnert, daß Aufklärung für den Wiener Publizisten Kraus identisch sein mußte mit dem liberalen Fortschrittspathos der *Neuen Freien Presse*. Die Redaktion des Moriz

Benedikt hielt es mit Aufklärung und Fortschritt und Wissenschaft. Wer unfähig ist zu Kunst und Religion – so wäre Kraus doch zu verstehen –, mag sich an die Wissenschaft halten. Wobei für Karl Kraus die jämmerlichste Spezies von Wissenschaft in der Literaturwissenschaft zu finden war. (Schon im April 1911 entwarf Kraus den Plan einer *Razzia auf Literarhistoriker*). Für den Herausgeber der *Fackel* stellt sich die Begriffszusammenstellung »Kunst und Wissenschaft« als krasse Mesalliance dar. Wer sich besessen der Kunst in der ausschließlichen Form der Sprachkunst verschrieben hat, so wie dieser Mann, dem Sprache schlechthin wesensgleich wird mit Sprachkunst, kann nur monistisch, nicht dualistisch denken. Auch die Religion wird ihm hier nur als Trumpfkarte brauchbar, die dazu dienen soll, die »Wissenschaft« endgültig niederzustechen. Das Kraus-Gedicht besagt somit: Wer Kunst besitzt, braucht nichts anderes. Wer davon zu wenig besitzt, mag noch die Religion zu Hilfe rufen. Dann hat er immer noch unendlich mehr als einer, der sich der Wissenschaft verschrieb, der Kunst und Religion aber entbehrt. Wer jedoch unfähig ist zur Kunst *wie* zur Religion, möge sich an die Wissenschaft halten. Das ist dann wenig, mag aber noch hingehen, denn wie armselig auch immer, Wissenschaft bleibt das unendlich Höhere gegenüber – dem Journalismus.

Man hat es so dargestellt, als habe Karl Kraus von 1899, dem Jahr, da zum erstenmal die *Fackel* erschien, bis zu seinem Todesjahr 1936 in den mehr als 900 Nummern seiner Zeitschrift einen grandiosen, überaus lustigen und überaus verbissenen, mit höchster literarischer Meisterschaft durchgeführten Kampf gegen Windmühlen unternommen. Es sei ihm dabei, so wiederholte man, eine erstaunliche Verwechslung von Ursache und Wirkung unterlaufen: er habe das Symptom der modernen Presse für die Substanz der Moderne genommen, er habe

Basis und Überbau verwechselt, das Ereignis und dessen Darstellung. Das heißt aber doch, sich die Widerlegung des Mannes zu leicht machen. Im Januar 1924, also kurz vor dem fünfzigsten Geburtstag, schreibt Kraus: »Das Übermaß meiner Arbeit beruht nicht in der Verpflichtung, meine Darstellung den Tatsachen folgen zu lassen, sondern in dem Zwang, daß die Tatsachen meiner Darstellung folgen, wodurch, so winzig und thematisch unwürdig jene auch sein mögen, die endgültige Gestalt zum ungeheuerlichen Problem wird.« Genauso beginnt das berühmte Lied von der Presse, das Couplet aus der magischen Operette *Literatur* von 1922:

> Im Anfang war die Presse,
> Und dann erschien die Welt.

Beide Male ist das Paradox durchaus ernst gemeint. In der Metaphysik von Karl Kraus ist die Kausalität aufgehoben, ebenso wie die Subjekt-Objekt-Relation. Kraus glaubt in seinen Visionen am nächtlichen Schreibtisch alle Ereignisse, alle Einzelheiten einer Welt-Dekomposition vorweggenommen zu haben, so daß er die Ereignisse, die ihn ausnahmslos zu bestätigen scheinen, als Nachlieferung durch die Wirklichkeit betrachtet. Darum wird Kraus nicht müde zu betonen, er vertrete keinerlei Meinung, denn Meinung kann sich nur als ein Meinen von Realitäten darstellen, die eben durch Kraus dieses Vorranges und verursachenden Charakters entkleidet wurden. Die Presse als Ursprung ist gleichfalls wörtlich gemeint. Daß sie schuld an den Ereignissen sei, sie eigentlich verursacht habe, daß ihre schwarze Magie zum Weltkrieg führte und zum Weltuntergang führen werde, war Grundüberzeugung. Vielleicht sehen wir heute diese Art, Beziehungen zwischen Wirklichkeit und Zeitung herzustellen, als gar nicht mehr absurd an...

Karl Kraus, der Epigone und der Spätere. Karl Kraus, der Verächter der Wissenschaft. Spottend der Tatsachen und der Meinungen. Umkehrend Ursache und Wirkung, Ereignis und Drucklegung des Ereignisses. All diese Positionen aber sind Ausdruck einer Grundposition. Die allerdings ist, von Kraus her gesehen, nicht historisch, sondern übergeschichtlich. Es ist die *Position zwischen Ursprung und Untergang.* Beides sind Grundbegriffe in dieser sonderbaren Metaphysik, sie entsprechen einander. Im Begriff der »Nachwelt« sind sie dialektisch vereinigt, denn Kraus empfindet sich als Nachwelt gegenüber dem Ursprung, und er sieht die Nachwelt, die nach ihm kommen wird, im Zeichen des Untergangs. Mit dieser dialektischen Verschränkung begann bereits im Mai 1912 die Rede *Nestroy und die Nachwelt,* die zum fünfzigsten Todestag des großen Wiener Dramatikers gehalten wurde. Kraus dekretierte damals: »Wir können sein Andenken nicht feiern, indem wir uns, wie's einer Nachwelt ziemt, zu einer Schuld bekennen, die wir abzutragen haben. So wollen wir sein Andenken feiern, indem wir uns zu einer Schuld bekennen, die wir zu tragen haben, wir Insassen einer Zeit, welche die Fähigkeit verloren hat, Nachwelt zu sein [...]«

Das Wort vom »Ursprung« hat für Karl Kraus eine Bedeutung, worin sich Kunst und Religion in eigentümlicher Mischung vereinigen. Ursprung bedeutet einmal Kindheit und Kindheitserleben: von dort her sein Leben und das seiner Mitwelt zu messen, wird dieser Mann nicht müde. Auch er ist in Leben und Werk, ganz wie der um drei Jahre ältere, 1871 geborene Marcel Proust, auf der Suche nach einer verlorenen Zeit, nach der Kinderzeit. Ursprung bedeutet weiterhin die bewahrte oder unter Mühen wiedererrungene Ursprünglichkeit des Erlebens, vor allem des Kunsterlebens. Sprache ist ferner Ursprung: nur dem authentischen Dichter gewährt sie den Umgang mit ihrer Ursprünglichkeit, also daß das Spracherlebnis unmittelbar bleibt, nicht aber durch dazwischengeschaltete literarische Erlebnisse und Reminiszenzen vermittelt wurde. »Beim Ursprung bleiben« hat schließlich für Karl Kraus noch einen religiösen Sinn: den der Gottesnähe, die für ihn aber von der Sprachnähe und Kunstnähe nicht zu trennen ist. Ein als Totentanz angelegtes Gedicht *Der sterbende Mensch* wird durch folgende Worte Gottes abgeschlossen:

> Im Dunkel gehend, wußtest du ums Licht.
> Nun bist du da und siehst mir ins Gesicht.
> Sahst hinter dich und suchtest meinen Garten.
> Du bliebst am Ursprung. Ursprung ist das Ziel.
> Du, unverloren an das Lebensziel,
> nun mußt, mein Mensch, du länger nicht mehr warten.

Auch ein anderes Gedicht spricht in gleicher Weise und mit ähnlicher Weise vom »Ursprung«:

> Zwei Läufer laufen zeitentlang,
> der eine dreist, der andre bang:
> Der von Nirgendher sein Ziel erwirbt;
> der vom Ursprung kommt und am Wege stirbt.
>
> Der von Nirgendher das Ziel erwarb,
> macht Platz dem, der am Wege starb.
> Und dieser, den es ewig bangt,
> ist stets am Ursprung angelangt.

Karl Kraus verstand sich als Dichter, der dem Ursprung nahegeblieben war und von diesem Platz aus das Recht herleitete, eine ursprungslos gewordene Mitwelt zu verurteilen. Eine Mitwelt, die das Recht verloren habe, Nachwelt zu heißen, da Nachwelt noch eine Beziehung des Späteren, Nachgeborenen zu den Ursprüngen einstiger Meisterschaft voraussetzt, was Karl Kraus seiner Mitwelt und Umwelt ausdrücklich absprach.

Von hier aus, vom Gedanken des »Ursprungs«, erschließt sich die rätselhafte, widerspruchsvolle, gleichzeitig lächerliche und rührende, aus Kleinheit und Größe gemischte Gestalt dieses Menschen und Künstlers wohl am leichtesten. Schaut man die Jahrgänge der *Fackel* durch, dazu die Versbände und dramatischen Gebilde, die Aphorismenbücher, Übersetzungen und Bearbeitungen, so will es scheinen, als habe dieser rastlos Arbeitende stets nur von sich gesprochen, kaum etwas anderes betrieben als lärmende Autobiographie. Er spricht stets in der ersten Person, scheinbar werden wir in die Einzelheiten seiner Nachtarbeit, Theaterbesuche, Vorleseabende und Kaffeehausstunden eingeweiht: in Wirklichkeit verschwimmen die Bildkonturen immer mehr, je weiter einer den gesamten Karl Kraus liest. Zum Schluß ist die menschliche Substanz, der dieses große poetisch-kulturkritische Werk entsproß, nahezu rätselhaft geworden. Hinter dem, was die Zeitgenossen, auch Freunde von Kraus, so oft als Geltungssucht bezeichneten, als Ich-Besessenheit, sogar als Exhibition der Privatsphäre, verbirgt sich eine strenge Distanz, spürt man Scheu und Takt. Von seinem Eigensten scheint Karl Kraus nur wenig enthüllt zu haben.

Dies Wenige aber, das man hinter den Gedichten bezeichnenderweise weit deutlicher spürt als in seiner Polemik und Publizistik, hat mit der Jugendzeit des Mannes zu tun. Karl Kraus, 1874 geboren wie Hofmannsthal, ein Jahr älter also als Thomas Mann oder Rilke, spürte von frühauf die Neigung zum Theater und zum Drama. Er selbst hat oft erzählt, wie er zusammen mit dem später so leidenschaftlich bekämpften Max Reinhardt Schauspielunterricht nahm; Kraus' Gegner haben dafür festgehalten, daß er als Franz Moor debütierte und durchfiel. Zwei Formen des Theatererlebnisses aber wurden prägend für ein späteres Leben und eine künftige Kunstauffassung: die Operette im Kurtheater der Sommerferien – und das Wiener Burgtheater der Charlotte Wolter, der Sonnenthal, Baumeister und Mitterwurzer. Damals war Karl Kraus offenbar glücklich: so wurden ihm Kindheit und Jugendzeit zum paradiesischen Ursprungsstadium schlechthin; die Kunst, die er damals als junger Mensch in sich aufnahm, wurde gleichfalls zum Ansich künstlerischer Vollendung. Auf den Sommerbühnen hat er damals wohl Offenbach und Nestroy erlebt und als adäquate Begegnung empfunden. Das Burgtheater brachte Shakespeare, Schiller und Goethe. Damit war der geistige Haushalt von Kraus weitgehend bestimmt. Von nun an maß er das tragische Schaffen seiner Zeitgenossen an Shakespeare – und verwarf. Lustspiele und Operetten der Nachfahren wurden im Namen von Nestroy und Offenbach verdammt. Bühnenmoden mochten kommen und gehen, der Naturalismus Otto Brahms und die sinnliche Spielleidenschaft Reinhardts, die karge Wortregie Jeßners und der Maschinenzauber Piscators: Karl Kraus verglich sie mit den Erinnerungen ans alte Burgtheater und hatte schon geurteilt, bevor sich der Vorhang über dem neuen Theaterabend lüftete. Der Ursprung entschied, das alte Burgtheater. Ob Kainz oder Bassermann oder Krauss: im Zeichen Sonnenthals wurden sie verworfen.

Es gibt kaum einen Künstler der neueren Literaturgeschichte, der so sehr wie Kraus aller Elemente des Utopischen, des Zukunftssüchtigen ermangelt. Karl Kraus hält es mit der antiken Vorstellung, wonach das goldene Zeitalter am Ursprung war – und später nur noch Verfall bemerkt werden konnte. Dieser Auffassung vom Ursprung entsprach nur folgerichtig die Häufung der Untergangsvisionen in dieser dichterischen Vorstellungswelt. Wenn die aurea aetas längst vergangen ist, nur noch vom Kind Karl Kraus als Abglanz erahnt werden konnte, so bedeutet die Nachwelt bloß noch Niedergang und schließlich Untergang. Hier liegt der tiefste Unterschied zwischen der Suche nach einer verlorenen Zeit bei Proust und bei Kraus. Für beide ist Leben wesensgleich mit Erinnerung und Jugendtraum. Beide wollen dem Verfließenden der Zeit das einzig Dauernde, das Kunstwerk, genauer: das Sprachkunstwerk, entgegensetzen. Allein Proust steht der Kindheit und Jugend genauso kühl, skeptisch, psychologisierend gegenüber wie allen späteren Lebenstaten; er sieht in allem den Wandel, die schrankenlose Veränderbarkeit. Karl Kraus identifiziert seine Jugend als Ursprung mit dem Glück: das da darf nicht relativiert werden; es hat den Maßstab für die Bewertung alles dessen abzugeben, was später kommt.

Leidlos müssen auch diese Ursprünge nicht gewesen sein, denn die Beglückung durch die Operette, jene Offenbachs vor allem, erklärt Karl Kraus aus der Aufhebung aller Lebenswirklichkeit und Wahrscheinlichkeit. Da Offenbachs Operette völlig aufgegeben habe, sinnvolle Handlung vorzutäuschen oder gar Wirklichkeit zu imitieren, habe sie eben dadurch das Höchste geleistet, was Kunst bieten könnte. Spürt man den Bodensatz von Leid gerade in dieser Deutung der künstlerischen Jugendfreuden?

Es wäre nicht schwer, dieses Weltbild, das sich zwischen Ursprung und Untergang spannt, als Psychologe oder Soziologe zu deuten. Zahllose Gegner von Kraus haben es immer wieder versucht: jüdischer Selbsthaß, Organminderwertigkeit, enttäuschter Ehrgeiz und was dergleichen mehr sein mochte, alles hat herhalten müssen. Kraus hat alle Psychologen erbittert gehaßt, was zu denken geben mag. Einige seiner schönsten Bosheiten galten der Psychoanalyse. Er sprach von »Mißbrauch einer eigens zu diesem Zweck erfundenen Terminologie«. Er sagte, sie sei die Krankheit, deren Therapie zu sein sie vorgebe. In seinen Briefen spricht der sonst so gütige Sigmund Freud von Karl Kraus mit Zorn und Verachtung. Trotzdem führen psychologische Deutungen nicht sehr weit. Auch die sonderbare Zwischenstellung zwischen Konservatismus und Radikalismus, die Kraus einnahm und die ihn im Laufe der Jahrzehnte in sonderbarste politische Bündnisse verstrickte, vermag nicht als Schlüssel zu dienen. Walter Benjamin hat recht, wenn er schon 1931 von einem »seltsamen Wechselspiel zwischen reaktionärer Theorie und revolutionärer Praxis« sprach, der man bei Kraus allerorten begegne. Zeitlebens Feinde waren ihm die liberalen städtischen Bürger Wiens; anziehend wirkten die Aristokraten und die Arbeiter. Dennoch hat kaum einer Schrecklicheres über Habsburg, Kaiser und Erzhaus geschrieben als dieser Freund altösterreichischer Aristokraten. Stand er um 1920 als Republikaner der sozialistischen Partei nahe, so trat er nach 1933 entschieden auf die Seite des zeitweilig vom italienischen Faschismus gegen das Dritte Reich in Abwehr gestellten autoritativen Regimes von Schuschnigg und Starhemberg. Nur mit Bedrückung vermag man die letzten Hefte der *Fackel* von 1934-1936 zu lesen, die nach wie vor aufzutrumpfen suchen, aber doch nicht mehr ganz davon überzeugt sind, einer guten Sache zu dienen.

Allein auch dies war nicht entscheidend, sosehr die Wirkung des Publizisten und seiner *Fackel* von den jeweiligen politischen Positionen abhing, die bezogen wurden. So sonderbar es klingen mag: vom Standpunkt des Schriftstellers selbst, der sich allein der gesamten übrigen Welt entgegenstellte und Dauer nur seinem eigenen Werk zuzuschreiben gedachte, alles übrige aber, Freund und Feind, als wert empfand, zugrunde zu gehen, war es verhältnismäßig belanglos, ob der Niedergang Österreichs im Zeichen Franz Josephs oder Schobers, eines Sozialdemokraten oder christlichen Verehrers des Ständestaats, vollzogen wurde.

Das größte Werk von Kraus sind daher die monumentalen *Letzten Tage der Menschheit* geworden. Sie zeigen den Ersten Weltkrieg als Weltuntergang. Eine von den Ursprüngen für immerdar entfernte Welt geht zugrunde. Die letzten Regieanmerkungen lauten: »Meteorregen setzt ein«. »Flammenlohe«. »Weltendonner«. »Untergang«. »Ruhe«. »Großes Schweigen«. Die Stimme Gottes beendet das Mysterium mit den Worten des Kaisers Franz Joseph: »Ich habe es nicht gewollt.« Auch der »Nörgler«, die Rolle von Kraus in dieser Tragödie, geht zugrunde, so wird man das Geschehen wohl deuten müssen. Worin er seine Aufgabe im Weltuntergang sah, verkündet sein letzter großer Monolog: »Ich habe die Tragödie, die in die Szenen der zerfallenden Menschheit zerfällt, auf mich genommen, damit sie der Geist höre, der sich der Opfer erbarmt, und hätte er selbst für alle Zukunft der Verbindung mit einem Menschenohr entsagt. Er empfange den Grundton dieser Zeit, das Echo meines blutigen Wahnsinns, durch den ich mitschuldig bin an diesen Geräuschen. Er lasse es als Erlösung gelten!«

Dies alles ist in sich schlüssig. Kraus hat im Zeichen des Untergangs, in der Deutung des Weltkriegs als eines Untergangs aller bisherigen Menschheitskultur, ein Monumentum von Dauerhaftigkeit gesetzt. Allein die Gleichung aus Kunst und Religion ging nicht auf. Es ist immer mißlich, den Weltuntergang zu gestalten, mit unterzugehen, dann aber das Jüngste Gericht zu überleben und die Tragödie drucken zu lassen. Das Ironische der Stellung von Kraus von der ersten Nachkriegszeit bis zu seinem Tod erinnert an Hegels Philosophie, worin der Weltgeist zu sich selbst gekommen sein sollte, also daß alle weitere Weltgeschichte und erst recht alle weitere Philosophie von nun als mißlich erscheinen mußte. Gemessen an seiner unerbittlichen, von allem Mitläufertum weit entfernten Haltung während des Ersten Weltkriegs wirkt alles spätere Schreiben und Kämpfen von Kraus ein wenig unernst. Es mußte schwer sein, den Weltuntergang retrospektiv in Etappen zu zerlegen und einzugestehen, daß bloß die erste Etappe durchlaufen sei. Nur so erklärt sich das merkwürdige Versagen bei Anbruch des Dritten Reiches. Freunde wie Gegner hatten erwartet, nun werde der große Ethiker und Kulturkritiker, der sich seit einem Jahrzehnt mit Hochstaplern wie Bekessy und Polizeipräsidenten wie Schober, mit Schriftstellern wie Felix Salten und Hermann Bahr, mit Franz Werfel und Max Reinhardt oder Alfred Kerr befehdet hatte, in neuer Größe erstehen. Karl Kraus schwieg. Zwar besitzen wir heute das im Jahre 1933 geschriebene Heft der *Fackel* mit dem Titel *Die dritte Walpurgisnacht*, allein sie wurde nicht veröffentlicht und mit vollem Recht: die Polemik ist schwach, mittelpunktlos, die Sprache merkwürdig fahl und fahrig. Die Ereignisse des Frühjahrs 1933 hatten dem großen Publizisten im unmittelbarsten Sinne »die Sprache verschlagen«. Ein Gedicht von zehn Zeilen, zu Ende des Jahres 1933 in der *Fackel* veröffentlicht, bot das Zeugnis einer Verwirrung, die dem Weltuntergang, erste Etappe, in Wort und Geist noch gewachsen war, aber beim Anbruch des zweiten Weltuntergangs das Wort entschlafen sah:

> Man frage nicht, was all die Zeit ich machte.
> Ich bleibe stumm;
> und sage nicht, warum.
> Und Stille gibt es, da die Erde krachte.
> Kein Wort, das traf;
> man spricht nur aus dem Schlaf.

Und träumt von einer Sonne, welche lachte.
Es geht vorbei;
nachher war's einerlei.
Das Wort entschlief, als jene Welt erwachte.

An Polemik gegen den Polemiker fehlte es auch damals nicht; ebensowenig an unliebsamer neuer Bundesgenossenschaft. Daß im Schweigen nicht nur Versagen und Ohnmacht zu entdecken sei, sondern auch Größe, erkannte damals am klarsten Bertolt Brecht. Zum sechzigsten Geburtstag von Kraus, zum 28. April 1934, schrieb er ein Gedicht mit der Überschrift *Über die Bedeutung des zehnzeiligen Gedichts in der 888. Nummer der Fakkel*. Brechts dichterischer Kommentar zu den Verszeilen von Kraus schließt:

> Als der Beredte sich entschuldigte
> daß seine Stimme versage
> trat das Schweigen vor den Richtertisch
> nahm das Tuch vom Antlitz und
> gab sich zu erkennen als Zeuge.

Das Vorwort zu den *Letzten Tagen der Menschheit* hatte Kraus mit Hamlet-Versen beschlossen. Diesmal, nach 1933, war der Rest leider nicht Schweigen. Der besessene Schriftsteller konnte das Schreiben nicht lassen. Er brach das Schweigen, wenigstens teilweise. Von Politik war kaum mehr die Rede: dennoch stand alle wiederaufgenommene Polemik, ungewollt oder nicht, auch wenn sie Shakespeare-Aufführungen und Filmskandale behandelte, im Zeichen heraufziehender neuer Kriegsgefahr. Darüber ist dann Kraus im Jahre 1936, kurz vor dem Ende dieser österreichischen Republik, gestorben. Es wird berichtet, sein letztes Wort habe »Pfui Teufel« gelautet. Selbst wer abhold ist aller billig symbolisierenden

Deutung solcher vermeintlicher »Abschiedsworte«, wird diese Anekdote mit einiger Betroffenheit verzeichnen.

Kunst, Wissenschaft, Religion: hier waren Leben und Werk einzig auf die Kunst gestellt worden. Mit Wissenschaft wollte Kraus nichts zu tun haben. Seine Religion ist, wie es scheint, weitgehend ästhetische Arabeske, darin gar nicht so unähnlich dem von ihm mißachteten Rilke. Das große Gedicht *Gebet* in den *Letzten Tagen der Menschheit* ist trotz der wiederkehrenden Anrede »Du großer Gott« an niemand gerichtet. Im Grunde ist Karl Kraus selbst der Weltrichter und kann das göttliche Richteramt eigentlich nicht brauchen. In dem Gedicht *Memoiren* stehen die grotesken Zeilen:

> Nicht länger zögernd, Zeuge muß ich sein!
> Laßt mich durch dieses Tor zum Richter ein.

> Daß ich für Gottes Absicht mich verbürge
> und endlich doch einmal den Teufel würge!

Nicht Wissenschaft also, nicht Religion. Bloß die Kunst. Kunstrichter hier gleich Weltrichter. So hat Kraus auch im literarischen Bereich gewaltet. Ein alttestamentlicher Zug bleibt ihm eigen. Seine Erhöhungen und Verdikte von Werken und Dichtern sind stets unerforschliche Ratschlüsse. Dabei wechselt sonderbares Verkennen mit jähem und kühnem Erkennen. Karl Kraus hat Hofmannsthal verworfen und Trakl erkannt; er half Wedekind und spottete über Rilke; für Thomas Mann nur ein Achselzucken, dafür aber bewundernde Zustimmung zum lyrischen Genie des jungen Bert Brecht. Else Lasker-Schüler, Georg Trakl, Brecht haben diesem sonderbaren Meister einige ihrer schönsten Gedichte gewidmet. Ein lange unveröffentlichter Psalm Trakls, Karl Kraus zugeeignet, enthält allerdings den Nachsatz »Wie eitel ist alles«. Allein Kraus hätte diesen Doppelsinn des Wortes »eitel«, der menschliche Eitelkeit und Eitelkeit menschlichen Tuns bedeutet, vermutlich gutgeheißen.

Darin hätte er abermals den tiefen Widerspruch seines Daseins ausgedrückt gefunden, das sich als Nachwelt vollzieht, ohne Mitwelt anzuerkennen; das Epigonentum sein möchte und doch auch Gegenpol zu den Meistern; das Gott anruft und gleichzeitig nicht brauchen kann; das alle Zukunft nur im Zeichen des Untergangs sieht und dennoch nicht müde wird, vom eigenen künftigen Nachruhm zu schreiben; das eine Zustimmung der Mitwelt als störend empfindet und doch jedes Dokument der Zustimmung sorgfältig in der *Fackel* abdruckt; das nur ein Thema kennt, Karl Kraus, und doch mehr verhüllt als enthüllt. Im Zeichen der Eitelkeit steht Karl Kraus in der Tat: die Nachwelt ist versucht, die Dialektik dieser Existenz in zwei Sätzen auszudrücken: »Er war eitel« – »es war eitel«.

Kraus hat uns das Recht, Nachwelt zu sein, zwar abgesprochen, allein er hat auch immer wieder den Spruch der Nachwelt angerufen. Da nun die *Fackel* nicht mehr erscheint, die Polemik ruht, Kraus' Gegner entweder auch uns so nichtig erscheinen, wie er sie damals empfand, oder, allen Angriffen trotzend, ihr geistiges Sein und ihr Werk vor der Nachwelt behaupten konnten, vollzieht sich eine sonderbare Wandlung. Karl Kraus sah sich als Einzigen und Einzigartigen. Er empfand seine alleinige Beziehung zum Ursprung als ungeheures, unvergleichbares Privileg. Allein er steht nicht so vergleichslos da, wie es ihm scheinen mochte. Seit einem Jahrhundert etwa kennt die Bürgerwelt das Phänomen sogenannt »unzeitgemäßer« Existenzen. In Abständen und wechselnder nationaler Umgebung vollzieht es sich immer wieder, daß ein Mensch, Denker, Künstler der gesamten Mitwelt und Zeitgenossenschaft scheinbar die Gefolgschaft verweigert, die Mitwelt negiert, den Kulturkompromiß verschmäht, um, nach dem kindlichen Wort jenes Max Stirner, »sein Sach auf nichts zu stellen« als auf sich selbst. Es gibt seitdem eine ganze Genealogie solcher Einziger und ihres Eigentums. Sie alle wurden von der Nachwelt mühelos eingeschmolzen: ihre Einsamkeit verwandelte sich in Welterfolg, gegen den dann wieder neue Einzige auftraten. Wir kennen die Wandlungen des »unzeitgemäßen« Friedrich Nietzsche. Allein auch in der auf Nietzsche folgenden Generation steht Kraus nicht einzigartig da. Er besitzt einen sonderbaren Gegenspieler, der zu ihm gehört, wie die Position zur Negation. *Karl Kraus* und *Stefan George*: der Parallelfall erst zeigt den Weg der Unzeitgemäßen als gesellschaftlich typische Entscheidung. Von George sind satirische Gedichte und sogar solche in offenkundigem Bänkelsängerton überliefert, darunter eines mit der Überschrift *Teuflische Stanze*. In das Gesamtwerk wurden sie nicht aufgenommen. Auf Anfrage erklärt George: »Ins Gedicht gehören solche Zynismen nicht, da ist nur Aufbauendes [...].« Darum gerade glaubte George im Gedicht und in seinem Leben sowie im Dasein des »Kreises« die Verbindung zur Mitwelt preisgeben zu sollen; die Verbindung zur Zeitgenossenschaft hätte die Reinheit des Gedichts getrübt, dem Aufbauenden geschadet, die Kehle des Sängers heiser werden lassen.

Georges Gedicht ist Verkündung neuer Götter und neuer Reiche. In ihrem Dienste versagt er sich der Mitwelt. Dichtung und Schreiben von Karl Kraus ist Verkündigung des Untergangs, von welchem er sich gleichzeitig ausnimmt und nicht auszunehmen gedenkt. Beides aber gehört zusammen, die Einsamkeit von Kraus und die von George.

So empfand es wohl auch Kraus. George hat ihn gar nicht wahrgenommen, er aber jenen. Eifersüchtig war er

auch hier auf das Recht der Einzigartigkeit bedacht. In
einem Gedicht von 1928 *Nach dreißig Jahren* meint er
von George:

> Der in dem Tempel wohnt, woraus es nie
> zu treiben galt die Händler und die Wechsler,
> nicht Pharisäer und die Schriftgelehrten,
> die drum den Ort umlagern und beschreiben.
> Profanum vulgus lobt sich den Entsager,
> der nie ihm sagte, was zu hassen sei.
> Und der das Ziel noch vor dem Weg gefunden,
> er kam vom Ursprung nicht.

Abermals der Ursprung! Die Sehnsucht. Die mährische
Jugendlandschaft. Burgtheater und *Pariser Leben*. Dagegen nun die Theaterfeindschaft Georges, dessen Verachtung der Schaubühne, erst recht der Musik. Bei beiden,
Kraus und George, die Abkehr von Hofmannsthal wie
von Rilke. Beider literarische Urteile sind Dekrete und
Verdikte. Bei beiden Shakespeare und Goethe und Jean
Paul. Bei beiden Matthias Claudius und nicht Heinrich
Heine. Beide freundlos und gefährtenlos, da sie nur Jünger haben wollen, nicht Partner. Beide in der Gebärde so
zeitlos, im Sein und Tun durchaus zeitgebunden.

Aber unter den Schülern und Verehrern von Kraus finden wir Namen wie Peter Altenberg, Liliencron, Wedekind, Trakl, Theodor Haecker, Else Lasker-Schüler, Oskar Kokoschka, Alban Berg, Bertolt Brecht.

Der Nachwelt ist es verwehrt, den Vorleser Kraus zu
kennen und durch ihn Zugang zu einer tieferen Schicht
auch des Dichters zu erhalten. Die Jahrgänge der *Fackel*
sind voller Herrlichkeit des Witzes, der Bosheit, des
Menschheitszorns. Dennoch wird es dem Nachlebenden
schwer, dies alles als reine Literatur zu empfinden: das
Literarische erscheint dort mit der Hypothek der zahllo-

sen ephemeren Anlässe, die der jüngere Leser heute gar nicht mehr kennt und deuten kann. Ob Kraus überhaupt ein Dichter sei, darüber wurde zu seinen Lebzeiten und auch nach seinem Tode immer wieder gesprochen. All diese Worte in Versen als Gedichte anzusprechen, geht nur an, wenn man eine Vorstellung vom Gedicht zugrunde legt, die Kraus forderte und die, als Trennung der Sprache von der Sache, kaum möglich sein kann. Daß bei der Ummontierung jener Goethe-Zeilen ein neues Gedicht entstanden sei, muß bestritten werden. Dennoch hat Karl Kraus als erster durch seine Methode des Zitats, der Montage von Wirklichkeit, der Verwandlung von Alltagsrede und Tagespublizistik in Kunst eine ganz neue, bis dahin unerhörte, uns heute jedoch durchaus geläufige Art der literarischen Kreation vorgebildet. Wir kennen seitdem die Verwendung des pausenlos ablaufenden, gleichsam tonbandmäßigen wiedergegebenen Alltagsgeschwätzes im Drama oder Roman; wir kennen den Bewußtseinsstrom und den inneren Monolog. Im *Doktor Faustus* arbeitet Thomas Mann mit der Collagetechnik, die unbedenklich reale Zeitgenossen zusammen mit erfundenen Romanfiguren im epischen Bereich zusammenführt. Soweit man sieht, war aber Karl Kraus wohl der erste, der diese Art der Montage zum künstlerischen Prinzip erhob. Vielleicht stand er damit gewissen Experimenten der bildenden Kunst durchaus nicht so fern, wie er selbst wohl vermutet hätte. Überhaupt scheint es an der Zeit zu sein, die literarische Gestalt dieses einzigartigen Menschen und Künstlers nunmehr unabhängig von alten Gegnerschaften, Psychologie und politischer Standortanalyse zu betrachten, um als Nachwelt die höhere Verbindung zwischen Karl Kraus und seiner Zeit deutend wiederherzustellen.

2. Hugo von Hofmannsthal

Im Jahre 1924, fünf Jahre vor seinem Tode, wurde Hofmannsthal gebeten, das Nachwort zu einer Neuaugabe von Stifters *Nachsommer* zu schreiben. Der Versuch gehört zu seinen schönsten Arbeiten. Wie in vielen anderen Texten seiner kritischen Prosa aus diesen letzten Lebensjahren, imitiert Hofmannsthal als Interpret Stifters auch hier eine Gebärde, die ihm an Grillparzer und Stifter aufgefallen war: die Geste des Schenkens. Grillparzers wichtigste Arbeiten, wozu Hofmannsthal vor allem »seine noch unbekannten Tagebücher« rechnet, die gehaltreich seien wie ein Bergwerk, müsse man als ein Angebinde Österreichs an Deutschland verstehen. Genauso verhalte es sich mit dem *Nachsommer*. Dies seien Werke von österreichischer Essenz, gleichzeitig aber undenkbar ohne die Beziehung zur deutschen Welt und Weltliteratur. Für Stifters heute noch ebenso viel geliebten wie geschmähten Entwicklungsroman, den Arno Schmidt, gar nicht ohne Gründe, als das Werk eines »sanften Unmenschen« bezeichnet hat, sieht Hofmannsthal die Korrelation von Österreich und Deutschland in folgendem: »Zwei große Gestaltungen deutschen Geistes sind in den *Nachsommer* einbezogen und der Welt, die in ihm hervortritt, zugrunde gelegt: das Werk Goethes und das Werk Jean Pauls. Der erstere Bezug ist gleichsam oberirdisch, indem der Name Goethe mehrmals, wenngleich nicht oft, mit der höchsten Ehrfurcht genannt und sein Werk als ein Teil des überlieferten Besitzes bezeichnet wird. Der Bezug auf Jean Paul ist geheimer, aber nicht weniger tiefgehend.«

Dies alles sieht zunächst wie eine sachliche Interpretation aus; allein im Verlauf des Gedankengangs werden Ansichten geäußert, die den Leser fragen lassen, wovon insgeheim die Rede sei: spricht Hofmannsthal immer noch vom Verfasser des *Nachsommer* und des *Witiko*, oder werden wir plötzlich konfrontiert mit Aussagen Hofmannsthals über die literarische Gegenwart und Zukunft Hugo von Hofmannsthals?

Die Rede war auf Stifters Nachruhm gekommen. Der Interpret glaubte feststellen zu müssen, daß Ferne und Fremdheit zwischen jener Welt, die im *Nachsommer* geschildert wird, und der Umwelt, worin Adalbert Stifter sein letztes Lebensjahrzehnt zubringen mußte, groß gewesen sei bereits im Erscheinungsjahr 1857. Nach dem Verschwinden aber einer Enkelgeneration der Goethezeit, zwischen 1890 und 1900, habe für die damals Lebenden und Lesenden kaum mehr ein Zugang zu Stifter offengestanden.

An dieser Stelle schließt Hofmannsthal merkwürdige Reflexionen an, die vom Leben und Tod der Kunstwerke handeln: »In einer so langen Frist pflegt an ein Dichterwerk ein Augenblick heranzutreten, in dem es stirbt. Es kann sich nach diesem Tod zu einem neuen Leben erheben und in diesem viele Menschengeschlechter überdauern: aber es muß einmal jenen Übergang erleiden, der dem Tod eines lebenden Wesens gleicht. Es ist dies der Augenblick, wo das Dichterwerk keine der unausgesprochenen Fragen, die der Leser an es heranträgt, mehr zu beantworten scheint. Die meisten Schriftwerke machen diesen Tod bald durch; denn ihre Verfasser setzen ihre Kräfte daran, daß sie den geheimeren Wunsch einer Epoche erfüllen – indessen aber hat diese schon einen neuen, noch geheimeren ausgebildet.«

Hier hat der Interpret, vielleicht ohne es zu wissen, denn Musikalität war trotz aller Kollaboration mit Richard Strauss nicht seine Stärke, das Thema »Tod und Verklärung« in die Literatur transponiert. Allein Hofmannsthal fehlt die Zuversicht seines Tonsetzers Richard Strauss, wie wir sie in dessen Tondichtung auskomponiert finden: daß zwar der physische Tod des schöpferischen Menschen unvermeidlich sei, und Strauss hat ihn mit viel Getöse instrumentiert, dann aber in feierlich aufsteigenden Klängen die Verklärung einsetzen dürfe: die Apotheose. So hatte es noch die deutsche Klassik verstanden. In Schillers Gedicht *Das Siegesfest* stehen die Verse:

> Von des Lebens Gütern allen
> Ist der Ruhm der höchste doch:
> Wenn der Leib im Staub zerfallen,
> Lebt der große Name noch.

Jakob Grimm beschloß damit im Jubiläumsjahr 1859 seine *Rede auf Schiller*. Zweifel über diesen Ablauf von Tod und Verklärung waren ihm und seinen Zeitgenossen noch nicht gekommen.

Hofmannsthal hingegen wuchs auf als Künstler einer Spätzeit und mit dem Bewußtsein, in einer winterlichen Kulturlandschaft leben zu müssen. Zwar gab er sich in der frühen Lyrik gern sorglos und begann das »Lebenslied« mit dem Vers »Den Erben laß verschwenden [...].« Er selbst aber neigte durchaus nicht zu solcher Verschwendungsgeste der jungen Herren aus großem Hause. Bewahren und zusammenhalten war von früh auf seine Sache. Man kann es Traditionsbewußtsein nennen, und der Redner Hofmannsthal hat gegen Ende seines Lebens, im Jahre 1927, in der Rede über *Das Schrifttum als geistiger Raum der Nation* sogar die bedenklich Formel von der »konservativen Revolution« geprägt.

Für ihn nämlich gab es keine Zukunft, der man schwungvoll-idealistisch den eigenen »großen Namen« in Schillers Sinne anvertrauen konnte. Der Kausalnexus zwischen physischem Tod und literarischer Verklärung funktionierte nicht mehr. Hofmannsthals Kunst – und auch sein Weltbild – hatte seit Anbeginn mit der Vergangenheit zu tun, mit der Gegenwart nur insofern, als sie dazu dienen sollte, den noch vorhandenen Restbestand an Bildung und Besitz zu konservieren. Da die Kontinuität fehlte, die Zukunft ausgespart war, der »Weltinnenraum« Rainer Maria Rilkes von dem pragmatischen und nüchternen Hofmannsthal als Hirngespinst empfunden wurde, blieb nur die Attitüde des Bewahrens und Neugewinnens von Vergangenem. Darum machte sich Hofmannsthal, nicht bloß in seinem Versuch zu Adalbert Stifters *Nachsommer*, so angelegentlich Gedanken über den Tod der Kunstwerke.

Er meinte sich und sprach in eigener Sache, während er über Adalbert Stifter zu schreiben vorgab. Carl J. Burckhardt überlieferte aus der letzten Lebenszeit einen Ausspruch auf einer Reise ins alte Lothringen. Hofmannsthal stand mit dem Freund aus Basel vor den Grabstätten der Lothringer Herzöge und meditierte darüber, wie durch die Eheschließung der Kaisertochter Maria Theresia mit dem Herzog Franz von Lothringen die Dynastenformel vom Hause »Habsburg-Lothringen« zustande gekommen war. Zum 200. Geburtstag bereits der Maria Theresia im Jahre 1917, also mitten im Ersten Weltkrieg, hatte der Geschichtsschreiber Hofmannsthal einen sonderbaren geistesgeschichtlichen Vergleich gewählt, um die Welt der Kaiserin, die er selbst einige Jahre vorher im Libretto zum »Rosenkavalier« beschworen hatte, zu charakterisieren: »Unter den großen Figuren der Geschichte möchte man sie in die Nähe des Augustus stellen, der gleich ihr nicht den Kriegen seinen Ruhm verdankt und ein Baumeister des Lebendigen war wie sie. Freilich ein Augustus, bei dem kein Vergil und kein Livius steht. Aber dennoch blieb ihr Walten nicht ohne eine Stimme. Wo eine Fülle sich zusammenfaßt, will das innere Gefühl des Reichtums an den Tag. Das theresianische Weltwesen war irdisch und naiv und voll Frömmigkeit. Es war voll Mut zur Ordnung und Natur und voll Erhebung zu Gott. Es war naturnahe und, wo es stolz war, voll echtem Stolz ohne Steifheit und Härte. Haydn, Gluck und Mozart sind sein unvergänglicher, Geist gewordener Gehalt.«

Schon in diesen Schlußworten der Geschichtsbetrachtung von 1917, Hofmannsthal war damals 41 Jahre alt, spürte man leise Reserve gegenüber der geistigen Unproduktivität jener Ära des Hauses Habsburg-Lothringen: Maria Theresia als augusteische Gestalt, aber ohne Vergil und Livius, ohne große Poesie und Historiographie, dafür – wie Hofmannsthal uns glauben machen will – sinngebend für die Musik eines Gluck, Haydn und Mozart. Mehr als ein Jahrzehnt später sind jedoch, bei dieser Reise nach Lothringen, die Zweifel an der Dauerhaftigkeit des theresianischen Österreich größer geworden. Hofmannsthal ermißt bloß noch die Distanz seines eigenen Daseins zu jener von ihm so leidenschaftlich und nicht durchaus überzeugend verklärten Ära einer Endzeit des Heiligen Römischen Reiches Deutscher Nation. Die Reichskleinodien waren in der Hofburg zu bewundern. Aber der angeblich geistige Gehalt der Formel »Habsburg-Lothringen« hatte gleichfalls musealen Charakter angenommen. Wer sich dazu bekennen wollte: zu Maria Theresia und zum Salzburger Welttheater, zu Grillparzer und Stifter, spanischen Einflüssen in österreichischer Bau- und Theaterkunst, wie es Hofmannsthal immer wieder tat, mußte nun erst recht den Abstand zwischen dem eigenen Treiben und dem höchst divergierenden Streben der Zeitgenossen gleichsam wie eine Verletzung empfinden.

Da also stand Hofmannsthal im alten Herzogtum Lothringen, das aber längst in französische Départements aufgeteilt war. Nun sagte er zu Burckhardt und sprach abermals in eigener Sache: »Es ist nicht das Wollen, nicht das Können, nicht die Berufung, die über das Werk entscheiden. Man kann in ein Klima, in eine Zeit geraten, die kein Gedeihen mehr zulassen. Es geht wie mit der Vegetation, der Fauna – ganze Reihen sterben aus. Das Wort, das gestern noch Zauberkraft hatte, fällt heute sinnlos zu Boden.«

Wieder eine Selbstaussage: wie damals aus Anlaß der Stifter-Analyse. Carl J. Burckhardt überlieferte noch andere, in Tendenz und Stimmung ähnlich zu verstehende Aussagen eines Dichters, von dessen »Spätzeit« wir zu sprechen pflegen, wenngleich Hofmannsthal im Augenblick seines Todes ein Mann Mitte der Fünfziger war. Er soll Burckhardt auch, plötzlich auf der Straße vor ihm stehenbleibend, gefragt haben, ob denn irgend etwas von dem, was er, Hofmannsthal, der Dichter, nach wie vor produzierte, auf ein Interesse der Mitwelt rechnen könne. Daran schien er zu zweifeln, hatte wohl auch nicht unrecht mit dieser Skepsis. Zwar: die *Ballade des äußeren Lebens* und die mit den Worten »Manche freilich« beginnenden Verse standen in den zwanziger Jahren in Deutschlands Lesebüchern für die Oberschulen. Nach 1933 verschwanden sie wieder daraus, da Hofmannsthals »unreine« Abkunft ruchbar geworden war. Im Zeitalter des Expressionismus genoß man – gar nicht erstaunlicherweise – die so eminent musikalische Verzweiflung der Zwiesprache zwischen dem Toren und dem Tode. Wieder wurden sie, durch ähnliche Mißverständnisse, miteinander konfrontiert: Rilke und Hofmannsthal. Cornet und wohlklingende Verse von der Armut und dem Tode hier, auch ein bißchen vom lieben Gott – dort der *Prolog zu dem Buch* »Anatol« von Arthur Schnitzler mit den berühmten und um 1923 immer noch innig genossenen Versen:

Also spielen wir Theater,
Spielen unsre eignen Stücke,
Frühgereift und zart und traurig,
Die Komödie unserer Seele,
Unsres Fühlens Heut und Gestern,

Böser Dinge hübsche Formel,
Glatte Worte, bunte Bilder,
Halbes, heimliches Empfinden,
Agonien, Episoden [...]

Dies war der im eigenen Ruhm der Jugendzeit, in der
Form des Knaben Loris versteinerte, offenbar sich selbst
überlebende Hofmannsthal der zwanziger Jahre. Der
vergöttlichte Knabe Loris Hofmannsthal gleichsam als
Gegenstück zum vergöttlichten Knaben Maximin bei
Stefan George.

Im übrigen aber? Die Prosa Hofmannsthals wurde
kaum beachtet. Der Roman *Andreas* war Fragment geblieben: literarisch ein Geheimtip. Hofmannsthal hatte
früh damit begonnen, seine Essays zu sammeln. Nach
wie vor schrieb er weiter; wohl auch zum Broterwerb,
denn der Briefwechsel zeigt heute, wie prekär es in Geld-
dingen nach dem verlorenen Krieg und der Inflation in
Rodaun zuzugehen pflegte. Allein die vom Verlag ange-
kündigten neuen Essaybände blieben ungedruckt.

Die Komödie vom *Schwierigen* zwar wurde von Max
Reinhardt, dem Freund und Mitkämpfer, dem Retter aus
letzter Not vor der *Rosenkavalier*-Premiere, vorzüglich
aufgeführt, aber kaum verstanden. Ein so kluger und
hellsichtiger Kritiker wie Siegfried Jacobsohn sah im
Schwierigen, verglichen mit Hofmannsthals frühem
dichterischem Werk, den krassen Abstieg in läppische
und höchst alltägliche Lustspielkonvention: »Ein weiter
Weg: vom *Tod des Tizian* und seiner Sprachmeister-

schaft bis zu dem *Schwierigen* und seiner Meisterschafts-
sprecherei, -plauderei, -schwätzerei. Dieser Weg des
Hugo von Hofmannsthal führt den Literaturkenner in
ihm über Marivaux, den Österreicher über Bauernfeld,
den Theaterpraktiker über Moser. Wenn das Publikum
weiß, daß der neue Diener morgen früh fliegen wird, erklärt er: ›Hier gefällts mir ganz gut – hier bleib ich‹; und
solch ein Monolog ist bei dem Prototyp der Erlesenheit,
der Abhandlungen für die Diskretion und gegen jede Di-
rektheit in den Dialog schiebt, wahrhaftig ein Aktschluß.«

Dabei entgeht Jacobsohn durchaus nicht, daß in diesem Lustspiel die schiere Vergangenheit als zukunfts-
volle Gegenwart präsentiert wird. Aber der Kritiker S.J.,
der drei Jahre nach der Novemberrevolution von 1918
eine Aufführung des *Schwierigen*, in den Berliner Kammerspielen (30. 11. 1921), zu rezensieren hat, urteilt
trotzdem höchst schnöde: »Wie eine zarte Puderschicht
liegt die Schwermut der Hilflosigkeit auf dem Repräsentanten einer gutgekleideten Kaste, die sich der Rauheit
muskulöser Läufte durchaus nicht gewachsen zeigen
wird. Doch das Futurum ist inzwischen Perfektum geworden – und das ist das Pech des Gesellschaftskritikers
Hofmannsthal. Paillerons Welt, in der man sich langweilt, hatte für ihren Abschilderer eine Gegenwart, die
seine Zuhörer jahrelang unterhielt. Hofmannsthals Welt
ist eine, mit der er langweilt – nicht durchweg, aber strek-
kenweis, szenenweis langweilt –, weil ihre Zeit schon unter der Erde ist, und weil er ihr dorthin mit einer uneinge-
standenen Wehmut nachblickt, die seine humoristischen
Anwandlungen wider seinen Willen beschattet. Daß das
Schöne stirbt – nicht die eherne Brust rührt es des stygi-
schen Zeus. Gar der Totentanz wohlparfümierter Droh-
nen verlangt von seinem Komödie-dichtenden Beobachter Fassung, Distanz, souveräne Heiterkeit.«

Nun ja, hier spricht ein Berliner, möchte man denken, der sich während des Theaterabends über den norddeutschen Baron Neuhoff und dessen Taktlosigkeiten unter Wiener Erlauchts geärgert hatte. Allein am 12. August des nächsten Jahres 1922 fand unter Max Reinhardts Spielleitung die Uraufführung von Hofmannsthals *Salzburger Großem Welttheater* in der Kollegienkirche des Festspielortes statt. Abermals in der Berliner *Weltbühne* Jacobsohns, die auch schon den Verriß des *Schwierigen* gebracht hatte, urteilte nun Hofmannsthals österreichischer Landsmann Alfred Polgar über dieses Salzburger Mysterienspiel: »Von Calderons geistlichem Schauspiel hat Hofmannsthal nichts übernommen als den Rahmen und die typisierten Figuren. Auf Geheiß des ›Meisters‹ schlägt die ›Welt‹ die Bühne auf, teilt ›unverkörperten Seelen‹ die Rollen zu, und die also Bedachten erledigen nun, so gut sie's vermögen, ihren Part. Es ist die menschliche Komödie, die Gott sich vorspielen läßt, und es geht für die Akteure darum, seinen Beifall zu gewinnen. Daß solche Komödie unmittelbar das Herz des Zuschauers streife, muß der Glaube an den absoluten Allherrscher und seine Dynastie (zu deren Dienst wir sind, und von deren Gnade zeitliches und überzeitliches Sein abhängt) lebendig sein. Die Kirche war also der richtige, der einzig richtige Schauplatz für derlei Spiel, weil in ihr selbstverständlich keiner saß, der nicht jene Vorbedingung erfüllt hätte.

Theater in der Kirche hieß: Theater für Gläubige. Der Strahl fiel auf präparierte Seelen, die mit der lichtempfindlichen Schicht überzogen waren. – Ob der moderne Dichter aus denselben Gründen für die Kirche als Schauplatz optiert hat, weiß ich nicht. Jedenfalls nimmt er die Benefizien einer auf dem Glauben fußenden – also um ihre Standfestigkeit nicht weiter sorgen müssenden – Dichtung voll in Anspruch. Und ebenso das Benefizium einer tiefen, heiligen Einfalt, die mit Allegorien, Bildern und Sinnbildern spielen kann, wie sie will, ohne daß man ihr auf die frommen Finger sehen dürfte. Handelt es sich doch um ein Theater im Überdimensionierten, das der Geometrie gemeiner Vernunft nicht hörig ist.«

Die Schlußworte der Rezension sind ebenso hellsichtig wie tückisch: »Vergessen wir nicht: es ist ein geistlich Spiel, dem es um das nach dem Tode geht. Das Leben hienieden wird nur als Kandidatur für die ew'ge Seligkeit gewertet. Die Toten werden denn auch, bei Hofmannsthal, nachdem sie eine Weile in des Meisters Palast antichambriert haben, einer Art Punkt-Wertung unterworfen und ihr gemäß zu des Meisters Seite placiert. Eine ›goldene Gnadenkette‹ schlingt sich vom führenden ›Bettler‹ bis zur ›Schönheit‹, nur der Reiche wird in die Kette nicht eingefügt, er bleibt – ach, im frommen Märchenspiel! – verworfen. – Das Ende des Werkes ist sehr arm geraten. Der Klimax in geistliche entspricht keine Klimax in dichterische Höhe.«

Nun sind Jacobsohn und Polgar nicht die ersten besten. Außerdem bestimmten sie die Tonart der Durchschnittskritik. Auch in der mittleren Presse erging es der Komödie und dem Mysterienspiel Hugo von Hofmannsthals nicht wesentlich besser. Karl Kraus gar nahm noch die Tatsache übel, mit dem verachteten Erfolgspoeten das Geburtsjahr 1874 teilen zu müssen. In den *Letzten Tagen der Menschheit* erscheint Hofmannsthal als peinliche Lustspielfigur: Drückeberger, Durchhalteschreiber und Wichtigtuer.

Die es damals, um 1925, immer noch gut meinten mit dem Autor schöner Verse, dem Librettisten des *Rosenkavalier* und der *Ariadne auf Naxos*, pflegten darauf hinzuweisen; freilich habe das eigene dichterische Werk Hofmannsthals nicht gehalten, was man sich einst von Loris versprochen hatte. Dafür bleibe die große Kollaboration mit Richard Strauss. Allein auch die befand sich gegen Ende von Hofmannsthals Lebenszeit in einer bedenklichen Krise.

Mit der *Elektra* hatte es angefangen. Richard Strauss, damals königlich-preußischer Hofkapellmeister zu Berlin, sah in Max Reinhardts Kammerspielen die Schauspielerin Gertrud Eysoldt in einer Aufführung der *Elektra* von Hofmannsthal. Der erfolgreiche *Salome*-Komponist witterte die Möglichkeit für eine künstlerische Parallelaktion und fragte bei Hofmannsthal an, ob er das Schauspiel zum Opernlibretto umgestalten wolle. Hofmannsthal griff zu, aber schon bald darauf wurde Fremdheit spürbar zwischen dem Dichter und dem Tonsetzer. Richard Strauss vergleicht in einem Brief vom 11. 3. 1906 höchst ungeniert die Tochter einer Herodias mit der Tochter einer Klytaemnestra. Hofmannsthal antwortet sehr gereizt und bemüht sich, seinem Musiker die fixe Idee auszutreiben. Recht von oben herab erläutert er die Differenzen: »Es sind zwei Einakter, jeder hat einen Frauennamen, beide spielen im Altertum und beide wurden in Berlin von der Eysoldt kreiert: ich glaube, darauf läuft die ganze Ähnlichkeit hinaus.« Strauss nahm sich die Erläuterung zu Herzen, freilich auf seine Weise. Zwar komponierte er nicht abermals eine hypererotisierte Partitur, jedoch eine Elektra-Sinfonie für Singstimmen und Orchester nach einem Handlungsschema des Dramatikers Hugo von Hofmannsthal.

Das nächste Werk, nun als genuine Gemeinschaftsarbeit des Dichters und Komponisten angelegt, der *Rosenkavalier*, authentischer Hofmannsthal, wurde zum Welterfolg. In einem später geschriebenen Rückblick auf die berühmte »Komödie für Musik« deutete Hofmannsthal an, worauf es ihm damals angekommen sei: »Ein halb imaginäres, halb reales Ganzes entstehen zu lassen, dies Wien von 1740, eine ganze Stadt in ihren Ständen, die sich gegeneinander abheben und miteinander mischen, mit ihrem Zeremoniell, ihrer sozialen Stufung, ihrer Sprechweise oder vielmehr ihren nach den Ständen verschiedenen Sprechweisen, mit der geahnten Nähe des großen Hofes über dem allen, mit der immer gefühlten Nähe des Volkselementes.«

Der Erfolg des *Rosenkavalier* gab Hofmannsthal neuen Mut zur Weiterführung des Librettistenamtes. Die *Ariadne auf Naxos* sollte ein Überfest werden, das er sich selbst zu geben gedachte. Hier wollte er seiner Freude an der romanischen Welt und Literatur ein Denkmal errichten. Ein germanisch-romanisches Superfest des Geistes und der Sinne wurde angestrebt. Molières *Bürger als Edelmann* bot den Rahmen, die italienische Opera seria vermählte sich in einem blendenden Theatereinfall mit der – gleichfalls italienischen – Stegreifkomödie. Bacchus aber und Ariadne sprachen in Versen, denen der Nachklang des Goetheschen Spätstils anzumerken war und auch angemerkt werden sollte. Das Fest der Feste freilich fand nicht statt: die erste Fassung der *Ariadne auf Naxos* als Verbindung einer Opernhandlung mit Molières Lustspiel um den Monsieur Jourdain wurde bei der Stuttgarter Premiere vom 25. 10. 1912 zu kaum mehr als einem Achtungserfolg. Hier bereits wurden Stimmen laut, die meinten, Strauss solle sich von Hofmannsthal trennen: dessen Preziosität gefährde das musikalische Ingenium des Komponisten.

Die Kollaboration aber wurde weitergeführt. Hofmannsthal ging von seinem Opernkonzept nicht ab. Nach wie vor mühte er sich um die große geistig-sinnenhafte Festivität. Auch die Goethenachfolge wurde immer evidenter. Daß sich Hugo von Hofmannsthal seit den Anfängen um eine Nachfolge Goethes bemüht hat, die gelegentlich zur Imitation ausartete, wurde von seinen Kritikern bald schon bemerkt. Um die Zeit der *Ariadne-*

Premiere mußte Alfred Kerr eine Studie rezensieren, die Jakob Wassermann dem Freunde Hofmannsthal gewidmet hatte. Alfred Kerr meinte höhnisch, und es war als Doppelinfamie gemeint: wenn Wassermann über einen andern Künstler schreibe, verfalle er sogleich in dessen Tonfall. Diesmal habe er sich über Hofmannsthal geäußert, weshalb er folgerichtigerweise begonnen habe, Goethesch zu schreiben.

Dabei handelte es sich für Hofmannsthal um weit mehr als manierhafte Epigonik. Wenn er sich in Goethes Sternbild zu stellen versuchte, meinte er damit zugleich und abermals die *Distanz* zwischen der Goethezeit und der Hofmannsthal-Ära. In einem der letzten Briefe an Carl J. Burckhardt, geschrieben am 6. 4. 1929, also wenige Monate vor dem Tode, erläutert er die Freundschaft des 1874 geborenen Hofmannsthal mit dem weit jüngeren, im Jahre 1891 geborenen Carl J. Burckhardt wie selbstverständlich durch einen Hinweis auf Lebensverhältnisse des alten Goethe: »Bei Goethe, dessen Leben ja etwas Paradigmatisches hat, ergibt sich, wenn man genauer zusieht, das Folgende. Als ganz alter Mann (nach einer gewiß qualvollen Mittelzeit) erhält er sich in der Freundschaft zu einigen wenigen Gleichaltrigen: Karl August, Knebel, Zelter. (Ein Unterschied von 5–6 Jahren macht in diesem Alter nichts mehr aus.) Daneben aber treten als wirkliche Freunde einige, zu denen der Unterschied 30 und mehr Jahre beträgt: Sulpiz Boisserée, der Kanzler Müller – auch Eckermann gehört in diese Reihe. Doch lassen wir diese Betrachtungen.«

War die *Ariadne auf Naxos* als eine germanisch-romanische Phantasmagorie angelegt worden, so strebte Hofmannsthal bei dem neuen Libretto für Richard Strauss, der *Frau ohne Schatten*, nach einer großen Synthese aus Goethe und Mozart, aus zweitem Faust und jenem zweiten Teil der *Zauberflöte*, den Goethe geplant und in den

Anfängen auch skizziert hatte. Als Hofmannsthal viele Jahre später, um 1923, den Auftrag erhielt, die Einleitung zu einem Band zu schreiben, der Goethes Singspielen und Operntexten gewidmet war, kam er wie selbstverständlich auf die Kreationsprobleme der *Frau ohne Schatten* zurück. Es zeigte sich abermals die Goethenachfolge. Sehr aufschlußreich übrigens, daß er in dieser Einleitung zu Goethes Singspielen und Opern die eigentlichen Singspiele fast achtlos beiseite schob, ausführlicher bloß bei Goethes Fragment eines Zweiten Teils der Zauberflöte verweilte, im übrigen aber andere Goethewerke in den Bereich seiner Untersuchung einbezog, die der Gattung nach gar nichts vom Singspiel oder der Oper an sich haben. Bevor er nämlich von der Goetheschen *Zauberflöte* spricht, hat der Essayist von Goethes *Märchen* gehandelt; auf seine Bemerkungen zur *Zweiten Zauberflöte* folgt ein Exkurs über den *Wilhelm Meister*, insbesondere über *Mignons Exequien*, die übrigens auch im Briefwechsel Strauss-Hofmannsthal eine Rolle spielen. Hofmannsthals Versuch aber gipfelte in Betrachtungen über die Rolle von Fest und Festlichkeit im Goethe-Werk. Es hieß da: »Es war Goethe natürlich, Festliches hervorzubringen: er sieht wie keiner die Kette von Festen im Walten der Natur. Ja das Dasein erkennt er als ein Fest, und dies Freudige, der Feier Zugeneigte tritt bei ihm mit wachsender Lebensreife immer entschiedener hervor. So ist der erste Teil *Faust*, das Werk der Jugend, Tragödie; der zweite ist eine Kette von Festen und Feierlichkeiten, er ist voll Zeremoniell und Liturgie, er ist, als Ganzes genommen, das Fest aller Feste und, da er auf Schritt und Tritt Musik postuliert, die Oper aller Opern.«

Hier ist mehreres beisammen: eine Goethe-Deutung Hofmannsthals; eine dichterische Selbstaussage in der Nachfolge Goethes; eine Wesensbestimmung der Oper;

schließlich ein Quellenverzeichnis zur *Frau ohne Schatten*. Unschwer nämlich lassen sich Motivbestandteile und Themen von Goethes *Märchen* in beiden Fassungen entdecken, die Hofmannsthal seiner Geschichte von der schattenlosen Kaiserin gegeben hat: in der Erzählung wie der Versfassung des Opernlibrettos für Richard Strauss.

Allein auch Goethes *Faust* hat in eigentümlicher Weise auf Hofmannsthals Text und damit auf das fertige Gesamtkunstwerk eingewirkt. Unverkennbare und geradezu zitatmäßige Faust-Anklänge finden sich im Textbuch sogar noch viel stärker als in der Prosaerzählung von der *Frau ohne Schatten*. Man beachte die Abschlüsse des zweiten und dritten Aktes. Hofmannsthal scheint mit dem zweiten Akt so etwas wie eine Konstellation der *Faust*-Tragödie, also des ersten Faust, mit dem dritten Akt aber eine Paraphrase der Faust-Oper, also des von ihm in solcher Weise verstandenen zweiten Faust gegeben zu haben. Der Ruf der Amme am Schluß des zweiten Aktes lautet: »Her zu mir!« Der Amme wurden damit Wort und Haltung des Mephistopheles eingeräumt, die Kaiserin steht gleichsam als Faust in der dramatischen Konstellation. Die Verse aber des Schlußchors, den die »Ungeborenen« anstimmen, weisen nicht bloß im Tonfall, sondern auch im Gehalt eine fast zitatmäßige Anlehnung auf, die den Schluß der Oper zum Schlußchor des zweiten Faust in Beziehung setzt.

Den Kerngedanken seines Librettos hatte der Dichter in einem Brief an Strauss von Anfang April 1915, also auf dem Höhepunkt der gemeinsamen Arbeit, wie folgt umrissen: »Es ist hier eine ganze Welt gegeben – doch umschreibt ein Verspaar von Goethe den innersten Gehalt davon:

> Von dem Gesetz, das alle Wesen bindet,
> befreit der Mensch sich, der sich überwindet.«

In der Tat erschließt sich aus diesem Zeilenpaar des Gedichts *Die Geheimnisse* das ethische und zugleich das dramatische Grundprinzip der Oper.

Aber die wachsende Entfremdung zwischen Strauss und Hofmannsthal hatte damals bereits, seit der *Frau ohne Schatten*, eingesetzt. Die Briefe, die zwischen ihnen in Hofmannsthals letztem Jahrzehnt gewechselt werden, trotz der gemeinsamen Arbeit an der *Ägyptischen Helena*, die zum größten und wohl unrettbaren Mißerfolg dieser Konstellation werden sollte, schließlich im Bemühen der Partner um das letzte gemeinsame Opus, die *Arabella*, die für Strauss als Wiederholung des Rosenkavalier-Erfolgs verstanden wurde, während sich Hofmannsthals Text eher wie eine Zurücknahme der früheren Dichtungen und eine Absage an die Habsburgische Utopie ausnimmt, lassen nicht nur Distanz erkennen, sondern auf beiden Seiten den Unglauben eines jeden von beiden, vom Gegenspieler verstanden zu werden.

Die Kritiker hatten es sich inzwischen leichtgemacht. Für die Freunde des Tonsetzers Strauss war Hofmannsthal zu einem Ballast geworden, den man tunlichst abwerfen sollte, damit das Münchner Opernschiff seine Erfolgsfahrten fortsetzen möge: Strauss hatte, aus ähnlicher Erwägung, bereits einen Versuch mit dem Dichten für den Hausgebrauch unternommen. Daraus entstand das selbstgebaute Libretto zur Oper *Intermezzo*: eine alberne Spießbürgerlichkeit, die nun wirklich das produzierte, was Siegfried Jacobsohn in Hofmannsthals *Schwierigem* zu sehen geglaubt hatte, nämlich eine Rückkehr zur Lustspielkonvention der Konfektionäre für Ehebruchs- und Verwechslungsschwänke. Wenn jedoch Richard Strauss nach diesem Seitensprung zu Hofmannsthal zurückfand, so keineswegs aus Reue, sondern eher aus einer Kompromißbereitschaft, es mit dem Wiener Dichter als dem kleineren Übel versuchen zu wollen.

Hofmannsthal war zum Anachronismus geworden. In einem Essay über die *Ägyptische Helena* hatte er leidenschaftlich die lyrisch-mythologische Oper als einzig mögliche Darstellungsform für zeitgenössische Auseinandersetzungen gefordert. Mit beschwörenden Worten wandte er sich am Schluß des Aufsatzes an seinen Tonsetzer Richard Strauss, um wieder einmal zu erläutern, nun aber durchaus nicht mehr herablassend wie damals, zur Elektra-Zeit: »Denn wenn sie etwas ist, diese Gegenwart, so ist sie mythisch – ich weiß keinen anderen Ausdruck für eine Existenz, die sich vor so ungeheuren Horizonten vollzieht – für dieses Umgebensein mit Jahrtausenden, für dies Hereinfluten von Orient und Okzident in unser Ich, für diese ungeheure innere Weite, diese rasenden inneren Spannungen, dieses Hier und Anderswo, das die Signatur unseres Lebens ist. Es ist nicht möglich, dies in bürgerlichen Dialogen aufzufangen. Machen wir mythologische Opern, es ist die wahrste aller Formen. Sie können mir glauben.«

Wenige Monate nach der erfolglosen Uraufführung der *Ägyptischen Helena* in der Dresdner Staatsoper begann in Berlin am Schiffbauerdamm die *Dreigroschenoper* von Bertolt Brecht und Kurt Weill ihren Siegeszug. Noch zu Lebzeiten Hofmannsthals schien sich der Gedanke aus dem Essay über Adalbert Stifter, das Wort vom Tode der Kunstwerke, zu bewahrheiten. Jene Diskrepanz zwischen Künstler und Zeitgeist, die Robert Musil in seiner letzten Lebenszeit (1936) veranlaßt hatte, ein Buch mit dem Titel *Nachlaß zu Lebzeiten* herauszugeben, wurde kaum zehn Jahre vorher auch zu Hofmannsthals letzter Lebenserfahrung. Der Musil-Titel war an jenem 15. 7. 1929, als Hofmannsthal in Rodaun tot zusammenbrach, auch für denjenigen zur Formel geworden, der einst als Wunderkind Loris debütiert hatte. Die letzten Werke wirkten wie *Nachlaß zu Lebzeiten*.

Ein so hellsichtiger Künstler wie Hofmannsthal machte sich darüber nichts vor. Am 6. 4. 1929 hatte er im Brief an Burckhardt die Parallele zum Altersverhalten Goethes gezogen. Am 21. 4. schrieb er an Rudolf Borchardt: »Es gibt gewisse sehr traurige, schwer zu überwindende Dinge im Leben – von ihnen ist in keinem Buch die Rede, nur Menschen, die ein höheres Lebensalter erreichen, kennen sie: sie spielen sich innerhalb des Individuums ab, oder zwischen dem Individuum und dem außer ihm: der Welt, der Epoche, dem Zeitgeist oder wie man es nennen will – auch zwischen Eltern und Kindern; vielleicht weil eben nur ältere Menschen sie erkennen und sich scheuen, so Finsteres zu enthüllen, werden sie nie erwähnt.«

In alledem spürte man eine tiefe Verdüsterung, auch Arbeitsunlust. Die Koketterie war abgetan. Er schien mit allem experimentiert zu haben und scheiterte mit allem: mit Neuromantik und psychologisierender Antike, künstlich-einfältigen Mysterienspielen, spanischem Welttheater und Imitationen der spanischen Mantel- und Degen-Stücke, mit Molière-Komödien und Stegreif-Komödien, mit den mythologischen Opern und den synthetischen Amalgamen aus Calderón und Grillparzer. Hugo von Hofmannsthal und die Mitwelt? Tiefste Entfremdung und erschreckende Ungleichzeitigkeit.

Die Mitwelt schien hier bereits als Nachwelt zu amtieren. Dann kam die Verfemung im Dritten Reich. Nun wurde auch die merkwürdige Spannung offenbar, in der Hofmannsthal durch Herkunft und Anspruch hatte leben müssen. Er wollte – ganz ohne Ironie sei es gesagt – als Oktavian Graf Rofrano daherkommen, gehörte aber durch Geburt weit eher zur gesellschaftlichen Sphäre des Herrn von Faninal, eines reichen Neugeadelten. In seinem Referat vom 4. 8. 1966, gehalten in Brüssel auf dem Jüdischen Weltkongreß, hat Golo Mann auch diese Seite des Falles Hofmannsthal in seinem Vortrag über *Deutsche und Juden* behandelt. Er sagte damals: »Hugo von Hofmannsthals Vater war ein in den Adelsstand erhobener jüdischer Bankier. Ob seine Mutter jüdischer Herkunft war, weiß ich nicht. Da er auch eine jüdische Dame heiratete, wird man ihn wohl als eine jüdische Figur ansehen dürfen. Aber wer hat je bezweifelt, daß die Dichtungen Hofmannsthals späte und feinste Blüten spezifisch österreichischer, habsburgischer Kultur sind? Wer würde sie als ›jüdisch‹ ansehen? Als nach dem Untergang des Habsburgerreiches jemand den Dichter fragte, was österreichische Schriftsteller jetzt tun sollten, antwortete Hofmannsthal: ›Sterben‹. Aber weiterleben mußte und wollte er schließlich doch. Tatsächlich hat Hofmannsthal, nachdem es das alte Österreich nicht mehr gab, die deutsche Komponente in seinem Wirken stärker betont und 1928 an der Münchner Universität einen berühmt gewordenen Vortrag mit dem Titel *Das Schrifttum als geistiger Raum der Nation* gehalten. Er fühlte sich also jetzt einfach der deutschen Nation, nicht mehr im besonderen dem habsburgischen Kulturkreis zugehörig. Für den Kenner deutscher Sprach-Nuancen ist der Titel des Vortrags, ›Schrifttum, geistiger Raum‹, ein wenig unheimlich; nicht minder die Tatsache, daß Hofmannsthal in diesem Vortrag die Wertverbindung prägte, die später eine schlimme Popularität gewinnen sollte: den Ausdruck ›konservative Revolution‹. Nicht die eigentlichen Nazis, wohl aber ihre geistigen und politischen Wegbereiter, zum Beispiel Herr von Papen, haben mit diesen zwei Worten schlimmen Unfug getrieben.«

Diese Worte des Historikers und Publizisten *Golo Mann*, der Hofmannsthal noch als Freund seines Vaters Thomas Mann erlebt hatte, sind sicherlich nicht als der Weisheit letzter Schluß in Sachen Hugo von Hofmannsthal anzusehen. Allein sie geben ein Beurteilungselement, das bei Interpretation dieses Dichters und seiner Werke gern übersehen wird. War Hofmannsthal gegen Ende seines Lebens zum erfolglosen und unzeitgemäßen Schriftsteller degradiert worden, so besteht heute die entgegengesetzte Gefahr einer ätherischen Verklärung. Die Proportionen von Mann und Werk verschwimmen im Goldglanz. Es häufen sich die Mißverständnisse und Beschönigungen. Im Dezemberheft 1966 der österreichischen Monatsschrift *Literatur und Kritik* veröffentlichte Franz M. Kuna einen Aufsatz mit dem Titel *Wie modern ist Hugo von Hofmannsthal?* Da heißt es: »Hofmannsthal hat ein echt österreichisches Schicksal erlitten. Das heißt, er ist jetzt allen bekannt, weil er unbekannt ist. Hofmannsthal ist eine Legende. Sein Name wird jedem jungen Österreicher während seiner Schulzeit sorgfältig eingeimpft, mit dem Resultat, daß er später gegen sein Werk völlig immun ist. Pilgert dieser Österreicher dann einmal in späteren Jahren nach Salzburg, um auf dem Domplatz einer *Jedermann-Aufführung*, oder in der Kollegienkirche einer Aufführung des *Großen Welttheaters* beizuwohnen, dann ist dort bereits auf die raffinierteste Weise für ihn gesorgt, daß er nicht Hofmannsthal begegnet, sondern einem Zeremoniell, das bereits andere Funktionen hat als die Dichtung Hofmannsthal als Dichtung.«

Bemerkenswert an alledem ist eigentlich nur das *Symptom* dieses Mißvergnügens eines Österreichers von heute am österreichisch-nationalen Getue mit Hugo von Hofmannsthal. Im übrigen verfällt nicht nur die Hofmannsthal-Legende diesem Verdikt, sondern auch einiges Authentische in Hofmannsthals eigenem Werk. Freilich: Hofmannsthals Bemühen um eine Neugeburt Calderóns aus dem Geist der Wiener Neuromantik darf nicht mit dem Salzburger Dom oder der Wiener Karlskirche verwechselt werden. Immerhin war es Hofmannsthal selbst, der 1919, gleich nach dem Untergang des Habsburger Reiches, in seinem berühmten Aufsatz über *Festspiele in Salzburg*, noch dazu unter ausdrücklicher Berufung auf Josef Nadlers *Literaturgeschichte der deutschen Stämme und Landschaften*, den Barockbegriff für Salzburg, für das wieder einmal geplante Superfest des Geistes und der Sinne, jenseits aller Stilkriterien und historischen Fakten, strapaziert hatte. Hofmannsthal sah die Geburtsstadt Mozarts so: »Nirgends so wie dort fließen die Jahrhunderte ineinander, das Barock des Mittelalters – die nach Ausdruck und Darstellung ringende franziskanische Zeit – und das Barock des Jahrhunderts. Das bäuerliche, beharrende, naturnahe Element bindet beide.«

Daraus folgert er für das künftige Programm der Salzburger Festspiele, daß sie das einfältige Spiel vom Jedermann als Nachbarkunst zu Mozarts *Don Giovanni* zu verstehen hätten. Um es mit den eigenen Worten des Propagandisten zu sagen: »Von all dieser Theaterkunst, dieser wahren organischen Entwicklung, einer der folgerichtigsten, ungebrochensten, die je, seit der Antike, auf künstlerischem Gebiet da war, ist das Mysterienspiel in deutschen gereimten Versen der Anfang und ein Gebilde wie der *Don Juan* die Krönung. Verwandt sind sie beide durch und durch, denn beide sind sie ein wahres Theater, nicht aus der Rhetorik geboren, nicht aus dem Psychologischen, sondern aus jenem Urtrieb, ›der das Übermenschliche greifbar vor sich sehen will und tiefen Abscheu hegt vor jeder formlosen Abstraktion‹.« Die Erläuterung jenes Urtriebs, »der das Übermenschliche greifbar vor sich sehen will und tiefen Abscheu hegt vor jeder formlosen Abstraktion«, steht im Text in Anführungszeichen. Es handelt sich um ein Zitat aus Josef Nadler.

Salzburg war nach dem für Österreich wie Deutschland so unglücklichen Ausgang des Ersten Weltkriegs von Hofmannsthal nicht bloß als Fest der Feste gedacht, nach dem Mißgeschick mit *Ariadne auf Naxos*. Es war gleichzeitig ein neuer Versuch, das eigene Dichtertum, um ein höchst fragwürdiges Wort zu gebrauchen, dadurch »bodenständig« zu machen, daß man ihm einen Nährboden der Tradition zuschanzte: nachdem der Kult der schönen Dinge mit ästhetischem Überdruß und einer Absage des Lyrikers an die Lyrik geendet hatte; seit die Wiederbelebung der Antike in Psychologie und Preziosität ausgeartet war; als die Evokation der Kaiserin und des Feldherrn Eugen aus Savoyen durch den realen Geschichtsablauf widerlegt wurde. Hofmannsthals insgeheim angstvolle, aber nach außen hin selbstsicher auftretende Forderung einer Erneuerung der modernen Kunst aus dem Geist des Barock, verstanden als festliche Einheit aus Landschaft und Geschichte und Theater, gipfelnd in einem *Salzburger Großen Welttheater* nach Calderón, war nicht bloß ein Irrweg, sondern ein – damals – höchst zeitgemäßer Irrweg. Man möge sich die Parallelaktion von Hugo von Hofmannsthal und Paul Claudel vor Augen halten. Auch bei Claudel in jener ersten Nachkriegszeit der Versuch, ein Welttheater aus dem Geist der Katholizität, der Konterreformation und der spanischen Bühnentradition zu errichten. Der *Seidene Schuh* als Gegenstück zu Hofmannsthals Bemühungen um das neubarocke Welttheater. Beide aber, Hofmannsthal wie Claudel, stellten sich mit diesem Rekurs auf das Jesuitentheater der Gesellschaftsproblematik ihrer Zeit entgegen. Ihr Barockbegriff war in aller Bewußtheit als Heilformel gegen gesellschaftliche Zusammenbrüche und Revolutionen gedacht. Allein Claudel ist ungebrochen, sein Tun hängt mit der arroganten Glaubensgewißheit des Bekehrten zusammen. Sein Briefwechsel mit André Gide in jenen Jahren zeigt uns eine Art des Dichtens und des Verhaltens zur Zeit, die ebenso abgefeimt ist wie naiv, ebenso unbelehrbar wie monumental.

Hofmannsthal war weder abgefeimt noch naiv, weder unbelehrbar noch monumental. Das macht: er war nicht von Haus aus, was Claudel – wenngleich ebenfalls in bewußter Stilisierung – zu sein vermochte. Claudel stand in einer Tradition, Hofmannsthal besaß Tradition. Die Ambivalenz seines Verhaltens zu den Religionen, literarischen Überlieferungen, Gesellschaftsklassen verhinderte immer wieder, daß sich die Einheit aus Mensch und Zeit, Sein und Schein, Leben und Schreiben verwirklichte. Golo Mann hatte nicht unrecht mit dem Hinweis auf die Herkunft des Dichters. Ein anderer aber, auch ein österreichischer Dichter, der Herkunft nach gleichfalls in einer Lage, die den bösen Blick erlaubte auf Hofmannsthals geheime Schwächen, hat diesen Fall Hofmannsthal, bei aller Sympathie für den Dichter, sehr nüchtern beschrieben. In Hermann Brochs berühmter Studie über *Hofmannsthal und seine Zeit* kann man lesen: »Der Bruch mit dem von Vater und Großvater eingerichteten bürgerlichen Sein war keineswegs bloß das Aufgeben von etwas, mit dem man wie mit einem natürlichen Besitz frei schalten durfte, nein, es war weit mehr, es war ein Verrat, war Verrat an ihrer Assimilationsleistung, war wiederum ein Verstoß gegen das ›Erwirb es um es zu besitzen‹ und war daher Schuld; wahrlich, es war Schuld, und wie jede wäre sie unentschuldbar gewesen –, doch war es wirklich nichts als Schuld? War es nicht gleichzeitig eine notwendige Wiedervergeltung? Denn auch jene beiden hatten Schuld auf sich geladen, da sie die jüdisch-feudalen Absichten des Ahnen zunichte gemacht hatten und ins christlich-bürgerliche Lager abgeschwenkt waren.«

Broch folgert daraus bei seiner Sozialanalyse des Falles Hofmannsthal: »Der Adelsanspruch des Künstlers, gegründet auf der Kraft des Über-sich-selbst-Hinauswachsens –, das war die Assimilationsaufgabe, und Hofmannsthal wäre der letzte gewesen zu meinen, daß sie vermittels gesellschaftlicher Beziehungen zur Aristokratie hätte erfüllt werden können. Denn durch keinerlei Leistung kann man sich in eine Klasse einkaufen; selbst ins Proletariat muß man hineingeboren sein, auf daß die Klassenzugehörigkeit den sozialen Platz im Volksganzen verbürge. Und umgekehrt: wer des Künstlertums Freiheit gewählt hat, der wird von der Klasse, in der er geboren worden ist, ausgeschieden und verfällt jener jahrtausendalten Ächtung, die der des Freimanns ähnelt, wie eben im Deutschen der Henker genannt wird. Denn Klasse bedeutet Gebundenheit, und sie ächtet die Freiheit.«

Nimmt man hinzu, daß Hermann Broch seine Darstellung jener österreichischen Welt, worin Hugo von Hofmannsthal aufwuchs, dessen also, was Musil im Begriff »Kakanien« zusammenfaßte, unter die Formel »Soziologie der fröhlichen Apokalypse« gestellt hat, so muß Hofmannsthals erregtes Pochen auf Einheit von Sein und Kunst, auf Wiedergeburt der Kunst aus dem Geist der Landschaft, des Glaubens, der Tradition, vor allem als Streben nach dem – für ihn – Unerreichbaren verstanden werden. Die Vorkriegswelt in Österreich deutete Broch als eine Art der »staatenlosen Gesellschaft«. Er präzisierte das so: »Das Sozialgebilde hier hatte mit politischer Demokratie überhaupt nichts zu tun: als Produkt der österreichischen Substanzlosigkeit, in der keiner keinen ernst zu nehmen vermochte, weil außer der Staatssubstanz der Krone nichts ernst zu nehmen war, wurde auch das Sozialgebilde substanzlos, wurde zu einer Art Gallert-Demokratie, in der, wenn's drauf ankam, die Grafen die Allüren von Fiakern und die Fiaker die Allüren von Grafen annahmen.«

Eines der dramatischen Projekte Hofmannsthals trug eben jenen Titel: *Der Fiaker als Graf.* Er übernahm das

Motiv ins Libretto der *Arabella*: Komtesse Arabella und Graf Mandryka auf einem Fiakerball, in einer Welt also, die Broch als »klassenlos« versteht, während sie bei Hofmannsthal vor allem als zeitlos, besser noch, als anachronistisch präsentiert wird.

Weil dem aber so war, vermochte sich der Ideologe in Hofmannsthal mit Rettungen einer bedrohten Zeitgegenwart durch Rekurs auf die spanisch-österreichische Gegenreformation schließlich nicht zufriedenzugeben. Der Hofmannsthal-Deuter Broch bemerkt sehr scharfsinnig, wie der frühen Absage des Lyrikers Hofmannsthal an das Gedicht in späterer Parallelaktion auch eine Abkehr von der Epik entsprach. Der *Andreas*-Roman blieb Fragment. Auch dies hatte mit einem neuen Illusionsverlust des Ideologen wie des Poeten Hofmannsthal zu tun. Hier liegt, um Golo Mann noch einmal zu zitieren, die Ursache dafür, daß Hofmannsthal, »nachdem es das alte Österreich nicht mehr gab, die deutsche Komponente in seinem Wirken stärker betonte«. Aber muß man wirklich erläutern, daß auch die Formel vom *Schrifttum als geistiger Raum der Nation* und von der »konservativen Revolution« dem Dichter, hätte er länger gelebt, ganz zu schweigen vom Jahre 1933, abermals als wesenlos und schal erschienen wäre? So daß man – in vielleicht gar nicht so besonders kühner Konjektur – die Voraussage wagen darf, daß es schließlich auch noch zur Absage des Dichters an die Tragödie gekommen wäre.

Man hat das Trauerspiel *Der Turm*, das in zwei Schlußfassungen auf uns gekommen ist, die beide nicht zu befriedigen vermögen, als Hofmannsthals »geistiges Vermächtnis« bezeichnet. Der Dichter selbst arbeitete, wie seine Briefe zeigen, mit höchster Anstrengung an einer dramatischen Dichtung, die Calderón und Grillparzer und Goethe zur Einheit binden sollte. Welttheater auch dies. Freilich mit dem Unterschied zu den Salzburger Experimenten, daß die Hauptfiguren diesmal nicht durch ihre soziale Stellung voneinander abgehoben wurden, sondern durch die Art ihres Verhaltens zur Welt in Aktion und Passion.

Eben darin sah Walter Benjamin beim Erscheinen der ersten Fassung von Hofmannsthals Trauerspiel, die mit der Epiphanie des Kinderkönigs schließt, seine Bedeutung für die deutsche Bühne in der Mitte der zwanziger Jahre. Es war sicher nicht bloß dankbare Sympathie für Hofmannsthal, der einige Jahre vorher Benjamins große Abhandlung über Goethes *Wahlverwandtschaften* in den *Neuen Deutschen Beiträgen* publiziert hatte, was ihn über den *Turm* sagen ließ: »Dieses Drama ist ein weiteres, entschiedenstes Vordringen in einem Bezirk, der gleich sehr dem dramatischen Gestalten seines Dichters wie der neueren Szene schlechtweg vorbestimmt scheint. Das ›Vortragische‹ mag man ihn nennen. Aus dem Ritual ist das Drama erwachsen, Urtypus der dramatischen Spannung, die Spannung zwischen Wort und Aktion. Nicht was man in läßlicher Rede so nennt: nicht eine Spannung im Bereich der Worte selber (nicht die der Debatte) noch auch die des sprachlosen Ringens (des Kampfes schlechthin) ist dramatisch. Das ist allein die Spannung des Rituals, die zwischen Tun und Rede selber, im Polaren, überspringt.«

Benjamins Begriff des »Vortragischen« ist zu verstehen aus seinen Arbeiten am damals entstehenden eigenen Buch *Ursprung des deutschen Trauerspiels*. So mußte es ihn beglücken, daß der einstige Neugestalter einer *Elektra* und *Alkestis*, griechischer Tragödien also, nun sein neues dramatisches Werk ausdrücklich nicht als Tragödie, sondern als *Trauerspiel* bezeichnet hatte. Benjamin folgerte daraus: »Das alte Trauerspiel schlug seinen Bogen zwischen Kreatur und Christ. In dessen Scheitelhöhe steht der vollkommene Prinz. Wo Calderons christlicher

97

Optimismus den sah, da zeigt sich der Wahrhaftigkeit des neueren Autors Untergang. Sigismund geht zugrunde. Die dämonischen Gewalten des Turms werden seiner Herr. Die Träume steigen aus der Erde auf und der christliche Himmel ist längst aus ihnen gewichen.«

Aber damit sprach er im Grunde nur in positiver Wendung aus, was Alfred Polgar vor dem *Salzburger Großen Welttheater* sehr entschieden negativ formuliert hatte: daß eine fragwürdige Säkularisation christlicher Begriffe als Drama präsentiert werde. Hofmannsthal mochte sein Stück *Der Turm* noch so ernst meinen – es blieb abermals, wie beim *Welttheater*, ein fader Nachgeschmack ob solcher Mischung von Artistik und Religionsersatz. Der Dichter selbst ging in der zweiten Bearbeitung voller Trotz noch weiter in der Vermischung der heterogenen Sphären. Der sterbende Sigismund erscheint in der späteren Fassung am Schluß in messianischer Positur, als erlebte man einen Aktschluß bei Georg Kaiser.

Daß auch der *Turm* nicht bloß ein Mißerfolg auf dem Theater wurde, sondern als mißlungene Dichtung verstanden werden sollte, hat abermals mit Hofmannsthals ambivalentem Verhältnis zu seiner Zeit zu tun. Indem er immer wieder die Gegenwart bloß als Endstadium abgelebter, aber werthafter Zeiten versteht, die Zukunft ausgespart hat, die Gegenwart nur noch symbolisch verstehen möchte: als Nachprägung von etwas – großartiger – Vorgeprägtem, landet er stets im Niemandsland. Was an sich hingehen möchte, wäre er nicht gleichzeitig darauf aus, auch den Theaterbesucher und Leser als guten Gesellen und Weggenossen für dieses Land aus Nie und Nirgends zu gewinnen.

Dies hängt mit dem Tode zusammen und einer Todessüchtigkeit, die in aller Dichtung Hofmannsthals ihr Wesen treibt. Für den jungen Loris war das oft ein kokettes oder wohl auch modisches Spiel: ein Getändel mit den

Agonien. Noch in der *Ballade des äußeren Lebens* kommen Tod und Todessüchtigkeit zu Wort:

> Was frommt das alles uns und diese Spiele,
> Die wir doch groß und ewig einsam sind
> Und wandernd nimmer suchen irgend Ziele?
> Was frommts, dergleichen viel gesehen haben?

Darin lag noch viel Attitüde der damaligen Décadence. Später wurde, im *Jedermann*, der Tod sogar Requisit. Aber schließlich stellte sich Hofmannsthals Verhältnis zum Leben und zur Tradition immer deutlicher und ernsthafter unter das Gesetz des Todestriebs. Die Zukunft war ausgespart worden. Historismus aber und Bildungsgläubigkeit wurden für diesen Dichter, soviel Bedeutung er ihnen als Ideologe jeweils einräumen mochte, mehr und mehr zum Ausdruck einer Sehnsucht nach dem, was dahinging und unwiederholbar ist. Die Überfeste seiner mythologischen Opern waren insgeheim als Leichenfeiern zu verstehen. Das Ritual, bei dessen Erfindung dieser Dramatiker so erfolgreich zu sein pflegte – von der silbernen Rose bis zum Kredenzen des Glases mit Wasser in der *Arabella* –, war Totenritual.

In Hofmannsthals Aufzeichnungen aus der letzten Lebenszeit findet sich ein bezeichnender Satz: »Was uns zur Betrachtung der Vergangenheit treibt, ist die Ähnlichkeit des Gewesenen mit unserem Leben, welche ein Irgendwie-Eins-Sein ist. Durch Erfassung dieser Identität können wir uns selbst in die reinste Region, den Tod versetzen.«

Zu dieser Dichtung im Zeichen des Todes und Untergangs aber trat noch ein anderer Zentralbegriff, ohne den Hofmannsthals Verhältnis zur Zeit, damit also zur Mitwelt und zur Nachwelt, nicht erfaßt werden kann. In seiner Studie über *Hofmannsthal und die Griechen* erläutert Walter Jens, wie Hofmannsthals Begriff der Präexistenz, vom Dichter selbst als »glorreicher, aber gefährlicher Zustand« bezeichnet, die Einsamkeit dieses Dichtertums von Anfang an, jenseits aller Erfolge und Mißerfolge, fixiert habe: »Die Stärke des im Stadium der Präexistenz Befindlichen liegt in seiner frühen Weisheit und der Möglichkeit konsequenter Beschränkung: die Präexistenz kennt weder Variationen noch Metamorphosen, sie ruht in sich, wer in ihr lebt, ist sich selbst genug. Aber der Stärke entspricht in gleicher Weise Verfehlung und Schwäche, da der in der Präexistenz Befangene Gefahr läuft, von allem Lebendigen abgeschnitten, der Realität beraubt und endlich von jeder heilsamen Kommunikation mit dem Äußeren getrennt zu werden.«

Zwar glaubt Jens im Verhalten von Hofmannsthals Helden den Übergang von der Präexistenz zur Existenz als charakteristische Evolution demonstrieren zu können, allein der Dichter selbst verblieb bis zum Tode im Zustand der Präexistenz. Er fühlte sich als »vorgeprägt«. Das hatte schon der junge Loris empfunden und in den *Terzinen über Vergänglichkeit* ausgesprochen:

> Und daß mein eignes Ich, durch nichts gehemmt,
> Herüberglitt aus einem kleinen Kind
> Mir wie ein Hund unheimlich stumm und fremd.

> Dann: daß ich auch vor hundert Jahren war
> Und meine Ahnen, die im Totenhemd,
> Mit mir verwandt sind wie mein eignes Haar,

> So eins mit mir als wie mein eignes Haar.

Präexistenz und Todessüchtigkeit. Man ist nicht fern der sonderbaren Privatmetaphysik des Karl Kraus vom selben Jahrgang 1874: der Spannung also zwischen Kult des Ursprungs und Wollust des Untergangs. Im Grunde waren für Hofmannsthal alle Ideologien und historisch-politischen Sinngebungen des Augenblicks nicht überaus wichtig. Das Wesentlichste in ihm, so glaubte er zu spüren, war die Vorprägung durch die Toten. Sein Schaffen war für ihn nichts anderes als ein Weg zum Tode, Progression und Regression in einem. Darum die Absage an die Lyrik, später an die epische Kunst, die Verbissenheit eines absurden Kampfes um Mythologeme, die verfehlte Trauerspielgestaltung als Mischung aus religiösem Surrogat und literarischer Präexistenz.

Es bleibt ein Rest. Was Hugo von Hofmannsthal nicht gelang mit Hilfe von Psychologie und Mythologie, aktualisierter Historie und künstlicher Religiosität, glückte (und bestürzte), als der Dichter seine echteste Problematik, Untergangssucht, Präexistenz und Absage an den Glanz des dichterischen Wortes, zum Gegenstand einer eigenen Dichtung machte: noch dazu eines Lustspiels.

Vom *Schwierigen* ist die Rede. Emil Staiger hat in einer Studie über diese Komödiendichtung gemeint, das Werk sei auf der Bühne nicht realisierbar und bleibe, um ganz erschlossen zu werden, der Bücherwelt vorbehalten, wenngleich es dramatisch durchaus einwandfrei gebaut sei: »Wenn wir bei den Tragödien mit Recht die ungenaue Fügung tadeln und finden, daß uns alles Aufgebot von theatralischen Mitteln darüber nicht ganz trösten könne, so ist das Lustspiel umgekehrt dramatisch durchaus einwandfrei, ein Ganzes, dessen Teile so meisterlich aufeinander bezogen sind, daß der Kunstverstand, der hier gewaltet hat, wohl nur in Lessing seinesgleichen finden dürfte. Das Theatralische dagegen, die Schaubarkeit, kommt nicht zustande, weil der Vorgang sich in einem stillen Geisterraum vollzieht, für den das Wien der Nachkriegszeit kein mythisches Bild zur Verfügung stellt.«

Erfolgreiche Aufführungen haben die Skepsis dieser

Behauptung widerlegt. Dennoch hat Staiger recht, wenn er meint, die Theateraufführung werde stets und notwendigerweise die Quintessenz eines Werks beschädigen oder gar eliminieren, das jenseits der Aktion *und* der Rede angesiedelt wurde. In einem Niemandsland mit Namen Wien. Darum mußte Jacobsohn, ein Mann des Theaters, als Kritiker vor diesem Werk durchfallen. Alle Aktivität der Figuren und alles Geschwätz dienen dem Dichter nur dazu, die eigentliche Handlung durch den Kontrast hervortreten zu lassen: als Nichthandeln und Nichtreden des Grafen Bühl und der Komtesse Helene. Auch dies ist Niemandsland jenseits von Zeit und Raum. Eine Komödie jenseits der Sprache und Geschichte. Graf Bühl und Komtesse Helene – sie führen Totengespräche. Am Ende steht eine Verlobung, aber die Hauptbeteiligten sind – wie billig – dabei nicht anwesend. Wie könnten sie auch?

Was Hofmannsthals berühmtester Essay, der *Brief des Lord Chandos*, schon zu Beginn des Jahrhunderts formuliert hatte: daß die Worte ihre Kraft verloren hätten, irgendeine Sache zu treffen und gar zu beurteilen, wurde in dieser Komödie vom *Schwierigen* als heiteres Programm verkündet. Diesmal kam alles zusammen, den dichterischen Erfolg zu garantieren: Präexistenz und Sehnsucht nach dem Unsagbaren, Gesellschaftsritual, von dem man weiß, daß es längst tot ist, und heiteres Einverständnis mit dem Faktum, daß da keine Zukunft mehr sein würde. Die Verwandlung Hofmannsthals in den Toren Claudio führte zur Entzauberung, ebenso alle spätere Kostümierung durch Mythologie, Geschichte und Literaturgeschichte. Als der Dichter Hugo von Hofmannsthal hingegen die Inkarnation als Graf Bühl versuchte, als ein neurotischer Aristokrat von schwach entwickelter Intellektualität, so daß der Baron Neuhoff von ihm als einem »schlaffen zweideutigen Menschen ohne

Würde« sprechen konnte, glückte das dichterische Unternehmen über alle Erwartung.

Die Mitwelt hatte für ihn am Ende nur ein – respektvolles – Achselzucken. Die Nachwelt möchte so gern bei ihm das reine Dichtertum genießen, das ihr, wie viele meinen, die Schriftsteller von heute heimtückisch vorenthalten. Da ist es an der Zeit, diesen Künstler und sein Werk in aller Brüchigkeit sichtbar zu machen. Dann erst werden Größe und Leid dieses poetischen Unternehmens, jenseits von Scheitern oder Gelingen, für uns verstehbar. Beim Anblick all dieser Versuche, Absagen, Verwandlungen und Anverwandlungen wird offenbar, daß dieser Dichter, der die Zukunft zu verbannen gedachte, eben darin ein Vorläufer der Späteren werden konnte. In seinem gespannten Verhältnis zur Zeit liegt ein stellvertretendes Element moderner Poesie weit über den Fall Hofmannsthal hinaus.

3. Otto Weininger
und der jüdische Selbsthaß

Besonders gut eignen sie sich nicht für einen Festvortrag im sogenannten »Jahr der Frau«: die Thesen Otto Weiningers und seines Buches »Geschlecht und Charakter«. Zwei kleine Zitate mögen das vorab demonstrieren: sie wurden mühelos unter allzuvielen derselben Tendenz ausgesucht. Man höre: »Der tiefstehende Mann steht noch *unendlich* hoch über dem höchststehenden Weibe, so hoch, daß Vergleich und Rangordnung hier kaum mehr statthaft scheinen.« Das Wort *unendlich* hat Weininger unterstrichen. Dazu noch das zweite Zitat: »Der größte, der einzige Feind der Emanzipation der Frau ist die Frau.«

Freilich ist der Terminus »Jahr der Frau« selbst einigermaßen fragwürdig, weil er eine Ausnahme zu etablieren scheint, denn alle anderen Jahre vorher und nachher sind dann, wie selbstverständlich, als Jahre des Mannes zu verstehen. Und dann: die Thesen dieses genialischen jungen Menschen lassen sich nicht isoliert betrachten. Was Weininger über Mann und Frau sagt, muß verstanden werden als Bestandteil eines in sich geschlossenen, man kann fast sagen: monadischen Systems, worin mit ähnlicher Schroffheit von Juden und Deutschen gesprochen wird, von Talent und Genie, Vätern und Söhnen, Selbstliebe und Selbsthaß. Jede einzelne These Weiningers wirkt, isoliert, als Spinnerei. Die Gesamtheit des Buches »Geschlecht und Charakter« ist, wie mir scheint, aktuell geblieben: auch dann, und gerade dann, wenn man dem Autor nirgendwo Recht geben wird.

Der Fall Otto Weininger ist ein »Fall« geblieben, und er ist überdies ein Beitrag zum österreichischen Identitätsproblem, und ganz gewiß zur Identität der österreichischen Literatur im 20. Jahrhundert. Weininger ist,

mit Musil zu sprechen, ein eminent kakanisches Phänomen. Aber er meint noch mehr und anderes. Daher die
Verbindung dieses Namens Weininger mit dem allgemeinen Phänomen des jüdischen Selbsthasses, welcher bekanntlich, als Komplementärphänomen, den Judenhaß
voraussetzt.

Die Biographie ist rasch nacherzählt. Eine knappe und
feinfühlige Darstellung hat Walter Schneider im Jahre
1962 dem Taschenbuch »Otto Weininger. Genie und
Verbrechen« in der Stiasny-Bücherei vorangestellt. Weininger kam am 3. April 1880 in Wien zur Welt, als Sohn
eines jüdischen Kunsthandwerkers. Er ist also fünf Jahre
jünger als Rilke und Thomas Mann, sechs Jahre jünger
als Hofmannsthal und Karl Kraus, drei Jahre älter als
Kafka. Der Gymnasiast, der sich fünf neuere Sprachen
beibringt, darunter Norwegisch, um Ibsen im Original
studieren zu können, wächst auf im Wien Gustav Mahlers und der Neuromantiker, aber auch der Empiriokriti-
zisten Avenarius und Ernst Mach, die ihn begeistern,
auch wohl veranlassen, auf der Universität die Physik
und Physiologie zu studieren. Die Thesen seines Buches
über M und W, männliche und weibliche Biofaktoren,
sind aus solchen Studien erwachsen. Aber dann tritt Immanuel Kant immer mehr an die Stelle von Mach. Der
junge Weininger ist ein Wagnerianer und will daher mit
Nietzsche nichts zu tun haben. Er promoviert 1902 mit
Auszeichnung als Philosoph und tritt am Tage der Promotion, am 21. Juli, zum Protestantismus über. Hier bereits die sonderbare Verknüpfung privater Lebensdaten
mit einer allgemeinen Sinngebung. Dann reist er im August nach Bayreuth, um den »Parsifal« zu hören, von
dem es später in »Geschlecht und Charakter« heißt, ein
Jude werde stets außerstande sein, diesen Text mit dieser

Musik wahrhaft zu verstehen, wobei Weininger nicht zu stören scheint, daß Richard Wagner die Uraufführung des »Parsifal« dem Dirigenten Hermann Levi anvertraut hatte.

Eine Komplementärreise schließt sich an: nach Christiania, in die Stadt Henrik Ibsens, und zu einer Aufführung des »Peer Gynt«. Parsifal und Peer Gynt. Der reine Tor oder törichte Reine, und der falsche Individualist, der vom Knopfgießer geholt wird, um jetzt umgegossen zu werden. Der erste Entwurf des langsam entstehenden Buches trug noch den Titel »Eros und Psyche«, allein Weiningers Haß gegen alle Psychologie scheint die neue Titelwahl provoziert zu haben. »Geschlecht und Charakter«. Der Verlag Wilhelm Braumüller in Wien nimmt das Manuskript an. Professor Friedrich Jodl, der Wiener Ordinarius für Philosophie, hat seinen Schüler auch darin gefördert. Am 29. Mai erschien das Buch. Weininger unternimmt eine zweite große Reise: nach Italien. Rom – Sizilien – Ischia – Neapel – Rom – Florenz. Ende September 1903 ist er zurück in Wien. Am 4. Oktober erschießt er sich in Beethovens Sterbehaus in der Schwarzspanierstraße.

Vom »Schuß im Nebel« sprach Max Nordau in der Berliner »Vossischen Zeitung«, als er zuerst vor einer breiteren Öffentlichkeit von Otto Weininger berichtete: bald nachdem dieser sich, am 4. Oktober 1903, im Wiener Beethovenhaus erschossen hatte. Mit dreiundzwanzig Jahren, und wenige Monate nach Erscheinen seines Buches über »Geschlecht und Charakter«. Der jähe Nachruhm des jungen Psychologen und Kulturkritikers mußte dadurch unrein werden. Das Private war störend: zumal in der aufdringlichen Akkumulation von Werk, Pistole, Beethoven. Die Erörterung erhielt dadurch, gleichsam selbst post mortem durch Weininger dirigiert, eine falsche Richtung. Nun wurde gefragt, ob *dieser* Tod als Bestätigung oder als Widerlegung *dieser* wissenschaftlichen Thesen zu deuten sei. Als Folgerung oder als Selbstwiderlegung.

Neben dem Charakteristischen und Charakterologischen übersah man das Typische. Weininger stand durchaus nicht genialisch einsam in seiner Zeit, wie er es vermutet hatte. »Aber die wissenschaftliche, psychologisch-philosophische, logisch-ethische Grundlegung mußte ich mir zu einem großen Teile selbst schaffen«, schreibt er in seinem Vorwort. Das ungeschickte Stochern zwischen Heterogenem, Psychologie und Philosophie, Logik wie Ethik, wirkt einigermaßen dilettantisch bei einem Buch, das selbst alles andere demonstriert als Dilettantismus, etwa der Art von H. St. Chamberlain oder manches ehrgeizigen Kulturresümees bei Ludwig Klages. Schon die Nachbarschaft solcher Namen – Chamberlain und Klages – erlaubt eine Situierung Weiningers, die ihn und seine Thesen fernhält von den damals, zu Beginn des Jahrhunderts, in Cesare Lombrosos, des Turiner Psychiaters, Nachfolge so beliebten Debatten über »Genie und Wahnsinn«. Man vermag ihre Spuren, fast fünfzig Jahre später, immer noch in der Gedankenwelt Gottfried Benns zu entdecken.

Otto Weininger ist weit weniger das post-nietzscheanische Genie mit dem kleistischen Tod, als ein vielleicht in der Tat genialischer Vollstrecker von »Forderungen des Tages«. Seine Einsamkeit wurde erwartet und gesucht. Die Schocks waren hochwillkommen. Mochte das Leserinteresse zuerst provoziert worden sein durch den Nexus zwischen Buch und Tod, so war den Verdikten, und noch der hochmütigen, in Nietzsches Sinne »verhängnisvollen« *Form* dieses Buches der Erfolg nahezu garantiert. Ein Verlagsbericht der Universitätsbuchhandlung von Wilhelm Braumüller, Wien und Leipzig, in der »Volksausgabe« von 1926 gibt die Reihenfolge der

Auflagen von »Geschlecht und Charakter«. Erstauflage Mai 1903, dann die zweite im November: gleich nach dem Tode Weiningers. Im Januar 1904 die dritte, am Ende desselben Jahres bereits die sechste Edition. Ein kurzes Stocken zwischen 1911 und 1914, weiteres Stocken nach Kriegsanbruch, seit Februar 1916 jedoch Wiederaufnahme der rhythmischen Erfolgsbewegung. Zwei neue Auflagen (18 und 19) im ersten Jahr nach Kriegsende und Revolution, ebenso 1920; im Inflationsjahr 1922 gleich hintereinander die 23. und 24. Auflage.

Krieg, Revolution, Geldentwertung, Untergang eines von Renten lebenden, literarisch und philosophisch »interessierten« Mittelbürgertums in Zentraleuropa: Weiningers Buch war begehrte Friedensware geblieben. Ein zusätzliches Erfolgsmerkmal wurde darin gefunden, daß bereits Weininger im Jahre 1903, einige Jahre demnach vor aller »Menschheitsdämmerung« der Expressionisten, die Perspektive einer erneuerten »Menschheit« ins Finale seines Buches aufgenommen hatte. Sonderbar dissonierend freilich den Thesen des Expressionismus vom Vatermord und der essentiellen Mutterbindung. Bei Weininger hingegen hieß es am Schluß: »Die Erziehung des Weibes muß dem Weibe, die Erziehung der ganzen Menschheit der Mutter entzogen werden.«

Wußte Weininger, daß er damit nahezu wörtlich den *Sarastro* der »Zauberflöte« paraphrasierte, der die Pamina bedeutet hatte: »Ein Mann muß eure Herzen leiten, denn ohne ihn pflegt jedes Weib aus ihrem Wirkungskreis zu schreiten?«

Es war wienerische Aufklärungstradition, was in »Geschlecht und Charakter« weitergereicht wurde: *Erziehungsdiktatur durch den bürgerlichen Mann.* Die scheinbar so angstvoll-skeptische Schlußfrage – »Wird sich das Weib unter die sittliche Idee, unter die Idee der Menschheit stellen?«, war rhetorisch. Männer- wie emanzipierte

Frauenwelt jener Vor-, dann Nachkriegszeit wollte es nicht anders haben. Man war seit langem gewöhnt an Drogen, die auch Weininger lieferte: Kultur ist höher als Zivilisation; Genie ist qualitativ verschieden vom Talent; genial und geistreich, das ist zweierlei; Juden sind genielos; deutscher Humor ist mehr als jüdische Ironie; die Juden sind ein »Ferment der Dekomposition« (was Theodor Mommsen, der also formulierte, durchaus positiv bewertete: im Gegensatz zur späteren Umfunktionierung dieser Behauptung); Seele bedeutet mehr als Geist.

Alles fand sich bei Weininger wieder. Dort las man, daß die Frau »alogisch sei und amoralisch«. So hatte es der bürgerliche Mann stets verstanden: lächelnd ob der weiblichen »Unlogik«, schaudernd vor Nana und Lulu. Das Buch »Geschlecht und Charakter« ist bereits mit diesem breitgehaltenen Titel und dem Untertitel, der »Eine prinzipielle Untersuchung« ankündigt, gleichzeitig Fortsetzung und Antizipation. Die Assonanz war offensichtlich zu Titeln wie »Grundlagen des XX. Jahrhunderts«, zu »Der Geist als Widersacher der Seele«, zu »Untergang der Erde am Geist«. Chamberlain, Klages, Theodor Lessing. Die »kommenden Dinge« Walther Rathenaus kündigten sich an, und Spenglers Reflexionen über die apollinische, faustische, magische Seele im »Untergang des Abendlandes«: »Was heute als Kunst betrieben wird, ist Ohnmacht und Lüge, die Musik nach Wagner so gut wie die Malerei nach Cézanne, Manet, Leibl und Menzel.« So schreibt Spengler während des ersten Krieges, ein Jahrzehnt nach Weininger, als Zeitgenosse Strawinskys, Bartóks, Bergs, Klees, Picassos oder Kandinskys. Tristan und Parsifal denn zierten für Spengler das »Ende der faustischen Musik«. Auch Weininger sah im »Parsifal« Richard Wagners ein Äußerstes. Zugleich ein Ende. Da die moderne Zivilisation für ihn zunehmend als »jüdisch«, demnach dekadierend zu verstehen war, ergab sich das als Folgerung, denn Weininger dekretierte, die Parsifal-Musik bleibe »dem völlig echten Juden in Ewigkeit fast ebenso unzugänglich wie die Parsifal-Dichtung«.

In Ewigkeit. Die latente, bisweilen manifeste Homosexualität dieses Buches hat vielleicht zu tun mit Impulsen des Mannes Otto Weininger, was wenig besagen will; um so mehr aber mit analogen und gleichzeitigen Bestrebungen des *Männerbundes*. Weininger schreibt als Zeitgenosse sowohl des »*Kreises um Stefan George*« wie der deutschen *Wandervogelbewegung* mit ihrer, seit Wyneken und Hans Blüher, von Anfang an dominierenden Homoerotik und Antifeminität.

Wird damit das Buch »Geschlecht und Charakter«, in seinen Thesen wie seiner Rezeption, vor allem interpretiert als Ausdruck einer gesellschaftlichen Situation, so ist die ihrerseits genauer zu erläutern. Weininger sagte *Wahres aus für eine Gesellschaftsschicht*. Weit davon entfernt, wie manche Kritiker seiner Thesen behauptet hatten, Spinnerei eines unglücklichen Genies zu sein, verrieten sie, das bewies die Rezeption, traumatische Bewußtseinszustände der bürgerlichen Schichten in Mitteleuropa. Das wird evident, wenn man Weiningers Gedanken über *Engländer und Arbeiterklasse* genauer analysiert. »Dem Engländer« geht es in »Geschlecht und Charakter« kaum besser als »den Juden«. Wobei Weininger seltsamerweise nicht das ganze Inselvolk einbezieht, sondern Schotten und Iren ausdrücklich – und durchaus positiv – gegen die Engländer abhebt. Engländer seien weder große Baumeister noch hervorragende Philosophen gewesen, von der Musik zu schweigen. Da in »Geschlecht und Charakter« der Religionsstifter, was immer darunter zu verstehen ist, an der Spitze großer Menschheit zu stehen hat, wird den Engländern vorgeworfen, nichts dergleichen geleistet zu haben. »Shakespeare und Shelley, die zwei größten Engländer, bezeichnen noch lange nicht die Gipfel der Menschheit, sie reichen auch nicht entfernt hinan an Michelangelo und Beethoven.«

Der Tonfall des Nietzsche-Epigonen ist evident. Die schroffe und beweislose Dekretiererei, hier allenthalben den Spenglerschen Dilettantismus herrischer Verdammungsurteile antizipierend, gemahnt an eine Parodie der schwächsten Nietzschepassagen: jener etwa, wo eine Boulevardautorin wie »Madame Gyp« vom Umwerter aller Werte als hervorragendste Psychologin der Zeit hochstilisiert wird.

Nietzsche spielte die Psychologie gegen die Philologen aus; Weininger hat nur Hochmut für die Psychologen. »Vergessen wir niemals, daß uns aus England die seelenlose Psychologie gekommen ist! Der Engländer hat dem Deutschen als tüchtiger Empiriker, als Realpolitiker im Praktischen wie im Theoretischen, imponiert, aber damit ist seine Wichtigkeit für die Philosophie auch erschöpft. Es hat noch nie einen tieferen Denker gegeben, der beim Empirismus stehengeblieben ist; und noch nie einen Engländer, der über ihn selbständig hinausgekommen wäre.«

Psychologie ist als empirische subaltern; Juden sind Psychologen für Weininger, keine Philosophen, auch Spinoza nicht; Psychologie sei Sache des Weibes. Subaltern auch da, nämlich »unschöpferisch«. Abermals wäre es verfehlt, solche offenkundig haltlosen Thesen als Abseitigkeiten abzuwehren. Weininger ist, als gesellschaftliche Erscheinung, nicht abseitig, sondern repräsentativ. Er steht, auch dem geistigen Range nach, erst recht im historischen Prozeß, zwischen Nietzsche und Spengler. Spuren seines Kampfes gegen den Empirismus, im Namen der spekulativen Sozialphilosophie, finden sich spät noch im Jahrhundert: in *Adornos Kampf gegen den Po-*

sitivismus, oder in Adornos bitter-ironischen Berichten über wissenschaftliche Erfahrungen bei den Angelsachsen mit ihrer lästigen Frage nach der wissenschaftlichen »evidence«. Otto Weiningers prinzipiell gemeinte Philosophie der bürgerlichen Kultur zu Beginn des 20. Jahrhunderts ist *romantisch* in ihrer Sehnsucht nach der verlorenen Kreativität, *regressiv* wie die spätere, nicht die ursprüngliche deutsch-romantische Schule. Angst vor der Rechenhaftigkeit des Kapitalismus, der angeblich inkalkulable Genies durch quantitativ meßbare Talente, Begabung durch Gedächtnis ersetzt. Der Autor ist auch in seiner Nostalgie *ein Zeitgenosse des »Peter Camenzind« von Hermann Hesse.* Manche Züge einer antibürgerlichen Feudalrestauration in Adornos Kulturkritik sind bei Weininger vorgebildet: wobei sonderbarerweise für Adorno das barocke Wien die positive Polarität gegenüber der amerikanisch-negativen repräsentiert, während der Wiener Otto Weininger das deutsch-jüdische Wien der »Neuen Freien Presse« im jüdischen Selbsthaß, darin nun wieder ein Partner von Karl Kraus, als Antizipation kommender Kulturzerstörung deutet.

Daß sein Buch »Geschlecht und Charakter« dem *jüdischen Selbsthaß* zugerechnet werden muß, ist dem scharfsinnigen Weininger, der einer verhaßten Psychologie nur allzuviel verdankte, durchaus bewußt. »Man haßt nicht etwas, womit man keinerlei Ähnlichkeit hat. Nur macht uns erst der andere Mensch darauf aufmerksam, was für unschöne und gemeine Züge wir in uns haben. So erklärt es sich, daß die allerschärfsten Antisemiten unter den Juden zu finden sind.« Wozu allerdings zu ergänzen wäre, daß die schon früh, auch von Heinrich Heine, konstatierte Parallelrolle der *Juden und der Deutschen* in der außerjüdischen wie außerdeutschen Welt auch darin erblickt werden kann, daß es, als Gegenstück zum jüdischen Selbsthaß, den *deutschen Selbsthaß* gegeben hat: jenes »Leiden an Deutschland« (Thomas Mann), für das nicht allein Hölderlin und Nietzsche einstehen mögen.

Daß dieser romantisch-regressive Antikapitalismus Weiningers von Wien aus in die Welt verkündet wurde, gehört gleichfalls zu den stellvertretenden Momenten des Falles Weininger. Sein Buch ist eminent »kakanisch« (Robert Musil), indem es die sorgenvolle Minderheit als Richterin im Zivilisationsprozeß einsetzen möchte. Minderheit im Kaiserlich-königlichen Nationalitätenstaat der Habsburger sind die *Deutschen* der österreichischen Erblande; als Bürger sind sie überdies eine Minorität der Minorität, denn Österreich ist noch weitgehend bäuerlich. Metternich hatte den Kapitalismus draußen halten wollen; das war nicht rasch aufzuholen. Die *bürgerlichen Juden in Wien* vollends, bewußte Assimilationsträger einer ästhetischen Massenkultur, waren in solchem Verstande gar Minderheit einer Minderheit einer Minderheit.

All dies ist bei Weininger »aufgehoben«: als bewahrendes Dokument; als haßerfüllte Selbstleugnung; als metaphysisches Konzept einer vom Juden wie vom weiblichen Kulturverfall befreiten »Menschheit«. Wie Nietzsche wagt auch Weininger die Verbindung von Kulturkritik und unhistorischer Utopie. Gegen die romantische Regression wird die männliche und arische Utopie gestellt, die jedoch, *im Namen Immanuel Kants,* just wieder bürgerliche Aufklärung verkündet, also jene Lehre retablieren möchte, die ursächlich geworden war auch für die jüdische Aufklärung und Emanzipation.

Otto Weininger vom Jahrgang 1880 war sechs Jahre jünger als Karl Kraus. Trauer ob des verlorenen »Ursprungs« bei ihnen beiden. Gemeinsam der jüdische Selbsthaß. Sehr ähnliche Intonation der konkreten Kulturkritik. Moralische Kantianer sie beide. Allein die Metaphysik bei Kraus ist eine solche des *Untergangs*, während Weininger immer noch das Bild einer emanzipierten Humanität im Sinne des 18. Jahrhunderts entwirft, wo der Mann, im Sinne Sarastros, die weiblichen Herzen leitet.

Hier freilich hat die Gemeinsamkeit von Kraus und Weininger aufgehört. Der ganz junge, offensichtlich von Pubertätsängsten und Inhibitionen gequälte Weininger glaubte die Parallelität von Judentum und weiblicher Kuppelei wie Amoralität, der weiblichen wie jüdischen »Seelenlosigkeit«, entdeckt zu haben. Hingegen gehört es zur Größe von Karl Kraus, in all seinen Kämpfen um »Sittlichkeit und Kriminalität« immer wieder die weiblichen Opfer einer verkommenen Herrenwelt verteidigt und betrauert zu haben. Gerade auch jene »Dirnen«, die Weininger hassend und verachtungsvoll denunzieren möchte.

Weininger beruft sich stets auf Schopenhauers und Wagners Metaphysik des Mitleids, allein er selbst ist kein mitleidiger Denker. Was wenige Jahre nach jenem Suizid im Beethovenhaus von Frank Wedekind in dem Stück »Hidalla« als Dreizahl der *»barbarischen Lebensformen der Frau«* denunziert wurde: Dirne, alte Jungfer, zu Verheiratungszwecken ängstlich behütete Virginität, das wird bei Weininger, wenngleich es zum Thema »Geschlecht und Charakter« gehört, entweder übergangen oder im trivialsten Sinne einer verweigerten Aufklärung abgehandelt.

Karl Kraus jedoch trat für Wedekind ein. Ein Jahr nach Weiningers Selbstmord fand in Wien jene von Kraus organisierte geschlossene Aufführung der »Büchse der Pandora« statt. Otto Weininger hatte die »amoralische« Lulu verstanden wie jener Dr. Schön im »Erdgeist«, der die Tribade zum Selbstmord zwingen möchte und von ihr getötet wird. Wedekind sieht die Schönheit und scheinbare Seelenlosigkeit der Lulu, ähnlich wie Weininger, als Animalität. Was jedoch bei diesem abermals der Frau angelastet wird: »Das Tier war zwar ebensowenig metaphysische Realität wie die echte Frau: aber es spricht nicht, und folglich lügt es nicht.«

Auch dies ist wieder »fruchtbare« Apologie einer herrschenden Männer- und Bürgermoral. Die Vermischung von Aufklärung und Gegenaufklärung bei Weininger ist weitaus evidenter als, etwa ein Jahrzehnt später, bei Walther Rathenau, dem Weininger charakterologisch vermutlich benachbart war. Die Folgerung war bei beiden, wie bei der bürgerlichen Jugendbewegung jener Jahre, die Freundschaft anstelle der Geschlechtlichkeit; Männerbund statt der erotisierten weiblichen Kulturformen des Theaters oder Balletts; Volkstänze statt der sexuellen Ersatzhandlungen von Cancan oder Walzer; Lodenkleidung und nicht Samt oder Seide der verhüllenden Enthüllung; männliche Philosophie statt der weiblichen Psychologie; Deutsche und nicht Juden.

Es stellte sich aber heraus, daß die über Ibsen hinausführende bürgerliche Aufklärung um so reiner und ungebrochener die Grenzen bürgerlicher Bewußtseinsschranken auszumessen verstand, *je entschlossener sie die Verteidigung der weiblichen Emanzipation auch zur eigenen Sache, zur Männersache machte*. Karl Kraus, Wedekind, Heinrich Mann, G. B. Shaw, Brecht, Wilhelm Reich: das ist Permanenz der Aufklärung und der Abwehr eines regressiven wie männerbündischen Antifeminismus.

Die Gegenreihe ist gleichfalls nicht unvertraut: Strindberg, Weininger, D. H. Lawrence, Henry de Montherlant, Jean Genet, bis zu jener amerikanischen Phalanx einer die männliche Potenz und Sozialautorität besingenden Dramatiker und Filmlibrettisten von Tennessee Williams bis zu den modischen Filmen aus der frauenlosen Welt der »Kumpel« in Krieg und Streit, Sport und Gewaltverbrechen. Allenthalben ist die Beziehung zu einer antirationalen Glaubensstiftung ebenso evident wie zur elitären Herrenideologie. Der Klassenkampf soll durch den »Kampf der Geschlechter« abgelöst werden. Das drang schon bei Weininger durch, der Richard Wagner seine emphemere Hinwendung zu Ludwig Feuerbach nachträglich noch übelnahm und der dekretiert hatte: »Der Sozialismus ist arisch (Owen, Carlyle, Ruskin, Fichte), der Kommunismus jüdisch (Marx).«

Von allzuviel Kenntnis der Sache zeugt das nicht. Auch wird Weininger verlegen, wenn er zugeben muß, daß sein Anschauungsmaterial über »das Weib« ausschließlich der städtischen Bürgerwelt entnommen wurde, wo in der Tat die Antithese »Magd oder Megäre« bisweilen anzutreffen sein mochte. Dieser Verehrer des Vorbürgerlichen wehrt die Frage nach den Eigentümlichkeiten der Bauers- oder gar Arbeiterfrau herrisch ab: sie kämen dieser Analyse nur ungelegen.

Wichtigster Repräsentant eines Denkens, das alle gesellschaftlichen Konflikte subsumieren wollte unter einen tiefer reichenden »Kampf der Geschlechter«, war August Strindberg. In einem witzigen Zweizeilenaphorismus von Elias Canetti wird darauf angespielt: »Ein Liebesbrief aus Stockholm. Auf der Briefmarke der Kopf Strindbergs.« Der Verfasser des Kammerspiels vom »Totentanz« hatte Weiningers Buch gleich nach dem Erscheinen gelesen. Der Selbstmord des Autors machte Strindberg erschrecken. An seinen deutschen Übersetzer Emil Schering schreibt er: »Ich bin auch wie Weininger religiös geworden aus Furcht, ein Unmensch zu werden. Aber ich habe bemerkt, daß sogenannte gute Menschen Beethoven nicht vertragen. Er ist ein Unseliger, Unruhiger, der nicht himmlisch genannt werden kann, überirdisch gewiß.« In sonderbarer Nachfolge wiederholt Strindberg hier die Argumentation Leo Tolstois aus der

»Kreutzersonate« gegen Beethoven als unseligen Künstler, was Tolstoi genauer konkretisiert als Künstler der sinnlich-seelischen Bindung zwischen Mann und Frau. Beethoven war in der Tat, am Beginn der bürgerlichen Aufklärung, ein Meister, für den es noch die Bindung der Geschlechter gibt. Das sogenannte »Hohe Paar«, wie Ernst Bloch es genannt hat: das waren, trotz Sarastro, Tamino und Pamina, Leonore und Florestan. Übrigens auch Siegfried noch und Brünnhilde. Erst in Weiningers geliebtem »Parsifal« ist das Weibliche reduziert auf Schuld und Magdtum der Kundry.

Weshalb die Leugner einer möglichen Gemeinsamkeit der Geschlechter in jener Spätphase der Bürgerwelt am Ausgang des 19. Jahrhunderts, also Tolstoi, Strindberg und Weininger, diesem Beethoven mißtrauten. Walter Schneider macht dazu eine feine Bemerkung: »Hat deshalb Weininger im Sterbehaus Beethovens in der Schwarzspanierstraße Selbstmord verübt? War der Unselige zum anderen Unseligen geflüchtet?«

Strindberg kleidet seine Deutung des Suizids in lauter Fragezeichen. »Weiningers Schicksal? Ja, hat er die Geheimnisse der Götter verraten? Das Feuer gestohlen? Die Luft war ihm zu dick hinieden, deshalb ist er erstickt?« Alles als Frage, nicht als Urteil. Allein Weininger war kein Prometheus, der das Feuer stahl, kein Titan der Rebellion, sondern ein Repräsentant etablierter Bildungstradition, die er bedroht wähnte vom Weibe, vom Juden, vom kapitalistischen England.

Die Antwort auf Strindbergs Fragen gab die Mitwelt und erste Nachwelt in ihrem ergriffenen Konsens mit Weininger und seinen Thesen. Nichts davon ist abgelebt und ins Schattenreich der Sekundärliteratur hinabgesunken. Eine auf den ersten Blick verwunderliche, bei genauer Analyse aber folgerichtige Kontinuität zu Weininger findet sich bei *Norman Mailer* in seinem 1971 er-

schienenen Buch »The Prisoner of Sex«. Scheinbar als
Replik gedacht gegen die Schreiberinnen von »Women's
Liberation«, die ihn selbst hart angegriffen hatten,
durchaus nicht ohne Grund, wie gerade seine Erwide-
rung beweist, wird daraus, in sonderbarer Nachfolge
Weiningers, der auch vorkommt, ein folgerichtiges Kul-
turkonzept des Antifeminismus, und ein neues, subtiles
Dokument von jüdischem Selbsthaß. Mailer ist ein New
Yorker, kein Kakanier. Er ist kein Misogyn, sondern ein
mäßig erfolgreicher Frauenlob; allein die Kontinuität zu
Weininger ist erstaunlich.

Breit hat es sich entfaltet, das zwanzigste Jahrhundert,
zwischen Otto Weininger und Norman Mailer. Allein
nicht bloß die Wandlungen und Varianten sind zu be-
staunen, auch die Konstanten. Ein zurückkehrender
Weininger würde unbeirrt, beim Anblick amerikanischer
Feministen des neuen Typs, die Antithese von neuem wagen: *Magd und Megäre. Hier* die Mentalität, von welcher
Überschriften in Frauenzeitschriften künden: »Sollen
Frauen soviel reden?« – oder »Kochen macht mir Spaß.«

Dort die breite Schlachtreihe der Kämpferinnen gegen
männliche Prioritäten und Partikularitäten. Von Kate
Millet bis zu Valerie Solanis.

Frauen im Harnisch, auch hier wieder. Vom Jeanne
d'Arc-Typ der Kate Millet, die Mailer so viel zu schaffen
macht, daß er ihretwegen eigentlich, und gegen sie, das
Buch vom Gefangenen des Geschlechtes schreibt, bis
zum Judith-Typ der Valerie Solanis, die einen rabiaten
Einzelfall, genannt Andy Warhol oder Holofernes, zur
stellvertretenden Befreiungstat emporsteigern möchte.

Allein diese scheinbaren Konstanten sind wissenschaftlich, seit Weiningers Zeiten, immer fragwürdiger
geworden. Weiningers angeblich exakt naturwissen-
schaftliche, in Wahrheit neonietzscheanische Spekula-
tion um die Faktoren M und W kehrt zwar, fast siebzig

Jahre später, auch bei Normal Mailer wieder; angereichert um die neuesten Resultate moderner Biologie und Biochemie. Allein sie besitzt nichts von der Aussagekraft wirklicher Gesetzlichkeit.

Auch die scheinbar so erstaunlichen Ähnlichkeiten in der subjektiven Sphäre von Weininger und Mailer sind eher verblüffend als schlüssig. Der Jude aus Wien und der Jude aus New York. Beide amalgamieren Feminismus und Semitismus. Weininger wagt die Gleichsetzung von Weiblichem und Jüdischem. Seine Epoche nannte er »nicht nur die jüdischste, sondern auch die weiblichste aller Zeiten«. Otto Weininger, der Mann und Jude, sprach sich selbst damit das Urteil. Er hat es auch selbst vollstreckt.

Zwischen den Lebenserfahrungen von Weininger und Mailer jedoch gibt es den Einschnitt *Auschwitz*. Dazu die Entwicklung der modernen Technologie. Im Licht dieser Erfahrungen wagt seinerseits Norman Mailer die Verknüpfung von jüdischer und weiblicher »Unbehaustheit«. Allein der Amerikaner dissoziiert, anders als Weininger, sehr scharf Weiblichkeit und Frauenbewegung.

Weiningers geheime und angstvolle Homosexualität der Argumentation findet zwar bei Mailer Entsprechungen, denn auch im »Prisoner of Sex« wird ausführlich, nicht bloß bei den Analysen der literarischen Fälle D. H. Lawrence und Jean Genet, davon gehandelt. Dennoch ist Mailer, anders als Weininger, ein *Frauenlob*. Seine Privatmetaphysik der Geschlechtsproblematik projiziert, abermals in erstaunlicher Übereinstimmung mit Weininger, den Konflikt ins *Zeitliche*. Für die Gedankengänge des Buches »Geschlecht und Charakter« gab es die männliche – und dadurch sowohl moralisch wie kulturell produktive – *Vergangenheit*; nun brach das weibliche Zeitalter an. Das jüdische überdies. Mailer deutet im »Prisoner of Sex« den Geschlechtsantagonismus als einen solchen zwischen Präsens und Futurum. Männlichkeit bedeute Gegenwart. Weiblichkeit dagegen, als Lebensschöpfung, habe geheime Antennen zur Zukunft: »Irgendwo steckt in den wahnwitzigen Leidenschaften aller Männer der ungeheure Drang, vorzustoßen zum Sitz der Schöpfung, einen Teil der Schöpfung mit Händen zu greifen ... denn der Mann ist der Natur entfremdet, die ihn hervorbrachte, er ist nicht, wie die Frau, im Besitz eines Innenraumes, der sie mit der Zukunft verbindet; weshalb er getrieben wird, ihn zu besitzen: notfalls um den Preis seines Lebens.«

Das heißt nicht mehr denken wie Weininger. Weshalb auch die Verknüpfung des Sexuellen mit dem Politischen bei Mailer kaum mehr an Weininger gemahnt. Seine Sexualmetaphysik befürchtet alles vom Bündnis totalitären Denkens mit der biologischen Technologie. Women's Lib ist ihm eine sowohl narzißhafte wie totalitäre Bewegung, der auch sonst bedenkliche Begriff des »Totalitären« muß herhalten, gelegentlich in halbernst gemeinten Provokationen, die Gleichsetzung von Hitler, Stalin und amerikanischem FBI zu wagen. Kate Millet wird höhnisch als Genossin Millet bezeichnet, was offenbar kränkend sein soll; zuerst vergleicht man sie mit Molotow, dann – scheinbar berichtigend – mit Wyschinski, dem Ankläger in Stalins Prozessen. Futuristische Dialoge, abgefaßt im Stil der Horrorfilme, führen ein Liebespaar der Zukunft vors Kommunardengericht. Der Mann – wie sichs versteht in dieser Zukunftsvision nach dem Geschmack der weiblichen Liberatoren – ein armseliges Anhängsel. Die Frau selbstbewußt. Das von ihr getragene Kind soll, mit amtlicher Genehmigung, der Übervölkerung zum Trotz, ausgetragen werden. Die Alternative, ob dann der Mann zum Ausgleich erschossen werden muß, wird kurz erörtert, doch bietet Mailer ein neckisches Happy-End.

Am erstaunlichsten ist Mailers *Verknüpfung von weiblicher Emanzipation, Faschismus und Judenemanzipation: überhaupt Aufklärung.* Ausgehend von wohlbekannten Thesen aus »Mein Kampf« – der Mann hütet die Nation, die Frau hütet die Familie, Mann und Frau sind von Natur grundverschieden, hier Ratio, dort Gefühl – macht Mailer es sich nicht einfach, indem er Hitler weiter zitiert, der befunden hatte: »Die Botschaft der Frauenemanzipation wurde vom jüdischen Intellekt ersonnen.« Der amerikanische Jude Norman Mailer sucht ein Vergnügen darin, viele New Yorker Familienmitglieder und Freunde erneut zu provozieren mit solchen Sätzen: »Nun, er war seit langem (Mailer spricht stets von sich in der dritten Person. H.M.) zu dem Ergebnis gekommen, daß alles Denken mit Hitler nicht aufgehört hat, so daß, wenn es sich beim Umgang mit einem Gedanken herausstellt, daß auch die Nazis ähnlich argumentierten, das Buch nicht in die Ecke gefeuert, die Untersuchung abgebrochen, der Gedankengang nicht weiter verfolgt wird. Damit erlaubte man dem toten Hitler, Grenzpfähle auf möglicherweise interessanten Wegen zu errichten: als sonderbare Rache des Nazismus.«

Um diesen Gedankengang weiterzuführen, muß sich Mailer nicht bloß mit der Judenemanzipation, sondern auch mit ihrer geschichtlichen Ausgangslage einlassen: den Anfängen der Aufklärung, mit der *Renaissance.* In einem jener ellenlangen Sätze, die bewußt an europäische Epik, nicht Romantik, anknüpfen möchten, wird zunächst *Henry Miller* als Troubadour der zwanziger Jahre gegen die Verdikte von Kate Millet (Verachtung der Frau als eines bloßen Sexualobjektes) in Schutz genommen. Dann versucht der »Prisoner of Sex«, die zwanziger Jahre des zwanzigsten Jahrhunderts, die Anfänge also einer tolerierenden, nicht mehr verbietenden Geschlechtsmoral, jene »Roaring Twenties« der amerikanischen Literatur, also auch Henry Millers, als Kontinuation eines mit der Renaissance einsetzenden Aufklärungsvorgangs zu deuten: *die sexuelle als Fortsetzung der intellektuellen Revolution*. Die Theoretiker der Women's Lib hatten die Epoche von 1930 bis 1960, die generell – wie jene weiblichen Kritiker fanden: in männlicher Fehldeutung! – als unaufhaltsamer Prozeß einer Lockerung der Tabus verstanden worden war, ihrerseits als Epoche einer »sexuellen Konterrevolution« definiert. Wobei zu fragen blieb, wann und wo die eigentliche Revolution stattgefunden haben sollte.

Mailer repliziert: »Henry Miller ist der Archetyp eines Mannes der zwanziger Jahre, und in der Tat ein richtiger Revolutionär, wenn wir annehmen, daß jeder Mensch der Renaissance gleichfalls als Revolutionär zu verstehen ist, denn keine Revolution kann Wirklichkeit werden, ohne einen tiefen Wandel im bisherigen Bewußtsein.« Darauf folgt die historische Vergleichung: »Wie die Renaissance eine Epoche war, wo Menschen, wie vielleicht nie zuvor in der Geschichte, es wagten, ihre eigenen Gedankengänge zu Ende zu denken..., so waren die zwanziger Jahre eine Art von sexueller Renaissance, wo Menschen sich freimachten von der mittelalterlichen Nacht viktorianischer Geschlechtsnormen mitsamt Perversionen, Heucheleien und Ersatzhandlungen im Bordell.« Die Konklusion ist für Norman Mailer, daß dieser Prozeß, der gleichzusetzen ist dem *dialektischen Fortgang bürgerlicher Aufklärung*, eben dadurch die *jüdische Emanzipation* eng verknüpft mit allen Arten und Formen menschlicher Selbstbefreiung: demnach nicht zuletzt mit der »sexuellen Revolution«.

Rastlos hätten sich die Juden, so Mailer, der »ärmlichen Sinnenverkümmerung des Gettolebens« entwunden: freigeprügelt habe man sie von allen Tabus, auf daß sie imstande sein konnten, »Einfluß auf jedem Gebiet der

Naturwissenschaft, Medizin, Juristerei und Finanz zu erlangen«. Das war folgerichtige Aufklärung im Zeitalter der kapitalistischen Gesellschaft. Doch bedurfte der Kapitalismus einer immer genaueren, mechanischeren Technologie. Auch hier wurden, wie Mailer postuliert, die emanzipierten und zu Bürger-Kapitalisten gewordenen Shylocks gleichzeitig zu Missionaren der neuen Technologie. »Und Technologie, gleich den Juden, wartete darauf, alle traditionellen und kulturellen Schranken, die seit Jahrhunderten bestanden hatten, zu durchbrechen. So wurden die Juden natürlich verantwortlich gemacht für alle bedenklichen Krankheiten der Technologie: waren sie doch deren Missionare.«

Zwei uralte Visionen werden erneut beschworen durch die moderne Technologie: die *Arbeit des Famulus Wagner am Homunkulus*, und die *Rede des Aristophanes im »Gastmahl« von Platon*: »Es gab einst drei Geschlechter, und das männliche hatte seinen Ursprung in der Sonne, das weibliche in der Erde, das dritte, welches den ersten beiden gemeinsam ist, hatte ihn im Mond, denn auch der Mond teilt sich in Sonne und Erde.« Aber die Götter hätten dies, und die ursprüngliche biologische Gestalt des Menschen, verändert, die Schamteile von innen nach außen versetzt. »Von dieser Zeit her, Freunde, ist Eros dem Menschen eingeboren und da, damit er die Menschen zu ihrer alten Natur zurückbringe und aus zwei Wesen eines bilde und so die verletzte Natur wieder heile.«

Aristophanes behält, wie man weiß, durchaus nicht das letzte Wort im Symposion. Doch wird er nicht ausgelacht: auch sein Mythos vermag zur Klärung der Natur – und Funktion! – des Erotischen beizutragen. In Mailers Zitaten aber taucht er als Chance einer technologischen Errungenschaft auf: ähnlich der Herzverpflanzung, und mit ähnlichem Publizitätscharakter. Die Doppelgeschlechtlichkeit als Sieg des Laboratoriums über die Natur: ganz wie der Famulus es in »Faust II« gewünscht hatte.

Dies hat Norman Mailer im Sinn, wenn er die unhaltbare Gleichung wagt: zu Ende gedachte Liberation der Frau im Sinne des modernen Emanzipationsprogramms bedeute die totale Technologie, die ihrerseits zu verstehen sei als totale Unmenschlichkeit, wofür Mailer den etwas schlampigen Begriff des Faschismus heranholt. Hitler habe, indem er unablässig von Blut und Boden und von der Rückkehr aus einer verjudeten Welt der Aufklärung geredet habe, in Wirklichkeit eben jene – »jüdisch-liberalistische« – Welt des modernen Kapitalismus ungeahnt erweitert: »Die Nazis hatten, darin lag die Konfusion, die Rückkehr zu den traditionellen, selbst primitiven Wurzeln der Existenz gefordert und die Juden als Einpeitscher einer eingeschlechtlichen, klassenlosen Zukunft denunziert. Aber Hitler hatte mehr getan, um eine solche Zukunft zu beschleunigen, als irgendein jemals geborener Jude, denn der Zweite Weltkrieg wurde zur Zentrifuge, welche Technologie in jeden Lebensbereich vortrieb.«

Die Gedankengänge wirken, durch die von Mailer gewählte Form aus Traktat, Essay, Erzählung und Geschimpfe, allzu spielerisch. Sie sind jedoch ernst gemeint und berühren sich auch in erstaunlicher Weise, ohne daß der Autor es gewußt oder gar gewollt haben mag, mit Grundgedanken des Buches »*Dialektik der Aufklärung*« von Horkheimer und Adorno. Was nicht erstaunlich ist, denn auch jenes Buch, das die Wege vom Mythos zur Aufklärung, zum Mythos zur Aufklärung etc. beschrieb, wurde in den USA konzipiert, um den Übergang vom Faschismus zur positivistischen Technologie bald nach Kriegsende zu denunzieren.

Trauer und Nostalgie bei Adorno wie bei Norman

Mailer. Am Ende des Buches »The Prisoner of Sex« findet sich jedoch eine Zukunftsvision, die eher zu *George Orwell* paßt oder zur »Brave New World« von *Aldous Huxley*. Der von Politik ebenso wie von Sexualpolitik besessene Schriftsteller, gescheiterter Kandidat für den Posten eines Mayors von New York, entwirft das Bild einer Zukunftsstadt, wo die sexuellen Sonderwünsche jeweils auf bestimmte Blocks, Stadtviertel oder Arrondissements verteilt sind. Das New Yorker Modell mit seinen Nationalgettos der Neger, Chinesen, Puertoricaner, aber auch der Deutschen, Italiener, Iren oder Polen diente als Vorbild: »Aber er sah keinen ernsten Gegengrund, warum man nicht eine Welt erwarten sollte – unterstellt, daß eine Welt da sein würde –, worin die Leute ihre Politik nach den sexuellen Bedürfnissen einrichten. So könnte es homosexuelle Viertel innerhalb der Stadt geben, oder gesetzlich zugelassene Bereiche, wo verheiratete Paare ihrem Bedürfnis nach Orgien, die sie für progressive Tätigkeit halten, frönen könnten…« Grimmig und lustig entwirft Mailer die Sonntage der Onanisten in verlassenen Straßen, pseudoviktorianische Quartiere mit altmodischen Freudenhäusern, auch Häuserblocks mit Liebespaaren, wo der Mann immer noch der »Herrlichste von allen« bleibt. »Es würde Welt aller Art in dieser Stadt geben, allein ihre Gesetze wären durch Sex konstituiert.«

Glaubt Mailer wirklich, wie er behauptet, ein solches Konzept könne die Beziehungen zwischen den Geschlechtern von Aggression und Gewalt befreien, mithin auch Bewegungen wie Women's Liberation gegenstandslos machen? Es ist wohl mehr eine letzte Provokation des unernst-erbitterten Buches. Ein sicheres Rezept für maximalisierte Aggression. Einer pervertierten Losung der Kate Millet und Valerie Solanis von der Vereinigung aller Frauen zum »letzten Gefecht« entgegnet Mailer, nicht

minder »frei nach Karl Marx«, es sei nicht das gesellschaftliche, sondern das geschlechtliche Sein des Menschen, welches sein Bewußtsein bestimmt.

Am Ende der beiden Bücher, bei Weininger wie bei
Mailer, steht eine Utopie, an welche insgeheim nicht
recht geglaubt wird. Weininger ist ein Moralist, Mailer
ein Spieler und Literat. Beiden ist es trotzdem grimmig
ernst mit allen Paradoxien. Auch wenn Weininger die
Verzweiflung letal beendete, während Mailer sie, was
nachgewiesen werden könnte, bewußt konserviert, um
ihrer kreativen Aspekte willen. Beide leugnen die Möglichkeit einer Gesellschaft aus Mann und Weib als gleich-
berechtigte Partner. Auch Mailer ist ein neuer Strindberg, der die Kämpfe der Geschlechter ernster nimmt als
die Klassenkonflikte. Ein Element des parasitären Denkens ist bei beiden nicht zu verkennen. Welche Welt hat
Weininger gekannt, welche Welt spiegelt sich bei Norman Mailer? Allein auch Mailer kann, wie Weininger,
mit gewaltigem Konsens rechnen. Die Diatriben der Fe-
ministinnen just gegen ihn sind eben hierin begründet.
Siebzig Jahre nach dem »Schuß im Nebel« scheint immer
noch nichts abgetan zu sein. Auch nicht das Phänomen
von Judenhaß und jüdischem Selbsthaß, das bei Weininger konstitutiv gewesen war, und das bei Mailer bis zu
einem ideologischen Kokettieren mit dem Nazismus vor-
getrieben wurde. Ein Wort daher noch zu jenem Phänomen dieses jüdischen Selbsthasses und zu seinen historischen Grundlagen.

Die Sache ist wohlbekannt. Die Formel findet sich in
einem Buche *Theodor Lessings* vom Jahre 1930. Unter
dem Titel »Der jüdische Selbsthaß«, der im Jüdischen
Verlag, Berlin, publiziert wurde, versuchte der vier Jahre
vorher durch nationalistische wie antisemitische Studenten und Professoren von der Technischen Hochschule
Hannover weggeekelte Philosophieprofessor und Psy-

chologe gleichzeitig die zwei für seine Existenz und sein Denken konstituierenden Phänomene zu deuten: *Judenhaß und jüdischen Selbsthaß*. Daß die Hartnäckigkeit seines Reflektierens einen traumatischen Ursprung besaß, war dem Verfasser des Buches »Untergang der Erde am Geist« durchaus bewußt. Lessing kam nicht davon los, daß seine Hannoversche Schul- und Jugendfreundschaft mit *Ludwig Klages* früh zerbrach. Klages hat später den Namen Lessing nicht wieder erwähnt; dennoch darf man besonders schrille Exzesse des Antisemitismus, zum Beispiel in der erschreckenden Einleitung der nachgelassenen Schriften von Alfred Schuler, als gleichfalls traumatische Reaktion auf Lessing deuten.

Das Buch vom jüdischen Selbsthaß fällt in eine zionistische Phase Lessings. Der »Jüdische Verlag, Berlin«, war ein zionistisches Unternehmen. Andererseits inkarnierte Lessing selbst nur allzu oft eben dies: jüdischen Selbsthaß. In seiner Selbstbiographie »Einmal und nicht wieder« ist er darauf nur zögernd, nahezu verlegen eingegangen.

»Wie kommt es, daß alle Menschen sich selber lieben, und nur der Jude liebt sich selber so schlecht?« Die Frage Lessings ist abermals aus einem biologistischen und gegengeschlechtlichen Denken gestellt, muß folglich ohne Antwort bleiben. Es ist die Frage nach der *Selbstliebe des gesellschaftlichen Außenseiters*. Man kennt die Attitüde der intellektuellen Frau: »Ich kann Frauen nicht ausstehen. Unterhalten kann man sich nur mit Männern.« Oder den Selbsthaß des Homosexuellen. André Gides Diktum etwa: »Ich bin nicht homosexuell, sondern Päderast.«

Die Antwort auf seine Frage gibt Lessing als *Zionist*. Spöttisch lehnt er die Assimilation ab. »Du wirst ›einer von den andern‹ und wirkst fabelhaft echt. Vielleicht ein wenig zu deutsch, um völlig deutsch zu sein.« Die Antwort ist abermals pathetisch aus Unsicherheit, aus sublimiertem Selbsthaß. »Wer du bist? Sohn etwa des fahrigen Handelsjuden Nathan und der trägen Sarah...? Nein, Juda Makkabi war dein Vater, Königin Esther deine Mutter.« Noch im zionistischen AUFSCHWUNG geht es nicht ohne Haß auf den fahrigen Nathan ab und die träge Sarah.

Die sechs Lebensgeschichten, an welchen das Buch vom »Jüdischen Selbsthaß« seine Thesen demonstrieren möchte, sind reizvoll und aufschlußreich im Detail, beweisen jedoch die Ungenauigkeit der Lessingschen Fassung seines Titelphänomens. Paul Rée, der enge, dann entfremdete Freund Nietzsches, auch sein Rivale bei Lou von Salomé, war nach allem, was er an Einblick in seine Philosophie zuließ, kein Denker des jüdischen Selbsthasses. Ebensowenig der Lyriker Walter Calé: ein Selbstmörder, den Theodor Lessing gewaltsam der Selbstekelkonzeption Otto Weiningers annähern möchte. Auch *Maximilian Harden* kannte ihn nicht, den spezifischen Selbsthaß. Sein Integrationsstreben war, wie unvermeidlich, gekennzeichnet durch die Hypertrophie der Assimilation. Gegen den Kaiser und für den Fürsten Bismarck. »Vielleicht ein wenig zu deutsch, um völlig deutsch zu sein.« Seine Konfrontation als jüdischer Außenseiter mit dem homosexuellen Außenseiter Eulenburg repetierte den Konflikt Shylock–Antonio oder Heine– Platen: allein nicht aus jüdischem Selbstekel.

Die Lebensgeschichte *Max Steiners* (1884-1910) endete gleichfalls mit dem Suizid: gleich jener von Weininger und Calé. Kurt Hiller hat die nachgelassene philosophische Arbeit über (oder gegen) die »Welt der Aufklärung« herausgegeben. Steiner gehörte, wie übrigens Lessing und Klages, zur Phalanx der Gegenaufklärung. Gegen Darwin und für den Katholizismus, zu dem er konvertiert war. Gegen Georg Simmel und dessen Philosophieren innerhalb einer konkret-gegenwärtigen, nicht allgemein-menschlichen Gesellschaft. Jüdischer Selbsthaß jedoch? Nur dann, wenn Aufklärung, was nun freilich die Chamberlains und Klages und Theodor Lessings postulierten, gleichzusetzen war dem »jüdischen Geist«.

Sieht man von der fünften Exemplarbiographie ab, die Lessing entwirft, dem wahnhaften Leben eines wilden Antisemiten von jüdischer Geburt, also der Krankengeschichte *Arthur Trebitsch*s, so bleibt nur die Geschichte *Otto Weiningers* (neben der eigenen von Lessing) übrig als authentisches Dokument der jüdischen Selbstverwerfung.

Lebende Repräsentanten des jüdischen Identitätskonflikts hatte das Buch ausgespart. So fehlt eine Analyse des Vorgangs im Leben und Werk von *Karl Kraus*. Eine Andeutung bloß im Bericht über Max Steiner aus Prag: »Gleich seinem großen Lehrer (dem er sich doch nie zu nähern wagte), gleich Karl Kraus haßte auch Steiner als gefährlichsten Träger der verlogenen Macht- und Erfolgsideale: das verschlissene literarische Judentum.« Das aber heißt den Sachverhalt versimpeln. Karl Kraus ist nicht Gegenaufklärung, sondern Aufklärung. Er hat die Dichter des achtzehnten deutschen Jahrhunderts, einschließlich des Barons von Goeckingk, ediert und rezitiert, und Goethe und Nestroy, und den Juden Offenbach. Die Metaphysik des »Ursprungs« bei Kraus ist nicht rassistisch, sondern wehmütig konservativ. Das Goldene Zeitalter ist vorüber, der Untergang bereitet sich vor. Presse und Kulturindustrie dokumentieren diesen Untergang. Da sie in der »kakanischen« Welt von Kraus weitgehend repräsentiert werden durch jüdische Journalisten und Literaten, bekämpft sie Kraus auch in ihrem »Gejüdel«. Als Rächer der Sprache, wie es in seinem Epigonengedicht heißt.

In dem Buch »Untergang der Welt durch schwarze

Magie« hat Kraus unter der hämisch auf ihn gemünzten Devise »Er ist doch e Jud« den *Unterschied* zwischen den im Grunde neo-darwinistischen Rassenkonzepten der Weininger, Chamberlain, Klages und Lessing, und dem eigenen Kampf gegen den Untergang der Welt durch die schwarze Magie der Presse, ganz ohne jüdischen »Selbsthaß« formuliert: »Ich weiß nicht, ob es eine jüdische Eigenschaft ist, das Buch Hiob lesenswert zu finden, oder ob es Antisemitismus ist, ein Buch Schnitzlers in die Ecke des Zimmers zu werfen. Ob es jüdisch gefühlt ist oder deutsch, zu sagen, daß die Schriften der Juden Else Lasker-Schüler und Peter Altenberg Gott und der Sprache näher stehen als alles, was das deutsche Schrifttum in den letzten fünfzig Jahren, die Herr Bahr lebt, hervorgebracht hat. Mit der Rasse kenne ich mich nicht aus.«

Die Theorie vom Selbsthaß der Juden, angeblich *nur* der Juden, ignoriert ein Phänomen, das Heinrich Heine bereits gesehen und gedeutet hatte: die historische Parallelität im geschichtlichen Verhalten der Juden und der *Deutschen* in der europäischen Neuzeit. Heine glaubte die Lösung darin zu sehen, daß beide, Juden wie Deutsche, ihren »Befreier« noch nicht gefunden hätten: was durchaus nicht symbolisch, sondern höchst politisch-konkret verstanden wurde. Es gibt den sogenannten jüdischen Selbsthaß, allein es gibt auch in der deutschen Literatur und Geistesentwicklung das Phänomen des *Leidens an Deutschland*, das kein Gegenstück besitzt bei anderen Völkern und Kulturen. Bei Hölderlin und Goethe, Platen und Nietzsche. »Wie bin ich krank an meinem Vaterlande...«, schrieb Platen, der Außenseiter. Thomas Mann zitierte den Vers, als er seine Tagebücher aus der Exilzeit unter die Überschrift »Leiden an Deutschland« stellte.

Dennoch ist der Parallelismus zwischen gesellschaftlicher Unreife der deutschen Zustände und der gescheiterten jüdischen Assimilation nur scheinhaft. Ein Volk wie das deutsche kann nicht zum Außenseiter werden, weil es Sprache, Geschichte und Land besitzt, die integrierend zu wirken vermögen. Die jüdische Integration in Europa ging davon aus, daß die jüdische Sprache und Geschichte zu opfern sei, wie Moses Mendelssohn gelehrt hatte; daß es kein jüdisches Territorium geben werde, folglich auch keine jüdische Nation. Alles sollte »übernommen« werden vom Gastland und Gastvolk: Sprache, Kultur, Gebiet. Das ist gescheitert. Leiden an Deutschland war nie etwas anderes als Reaktion deutscher Außenseiter auf die deutsche Regelmäßigkeit. Allein es war ein *deutsches* Außenseitertum, und es blieb individuell begrenzt, wurde nicht zur Maxime einer allgemeinen deutschen Lebensgesetzlichkeit.

Die jüdische Identitätskrise inmitten der aufklärerischen bürgerlichen Gesellschaft befällt den einzelnen als Teil einer Gemeinsamkeit. Das Außenseitertum wird nicht individuell begründet, sondern generell: durch das Judesein. Es kann nicht ignoriert und auch nicht sublimiert werden. Der angebliche »Selbsthaß« beweist bloß, daß Aufklärung gescheitert ist und daß man es erkannt hat.

Die Kontinuität des Fragens von Weininger über Theodor Lessing bis Karl Kraus und zu Norman Mailer bedeutet eine gesellschaftliche Diskontinuität innerhalb des Assimilationsprozesses, die weder durch Weiningers ethische Hierarchien, noch durch die Untergangsmetaphysik von Kraus, noch durch Lessings emphatischen, doch folgenlosen Zionismus negiert werden konnte.

Eine Konklusion nach alledem? Es gibt keine. Der Schluß ist offen. Es scheint mir aber kein Zufall zu sein, daß beide, Weininger wie Mailer, einem uralten Traum von einem zweigeschlechtlichen Menschen nachsinnen, und daß sich dahinter, jenseits aller Schrullen, ein durch-

aus modernes Rütteln an allen gesellschaftlichen Gegebenheiten verbirgt, wobei auch die scheinbar etablierten
biologischen Gegebenheiten des Männlichen und des
Weiblichen als historisch gewordene, also veränderbare
erkannt wurden. An einer sehr bedeutenden Stelle
kommt Weininger auf jene Rede des Aristophanes in Pla-
tons »Symposion« zurück: »Die Ahnung dieser Bisexua-
lität alles Lebenden . . . ist uralt. Vielleicht ist sie chinesischen Mythen nicht fremd gewesen; jedenfalls war sie im
Griechentum äußerst lebendig. Hierfür zeugen die Perso-
nifikation des Hermaphroditos als einer mythischen Gestalt; die Erzählung des Aristophanes im platonischen
Gastmahl; ja noch in später Zeit galt der gnostischen
Sekte der Ophiten der Urmensch als mannweiblich.«

Ophis heißt die Schlange. Die Ophiten waren Anbeter
der Schlange, jener Muhme vom Sündenfall, die den
Menschen die Gnosis brachte, die Selbsterkenntnis. Weiningers Argument richtete sich gegen ihn selbst, denn erst
der Sündenfall des Intellekts hätte Selbsterkenntnis des
Menschen als Erkenntnis der Verschiedenheiten eta-
bliert. Rückkehr zur ursprünglichen Zweigeschlechtlich-
keit hieße Rückkehr ins Paradies in Form des Identitäts-
verlustes. Es wäre eine Gleichschaltung. Dann kann man
sich aber nicht, wie Weininger versucht, gleichzeitig auf
Kant berufen.

In sonderbarer Verschlingung treten hinter den Thesen, Motivationen und Auswirkungen Otto Weiningers
die drei modernen Formen eines existentiellen Außensei-
tertums hervor: die Frau als Außenseiter, die jüdischen
Außenseiter. Psychologie mag herausfinden, warum gerade Weininger ihrer Wechselnatur so deutlich gewahr
werden konnte. Wichtiger bleibt aber wohl die Frage,
wie es heute und hier mit ihnen bestellt ist.

4. Die Wahrheit Arnold Schönbergs

Nun ist auch er schließlich ein Klassiker geworden. Wie man zu sagen pflegt: ein »Klassiker der Moderne«. Das ist eine fragwürdige und hybride Formel: als wären nicht alle künstlerischen Anstrengungen einer sogenannten Moderne seit etwa der Wende vom neunzehnten zum zwanzigsten Jahrhundert ausdrücklich (und nicht selten feindlich) gerichtet gewesen *gegen* jegliche Art von Klassik, des Klassizismus wie der Klassizität. Allein eine solche historisierende Betrachtungsweise, die Moderne und Klassizismus schroff voneinander trennen möchte, übersieht nur zu oft die geheimen Wechselwirkungen und Querverbindungen im künstlerischen Werk. Die großen Künstler folgen ihrem eigenen Ausdruckszwang; sie pflegen es der Sekundärliteratur zu überlassen, dann Widersprüche aufzudecken und Einordnungen zu versuchen.

Sowohl Arnold Schönberg wie sein ungeliebter Gegenspieler Igor Strawinsky sind Exempel einer solchen innigen Anverwandlung von Neuerung und Klassizität in einem und demselben Künstlertum. Viele und leidenschaftliche Mißverständnisse über Schönbergs künstlerische Praxis haben bis heute darin ihre Ursache gehabt, daß man Arnold Schönberg für einen wütenden Bilderstürmer hielt, der allenthalben ganz neu anzufangen gedachte: unter Zerstörung des Bisherigen. Allein die Rolle des Moses im Angesicht des Goldenen Kalbes ist nicht zu verwechseln mit der Künstlergestalt Arnold Schönbergs vom Jahrgang 1874, des Jahrgangsgenossen von Hugo von Hofmannsthal wie von Karl Kraus.

Schönbergs innovatorische Leidenschaft hat ihn niemals davon abgehalten, um einer bloß geradlinigen Lebens- und Schaffenskurve willen, auf den Überhang der Tradition zu verzichten. Die Zweite Kammersinfonie beispielsweise Opus 18 wurde schon 1906 begonnen.

Schönberg vollendete sie im Jahre 1939: durchaus in Weiterführung seiner frühen Schreibweise, denn die Skizzen zu dieser Kammersinfonie liegen noch vor der Niederschrift des Zweiten Streichquartetts in fis-Moll, Opus 10. Auch Schönbergs »Ode an Napoleon« für Sprecher, Klavier und Streichquartett, Opus 41, geschrieben in Amerika im Jahre 1942, als ein Haß-Ausbruch Lord Byrons gegen den besiegten Bonaparte, wobei Schönberg einen anderen Todfeind meinte, scheint kaum Ähnlichkeit der Schreibweise aufzuweisen mit Opus 42, also seinem berühmten Klavierkonzert, das im selben Jahr entstand wie die Ode an oder gegen Napoleon.

Es ist keineswegs überraschend oder gar eine pädagogische Schrulle des bedeutenden Kompositionslehrers Arnold Schönberg, wenn er einbekanntermaßen, und bestätigt durch alle seine Schüler, von Alban Berg bis zu Hanns Eisler, mit seinen Meisterstudenten nicht die Partituren Arnold Schönbergs zu analysieren pflegte, sondern vorzugsweise diejenigen von Johannes Brahms. Schönbergs Verwandlung des Klavierquartetts in g-Moll von Brahms in eine Sinfonie von Brahms/Schönberg zeugt vielleicht am nachdrücklichsten für diese enge Verbindung von Innovation und Klassizität.

Man hat es ihm schwerer gemacht als irgendeinem seiner musikalisch-schöpferischen Zeitgenossen, die gleich ihm inzwischen zu »Klassikern der Moderne« promoviert wurden. Gewiß muß es überaus stürmisch zugegangen sein bei der Pariser Uraufführung des »Sacre du Printemps« von Igor Strawinsky in einer ersten Vorkriegszeit. Den Skandal der Kölner Uraufführung des »Wunderbaren Mandarin« von Béla Bartók in der Mitte der zwanziger Jahre habe ich selbst noch erlebt, und ich darf mit Goethe sagen, daß ich froh bin, dabeigewesen zu sein. Es hat Prügel gesetzt im Zuschauerraum. Die grelle

Obszönität des Librettos und die bösen, harten, gleichzeitig aufgeilenden und abwiegelnden Klänge waren einfach zu viel: sogar für ein Kölner Publikum, dem immerhin Otto Klemperer als Musikalischer Oberleiter im Laufe der Jahre einiges zugemutet hatte.

Der haßvolle Widerstand jedoch von Publikum und Kritik gegen alles, nahezu alles, was Arnold Schönberg unternahm, bleibt fast unerklärlich. Natürlich hat der *Antisemitismus* dabei eine wesentliche Rolle gespielt. Wenn ein Künstler von jüdischer Herkunft mit einer vorerst fast unerklärbaren ästhetischen Vision auftrat, so war im späten neunzehnten oder zwanzigsten Jahrhundert eine allgemeine Ablehnung oder gar Feindseligkeit unvermeidlich. Eine verbürgte und erschreckende Anekdote mag das illustrieren. Der große Kapellmeister Hans von Bülow hat immer wieder mit viel Mut und Eigensinn sein musikalisches Können eingesetzt für heftig befehdete Künstler und ihre neue Musik. Hans von Bülow leitete die Uraufführungen des *Tristan* und der *Meistersinger*. Er konzertierte als Klavierspieler in Rußland, lernte dabei Peter Tschaikowski kennen, ließ sich dessen für unspielbar gehaltenes Erstes Klavierkonzert in b-Moll zeigen, ließ es sich auch widmen, und hat es wohl als erster gespielt und berühmt gemacht. Er trat dann auch nachdrücklich als Schriftsteller für den nahezu unbekannten Russen ein. Nach dem Bruch mit Richard Wagner wurde er zum leidenschaftlichen Vermittler der Orchesterweke von Johannes Brahms. Hans von Bülow hat auch den jungen Richard Strauss für sich und für die Welt entdeckt und liebevoll gefördert.

Als ihn Richard Strauss jedoch auf den gleichfalls noch fast unbekannten Kapellmeister und Tonsetzer *Gustav Mahler* aufmerksam machte und eine Begegnung veranlaßte, mußte man einen völlig anderen Hans von Bülow erleben. Diesmal hatte er es mit einem Juden zu tun. Als

Mahler seine Erste Sinfonie vorspielte, trat Bülow ans Fenster, gelangweilt, dann ersichtlich angewidert. Diesen Mann und diese Musik gedachte ein Hans von Bülow nicht zu akzeptieren. Trotzdem forderte er ihn auf weiterzuspielen...

Gustav Mahler selbst hat in seinen Briefen und Gesprächen immer wieder fast entsetzt und befremdet über die brutale Ablehnung sich erregt, die der von ihm geförderte und hoch geschätzte Arnold Schönberg in Wien erleben mußte. Freilich war Arnold Schönberg ein Judenjunge aus dem Zweiten Wiener Bezirk, also der Leopoldstadt. Hans Heinz Stuckenschmidt gab in seiner Schönberg-Biographie mit Recht dem ersten Kapitel die Überschrift »Der Zweite Bezirk«. Das war mehr als eine Ortsangabe: es war ein Stigma, fast ein Kainszeichen. Noch zu einer Zeit, da Gustav Mahler erste Erfolge erzielen konnte mit seinen Liedern und Sinfonien, da man sich an die musikalischen Ekzesse der »Salome« und gar der »Elektra« gewöhnt hatte, wurden Werke, die heute nahezu zahm anmuten gegenüber Mahler und Strauss, nämlich die »Verklärte Nacht« von Schönberg oder die Erste Kammersinfonie, oder Schönbergs sinfonische Dichtung »Pelleas und Melisande«, erbittert abgelehnt. Es muß bei den ersten Schönberg-Aufführungen viel schlimmer und anders zugegangen sein als bei anderen berühmten Opern- und Konzert-Skandalen. Auf Schönberg reagierte man nicht einmal mit tobender Entrüstung, sondern mit Schweigen, Nichtachtung, Verachtung. Die Notwendigkeit, sein Werk vor allem durch »musikalische Privataufführungen« überhaupt zu Gehör zu bringen, war für Schönberg evident. Gustav Mahlers Sorgen während seiner letzten Krankheit waren berechtigt: wenn er immer wieder darüber klagte, daß Schönberg nach Mahlers Tod, nach dem Verschwinden des mächtigen Protektors, vielleicht verloren sei.

Er war nicht verloren. Arnold Schönberg fühlte in sich die Kraft eines Propheten. Der Junge aus der Leopoldstadt hatte es gelernt, mit dem Kopf gegen die Mauern anzurennen. In einem Brief vom Sommer 1933, den er an jüdische Musiker schickte, die damals alle geächtet waren, wirbt Schönberg für die baldige Errichtung eines jüdischen Staates, also für die Verwirklichung der utopischen Konzeption eines *Theodor Herzl*. In dem Brief schreibt Schönberg: »Man braucht hiezu einen Mann, der gewillt und geeignet ist, mit dem Kopf gegen die Mauern zu rennen, und der entschlossen ist, jeden umzurennen, der bloß diskutieren, parlamentieren, protestieren, unterstützen und mit einem Wort: – schwächen will. Ich habe mich entschlossen, in Ermangelung eines Besseren, einstweilen anzufangen. Immerhin weiß man es, daß ich gegen Mauern angerannt bin, und kann sehen, daß ich nicht dabei zugrundegegangen bin.« Und nun noch ein anderes Zitat:

»Wenn die Leute von mir sprechen, denken sie sofort an Schrecken, Atonalität und Komposition mit zwölf Tönen.« So beginnt ein Text, den Arnold Schönberg unter dem bitter-ironischen Titel »Selbstanalyse« am 3. März 1948 in Los Angeles niederschrieb und genau datierte. Damals hatte er noch drei Jahre zu leben. Er starb in Los Angeles am 13. Juli 1951, genau zwei Monate vor dem 77. Geburtstag. Es war (für den geborenen Wiener) ein Sterben im Exil, das niemals zur Heimat geworden war und werden konnte. Ein Ende *gleichzeitig* im Weltruhm und in der Bedürftigkeit. Der Text »Selbstanalyse« bietet auch hier dialektische Gleichzeitigkeit: fast demütig in der Bitte um ein ernsthaftes Verständnis, ein Verstehenwollen; immer von neuem jedoch dringt Sarkasmus durch, ein sehr bitterer Spott. Schönberg formuliert: »Atonalität oder dissonante Züge sind keine Maßstäbe für Bewertung. Oberflächlichkeit mag ihr Urteil auf solche Eigenschaften stellen. Wirkliche Liebe und Verständnis werden sich fragen: Was ist gesagt worden? Wie wurde es ausgedrückt? Wurde da eine neue Botschaft in der Musik verkündet? Wurde eine neue Persönlichkeit entdeckt? ... Gewiß, den Stil zu deuten ist leichter und verschafft einem den Ruhm eines Kenners. Aber die Liebe des Freundes unserer Kunst ist nicht so indirekten Ursprungs, wenn sie auf Schätzung bedacht ist.«

Dann aber gelangt die Selbstanalyse in der Tat zu einer ernsten Selbstbefragung. Gegenüber der gängigen Periodisierung durch die Musikwissenschaftler, die zunächst einen spätromantischen Schönberg ausgemacht hatten, bis zum Jahre 1905, einen sogenannt freitonalen bis 1921, um schließlich beim Komponisten des Zwölftonsystems zu landen, befragt sich dieser selbst, um herauszufinden, *warum* die Musikwelt mit ausübenden Musikern, Kritikern, Kennern und Liebhabern in *all* diesen Perioden, von der Spätromantik bis zum Zwölftonsystem, so ungewöhnlichen Widerstand bekundete.

Schönberg bleibt nachdenklich und fragt: »Warum aber stießen dann sogar Werke meiner ersten Zeit immer auf Widerstand bei den ersten Aufführungen, um erst spät anerkannt zu werden?«

Eine Antwort hat er nicht gefunden. Was er herausfindet, ist keine: »Anscheinend muß als die wirkliche Ursache meine Tendenz angesehen werden, jedes Werk mit einem verschwenderischen Überfluß musikalischer Themen auszustatten.« Daher auch die Überlänge der Gurre-Lieder oder der Sinfonischen Dichtung »Pelleas und Melisande« von 1905. Allein das ist keine Erklärung. Durch Wagner und Mahler und Bruckner und Hans Pfitzner, viele andere noch, war man gewöhnt an solche himmlischen oder höllischen Längen.

Man wird also anders fragen müssen: über Schönberg hinaus, wohl auch gegen ihn, um dieses Phänomen eines

Musikers von großem handwerklichem Können und unbestreitbarer Einbildungskraft zu deuten, der theoretische Schriften von Rang zu verfassen imstande war, seine Texte selbst schreiben konnte, die Partituren der Musikgeschichte nicht minder souverän überblickte als der bewunderte Johannes Brahms. Der aber ein Leben lang, in allen Wandlungen seines Stils, seiner Stoffe und Techniken, gereizt abgelehnt wurde, gedemütigt, schlecht bezahlt, ernannt und wieder hinausgeworfen.

Arnold Schönberg hätte seinen Kampf *nicht* – wie Richard Strauss – in Musik setzen können unter dem Titel »Ein Heldenleben«. Nicht einmal von seiner »Verklärung« nach dem Tode im Jahre 1951 wird man sprechen können. Freilich wurde am 2. Juli 1951, zwölf Tage vor Schönbergs Tode, in Darmstadt unter Leitung von Hermann Scherchen der Tanz um das Goldene Kalb aus »Moses und Aron« zum erstenmal aufgeführt. Drei Jahre später dirigierte Hans Rosbaud in Hamburg die beiden komponierten Akte der Oper im Konzert. Abermals drei Jahre später, am 6. Juni 1957, führte man die Oper »Moses und Aron« im Stadttheater Zürich auf, wieder unter Rosbaud. Seitdem steht das schwierige Werk auf dem Spielplan der großen Opernhäuser der Welt. Jede Aufführung wird zur Bestätigung jener »Selbstanalyse«: daß wirkliche Liebe zur Musik, statt aller Wichtigtuerei, zu fragen habe: »Was ist gesagt worden? Wie wurde es ausgedrückt? Wurde da eine neue Botschaft in der Musik verkündet?«

Man macht es sich jedoch zu leicht im Falle Schönberg, bei dieser schwierigen und leidensvollen Rezeptionsgeschichte einfach vom Gegensatz zwischen konservativem und progressivem Denken und Kunstschaffen auszugehen. Arnold Schönberg landete ein Leben lang, und auch heute noch, mehr als dreißig Jahre nach seinem Tode, *zwischen* allem.

Gleich nach dem Tode in Los Angeles und nach der Uraufführung von Fragmenten aus »Moses und Aron« meldete sich, im Jahre 1951, ein zorniger junger Mann mit einer Rede zu Wort, in französischer Sprache und mit der apodiktischen Feststellung: »Schönberg est mort.« Gemeint war mit dieser Todesanzeige nicht der Musiker. *Es war auch keine Konstatierung, sondern eine These.* Sie zielte gegen Schönbergs Musik, von der etwa behauptet wurde: »Im Tonsatz selber stoßen wir auf die Erinnerungen an eine überlebte Welt. Aus Schönbergs Feder fließen nervtötende stereotype Tonsatz-Klischees in Fülle, auch sie bezeichnend für romantische Großsprecherei und Zopfigkeit.« Der Schluß ist ebenso boshaft wie witzig: »Hüten wir uns, Schönberg als eine Art Moses anzusehen, der im Angesicht des Gelobten Landes stirbt, nachdem er die Gesetzestafeln von einem *Berg Sinai* heruntergebracht hat, den einige Leute um ihr Leben gern mit *Walhall* verwechseln möchten.«

Seitdem freilich hat der zornige junge *Pierre Boulez* von 1951 einige Meisteraufnahmen der Musik Schönbergs für die Schallplatte dirigiert, und er hat auch die Burg Walhall besucht, wie man weiß. Trotzdem ist etwas daran, auch heute noch: jenseits der Verdikte über Schönbergs angeblich »so lustlos und langweilig gehandhabte Rhythmik«, die Boulez als Dirigent von »Moses und Aron« vermutlich arg zu schaffen machte.

Arnold Schönberg ist auch heute noch ein musikalischer Klassiker, dem viele insgeheim nicht so recht trauen. Seine Musik ist nicht tot, keineswegs, allein wie lebendig ist sie wirklich? Wer so fragt, muß genötigt sein, *den unlösbaren Zusammenhang zwischen Schönbergs Produktion und ihrer Rezeption zu interpretieren.* Gefragt wird dann nach der Mitwelt und der Nachwelt dieses Künstlers. Was heißen soll: nach dem *Zeitgenossen* Schönberg und nach dem *Außenseiter* dieses Namens.

Die Bedeutung von Arnold Schönbergs Werk in unserer Zeit ergibt sich zuerst einmal aus der besonderen Rolle des *jüdischen* Künstlers im untergehenden Kaiserreich der Habsburger. Robert Musil hat im »Mann ohne Eigenschaften« für dieses Kaiserliche und Königliche Österreich-Ungarn die Formel »Kakanien« erfunden. Die Querverbindungen zwischen Arnold Schönberg und seinem Jahrgangsgenossen *Karl Kraus* sind evident. Schönberg hat dem Herausgeber der »Fackel« mit fast demütigen Worten sein Buch »Harmonielehre« gewidmet. Er hat die Verehrung für Karl Kraus weitergegeben an seine Schüler Alban Berg und Anton von Webern. *Schönberg und Kafka:* das wäre ein Thema. Nicht im Sinne einer Suche nach Einflußnahmen und Wechselwirkungen, sondern im Sinne einer »Parallelaktion« im Sinne von Robert Musil.

Weiterzuleben in Kakanien nach einem Ersten Weltkrieg ließ scheinbar nur die Möglichkeit zu einer *zionistischen Absage* an die Tradition einer deutsch-jüdischen Symbiose *oder* einer fast *zwanghaften weiteren Gleichschaltung* und Integration. So muß das katholische Konvertitentum Franz Werfels verstanden werden, oder auch der späte katholisch-habsburgische Monarchismus eines *Joseph Roth*. Ein Musiker wie Otto Klemperer, der sich früh schon für Schönberg einsetzte (ich habe noch als Gymnasiast in Köln durch ihn zum erstenmal die »Verklärte Nacht« und die Erste Kammersinfonie gehört) hat sein Leben lang keine Entscheidung gefunden zwischen dem Judentum und dem katholischen Credo, dem er in den zwanziger Jahren eine eigene Missa Sacra dargebracht hatte.

Arnold Schönberg hat ein Jude bleiben wollen. Ein Jude ohne Zionismus, doch mit einer aufbewahrenden und zugleich aufgehobenen eigenen Überlieferung neben der deutschen. Das macht: er hatte im ersten Jahrzehnt des neuen Jahrhunderts eine Gemeinschaft der Künstler, Freunde und Schüler gefunden, die gleich ihm fast süchtig danach war, jene »Entrückung« zu erfahren, die Stefan George im Schlußgedicht des Maximin-Zyklus aus dem »Siebenten Ring« in die Verszeile gebannt hatte

Ich fühle luft von anderem planeten.

Um das Gedicht so zu schließen:

Ich bin ein funke nur vom heiligen feuer
Ich bin ein dröhnen nur der heiligen stimme.

Arnold Schönberg hat seine Komposition dieses Gedichts von George an den Schluß des Zweiten Streichquartetts opus 10 in fis-Moll gestellt, die im Jahre 1907 begonnen wurde. Wenn die Singstimme verklingt, versucht der Streichersatz jenen anderen Zustand zu beschwören, den Gustav Mahler als »himmlische Freuden« am Schluß der Vierten Symphonie wie eine pausbäckige Kinderwelt imaginiert hatte. Schönberg versucht es, die Musik als Luft von anderem Planeten zu erträumen. Als ein »Dröhnen der heiligen Stimme«, die später von neuem beschworen werden sollte: im Vorspiel zu »Moses und Aron«.

Die Gleichzeitigkeit der Zeitgenossen, die mit dem Terminus des »*Expressionismus*« nur unvollkommen bestimmt wird, ist immer wieder erstaunlich, versucht man heute, diese verschiedenen Versuche eines Anderswerdens, zusammenzuschauen. Schönberg strebt in seinem Streichquartett in fis-Moll zur Symbiose mit Gedichten von Stefan George: unbekümmert um Georges Verachtung für alle Kunstfertigkeit, die nicht Dichtung sei. *Ernst Bloch* findet in seinem großen Jugendentwurf über den »Geist der Utopie« von 1918, als es darum geht,

die Freiheit der Musik und die Musik der Freiheit zu begründen, kein anderes und eindrucksvolleres Beispiel als
– selbstverständlich, ist man versucht zu sagen – den
Schluß dieses Schönberg-Quartetts mit seiner Musik, die
weiterfühlt, wenn die Singstimme schweigen muß. Ernst
Bloch deutet den Schönbergschen Ausklang so: »Das
Lied schließt dann mit Neu, Unendlich oder Unerfüllt; es
geht ohne anzukommen, der Sinn liegt im Weg...«

Will man jedoch diese erstaunliche Zeitgenossenschaft
und Kommunikation genauer verstehen, so erweist sich
ein Hinweis auf den »Expressionismus« trotz allem als
unzulänglich. Es ist der Literatur- wie der Musikwissenschaft niemals gut bekómmen, wenn sie mit den Stilkate-
gorien der Kunstgeschichte hantieren wollte. Das erwies
sich am Barock ebenso wie am sogenannten Biedermeier,
nicht minder an der modischen Floskel vom allgegen-
wärtigen Jugendstil. Rilke als Dichter des »Jugendstils«,
das bringt kaum mehr als ein paar Stilmerkmale, genau
wie die These vom Expressionisten Franz Kafka oder Alfred Döblin oder gar Bertolt Brecht.

Auch die Gemeinsamkeit, die Schönberg insgeheim
oder ausdrücklich mit Franz Marc verband und Wassili
Kandinsky, mit Karl Kraus oder Stefan George, mit einer
jüngeren Generation wie Ernst Bloch und den Schön-
berg-Schülern Anton von Webern und Alban Berg, kann
nicht durch Stilkritik und Ähnlichkeit der Ausdrucksmittel fixiert werden. Es hatte mehr zu tun *mit dem utopischen Bewußtsein* als mit einer Technik der gebrochenen
Formen. Die Heranwachsenden einer ersten Vorkriegszeit fühlten sich jung mit dem jungen Jahrhundert. Sie
ahnten – undeutlich zumeist –, daß eine Ära ans Ende
gelangt sei: mitsamt ihren Moralen, Bildungsvorstellun-
gen und Hierarchien. Heiterkeit herrschte und Zuversicht bei diesem Anblick. Jugend würde die neue Welt
begründen als Ära der Jungen. In eigener Verantwor-

tung, wie es in der Formel vom Jugendtreffen auf dem Hohen Meißner im Jahre 1913 geheißen hatte. Als eine freie Welt, worin nichts mehr von dem Geltung haben durfte, was in der bürgerlichen Welt der Väter die »Mode streng geteilt« hatte.

Dies gemeinsam erträumte Prinzip Hoffnung aber stand *im Zeichen der totalen Innovation*. Es war zu verstehen als umfassende Entgrenzung aller bisherigen Lebensbereiche, und damit auch der Künste. Am erstaunlichsten und am folgenreichsten, denn es wirkt nach wie vor in unserem gesamten künstlerischen Denken und Empfinden, ist diese Entgrenzung vollzogen worden in einer gemeinsamen Aktion, die in München begann in jenen vier Friedensjahren, die dem Weltkrieg von 1914 vorausgingen.

Wenige Monate vor dem Attentat von Sarajewo erschien in zweiter Auflage unter der Verlagsbezeichnung »München, R. Piper & Co. Verlag« das zwei Jahre vorher zum erstenmal edierte Buch »*Der Blaue Reiter*«. Herausgeber waren Kandinsky und Franz Marc. Beide berichten in Vorworten über Erfahrungen mit dem Buch und über die Gründe für diese Neuauflage. Kandinsky ist skeptisch. Das Hauptziel, wie er meint, sei nicht erreicht worden, nämlich durch theoretische Beweise und durch Beispiele zu demonstrieren, »daß die Formfrage in der Kunst eine sekundäre ist, daß die Kunstfrage vorzüglich eine Inhaltsfrage ist«. Allein die Zeit sei offensichtlich noch nicht reif für das »Hören« und das »Sehen«.

Franz Marc datiert seinen Text mit »März 1914«. Während der russische Mitherausgeber vor allem das Nochnicht herausstellt, sieht der visionäre Franz Marc vor allem den Vorschein des Neuen, ein Bereits: »Daß uns heute die große Menge nicht folgen kann, wissen wir; ihr ist der Weg zu steil und unbegangen. Aber daß schon heute manche mit uns gehen wollen, das hat das

Schicksal dieses ersten Buches uns gelehrt... Wann wir uns zum zweiten Buche sammeln werden, wissen wir nicht. Vielleicht erst, wenn wir uns wieder ganz allein befinden werden; wenn die Modernität aufgehört haben wird, den Urwald der neuen Ideen industrialisieren zu wollen.«

Ein zweites Buch ist nie entstanden. Franz Marc fiel zwei Jahre später vor Verdun, am 4. März 1916 und mit 36 Jahren.

Was beim »Blauen Reiter« sogleich auffällt, ist die *bewußte und befreiende Entgrenzung des Kunstbereichs*. Neben der Titelseite, als erste Bildreproduktion, ein anonymer altbayerischer Sankt Martin. Es werden die Murnauer Spiegel- und Glasbilder von neuem entdeckt; Plastiken von den Osterinseln, aus Kamerun, aus Mexiko. Japanische und russische Volkskunst, immer wieder auch Kinderzeichnungen. Man geht aus von der Gleichzeitigkeit aller künstlerischen Aussage: ob anonym, ob kindlich, ob von anerkannten Meistern geschaffen. Hans Baldung Grien und Henri Matisse, El Greco und Pablo Picasso, Paul Cézanne und Paul Klee. Man möge sich an die Schmähungen und Verfolgungen erinnern, denen die Leute vom Bauhaus bis weit in die zwanziger Jahre ausgesetzt waren, um das durchaus Beispiellose dieser Sammlungsbewegung des »Blauen Reiter« und das sichere ästhetische Empfinden seiner Herausgeber zu würdigen.

In diesem »Blauen Reiter« aber ist *Arnold Schönberg* in dreifacher Funktion vorhanden: als Tonsetzer, als Maler, als Theoretiker. Am Schluß sind drei Kompositionen, offenbar Beispiele für ein neues Hören, reproduziert: drei Lieder. Die »Herzgewächse« für Sopran, Celesta, Harfe und Harmonium, nach einem Gedicht von Maurice Maeterlinck, dem Dichter des »Pelléas«, reproduziert in Arnold Schönbergs Handschrift. Es fehlt noch die Opuszahl 20. Ein Gedicht von Alfred Mombert wurde komponiert von Alban Berg. Hier findet sich schon die genaue Angabe op. 2 No. 4. Schließlich noch ein Gedicht aus dem »Jahr der Seele« von Stefan George. »Für eine Singstimme und Klavier von Anton von Webern.« Welch eine Dissertation wäre hier zu schreiben über »Der Blaue Reiter und die Wiener Schule«.

Schönbergs Essay »Das Verhältnis zum Text«, worin er in seiner dritten Funktion gegenwärtig wird in der Gesellschaft der Leute vom »Blauen Reiter«, wendet sich einer Problematik zu, die vor einiger Zeit neu und in bemerkenswerter Weise von Wolfgang Hildesheimer untersucht wurde. *Der Frage nämlich nach der »Aussage« von Musik.* Arnold Schönberg lehnt schroff, fast höhnisch die vertrauten Vorstellungen von einem – möglichen – Gesamtgebilde aus Dichtung und Musik rundheraus ab. Es ist Absage an das Kunstlied des 19. Jahrhunderts, an die musikalische Ausdeutung eines poetischen Textes, natürlich auch an Wagners Musikdrama, zu schweigen von der Kollaboration zwischen Hofmannsthal und Richard Strauss.

»Ich war vor ein paar Jahren tief beschämt, als ich entdeckte, daß ich bei einigen mir wohlbekannten Schubert-Liedern gar keine Ahnung davon hatte, was in dem zugrundeliegenden Gedicht eigentlich vorgehe. Als ich dann aber die Gedichte gelesen hatte, stellte sich für mich heraus, daß ich dadurch für das Verständnis dieser Lieder gar nichts gewonnen hatte... Im Gegenteil, es zeigte sich mir, daß ich, ohne das Gedicht zu kennen, den Inhalt, den wirklichen Inhalt, zugleich tiefer erfaßt hatte, als wenn ich an der Oberfläche der eigentlichen Wortgedanken haften geblieben wäre.« Die Folgerung für das eigene Schaffen wird gleichfalls gezogen. Er habe viele seiner Lieder komponiert, »berauscht von dem Anfangsklang der ersten Textworte«. Dann sei der weitere Text-

ablauf unerbittlich dem musikalischen Gesetz unterge-
ordnet worden. Mit verblüffendem Ergebnis, »daß ich
niemals dem Dichter voller gerecht geworden bin, als
wenn ich... alles erriet, was diesem Anfangsklang eben
offenbar mit Notwendigkeit folgen mußte«.

Es fällt auf: *die Ablehnung aller Psychologie*, irgendei-
nes Verstehenwollens, das nicht auf die Gesetzlichkeiten
des Kunstwerks eingeht. Was hingegen visionär vorzu-
schweben scheint, als ein neues Hören und Sehen im
Sinne von Kandinsky, ist die autonome Gleichzeitigkeit
der Künste, unabhängig von ihrer Herkunft und Funktion, unabhängig von der Geographie wie von der Geschichte.

Alle diese partiellen Strömungen, die Schönbergs
Werk bestimmt haben: der Zweite Bezirk, Kakanien, die
Ausdruckskunst der Expressionisten, das zwiespältige
Verhältnis zur Klassizität, konvergieren in jenem Werk,
das im Laufe der Jahrzehnte immer deutlicher als Arnold
Schönbergs Hauptwerk zu verstehen ist, obwohl es, in
einem formalen Sinne, bloß als Fragment auf uns kam:
der Oper »Moses und Aron«.

Auch im Falle von »Moses und Aron« stoßen heute
noch sehr unterschiedliche künstlerische Urteile schroff
aufeinander. Gewiß, das Werk ist anerkannt als eine der
großen musikdramatischen Schöpfungen unseres Jahrhunderts. Auch das nicht übermäßig aufgeschlossene
Publikum der Salzburger Festspiele hat sich in diesem
Sommer 1987 der Wucht dieser musikalischen Explo-
sion gebeugt: wohl nicht ohne wollüstigen Schauder
beim Anblick und Anhören der Exzesse eines Tanzes um
das Goldene Kalb.

Die Meinungen divergieren jedoch, wenn es gilt, die
Bedeutung oder Nicht-Bedeutung des von Schönberg
selbst geschriebenen Textes in Beziehung zu setzen zu der
großartigen Partitur. Auch als *Pierre Boulez* längst seine

einstige Todesanzeige für die Kunst Arnold Schönbergs zurückgenommen hatte, ließ er sich nicht von der Bedeutung des Textes überzeugen. Er meinte: »Bedauerlicherweise steht auch hier der literarische Wert des Librettos beträchtlich unter der musikalischen Qualität der Partitur: Schönberg hatte den Text selbst verfaßt, der zeigt einen ziemlich naiven Gegensatz zwischen Materialismus, dargestellt in Aron, und Idealismus, verkörpert in Moses.«

Interessant ist die Bemerkung »auch hier«. Boulez will offenbar sagen, daß auch alle anderen dramatischen Texte von Schönberg, also die »Erwartung«, die »Glückliche Hand« und der Text zum Oratorium »Die Jakobsleiter« mißglückt seien.

Die Gegenthese wird durch *Michael Gielen* vertreten, dem man die vorzügliche Schallplatten-Aufführung von »Moses und Aron« mit dem Chor und Sinfonieorchester des Österreichischen Rundfunks zu danken hat. Im Beiheft zu dieser Aufnahme findet sich der Wortlaut eines Interviews zwischen Michael Gielen und Jonathan Ellis. Darin äußert sich Gielen ganz unverhohlen *als Gegner des Moses und als Parteigänger des Hohepriesters.*

»Ich bin überzeugt, daß Moses' Politik falsch ist. Doch der Gegensatz zwischen Moses und Aron ist fingiert. Sie sind zwei Seiten derselben Münze. Was taugt der Gedanke, wenn er nicht verwirklicht wird? Was nützt eine Revolution, die nur in Büchern stattfindet? Aron wählt den Weg des Demagogen. Damit bringt er das Volk in Bewegung und orientiert es dorthin, wo er es haben will. Es hätte Moses nicht gestört, wenn all diese Menschen in der Wüste gestorben wären, sofern sie nur seinen Gedanken verbunden geblieben wären. Und nur er sah Gott, sonst niemand. Die anderen mußten glauben, er war der ›Führer‹. Deshalb stehen meine Sympathien hundertprozentig auf der Seite Arons.«

In der Tat ist Arnold Schönberg von eindeutiger Parteinahme für den Propheten und gegen den Hohepriester weit entfernt. Daraus ergibt sich freilich für die musikalisch-szenische Interpretation eine große Schwierigkeit. Man kann »Moses und Aron« sowohl als Billigung der Handlungen des Moses inszenieren, wie als Zustimmung zu den verzweifelten und insgeheim von ihm selbst abgelehnten Bemühungen des Aron, die reine Lehre Gottes und seines Propheten im Auserwählten Volk zu verwurzeln. Die Berliner Aufführung unter *Hermann Scherchens* Leitung mit dem würdevoll-ergriffenen Moses Josef Greindls und dem schönsingenden und als eitel interpretierten Aron, den der Tenor Helmut Melchert darstellte, hatte sich gegen Aron entschieden und für Moses. Michael Gielen gelingt es, entsprechend seinem Konzept, *Zweifel zu wecken an der Reinheit*, Bescheidenheit und gewollten Machtlosigkeit *des Moses*. Bereits durch die erste Auseinandersetzung zwischen den Brüdern in der zweiten Szene mit der Überschrift »Moses begegnet Aron in der Wüste« wird der Konflikt exponiert. Die Stimme aus dem Dornbusch hatte dem Moses verkündet:

Aron will ich erleuchten, er soll dein Mund sein!
Aus ihm soll deine Stimme sprechen,
wie aus mir die meine!

Als ihm nun Aron in der Wüste begegnet, muß sich Moses folglich im Einklang fühlen zugleich mit dem Bruder und mit Gott. Dennoch beginnt hier bereits der Zwiespalt zwischen den durchaus abweichenden Auffassungen der Brüder von der ihnen zugefallenen Aufgabe. »Schwungvoll«, wie die Partitur an dieser Stelle fordert, und arios übernimmt Aron seine Aufgabe, dem von Gott auserwählten Volk Israel diese säkulare Verheißung zu verkünden. Im langsamen Rezitativ wiederholt er dann die Botschaft aus dem Dornbusch, wonach sich das Auserwählte Volk *kein* Bildnis machen könne und dürfe von Gott: »Unsichtbar! Unvorstellbar! Volk, auserwählt dem Einzigen, kannst du lieben, was du dir nicht vorstellen darfst?« Hier bereits hat Aron, aus der ariosen Verzückung durch jähe Erkenntnis vertrieben und ans meditative Rezitativ verwiesen, den unlösbaren Zwiespalt geahnt zwischen dem unvorstellbaren Gott und der geforderten Notwendigkeit, das Gestaltlose, Unvorstellbare zu verehren, gar zu lieben.

Die Replik des Moses ist schneidend. Der Rhythmus hat gewechselt bei Schönberg. »Sehr langsam«, doch stark, antwortet Moses der Frage Arons: »Kannst du lieben, was du dir nicht vorstellen darfst?« Moses wiederholt, offenbar zornig oder spöttisch: »Darfst.« Die Notierung des Sprechgesangs verlangt den Sprung einer übermäßigen Septime. Die Posaunen begleiten die erbitterte Frage des Moses mit eben diesem Intervall. Dann wiederholt Moses, durchaus nicht arios, sondern monoton auf der stets selben Note eines tiefen E, die in seinen Augen reine und fraglos anzunehmende Lehre: »Unvorstellbar, weil unsichtbar, weil unüberblickbar, weil unendlich, weil ewig, weil allgegenwärtig, weil allmächtig.« Einmal erhebt sich nur die Stimme, um sogleich wieder zur Monotonie zurückzukehren: »Nur einer ist allmächtig.« In Michael Gielens musikalischer Ausdeutung der Szene wird die höhnische Replik des Moses im Wort »Darfst« als unguter Hohn, als herrscherliche Anmaßung vorgetragen. Um die Reinheit der Lehre scheint es schlecht zu stehen bei ihrem von Gott berufenen Ausdeuter.

Allein die Substanz der Oper »Moses und Aron« kann *nicht* gedeutet werden als autonomes Spiel und Gegenspiel zwischen den Titelgestalten. *Es ging Arnold Schön-*

berg, dem Juden und dem Künstler, um das Schicksal des Volkes Israel. Ihm galt die Verheißung als eine gleichzeitig weltliche und heilige. Moses und Aron aber wurden ins Volk geschickt, um dieser Verheißung zur Existenz zu verhelfen. Es ist deshalb eine Fehldeutung des Werkes, wenn man es, wie geschehen, als sonderbare Mischform versteht aus der Entgegensetzung einer sprechenden und einer singenden Stimme und einem den wichtigsten Teil der Partitur erfüllenden, fast sprengenden *Chorwerk*, worin sich alle Zweifel, Hoffnungen und Widersprüche des Volkes Israel ausdrücken sollen.

Moses hat den Gedanken Gottes mißverstanden. Der Gedanke war durch die Stimme aus dem Dornbusch gleichsam als Ausdruck einer »funktionalen Vernunft« verkündet worden. Die Erleuchtung, die gleichzeitig für den Propheten Moses galt wie für den wortmächtigen Aron, hatte ein Ziel:

> Dieses Volk ist auserwählt, vor allen Völkern,
> das Volk des einzigen Gottes zu sein,
> daß es ihn erkenne, und sich ihm ganz widme:
> daß es alle Prüfungen bestehe, denen in
> Jahrtausenden der Gedanke ausgesetzt ist.

Eben dies hatte Moses vergessen oder gar »verdrängt«. Nicht so der Hohepriester Aron. Reinheit der Lehre: dann konnte dieses Volk der Unmündigen nicht überleben. Aron argumentiert sehr scharf:

> Ein beklagenswertes, ein Volk von Märtyrern wäre
> es dann!
> Kein Volk erfaßt mehr als einen Teil des Bildes,
> das den faßbaren Teil der Gedanken ausdrückt.
> So mache dich dem Volk verständlich, auf ihm
> angemessene Art.

Das beeindruckt den Propheten durchaus nicht. Es ist ein windschiefes Gespräch zwischen den Brüdern, das hier abläuft. Moses hat die Verheißung für das Volk Israel nicht wahrgenommen. Als er die Tafeln zertrümmert, hat sich Gott von ihm abgewendet. Nun spricht Gott durch Aron:

> Kleinmütiger! Du, der du Gottes Wort hast,
> ob mit oder ohne Tafeln:
> Ich, dein Mund, bewahre deinen Gedanken, wie
> immer ich ihn ausspreche.

Auch der Gedanke in Moses ist ohnmächtig geworden. Als Moses die Gesetzestafeln vorweist als Ausdruck seines Gedankens, antwortet Aron sehr richtig, indem er darauf hinweist, daß diese Tafeln »auch nur ein Bild, ein Teil des Gedankens« sind. Eine zum Bild gewordene Metapher, wie man spöttisch sagen könnte. Seit aber das Bild der steinernen Tafeln zertrümmert ist, hat sich Gott offensichtlich selbst für eine neue Bildhaftigkeit entschieden: um des Überlebens der Israeliten willen. Da ist plötzlich die Feuersäule und die Wolkensäule. Moses kann bloß noch wüten: »Götzenbilder.« Aron jedoch antwortet in einer scheinbaren Blasphemie, die aber nicht als solche gesühnt wird. Er repliziert gegen den Vorwurf, die himmlischen Zeichen seien götzenhaft, mit abgründigem Hohn: »Gottes Zeichen, wie der glühende Dornbusch.«

Das letzte Wort des Textes ist eine asketische Verheißung des Propheten, die sich sonderbar ausnimmt: angesichts von Umständen, die Arnold Schönberg im Exil zum neuen Nachdenken zwangen über das jüdische Außenseitertum. Moses verkündet:

Aber in der Wüste seid ihr unüberwindlich und
werdet das Ziel erreichen:
Vereinigt mit Gott.

Warum aber hat er ihn nicht mehr vertont, diesen *dritten
Akt*? Darüber wurde viel gerätselt. Im Anhang zur Partitur hat Gertrud Schönberg eine Reihe von Briefstellen
aneinandergereiht: sie umfassen die Zeitspanne von
1931 bis 1951. Nach dem Kriegsende (1949) heißt es:
»Aber ich habe mir bereits weitgehende Vorstellungen
über die Musik des III. Aktes gemacht und glaube, daß
ich sie in wenigen Monaten werde schreiben können...«
Zwei Jahre später ist der Plan aufgegeben: angeblich wegen des »nervösen Augenleidens«. Daher heißt es nun:
»Einverstanden, daß der dritte Akt eventuell ohne Musik, bloß gesprochen, aufgeführt wird, falls ich Komposition nicht vollenden kann.«
    Dabei ist es dann geblieben.
    In einem Brief vom 15. März 1933 schreibt Schönberg
an den österreichischen Schriftsteller *Walter Eidlitz*, der
ihm sein Buch über den Berg Sinai und die mosaische
Konstellation geschickt hatte: »Mein dritter Akt, den ich
wenigstens zum viertenmal umarbeite beziehungsweise
neu schreibe, heißt derzeit noch immer: Arons Tod. Hier
haben mir bisher einige fast unverständliche Widersprüche der Bibel die größten Schwierigkeiten bereitet.«
Dann kommt er auf die kontrastierenden Berichte des
biblischen Textes zu sprechen, wo einmal gefordert wird,
das Wasser aus dem Felsen herauszuschlagen, ein ander-
mal jedoch vom »Besprechen« des Felsens durch das
Wort die Rede ist. Schönberg hatte die Widersprüche dadurch dramaturgisch nutzen wollen, daß er die Aktion
des Schlagens dem Hohenpriester Aron zuordnete, die
des wundertätigen Wortes aber dem Moses. Dennoch
blieben Zweifel. Sie haben schließlich dazu geführt, daß

Schönberg den dritten Akt nicht vertonte und wohl auch dessen Text, trotz aller Umarbeitungen, als provisorisch empfand.

Seit der denkwürdigen Züricher Uraufführung der Oper »Moses und Aron« unter Hans Rosbauds Leitung am 6. Juni 1957, also vor dreißig Jahren, sind zwei der hauptsächlichen Schwierigkeiten, die einer Wirkung des Werkes entgegenstanden, überwunden worden. Die Sänger, der Sprecher des Moses, die Dirigenten und Orchester sind heute fähig, das unendlich schwere Werk aufzuführen und wirken zu lassen. *Sie sind vor allem heute auch willens, es zu tun.* Es gibt keine Erörterungen mehr über die Frage, was man mit dem dritten, unkomponierten Aufzug machen solle. Schönberg selbst muß schließlich gespürt haben, *daß das Werk mit dem Ende des zweiten Aufzugs in sich vollendet war.* Aller Aktionismus des kurzen dritten Aktes erläutert bloß noch für die Nachwelt, was sich Schönberg gedacht hat. Das Werk selbst widersetzt sich, aus inneren Gesetzen, dieser zusätzlichen Vertonung. Der Zwiespalt bleibt ungelöst. Nicht allein, wie Boulez geglaubt hatte, zwischen den materialistischen und den idealistischen Komponenten. Besser müßte man wohl sagen: zwischen der menschlichen Realmisere und der utopischen Verheißung eines neuen Menschentums, nicht zuletzt für das Volk Israel. Doch das sind keine Gegensätze. Die Verheißung vollzieht sich *innerhalb* der realen menschlichen Misere. Das scheint Aron verstanden zu haben, denn auch ihn hatte Gott erleuchtet.

Allein Moses schweigt. Ihm fehlt das Wort. *Unsere Zeit ist keine Zeit mehr für Propheten, wie es scheint.* Sonderbar: die drei Juden vom Jahrgang 1874 – denn auch Hugo von Hofmannsthal war »unreiner Abkunft«, wie man weiß – fanden am Ende ihres Lebens den Weg vom Wort zur Wortlosigkeit. *Hofmannsthal* hat davon als erster gesprochen, gleich zu Beginn unseres Jahrhunderts, im Brief des Lord Chandos. Eine Zeit, wo die Worte im Munde zerfallen »wie modrige Pilze«. Die Wortlosigkeit des Moses bei *Schönberg*. Sein letzter Satz am Ende des zweiten Aktes lautet: »Oh Wort, du Wort, das mir fehlt!« Das berühmte Gedicht von *Karl Kraus* im Jahre 1933:

> Kein Wort das traf;
> man spricht nur aus dem Schlaf.

Das Gedicht von Kraus schließt mit dem Satz: »Das Wort entschlief, als jene Welt erwachte.«

Dies war auch die Wahrheit Arnold Schönbergs am Ende seiner Zeit und Lebenszeit. Es ist immer noch unser aller Wahrheit. Es ist unsere Welt, das wissen wir. Aber es muß nicht unser Schicksal sein.

IV. Deutsche Staatsbürger jüdischen Glaubens

Walther Rathenau

Er war durchaus noch ein Mann des neunzehnten Jahrhunderts, geboren im Jahre 1867, Sohn und Erbe jenes berühmten Emil Rathenau, der sehr früh in Deutschland die Bedeutung der Erfindungen eines Thomas Alva Edison erkannt hatte. So gründete Emil Rathenau die Allgemeine Elektrizitäts-Gesellschaft, also die AEG. Emil Rathenau muß einerseits noch ein jüdischer Deutscher gewesen sein vom einstigen Rothschild-Typ, für welchen das Prinzip der Assimilation den Vorrang hatte vor allem Festhalten an der jüdischen Überlieferung, während er andererseits, wie auch der Sohn Walther Rathenau, stets ahnen ließ, den entschlossenen Typ des selbstherrlichen Gründers und Erfinders verkörpern zu wollen.

Der Aufstieg der Rothschilds war undenkbar gewesen ohne ihre Beziehung zur Restauration des Fürsten Metternich nach dem Jahre 1815, wo damals in Wien eine europäische Rstauration gegründet werden sollte nach allen Aufregungen der Französischen Revolution und des Bonapartismus. Auch die französische Juli-Revolution von 1830 schlug blitzschnell um in bürgerliche Restaurierung. Der deutsche Emigrant Ludwig Börne zu Paris sprach von einer »giftigen Geldwirtschaft«. Der Baron Nucingen in Balzacs Romanen war offenbar ein Geldmann nach dem Vorbild der Rothschilds: geschmeichelt wirkt er nicht. Metternich war daran gelegen, die drohende und kommende Industrialisierung in seinem Bereich möglichst zu verhindern. Von den fünf Brüdern Rothschild in Paris, London, Neapel, Wien und Frankfurt war der Wiener am ungünstigsten eingesetzt. Das Bankkapital durfte auch möglichst wenig in einer Industrie investieren.

Nach dem Vorbild des Zweiten Französischen Kaiserreichs unter dem Dritten Napoleon stand trotzdem die Industrialisierung im Mittelpunkt der allgemeinen Gesellschaftsentwicklung. Das große Geschäft waren zunächst die Eisenbahnen. Auch hier waren in Frankreich wie England die Leute mit jüdischer Abkunft, die sich aber als französische oder englische Patrioten empfanden, entscheidend beteiligt. Die Goulds in Frankreich bedeuteten ebenso ein nationales Programm wie die Leute um den Baron Nucingen zur Zeit des Bürgerkönigtums. In Großbritannien stand in Benjamin Disraeli, einem erfolgreichen Romanschreiber, der dann im Dienste der Königin Victoria Premierminister wurde, geadelt als Lord Beaconsfield, ein Mann an der Spitze, der alles in sich vereinigte: literarische Schöpferkraft, politische und rednerische Begabung, die Fähigkeit, Wohlgefallen zu erregen, Härte und Selbstsucht, wo es notwendig schien. *In manchen Zügen wirkt Disraeli wie ein früher Entwurf zu einem Walther Rathenau.* Dem hat jedoch offensichtlich vielleicht nicht gerade die Selbstsucht, doch die Härte des unbedenklichen Politikers gefehlt.

Emil Rathenau muß ein harter Mann gewesen sein. Daß der Sohn unter dem Vater zu leiden hatte, ist von allen Kennern und Biographen bestätigt worden. Walther Rathenau hing an seiner Mutter, die ihn und seine philosophischen und künstlerischen Interessen wohl immer gegen den Firmengründer verteidigt hat. Wahrscheinlich war die Mutter in Walther Rathenaus Leben die entscheidende Frauengestalt. Trotzdem ist Walther Rathenau vom Vater offenbar für fähig gehalten worden, und mit Recht, die AEG nach dem Ausscheiden des Gründers zu führen und weiterzuentwickeln. Der Übergang von Emil zu Walther Rathenau ist vermutlich nicht zu vergleichen mit dem Nachlassen geistiger und gesellschaftlicher Kraft wie im Falle der Gründerfamilie Krupp in Essen.

Die vielfältigen Schwierigkeiten seiner Herkunft und Chartakterbildung, seiner Bindungen und Nichtbindungen hat Walther Rathenau im Laufe seines Lebens, das mit vierundfünfzig Jahren durch Meuchelmord beendet wurde, vor dem Auseinanderfallen bewahren wollen. Mehr noch. Er versuchte, sie in Vorzüge und produktive Vielfalt zu verwandeln. Ein geistiger Mensch, der sich in allem auskennt. Ein Mann der Wirtschaftsmacht, dann der politischen Macht, der auch als Künstler empfindet. Ein Jude, der deutsch fühlt, sich dem Judesein verweigert. Ein Deutscher, der insgeheim weiß, daß er keiner ist.

Der Blick des anderen

In einem Sammelband (Walther Rathenau, Hauptwerke und Gespräche, München 1977) hat man mit großer Sorgfalt und auf vielen Seiten alle Berichte gesammelt, worin Gesprächspartner Walther Rathenaus aus vielen Bereichen und zu sehr verschiedenen Zeitpunkten ein Bild des Ermordeten fixierten. Die politische Spannweite wirkt auf den ersten Blick erstaunlich. Walther Rathenau sprach mit Benito Mussolini und Karl Radek, mit Chaim Weizmann, dem Staatsgründer von Israel, aber auch mit dem Dr. Eduard Korrodi von der Neuen Zürcher Zeitung, der nach 1933 festzustellen glaubte, die eigentliche deutsche Literatur habe nicht viel verloren durch den Exodus von Juden und Kommunisten, worauf Thomas Mann, wie bekannt, gleichfalls als Emigrant und gleichfalls in der Neuen Zürcher Zeitung die These richtigstellte.

Das erstaunlichste Dokument jedoch, das sich in dieser Sammlung der Erinnerungen und Zeitzeugen findet, entstammt dem Erlebnisbericht »Die Geächteten« (Gütersloh 1930) den *Ernst von Salomon* verfaßte. Er war vom Reichsgericht in Leipzig als Mithelfer an dem Rathenau-Mord zu einer langjährigen Zuchthausstrafe verurteilt worden. Er hatte, in Kenntnis der Mordpläne, das Auto für die Mörder beschafft. Am Steuer saß am Morgen des 24. Juni 1922 der spätere Hauptangeklagte Ernst Werner Techow. Die Mörder hießen Kern und Fischer. Sie hatten sich, als die Großfahndung der Polizei einsetzte, in die Burg Saaleck geflüchtet und begingen dort Selbstmord, als kein Entrinnen mehr war. Ernst von Salomon schrieb nach einem Zweiten Weltkrieg einen zweiten Lebensbericht mit dem Titel »Der Fragebogen«, worin er abermals auch, im wesentlichen in der Haltung unverändert, auf den Mordfall Rathenau zurückkam. Sein Bericht in dem Buch »Die Geächteten« ist singulär. Hier wird von einer Begegnung der Mörder mit ihrem späteren Opfer berichtet.

Der Blick des Mörders

Am 28. Oktober 1921 sprach Dr. Walther Rathenau in Frankfurt im Volksbildungsheim am Eschenheimer Turm über die Oberschlesien-Frage. Die Hoffnung einer deutschen Reichsregierung, die Kohlengruben von Oberschlesien für die deutsche Wirtschaft zu retten, war von den Alliierten auf Veranlassung Frankreichs abgelehnt worden. Der Kampf deutscher Freischärler und Freikorps, worunter sich auch viele ehemalige Offiziere und Studenten befanden, war verloren. Die Reichsregierung war zusammen mit dem Außenminister Rathenau zurückgetreten. Dennoch versuchte Rathenau als Vortragsreisender seinen deutschen Zuhörern klarzumachen, es gäbe keine Alternative zu der verhaßten »Erfüllungspolitik«. Die weitere Geschichte der Weimarer Republik, aber auch ihr schließliches Scheitern im Jahre 1933 nach einer Agonie, welche bereits im Herbst 1930 begann, hat Rathenaus Einschätzung der Lage bestätigt.

In seinem Buch »Die Geächteten« berichtet der damalige Helfershelfer der Mörder von jenem Frankfurter Vortragsabend des 28. Oktober 1921. Es lagen ziemlich genau acht Monate zwischen der Rede Rathenaus und seiner Ermordung.

Ernst von Salomon hat später in einem Gespräch, das ich mit ihm in Leipzig in den fünfziger Jahren, nach dem Tode unseres gemeinsamen Freundes Ernst Rowohlt, führen konnte, mit tiefer innerer Ablehnung von diesem, wie er genau wußte, bedeutenden Menschen gesprochen. Für ihn selbst, den Autor der »Geächteten« und des »Fragebogens«, war Rathenau nach wie vor *der Andere*. Ihm wurde vom Helfer der Mörder jene Deutschheit verweigert, die Walther Rathenau so sehnlich erstrebt hatte. Salomons Bericht spricht mit großem Respekt von seiner Erfahrung mit dem Redner Walther Rathenau. Den empfindet er als unvergleichbar.

> »Rathenau sprach im Volksbildungsheim. Es gelang Kern und mir nicht, im überfüllten Saale einen anderen Platz zu erhalten als einen Stehplatz an einer Säule, drei Meter vom Rednerpult entfernt. Aus der Menge der schwarzberockten Herren, die den Vorstandstisch umlagerten, sonderte sich der Minister durch die Noblesse seiner Erscheinung sofort heraus. Als er ans Pult trat, als über dem blanken Holz der schmale, edle Schädel mit der zwingend aufgebauten Stirn erschien, erstarb das geschäftige Gemurmel der Versammlung, und er stand sekundenlang im Schweigen, unendlich gepflegt, mit dunklen, klugen Augen und einer leichten Lässigkeit der Haltung. Dann begann er zu sprechen.

Was mich überraschte, war nicht der Ton der Stimme, er war ebenso, wie ich ihn mir beim Lesen der Schriften Rathenaus vorgestellt, kühl und warm zugleich. Was mich überraschte, war das Pathos, mit dem die ersten Sätze der Rede erfüllt waren, und war die Unmöglichkeit, zu zweifeln, daß dies Pathos echt war. ›Schmerzgebannt‹, sagte der Minister, ›stehen wir vor der Entwirrung des oberschlesischen Dramas – – –‹ Und er sprach diese ersten Worte leise aus, sehr eindringlich, und ließ die tiefe Trauer spüren, die ihn bannte.«

Der Berichterstatter scheint auch im Jahre 1930 immer noch nicht die Ernsthaftigkeit dieser Haltung Rathenaus für sich übernommen zu haben. Er beginnt ein Denkspiel, worin er versucht, sich von außen her über die Folgen im politischen Denken Rathenaus klar zu werden:

»Unter diesem Aspekt aber, nämlich der Voraussetzung, daß es eine Gerechtigkeit gäbe, daß dieser Begriff keine Fiktion wäre, oder als Forderung nicht unsittlich, unter diesem Aspekt freilich war alles, was der Minister sagte, folgerichtig und geschlossen. Dieser Mann schien erfüllt von einem Ethos, das nicht neu war, neu nur als beherrschendes Motiv im Herzen eines Staatsmannes, und es gab sicherlich, auf die deutsche Politik angewandt, dieser auf einmal, was sie so lange entbehrte: Fülle und Richtung und Sinn. Denn die Gerechtigkeit, als absoluter Wert betrachtet, verlangt die absolute Gleichheit aller Ordnungen.«

Dann erfolgt eine jähe Wendung des Erlebnisberichts. Neben Ernst von Salomon hat auch *Erwin Kern*, einer der beiden künftigen Mörder, seinen Stehplatz gefunden. Hier schildert der überlebende Mitgeächtete diesen Augenblick. Man mag als Leser einer nachträglichen Dämonisierung oder Dramatisierung einer Wellenbewegung zwischen Mörder und Opfer mit einigem Mißtrauen folgen. Unmöglich aber erscheint sie nicht, diese Konstellation. Fest steht, daß Kern offensichtlich in keinem Augenblick durch die Begegnung mit dem Redner Dr. Rathenau irre geworden war an seinem Haß.

»Und dies begreifend, zog ich unwillkürlich den Blick von diesem Manne und wandte mich zu Kern. Der stand, die Arme vor der Brust verschlungen, fast unbeweglich, an der Säule neben mir. Und da geschah das Unbegreifliche. Es geschah, während der Minister sprach von Führertum und Vertrauen, während seine Stimme sich bohrte in den totenstillen Raum, in den Dunst welterfahrener Behäbigkeit, der über der Versammlung lag. Sicherlich, es kann nicht anders sein, schlug jene eine tödliche Sekunde in jedes Herz. Es muß wie ein Pochen gewesen sein, zwei Pulsschläge lang, ein Pochen in jeder Brust, beklemmend, jäh, aufreißend ein Tor zum Tode, von einem Blitzschlag erhellt, und schon vorbei. Vorbei, wie weggewischt, unwirklich nun und doch geschehen. Ich sah, wie Kern, halb vorgebeugt, nicht ganz drei Schritt von Rathenau entfernt, ihn in den Bannkreis seiner Augen zwang. Ich sah in seinen dunklen Augen metallisch grünen Schein, ich sah die Bleiche seiner Stirn, die Starre seiner Kraft, ich sah den Raum sich schnell verflüchtigen, daß nichts mehr blieb von ihm als dieser eine arme Kreis und in dem Kreis zwei Menschen nur.

Der Minister aber wandte sich zögernd, sah flüchtig erst, verwirrt sodann nach jener Säule, stockte, suchte mühsam, fand sich dann und wischte fahrig mit der Hand sich von der Stirn, was ihm angeflogen war. Doch sprach er nun fortan zu Kern allein. Beschwörend fast, so richtete er seine Worte zu dem Mann an jener Säule und wurde langsam müde, als der die Haltung nicht veränderte. Das Ende seiner Rede hörte ich nur unverstehend.

Als wir uns durch den Ausgang drängten, gelangte Kern bis dicht vor den Minister. Rathenau, von geschwätzigen Herren umringt, sah ihn fragend an. Doch Kern schob sich zögernd an ihm vorbei, und sein Gesicht schien augenlos.«

Mit den Augen Robert Musils

Wer Robert Musils großen, Fragment gebliebenen Roman »Der Mann ohne Eigenschaften« gelesen hat, eines der großen Erzählwerke des zwanzigsten Jahrhunderts, kennt die Kunstfigur des Dr. Arnheim. In diesem Romanwerk klaffen Erzählzeit und erzählte Zeit schroff auseinander. Musils Roman sollte, daran hielt der Verfasser bei allen Wandlungen seines Konzepts trotzdem fest, mit dem Ausbruch des Weltkriegs von 1914 enden. Die Entstehungszeit des Romans aber beginnt wohl erst in der Mitte der zwanziger Jahre. Der »Mann ohne Eigenschaften« ist *auch* als ein Gegenentwurf zum »Zauberberg« von Thomas Mann zu interpretieren. Auch bei Thomas Mann klaffen Erzählzeit und erzählte Zeit in ähnlicher Weise auseinander. Am Schluß des »Zauberberg« findet man sich mit der Hauptfigur Hans Casdorff mitten im Ersten Weltkrieg.

Auch Ulrich, also der Mann ohne Eigenschaften, hat in der ersten Vorkriegszeit zu leben, besitzt jedoch die Geschichts- und Lebenserfahrung seines Verfassers, nämlich der Nachkriegszeit. Mehr noch: Musils Roman ist nicht nur eine Antithese zu Thomas Mann, sondern in vielen Einzelheiten auch ein Gegenentwurf oder eher eine

Weiterführung der Figuren aus Hugo von Hofmannsthals bald nach dem ersten Kriegsende geschriebenen Lustspiels »Der Schwierige«.

Bei Hofmannsthal wird ein norddeutscher, arroganter, taktloser, schwadronierender Baron Neuhoff in die wienerische Adelsgesellschaft eines moribunden Staates mit festen Spielregeln und Sprachformeln versetzt. Baron Neuhoff verletzt sie alle mit jeder Geste, jedem Wort. Die Ähnlichkeit des Neuhoff bei Hofmannsthal mit dem Dr. Arnheim bei Robert Musil ist unverkennbar. Der Wiener Ulrich muß diesen Dr. Arnheim in allem als Gegenwelt und Gegentyp empfinden. Man befindet sich, ähnlich wie bei Hofmannsthal, auf einem Abendempfang Seiner Erlaucht, des Grafen Leinsdorf. Dr. Arnheim wurde eingeladen, um Ratschläge zu geben zum aberwitzigen Konzept einer österreichischen »Parallel-Aktion« zum geplanten dreißigjährigen Regierungsjubiläum Wilhelms II., des Deutschen Kaisers und Königs von Preußen, im Jahre 1918. Da möchte man in Wien auftrumpfen. Im Jahre 1918 nämlich wäre das siebzigjährige Regierungsjubiläum des Kaisers Franz Joseph zu feiern. Franz Joseph starb im Jahre 1916. Im Juni 1918 kann Wilhelm II. zwar noch, mitten im bereits verlorenen Krieg, sein Jubiläum begehen. Am Jahresende 1918 befindet er sich als abgedankter Monarch und am Leben bedrohter Flüchtling im holländischen Amerongen. Das alles weiß natürlich Musil ebenso wie sein Leser. Die Kunstfiguren Graf Leinsdorf aus Wien und Dr. Arnheim aus Berlin hingegen wissen es nicht. Der Beobachter Ulrich scheint es zu ahnen. Dr. Arnheim wird im Roman eingeführt unter der Überschrift »Die drei Ursachen von Arnheims Berühmtheit und das Geheimnis des Ganzen«. Der Blick Ulrichs auf den deutschen Ehrengast ist ein Blick mit den Augen Robert Musils. Im vorhergehenden Kapitel war berichtet worden von der Faszination des Grafen Leinsdorf.

»›Das ist übrigens schon kein Geist mehr‹, ging Ulrich auf dieses Staunen ein, ›das ist ein Phänomen wie ein Regenbogen, den man beim Fuß fassen und ganz richtig betasten kann. Er spricht von Liebe und Wirtschaft, von Chemie und Kajakfahrten, er ist ein Gelehrter, ein Gutsbesitzer und ein Börsenmann; mit einem Wort, was wir alle getrennt sind, das ist er in einer Person, und da staunen wir eben. Erlaucht schütteln den Kopf? Aber ich bin überzeugt, die Wolke des sogenannten Fortschritts der Zeit, in die niemand hineinsieht, hat ihn uns aufs Parkett gestellt.‹

›Ich habe nicht über Sie den Kopf geschüttelt‹, berichtigte Se. Erlaucht, ›ich habe an den Doktor Arnheim gedacht. Alles in allem, muß man zugeben, daß er eine interessante Persönlichkeit ist.‹«

Dann beginnt die Reflexion Ulrichs (und Musils) über diesen Arnheim und seine Wirkungen:

»Er war ein Mann großen Formats.

Seine Tätigkeit breitete sich über Kontinente der Erde wie des Wissens aus. Er kannte alles: die Philosophen, die Wirtschaft, die Musik, die Welt, den Sport. Er drückte sich geläufig in fünf Sprachen aus. Die berühmtesten Künstler der Welt waren seine Freunde, und die Kunst von morgen kaufte er am Halm, zu noch nicht hinaufgesetzten Preisen. Er verkehrte am kaiserlichen Hof und unterhielt sich mit Arbeitern. Er besaß eine Villa in modernstem Stil, die in allen Zeitschriften für zeitgenössische Baukunst abgebildet wurde, und ein wackliges altes Schloß irgendwo in der kargsten adeligen Mark, das geradezu wie die morsche Wiege des preußischen Gedankens aussah.

Solche Ausbreitung und Aufnahmefähigkeit ist selten von eigenen Leistungen begleitet; aber auch darin machte Arnheim eine Ausnahme. Er zog sich ein- oder zweimal im Jahr auf sein Landgut zurück und schrieb dort die Erfahrungen seines geistigen Lebens nieder. Diese Bücher und Abhandlungen, deren er nun schon eine stattliche Reihe verfaßt hatte, waren sehr gesucht, erreichten hohe Auflagen und wurden in viele Sprachen übersetzt; denn zu einem kranken Arzt hat man kein Vertrauen, was aber einer zu sagen hat, der es verstanden hat, für sich selbst zu sorgen, daran muß doch wohl mancherlei Wahres sein. Dies war die erste Quelle seiner Berühmtheit.

Die zweite entsprang dem Wesen der Wissenschaft. Die Wissenschaft steht bei uns in hohem Ansehen, und mit Recht; aber wenn es auch sicher ein Menschenleben ganz ausfüllt, wenn man sich der Erforschung der Nierentätigkeit widmet, so gibt es doch Augenblicke dabei, wo man sich veranlaßt sieht, humanistische Augenblicke will dies sagen, an den Zusammenhang der Nieren mit dem Volksganzen zu erinnern. Darum wird in Deutschland so viel Goethe zitiert. Will ein Akademiker aber ganz besonders zeigen, daß er nicht nur Gelehrsamkeit, sondern auch lebendigen, zukunftsfrohen Geist besitzt, so weist er sich am besten durch den Hinweis auf Schriften aus, deren Bekanntschaft nicht nur Ehre macht, sondern noch mehr Ehre verspricht, wie ein Papier, das im Steigen ist, und in solchen Fällen erfreuten sich Zitate aus Paul Arnheim zunehmender Beliebtheit. Die Ausflüge in die Gebiete der Wissenschaften, die er unternahm, um seine allgemeinen Auffassungen zu stützen, genügten freilich nicht immer den strengsten Anforderungen. Sie zeigten wohl ein spielendes Verfügen über eine große Belesenheit, aber der Fachmann fand unweigerlich in ihnen jene kleinen Unrichtigkeiten und Mißverständnisse, an denen man eine Dilettantenarbeit so genau erkennen kann.«

Es gibt für mich selbst auch hier eine Art Parallel-Aktion zu jenem nachträglichen Gespräch mit Ernst von Salomon über den toten Walther Rathenau. Im September 1940 wurde ich als deutscher Emigrant in Genf von dem österreichischen Emigranten Dr. Robert Musil eingeladen. Ich war dann bis zu seinem plötzlichen Tod am 15. April 1942 mit ihm in Verbindung. Gespräche mit Robert Musil waren undenkbar ohne das beständige Reflektieren von Literatur. Ein Gespräch mit dem Erzähler über seine Kunstfigur Dr. Arnheim war unvermeidbar. Natürlich war Arnheim eine Kunstfigur. Allein jeder ernsthafte Leser des »Mann ohne Eigenschaften« mußte (und sollte) an Rathenau denken.

Bei einem dieser Gespräche vor den Toren von Genf in dem ehemaligen Kinderheim, das man den Emigranten zur Verfügung gestellt hatte, fragte ich Musil nach seinen eigenen Erfahrungen mit Rathenau. Aus allen Berichten hätte ich entnommen, daß der hochgewachsene Dr. Rathenau in freundschaftlicher Geste seinen Partnern den Arm um die Schulter zu legen pflegte. Musil wurde bei meiner Frage blaß vor Zorn, das war für mich unverkennbar. Dann sagte er: »Und denken Sie sich, er hat es auch bei mir getan...«

Mit den Augen des Duce Benito Mussolini

Wenn man festgestellt hat, daß sowohl die Zeitgenossen Karl Radek wie Benito Mussolini über ihre Begegnungen mit Walther Rathenau eine schriftliche Rechenschaft gaben, liegt die Vermutung nahe, der polnisch-jüdische Kommunist Karl Radek, Schüler einer Rosa Luxemburg und eines Franz Mehring, hätte präzise Analysen der politischen Position des deutschen (und großkapitalistischen) Gesprächspartners bieten können; während von

Mussolini wohl kaum etwas anderes zu erwarten gewesen sei, als hohles Wortgeklingel und politisches Klischee.

In Wahrheit verhält es sich genau umgekehrt. Karl Radek spricht im Herbst 1919 in Berlin mit Walther Rathenau. Er glaubte noch, offenbar als Emissär einer jungen Sowjetregierung, an einen nach russischem Vorbild ablaufenden Revolutionsprozeß auch im besiegten Deutschen Reich. Der ernsthaft Fragende, das wird selbst in Radeks etwas hochmütig formuliertem Bericht deutlich, ist Rathenau. Bei ihm ist geistige Neugier spürbar. Radek gibt herablassend die fällige Auskunft. Er lädt Rathenau nach Rußland ein. Der scheint nicht abgeneigt zu sein: vorerst noch in seiner Eigenschaft als Industrieller. Es kann auch sein, daß Rathenau von sich aus die Verbindung zu dem kleinen und witzigen Intellektuellen gesucht hat: der Weg von diesem ersten Vortasten bis zu Rathenaus, des deutschen Reichsaußenministers, im italienischen Rapallo unternommenen Vertragsverhandlungen mit Sowjetrußland, scheint bereits 1919 für Rathenau möglich gewesen zu sein. Mehr ist aus dem Gesprächsbericht des Karl Radek nicht zu entnehmen. Stalin hat auch Radek gehaßt und vernichten wollen. Er schickte ihn auf die Anklagebank eines der Schauprozesse, die nach der – von Stalin organisierten Ermordung von Kirow (1. Dezember 1934) angeordnet wurden. Der Angeklagte Radek hat damals wohl – wie auch immer – belastende Aussagen gegen andere Mitangeklagte geliefert. So entging er dem Genickschuß, wurde nach Sibirien verbannt. Dort ist er während des Krieges irgendwo als Gefangener umgekommen.

Mit Benito Mussolini, dem ehemaligen Sozialisten, ist Rathenau wohl ein paarmal zusammengetroffen: in Italien und auch dann in Berlin, als Rathenau die deutsche Reichsregierung repräsentierte. Das entscheidende Gespräch, über welches der Italiener, bereits Duce seiner Faschisten, aber noch nicht italienischer Regierungschef, zu berichten hat, fand statt am 11. März 1922, also wenige Monate vor dem Rathenau-Mord. Mussolini schrieb einen Bericht für seine Zeitung »Il Populo d'Italia«. Der Aufsatz erschien dort am 18. März 1922. Der Duce muß den Bericht selbst für wichtig gehalten haben: er nahm ihn später in seine Gesammelten Werke auf.

Man möchte es sich so ungern eingestehen, aber das ist ein ganz ausgezeichneter, scharfsinniger, übrigens sehr respektvoller Bericht. Auch in diesem Gespräch mit dem Italiener wird Rathenaus unablässiges Suchen nach neuen geistigen Möglichkeiten und Positionen spürbar. Durch Radek wollte er die Pläne, mehr aber noch die Mentalität der neuen russischen Sieger kennenlernen. Im Gespräch mit Mussolini ist Rathenau offensichtlich nicht so sehr der Befragte als ein Frager. Er will wissen, was das sei: diese Bewegung des fascio. Mussolini legt, das ist geschichtlich sehr bemerkenswert, großen Wert darauf, dem deutschen Außenpolitiker auseinanderzusetzen, seine Schwarzhemden hätten gar nichts zu tun mit den deutschen Freikorps und ihren terroristischen Organisationen. Im Gespräch fällt das Wort »Orgesch«, was damals Organisation Escherich bedeutet hat. Escherich war einer der Terroristenführer der Freikorps im Rheinland, im Ruhrgebiet, in Oberschlesien. Von den Braunhemden irgendwo in München scheint der Duce aus Rom im Frühjahr 1922 kaum etwas gewußt zu haben.

Mit bitterer Ironie überdenkt man diese Konstellation. Im Jahre 1934, nach der Ermordung des österreichischen Bundeskanzlers Dollfuß durch Mörder im Braunhemd, läßt Mussolini am Brenner seine Truppen auffahren, verhindert dadurch den offenbar bereits geplanten »Anschluß«. Es hat später bekanntlich die Achse Berlin–

Rom gegeben, und der Führer hat seinen Duce in spektakulärer Weise befreien lassen. Allein jenes Großdeutschland, das überall dort befreien wollte, wo die deutsche Zunge klingt, und auch wo sie nicht klingt, hat eine Befreiung Südtirols wohlweislich vermieden.

Mussolini berichtet voller Hochachtung über die geistigen und charakterlichen Potenzen des neuen deutschen Außenministers. Sein Bericht über Rathenau gehörte damals zu einer Artikelserie, die der faschistische Duce für seine Zeitung schrieb unter dem Titel: »Die neuen Männer des alten Deutschland«. Daß Rathenau, der sehr sprachbegabt war, auch gut italienisch sprach und verstand, machte dem Frager aus Rom großen Eindruck. Auch Mussolini war sprachbegabt und gebildet, wie man weiß. Sein Bericht beginnt folgendermaßen:

»Walther Rathenau ist ohne Zweifel eine der bedeutendsten zeitgenössischen Persönlichkeiten nicht nur Deutschlands, sondern Europas. Man kann sagen, daß er mit seiner Ernennung zum deutschen Außenminister den Gipfel seiner Laufbahn erreicht hat. Er ist ökonomischer und philosophischer Schriftsteller; er hat in Büchern, die in Deutschland recht verbreitet sind, die praktischsten Fragen der Wirtschaft und die subtilsten und metaphysischsten des Geistes behandelt. In ökonomischer Hinsicht könnte man ihn als einen deutschen Luzzatti bezeichnen; er hält zwischen den antagonistischen Interessen von Arbeitgebern und Arbeitnehmern einen Ausgleich auf mittlerer Linie für möglich.

Unmittelbar nach dem Waffenstillstand schien es, als wende sich Rathenau vollständig dem Sozialismus zu, es schien sogar, als ›bolschewisiere‹ er etwas. Heute ist er politisch ein Sozialdemokrat und könnte bei der Mehrheitspartei eingeschrieben sein, wenn nicht seine Herkunft und die kapitalistischen Unternehmungen im Wege ständen, deren führender und organisierender Geist Rathenau in Deutschland und auch anderswo geworden ist.

Ich habe Rathenau ein erstes Mal bei seiner Ankunft in Cannes im vergangenen Januar gesehen; ich habe ihn nun in diesen Tagen in seinem Amt in der Wilhelmstraße gesehen.«

Anschließend versucht der Interviewer, den Ablauf des Gesprächs wiederzugeben:

»Den ersten Teil des Gespräches mit Rathenau möchte ich ›faschistisch‹ nennen. Der deutsche Außenminister möchte genau wissen, was der italienische Faschismus sei; und ich merke schon bei den ersten Worten, daß er ziemlich genau informiert ist; dennoch möchte er, daß ich ihm die theoretische und praktische Position des Faschismus gegenüber dem Staat, der Regierung und der kapitalistischen Wirtschaft präzisiere. Vor allem versuche ich ihm zu erklären, daß der Faschismus nicht mit der deutschen Orgesch verwechselt werden darf, deren Analogien mit dem Faschismus rein zufällig sind und keineswegs das Programm und die Ideale betreffen.

Im zweiten Teil der Unterredung hat mir Minister Rathenau ausführlich und in manchmal dramatischen Wendungen die politische und wirtschaftliche Situation Deutschlands geschildert. Was dieses Thema betrifft, so habe ich mich zur Zurückhaltung verpflichtet. Und ich darf diese nicht aufgeben. Die wesentlichen Punkte der Unterredung habe ich unserem Außenminister telegraphiert. Als Ergänzung möchte ich hinzufügen, daß Rathenau Italien ausgezeichnet kennt; er reist alle Jahre hin. Er kennt nicht nur Ligurien, wo er vor dem Krieg große Industrie- und Elektrizitätsunternehmen kontrollierte, sondern auch Süditalien und die Inseln. Eine äußerst delikate und schwierige Aufgabe ist Rathenau zugefallen. Er muß gegen die Vorurteile und Feindseligkeiten aller Rechtskräfte ankämpfen, die ihm seine fernliegende semitische Abstammung nicht verzeihen können. Man sagt, daß er täglich mehrere Drohbriefe erhält; aber man muß sich fragen, ob Deutschland, das nicht reich an Politikern ist, heute einen besseren hätte, der imstande wäre, den derzeitigen Außenminister zu ersetzen, ihn, der durch seine Mentalität, sein Temperament, seine politische und ökonomische Erfahrung, durch seine äußerst weitreichenden Beziehungen und durch seine Kenntnis fast aller europäischen Sprachen, die italienische inbegriffen, die notwendigen Vorzüge und die Begabung hat, um die deutsche Außenpolitik zu lenken. Nur ihm kann es gelingen, wenn nicht die Revision des Versailler Vertrages, so doch eine Milderung in der Anwendung seiner Klauseln zu erreichen.«

Das Gespräch an der Mordstelle

Walther Rathenau scheint als unersättlicher Leser der literarischen Neuerscheinungen doch immer noch größere Zuneigung gespürt zu haben zur deutschen Literatur der Jahrhundertwende, also zum Naturalismus und zur Neuromantik, als zur Ausdruckskunst der jüngeren Generation mit ihrer Forderung nach dem Neuen Menschen und ihrer Menschheitsdämmerung. Vom Expressionismus war Rathenau wenig angetan. Er hat *Gerhart Hauptmann* von frühauf geliebt und bewundert, vermutlich auch finanziell unterstützt. In der Nähe der Rathenaus im Berliner Grunewald hatte sich auch der wichtigste literarische Verleger im damaligen Deutschen Reich niedergelassen, *Samuel Fischer*. Die Welt des S. Fischer-Verlags war auch die geistige Welt eines Walther Rathenau. Fischer war der Verleger Gerhart Hauptmanns ebenso wie Thomas Manns und Hermann Hesses.

Am Beginn des Jahrhunderts hatte Samuel Fischers ausgezeichneter literarischer Berater, der Essayist Moriz Heimann, verheiratet mit einer Schwester der späteren Margarete Hauptmann, das Wagnis unternommen, das Riesenmanuskript eines fünfundzwanzigjährigen Lübeckers herauszubringen: »Die Buddenbrooks«. Auch der vor allem seit 1918 maßgebende Berliner Theaterkritiker Alfred Kerr gehörte zu Fischers Verlag und zum Freundeskreis von Rathenau. Erfolgsautor bei Fischer war auch – mit einer Vielzahl von Biographien von Goethe und Napoleon bis zur eigenen Lebensbeschreibung – ein anderer Verehrer Walther Rathenaus, der auch einen ausführlichen Nachruf nach der Mordtat publizierte: Emil Ludwig.

Nach dem Tode von Moriz Heimann holte sich Samuel Fischer den Lyriker *Oskar Loerke* als Lektor und vor allem als leitenden Mitarbeiter für die im Verlag erscheinende Zeitschrift »Die Neue Rundschau«. Sie sollte ein deutsches Gegenstück werden zu der Pariser »Nouvelle Revue Française«, die weitgehend durch André Gide inspiriert wurde.

Nach der Mordtat im Grunewald an der Königsallee veröffentlichte Oskar Loerke in einer dem Andenken Rathenaus gewidmeten Sondernummer der »Neuen Rundschau« den Bericht über ein Gespräch zwischen ihm selbst und Walther Rathenau, das in der Silvesternacht 1921/22 stattfand.

Die Mörder hatten Rathenau am Morgen des 24. Juni 1922 im Grunewald aufgelauert. Sie kannten den Weg des Ministers bei der morgendlichen Fahrt ins Auswärtige Amt in der Wilhelmstraße. Rathenau fuhr, wie es damals üblich war, vor allem in der warmen Jahreszeit, im offenen Wagen. Sie blockierten mit ihrem Mordwagen das Auto des Ministers und schossen. Rathenau verblutete im offenen Wagen. An dieser Stelle, wo dann später eine Gedenktafel errichtet wurde für den toten jüdischen Minister, die dann immer wieder entfernt und besudelt wurde, standen in jener Silvesternacht bei Anbruch von Rathenaus Todesjahr 1922 die beiden Freunde Rathenau und Loerke.

»Am Sylvester des Jahres 1921 kam Rathenau nicht lange vor Mitternacht in das Haus seines nachbarlichen Freundes S. Fischer. Gerhart Hauptmann las uns zwei Gesänge aus seiner Dichtung ›Der große Traum‹. Bald darauf trennte sich die kleine Gesellschaft und suchte, da die Nacht regnerisch war, einen raschen Heimweg. Rathenau hatte nur eine kurze Strecke waldwärts zu gehen, ich eine kurze Strecke stadtwärts, und so schritten wir zuerst langsam nebeneinander. Als wir die Königsallee erreicht hatten, an der Stelle, wo er jetzt ermordet worden ist, blieb er stehen, bewegt von dem ernsten Gedichte, bewegt von ernster Musik und der Not der Zeit, auf deren Probleme er eben hatte tröstliche Antworten geben sollen, und sprach, während die Regenschauer einander folgten, wohl anderthalb Stunden von der Hoffnungslosigkeit der gegenwärtigen geistigen Weltverfassung. Von allem Menschenwerk lebe einigermaßen unbeschädigt ja nur fort, was Kunst würde oder der Kunst gleich, aber wieviel von dem heute Vollbrachten würde dauern, und wie lange würde es dauern? Ich erwiderte, daß unter allen Wertfragen mir diese an der letzten Stelle stünde, weil sie meinen Genuß unfruchtbar mache, meine Erkenntnis nicht fördere und meinen Willen zur urteilenden Wahrheit nicht stärke, sondern schwäche. Er stimmte bei und erzählte, daß er selbst in den letzten Jahren den Impetus der neuen Bestrebungen in Malerei und Dichtung zu fassen trachte und Freude daran habe, daß er aber über die Wirkungsbedingungen und also die Entstehungsmöglichkeiten aller schöpferischen Seelenkräfte erschrecke. Und so sei es nicht nur für den Künstler. Wir greifen immer ins Weiche und Entweichende. Lau in der Forderung, mit verachtender Freundlichkeit, mit gesellschaftlichem Eifer, mit zeitungsmäßig gewissenloser Gleichmacherei verringern die Menschen alles zur Bagatelle. Sie nehmen alles hin und lassen sich hinnehmen, aber sie nehmen nichts ernst und lassen sich nicht ernst nehmen. Träte ein Savonarola auf, so würde man sagen: da ist ein interessanter Prediger, den muß man gehört haben. Auf diese Weise geben sie es von vornherein nicht zu, daß ein Savonarola bis in das Naturmaß seiner Gewalt erwachse. Sie verderben vorzeitig ihre Erfolgreichen, und wen sie nicht verderben können, den lassen sie verkümmern und machen ihn so unschädlich und unnütz. Dennoch: gläubig treue Arbeit sei die Gerechtigkeit, enthalte die Erscheinung unseres Fatums. – Qual und Schönheit rangen bitter in dem hier angedeuteten Gedankengang.«

Deutsche Antithesen: Geist und Seele

Als Denker stand Walther Rathenau im geistigen Bereich einer Gegenaufklärung. Eben weil er vom Vater her und dessen Lebensleistung die unleugbaren Folgen rationaler Wirtschaft und Technologie erleben durfte oder auch mußte, suchte er früh schon für sich selbst nach einer geistigen Gegenwelt. Die glaubte er, wie viele damaligen

Zeitgenossen des späten neunzehnten und frühen zwanzigsten Jahrhunderts, in einer Rückkehr zur *Philosophie der Romantik* zu finden. Dabei wurden sehr rasch die realen wissenschaftlichen Antithesen emotional aufgeladen und als Lebensentscheidung, sogar als Seinsformen, präsentiert. Das Organische und das Anorganische. Freiheit und Notwendigkeit. Kultur und Zivilisation. Dichtung und – bloße – Literatur. Seit der zweiten Hälfte des neunzehnten Jahrhunderts begann vor allem vom Vielvölkerstaat der Habsburger her eine deutsche Gegenbewegung zu aller Aufklärung, demokratischer Verständigung, zu Wohlstand und Konkurrenz. Der virulente Antisemitismus eines Karl Lueger wurde folgenreich. Gegenaufklärung als Lebensform derer, die Lion Feuchtwanger in den zwanziger Jahren in seinem Roman »Erfolg« als die »wahrhaft Deutschen« bezeichnete.

Der Wirtschaftsgläubigkeit und Rationalisierung aller Lebensformen suchte man ein anzustrebendes Anderes gegenüberzustellen. Meistens nannte man es »Seele«. Es waren vor allem Privatdenker, also philosophische Schriftsteller ohne akademisches Amt, die sich zu Vordenkern dieser Geist-Seele-Antithese machen sollten. Ein Mann namens Langbehn hatte gewaltigen Erfolg mit seinem Buch »Der Rembrandtdeutsche«. Der Philosoph und Psychologe (Graphologe) *Ludwig Klages* aus Hannover verstand den Geist als »Widersacher der Seele«. Auch der Jugendfreund von Klages, *Theodor Lessing*, hielt eine Formel wie »Untergang der Erde am Geist« für möglich. Wohin die Absolutierung dieser Antithesen in Mitteleuropa führen sollte, muß nicht eigens erläutert werden.

In einem ebenso ausführlichen wie mörderischen Vorwort aus dem Jahre 1944 zu den nachgelassenen Schriften seines Jugendfreundes Alfred Schuler hat Ludwig Klages später nicht nur die arische Rassenlehre sich zu eigen gemacht, sondern ausdrücklich ein Bekenntnis abgelegt zu dem von ihm zitierten Satz eines Alexander Graf Török, der so lautet: »Der Arier erschafft, der Jude verschafft sich die Welt.« Es gab also einen breiten Strom des nicht etwa im künstlerischen Sinne neuromantischen Denkens, sondern eines trotzigen deutschen und deutsch-österreichischen Widerstands gegen die Welt der modernen Technik, Naturwissenschaften, demokratischer Verwaltung, menschlicher Beziehungen. Friedrich von Hardenberg (Novalis) hatte im Zeitalter der französischen Revolution und am Beginn des neunzehnten Jahrhunderts eine Welt ersehnt, wo »nicht mehr Zahlen und Figuren den Schlüssel aller Kreaturen ausmachen«. Er sah die Welt der Zahlen und Figuren als ein »verkehrtes Wesen« an. Gleichzeitig war Hardenberg ein bedeutender Fachmann der Naturwissenschaft (Geologe) und des aufgeklärten Denkens.

Die spätbürgerliche Gegenaufklärung hingegen erstrebte ein Zurück: in dem geheimen Bewußtsein, daß es das nicht geben würde. In diesem Sinne hat auch Walther Rathenau zu den deutschen Denkern der Gegenaufklärung gehört. Ein französischer Germanist, der sich auskannte und auch seinen Nietzsche nicht preisgeben wollte, *Edmond Vermeil*, schrieb in den dreißiger Jahren, also nach dem 30. Januar 1933, ein Buch mit dem Titel »Doctrinaires de la Révolution Allemande«. Dort interpretiert er die verschiedenen Formen einer solchen deutschen Gegenaufklärung, die sich als Gegenutopie zur Weltrevolution und zum Proletariat eine »Deutsche Revolution« zu erdenken suchte. Zu ihnen rechnete Vermeil übrigens auch ein Buch von Thomas Mann, seine »Betrachtungen eines Unpolitischen« von 1918.

Als einschlägiges Denken und Doktrinieren einer solchen Deutschen Revolution hat Vermeil auch Walther Rathenaus Buch »*Zur Mechanik des Geistes oder Vom*

Reich der Seele« vom Jahre 1913 gerechnet. In diesem Buch Walther Rathenaus, geschrieben ein Jahr vor Beginn des Ersten Weltkrieges, findet sich eine Bilanzierung, die so lautet:

> »Die höchste Leistung des Intellekts war seine Selbstvernichtung. In ihr ist die Mechanisierung, das Reich des Intellekts, zum Tode getroffen. Dieses Reich aber ist wahrhaft und eigentlich das Reich des Antichrist, denn es ruht auf Begierde und Feindschaft, wirbt um Güter und Ehren, zieht das Heilige zum Zweck herab, verhärtet die Herzen und entfremdet die Seelen.«

Es stimmt traurig, dies abermals zu lesen und zitieren zu müssen. Nichts an diesen damaligen deutschen Antithesen reicht hinaus über die bloße Formulierung. Ein Glasperlenspiel, doch für Floskeln und Gruppierungen. Christ und Antichrist. Natürlich auch die böse Antithetik der späteren Rathenau-Mörder ist hier schon vorformuliert. Hier die Welt der Heiligen und Helden, dort die Welt der Händler. Schließlich wurde daraus der wohlbekannte Gegensatz des schaffenden und des raffenden Kapitals. Auch Ludwig Klages hatte mit jenem zitierten Text Mißbrauch getrieben mit einer Emotionalisierung des sogenannten »Schaffens«.

Mehr noch. Alle diese Antithesen waren weder denkmäßig gültig, noch handelte es sich bei ihnen um Gegensätze in der Wirklichkeit. Das Reich der Seele, mit Rathenau zu sprechen, wurde offenbar des Geistes, sprich Judentums, nur dadurch mächtig, daß es mit Hilfe modernster Wissenschaft und Todestechnik die Welt des Intellekts zu »liquidieren« suchte.

Hat die deutsche Niederlage vom 9. November 1918 auch bei Walther Rathenau ein Umdenken dergestalt bewirkt, daß ihm Unterscheidungen zwischen Seele und Geist, deutsch und nicht-deutsch, angeblicher Tiefe und angeblicher Effektivität doch einigermaßen haltlos erscheinen mußten? Thomas Mann, der in seinen »Betrachtungen eines Unpolitischen« von 1918 gar nicht sehr weit vom sublimierten Romantizismus Rathenauscher Seelenträume entfernt gewesen war, hat seine sonderbaren »Gedanken im Kriege« von 1914 später nie wieder nachdrucken lassen. Er hatte sich darin, als ein Künstler, auch zu einer sonderbaren »Kunst des Krieges« bekannt. Sie hatte übrigens kaum etwas gemein mit der einstigen romantischen »Kriegskunst« des Karl von Clausewitz. Thomas Mann bekannte sich früh schon zu den Tatsachen der späteren Weimarer Republik. Als er in Anwesenheit des Reichspräsidenten Friedrich Ebert seine berühmt-berüchtigte Rede »Von deutscher Republik« hielt, die gleichsam verschämt nur noch den Romantiker Novalis in die neue deutsch-republikanische Wirklichkeit zu holen gedachte, war für seine einstigen Partner, wie etwa Hans Pfitzner, jedes Gespräch mit ihm zu Ende.

Walther Rathenau hingegen muß ziemlich früh schon, viel früher als Thomas Mann und die meisten anderen Deutschen, mit der deutschen Niederlage gerechnet haben. Als man ihn eilends herbeiholte, um die deutsche Rohstoffversorgung gegen die alliierte Blockade durchzusetzen, dürfte er die Hohlheit und Inkompetenz einer militärischen Bürokratie erkannt haben, die weder etwas von Wirtschaft verstand, noch von zeitgenössischem Denken. Der Ausspruch wurde damals viel, und im Flüsterton, verbreitet. Ich hörte ihn als Kind noch von meinem Vater, als er 1917 auf Urlaub kam. Rathenau (damals bereits ein deutscher Begriff als Rohstoffkommissar) habe erklärt, wenn der Kaiser siegreich auf seinem Schimmel durchs Brandenburger Tor einreiten dürfte, so wäre das ein Verstoß gegen den »Sinn der Geschichte«.

Die *Reden Walther Rathenaus* scheinen diese frühe Wandlung bereits während des lange unentschiedenen Weltkrieges zu bestätigen. Der Band Walther Rathenau, Gesammelte Reden, Berlin 1924, enthält 23 Texte zu Reden und Vorträgen. Bei dieser Auswahl hat man die Biographie Rathenaus zweigeteilt. Seine gesamte frühere Existenz bis zum Kriegsausbruch und seinem Eintritt in den Bereich der Kriegswirtschaft wird nicht dokumentiert. Damit entfällt jeder Bezug zur Entstehungsgeschichte des philosophisch-soziologischen Denkens eines Mannes wie Walther Rathenau. Eben durch diese Zweiteilung jedoch wird gleichzeitig evident, daß der mehr als fünfzigjährige Rathenau im Verlaufe des Kriegsgeschehens eine tiefe Wandlung vollzogen haben muß. Der zu Beginn des Jahrhunderts wohl etwas penetrante und aufgesetzte Geistesaristokratismus des sehr reichen Industriellen, den Robert Musil im »Mann ohne Eigenschaften« so grausam demaskieren sollte, ist in den Texten aus Walther Rathenaus letzten Jahren ganz verschwunden.

Walther Rathenaus Rede über »*Demokratische Entwicklung*« vom 28. Juni 1920 kann auch heute, beim Wiederlesen, als meisterhafte Programmrede für eine demokratische deutsche Gesellschaft und Staatlichkeit verstanden werden: die es niemals gegeben hat. Natürlich hält sie Rathenau in streng aristokratischer Manier vor einem Männerbund. Die Anrede hat folglich zu lauten: »Meine Herren!« Der Politiker und Industrielle spricht in Berlin vor dem »Demokratischen Klub«. Dort sind Frauen, besser: Damen, unerwünscht. Es handelt sich wohl um die Gründungsphase der Deutschen Demokratischen Partei. Seit dem August 1919 gibt es die Weimarer Reichsverfassung. Angenommen wurde sie im Reichstag durch eine Mehrheit der Sozialdemokraten, der katholischen Zentrumspartei und eben dieser Deutschen Demokratischen Partei liberaler Prägung und mit starker Unterstützung durch jüdische Kreise der Finanz und der Presse in Berlin und in Frankfurt am Main. Es gibt auch bereits eine, wie die Völkischen damals sagten, »judenreine« Liberal-Demokratische Partei. Ihr genügen die Begriffe deutsch und demokratisch nicht allzu sehr. Es handelt sich um eine Partei von Industriellen der deutschen Provinz. Sie nennt sich folgerichtig: Deutsche Volkspartei. Ihr wichtigster Repräsentant hieß Dr. Gustav Stresemann.

Walther Rathenaus Konzept einer »demokratischen Entwicklung« für das besiegte Deutschland liest sich heute als Utopie. Rathenaus Partei hat sich niemals in ihrer Aktion und Politik danach gerichtet. Wenn Rathenau zu Beginn seiner Rede die *Synthese von Idee und Interesse* beschwört, so verstand seine Partei vor allem immer das Wort Interesse. Als die Partei im Prozeß der Agonie des Weimarer Staatswesens immer mehr von den Wählern im Stich gelassen wurde, versuchte sie es mit einer Namensänderung. Demokratie war unerwünscht geworden. Man verband sich mit dem sektiererischen »Großmeister« eines »Jungdeutschen Ordens« und trat von nun an als Deutsche Staatspartei im Wahlkampf auf. Die Wähler haben auch das nicht honoriert. Die übriggebliebenen Reichstagsabgeordneten jener Staatspartei haben dann noch das Ermächtigungsgesetz des Reichskanzlers vom 30. Januar 1933 akzeptiert. Sie hatten den eigenen Totenschein unterschrieben, wußten es vermutlich auch. Das war das Ende jener »demokratischen Entwicklung« im Sinne Rathenaus.

Jener Antagonismus aus Interesse und Idee steht also am Anfang von Rathenaus Rede.

»Meine Herren!

Der Wahlkampf liegt hinter uns. Was die Politik diese Monate beschäftigte, war der Kampf der Grundsätze. Grundsätze sind Resultanten aus Ideen und Interessen. Gemeiniglich, besonders bei uns in Deutschland, wo wir an politisches Denken uns langsam gewöhnen, glaubt man, daß Interessen das Invariable, daß sie gleichsam feste Körper sind, die sich unter der bildenden Hand nicht formen lassen. Doch ihre Festigkeit ist scheinbar, und wenn wir zwei aufeinanderfolgende Perioden betrachten, finden wir, daß die starren und körperlichen Interessen sich gewandelt haben, plastisch geworden sind unter dem Druck rein geistiger Gebilde, die wir Ideen nennen.

Fragt man nach der Idee, die uns leitet, so lautet die Antwort: Wir bekennen uns zur Demokratie, wir bekennen uns zur demokratischen Idee. Hier stutze ich. Denn eine Idee, die verwirklicht ist, ist nicht mehr eine Idee. Fast restlos ist Demokratie in Deutschland verwirklicht; sie ist es bis zu einem Punkte, der in wenig anderen Ländern erreicht ist. Wir können somit nur sprechen vom demokratischen Prinzip, das uns beseelt. Aber dieses Prinzip ist eine schon bestehende Realität. Wenn wir also nach unserer Kampfstellung forschen, so ist sie schon heute die Kampfstellung der Verteidigung. Wir verteidigen das bereits Geschaffene.«

Rathenau meint es ernst mit dem demokratischen Begriff der Gleichheit. Gerade als allmächtiger Chef einer Allgemeinen Elektrizitäts-Gesellschaft (AEG) und als Sohn Emil Rathenaus kennt er die Diskrepanz zwischen materieller Gleichheit und bloßer Gleichheit vor dem Gesetz. Sicher kannte der Literaturfreund Rathenau den boshaften Ausspruch eines Anatole France: »Die majestätische

Gleichheit des Gesetzes erweist sich darin, daß sie dem Reichen wie dem Armen verbietet, unter den Brücken zu wohnen und Brot zu stehlen.«

In Rathenaus Rede heißt es dazu:

»Die Dinge gehen noch weiter. Ich glaube, es ist keiner unter den Herren, der nicht ein leises Flügelsausen der Wahlmaschine in dieser Wahlperiode vernommen hätte. Es ist mir manchmal verteufelt amerikanisch zumute geworden, und wenn ich mir sage, daß es immer in Deutschland wohlhabende Gruppen geben wird, die unter Umständen 50 Millionen für einen Wahlfeldzug ausgeben können, so glaube ich auch, hier liegt eine grundsätzliche Schwierigkeit der Verwirklichung des streng demokratischen Gedankens, und es tröstet mich nicht, wenn sich einer über diese Bedenken mit einem Lächeln wegsetzt und sagt: Hier handelt es sich um das Prinzip des gleichen Rechts für alle.«

Der Schluß ist durchaus utopisch. Die Herren des Herren-Klubs dürften beim Anhören nachsichtig gelächelt haben.

»Nun sage ich damit nicht, daß wir gänzlich interessenfrei oder agitationsfremd sind, aber ich glaube nicht, daß es bei uns das Entscheidende ist. Ich sehe das Entscheidende darin, daß wir erstens an der Stelle des politischen Bodens stehen, wo dieser Boden seinen festesten und aussichtsreichsten Baugrund hat; sodann, daß wir gezwungen sind, den Anspruch an uns zu stellen, eine Partei des Geistes zu sein. Uns liegt es ob, wenn überall sonst das Interesse, die Wahlmaschine, die Agitation herrscht, zu forschen nach der vergeistigenden Idee. Und diese Idee werden wir nicht mehr empfangen können aus dem großen französischen Jahrhundert, dem Jahrhundert der Aufklärung und aus der französischen Revolution. Wir können uns nicht zufriedengeben mit dem liberalen und individualistischen Gedankeninhalt des akquisitorischen, kapitalistischen, mechanisierten und plutokratischen 19. Jahrhunderts, des Jahrhunderts der großen Bourgeoisie. Unsere demokratische Entwicklung wird nicht geführt sein von der berühmten, niemals verwirklichten Trias der Freiheit, Gleichheit und Brüderlichkeit, obwohl die Strahlen dieser Trias, die eine ideale ist, ewig über uns leuchten mögen; unsere Entwicklung wird führen zu dem Dreiklang der Freiheit, Verantwortung und Gemeinschaft.«

Freiheit, Verantwortung und Gemeinschaft: Die Feinde Walther Rathenaus, und ihre Kinder, sollten später ein Reich der beispiellosen Unfreiheit errichten. Der Verantwortungs-Ethiker Walther Rathenau wurde von Schüssen durchlöchert, durch die Handgranate zerfetzt, die ihm verantwortungslose Deutschtümler und Selbsthelfer zugedacht hatten: dieser »gottverdammten Judensau«, im Reimwort zum Namen Walther Rathenau. Gemeinschaft im Sinne Rathenaus hat es seitdem niemals wieder in Deutschland gegeben. Die Volksgemeinschaft des Dritten Reiches bestand im gemeinsamen Marschieren der Wirtschaftsführer und ihrer Gefolgsleute jeweils am 1. Mai. Das Wort »sozial« verkam nach einem Zweiten Weltkrieg zur Worthülse, die man als durchaus unsozial zu verstehen hatte.

Zwei Reden des *Reichsministers Walther Rathenau* sind vor allem dadurch bemerkenswert, daß der Redner in beiden als ein Bittsteller auftritt. Er ist seiner Sache nicht sicher und weiß, daß er gegen viele Widerstände im Auditorium wird anreden müssen. Die Rede des Außenministers vor dem Reichstag vom 2. Juni 1921 ist dadurch bereits ungewöhnlich, daß sie von einem Reichsminister vorgetragen wird, der sich ausdrücklich als Außenseiter und Nichtparlamentarier verstehen möchte. Er ist keiner von den Reichstagsabgeordneten dort unten im Plenarsaal, selbst wenn sie seiner eigenen Partei angehören. Er hat über Erfüllungspolitik gegenüber den Alliierten zu sprechen und kennt alle deutschen Emotionen, die sich dagegen stemmen. Er möchte gleichzeitig als ein Politiker sprechen, der seinen Gegnern innerlich recht gibt, andererseits aber verhindern will, daß das Notwendige ungetan bleibt. Rathenaus Rede ist dadurch ungewöhnlich, daß der Redner von sich selbst spricht als einer konkreten Person mit konkreter Biographie, zum andern dadurch, daß hier ein Schöngeist formuliert, der nicht nur Dichterzitate bereithält, sondern sich auch bei den Musikern auskennt: bei Beethoven wie bei Richard Wagner.

»Und nun die Frage und die Überzeugung, wie ich mich den übernommenen Verpflichtungen gegenüber zu stellen habe, gleichviel, ob ich sie freiwillig oder unfreiwillig übernommen habe, diese Überzeugung entnehme ich aus meinem früheren wirtschaftlichen Leben. Industrie heißt kaufmännische Anwendung der Technik. Industrie ist entstanden aus dem Handwerks- und Kaufmannsstande.

Der Kaufmannsstand aber in der ganzen Welt und in allen Jahrhunderten beruht auf Vertrauen, und dieses Vertrauen hat als Symbol das geschriebene Wort, die Unterschrift. Wenn ein Papier die Unterschrift meines Hauses oder meines Namens oder gar meines Volkes trägt, dann betrachte ich diese Unterschrift als meine Ehre und die Ehre meines Landes. Ich halte sie nur für erfüllbar, wenn wir entschlossen sind, uns in tiefe Not zu begeben. Zwischen Nichterfüllen und Erfüllen liegt der Faktor der Not. Es gibt keine absolute Unerfüllbarkeit, denn es handelt sich lediglich darum, wie tief man ein Volk in Not geraten lassen darf. Die zwei Milliarden habe ich niemals als unerfüllbar bezeichnet, die Unerfüllbarkeit, von der ich sprach, liegt nicht in der Zahl der zwei Milliarden, sondern in der Härte des Index, und diese Härte, glaube ich, kann gemildert werden. Das ist mein Standpunkt.

Ich halte es nicht für richtig, daß man sagt: Wir wollen einmal sehen, wie weit wir kommen. Wenn man etwas Schweres vor sich hat, dann muß man sagen: Ich will es unter allen Umständen.

Ihnen ist der Quartettsatz von Beethoven ›Der schwergefaßte Entschluß‹ bekannt, er beginnt mit langsamen Tönen: ›Muß es sein?‹ und schließt mit einem entschiedenen und kraftvollen ›Es muß sein‹. Wer nicht mit diesem ›Es muß sein‹ an seine Aufgabe herantritt, wird immer nur den halben Willen zur Lösung aufbringen, er wird nicht das Recht haben, sich zu entschuldigen, wenn ihm nicht das Letzte gelungen ist, was andere und er selbst von sich erwartet haben. Je schwerer unsere Leistung sein wird: an ihr wird sich das Vertrauen messen, daß wir in der Welt gewinnen. Die Welt besteht nicht zu hundert Prozent aus Chauvinisten, sie besteht nicht aus 150 Millionen Feinden, sie enthält eine Fülle objektiv denkender Menschen. Millionen Augen richten sich auf Deutschland und fragen: Was wird Deutschland machen, wird es ein Leben der Versöhnung und der Erfüllung führen oder nicht? Nicht der Sklaverei! das wollen wir alle nicht, aber die Würde des Schuldners ist, zu zahlen.

Ich halte es auch für nötig, meine Aufgabe zu erfül-

len, die nicht nur eine nationale, sondern eine Welt-
aufgabe ist. Es besteht diese Wunde am Körper Europas – Amfortas –, und diese Wunde schließt sich nicht
durch das Schwert, das sie geschlagen. Nicht früher
wird der Friede in die Welt kommen, als bis diese
Wunde sich geschlossen hat. Sie wird das Symbol sein
für die Verhältnisse der Völker, deshalb handelt es
sich nicht nur um die technische Aufgabe einer Rekon-
struktion, nicht um die Erfüllung des wirtschaftlichen
Versprechens, sondern um eine autonome, aus sich
selbst gestellte Aufgabe, bei der es nicht darauf an-
kommt, wie sie entstanden ist, sondern daß sie da ist
und erfüllt werden muß. Es handelt sich schlechthin
um eine von uns zu erfüllende Aufgabe. Diese Aufgabe
hat die Eigenschaft, daß sie nichts Trennendes enthält
für Parteien, für Berufe und für Stände. Zu dieser Aufgabe sind alle in Deutschland aufgerufen. Wir brauchen die Mitwirkung des Arbeiters, des Industriellen
und Kaufmanns, die des Landwirts und wir brauchen
nicht zuletzt auch die Mitwirkung des alten deutschen
Handwerks. Alle sind zu diesem Werk aufgerufen;
nicht für den Mann erbitte ich Ihre Hilfe, sondern für
das Werk. Das Werk muß sein!«

Amfortas – die Wunde! Ausruf des Parsifal, der sich aus
Kundrys Umarmung löst. Wie merkwürdig, daß diese
Stelle aus dem Bühnenweihfestspiel immer wieder den
deutschen Juden als Symbol für das Scheitern der
deutsch-jüdischen Symbiose einfallen mußte. In den
nachgelassenen Papieren Otto Weiningers fand sich die
Behauptung, ein Jude werde immer unfähig sein, den
wirklichen Gehalt des »Parsifal« von Richard Wagner zu
ermessen. Otto Weininger war ein Jude, wie bekannt.
Alle Kreter lügen. Kratylos hat das behauptet. Kratylos
ist ein Kreter. Also lügt er.

Theodor W. Adornos Essay »Die Wunde Heine« ist immer wieder als angemessene Interpretation der Grundkonflikte zwischen Deutschen und Juden verstanden worden. Daß Walther Rathenau eben diese Anspielung aus dem »Parsifal« vor dem Deutschen Reichstag vorträgt, ist bemerkenswert. Eine Ministerrede vom 2. Juni 1921. Ein Jahr später wurde sie ihm selbst zugefügt, auch im Juni, die Wunde des Amfortas.

Berühmt geworden ist schließlich die Rede des deutschen Außenministers Walther Rathenau vor der Vollversammlung der Genueser Konferenz, nämlich den Delegierten der alliierten Siegermächte. In Cannes und Genua hat Walther Rathenau die Anfänge einer eigenen deutschen Außenpolitik vorbereitet. Da auch die diplomatischen Vertreter Sowjetrußlands zugegen waren, verkörpert durch den einstigen zaristischen Aristokraten und nunmehr sowjetischen Diplomaten Tschitscherin, hat Rathenau, wie bekannt, im benachbarten Rapallo die Möglichkeiten einer deutschen Ostpolitik überprüft. Sie hat in der Tat im Laufe der zwanziger Jahre mitgeholfen, wo eine Art von Bismarckscher Rückversicherung zustande kam, die Befreiung der Weimarer Republik von den Reparationslasten zu beschleunigen.

Das Schlußwort Rathenaus in Genua wurde ausgiebig in deutschen Zeitungen, je nachdem, bewundert oder bespöttelt oder beschimpft. Ein deutscher Außenminister zitiert ein italienisches Gedicht, noch dazu in der Originalsprache. Man denke.

»Wenn man sich nun fragt, ob es denn wirklich kein Mittel gibt, die erschlafften Kräfte des Weltaustausches neu zu beleben, die Maschinerie der Weltproduktion von neuem in Bewegung zu setzen, so ergibt sich die vierte der unausgesprochenen Thesen, nämlich die, daß nicht durch irgendeinen oder zwei Käufer, sondern durch das Zusammenwirken aller den ökonomischen und Weltproblemen neue Bewegung zugeführt werden kann.

Wie sollte auch nach einem Zerstörungswerk sondergleichen die Welt geheilt werden, wenn nicht sämtliche Länder der Erde sich dazu entschließen, gemeinschaftliche Abhilfe zu bringen. Durch ein universelles Opfer der Welt und der leidenden Menschheit kann nur eine leidende Welt geheilt werden. Niemals ist ein Wiederaufbau anders gelungen als durch Aufwendung gewaltsamer neuer Mittel. Solche Mittel werden nicht aufgebracht werden, solange ein jedes Glied der Weltwirtschaft mit wenigen Ausnahmen überschuldet ist. Das erste Opfer wird somit in dem allgemeinen Abbau des Verschuldungskreises zu suchen sein. Das weitere Opfer besteht in der gemeinsamen Aufbringung großer neuer Mittel für den Wiederaufbau, sei es auf dem Wege allgemeiner und wechselseitiger Kredite, sei es auf anderen Wegen, deren Erörterung zu weit führen würde. Daß die Genueser Konferenz zur Erörterung dieser Fragen geführt hat, ist eine Tatsache, die in der Geschichte Europas unvergessen bleiben wird.

Ein weiteres historisches Ergebnis der Konferenz erblickt die deutsche Delegation in der Annäherung des großen, schwerbedrängten russischen Volkes an den Kreis der westlichen Nationen. Durch manche Aussprachen hat Deutschland sich bemüht, zu einer Annäherung der beiderseitigen Gesichtspunkte beizutragen. Deutschland hofft, durch die Fortsetzung der beiderseitigen Besprechungen das Werk des Friedens zwischen Ost und West zu fördern.

Für den Schutz, den Italien diesem Werk des allgemeinen Friedens gewährt hat, schuldet die Welt dieser hochherzigen Nation und ihren Führern den tiefsten Dank. Die Geschichte Italiens ist älter als die der meisten europäischen Nationen. Auf diesem Boden sind mehr als einmal große Weltbewegungen entstanden. Abermals und hoffentlich nicht vergebens haben die Völker der Erde ihre Augen und Herzen zu Italien erhoben in der tiefen Empfindung, der Petrarca den unsterblichen Ausdruck verliehen hat: Io vò gridando Pace, Pace, Pace!«

Die Beschimpfungen waren selbstverständlich. Ihnen folgte der Mord. Der Spott war töricht, denn Francesco Petrarca, den Rathenau hier zitierte mit seinem Anruf an den Friedensdichter, war vielleicht der wichtigste Urheber und Begründer einer europäischen Lyrik, die sich selbständig machen sollte sowohl von der antiken Tradition wie von aller plebejischen Volksdichtung. Ohne die Sonette des Petrarca wären die späteren Sonette des Andreas Gryphius nicht möglich gewesen. Auch Bert Brecht hat sich, trotz ironischer Verfremdungen, stets zu beiden bekannt, zu Horaz und zu Petrarca. Daß Rathenau damals in Genua als deutscher Repräsentant großen Eindruck machte und daß sein Tod tiefe Bestürzung auslöste, außerhalb deutscher Grenzen, ist historisch verbürgt. Die Abgründe deutscher Inflation in den Jahren 1922 und 1923 hätte er vielleicht vermeiden oder mildern können, dieser merkwürdige deutsche Staatsbürger jüdischen Glaubens. Man hat es offenbar nicht gewollt in Deutschland und unter den Deutschen.

2. Theodor Lessing
Bericht über ein politisches Trauma

Am 31. August 1933 erschien das *Prager Tagblatt* – liberale Tageszeitung deutscher Sprache, die während der ersten Tschechoslowakischen Republik die Traditionen der einstmals berühmten Prager Schule der modernen Literatur fortzusetzen bestrebt war – mit einer dreizeiligen Überschrift

> »Prof. Lessing ermordet.
> Revolveranschlag in Marienbad.
> Schuß durchs Fenster.«

Der aus Marienbad stammende Bericht lautete so: »Gestern abend gegen ½ 10 Uhr ist auf Prof. Theodor Lessing ein Attentat verübt worden. Ein unbekannter Täter hatte an die Außenmauer der Villa ›Edelweiß‹, in der Prof. Lessing wohnt, eine Leiter gelegt und durch das Fenster hindurch gegen den Gelehrten zwei Revolverschüsse abgegeben. Einer davon traf ihn am Kopf und verletzte ihn schwer. Professor Lessing wurde um 9 Uhr 45 in bewußtlosem Zustand in das Marienbader Spital eingeliefert. Er hat einen lebensgefährlichen Kopfschuß erlitten. Der Schuß drang in die linke Wange ein und durchbohrte den rechten Hinterschädel. Einige Gehirnteile wurden mit herausgerissen. Die Ärzte im Marienbader Krankenhaus beurteilen den Fall als hoffnungslos. Um ¼ 1 Uhr befindet sich Professor Lessing in tiefster Bewußtlosigkeit.

Wie wir um ¾ 1 Uhr vom Krankenhaus erfahren, befindet sich Professor Lessing in Agonie. Die Ärzte rechnen mit dem Ableben.

Vor 1 Uhr ist Professor Lessing gestorben.«

Hitler war am 30. Januar dieses Jahres 1933 durch den damaligen Reichspräsidenten Paul von Hindenburg als deutscher Reichskanzler berufen worden. Am Tage des Mordes an Theodor Lessing, am 30. August also, lief in Nürnberg die große nationalsozialistische Heerschau ab, genannt »Parteitag des Sieges«. Als der ermordete Philosoph am 4. September in Marienbad beigesetzt wurde, ohne Grabreden, wie er es angeordnet hatte, fand das Nürnberger Spektakel mit einer Parade seinen Abschluß. Das *Prager Montagsblatt* vom 4. September konfrontierte den Bericht über die Bestattung mit einem Nachdruck des Parteitag-Berichtes nach offizieller deutscher Version: »Die Spitze des Zuges trifft um 12 Uhr auf dem Adolf Hitler-Platz ein. Im Parademarsch und mit erhobenen Rechten zieht zunächst ein Sturmbanner der Gruppe Franken am Führer vorbei, dann zu Fuß Stabschef Röhm sowie der gesamte Stab der Obersten SA-Führung und der Reichsführerschule. Heil-Rufe von den Tribünen und aus den Fenstern. Die Obergruppe Österreich marschiert unter großem Jubel vorüber. In genau geregelter Marschordnung ziehen die Abordnungen der SA aus allen deutschen Gauen am Führer vorbei. Dann beginnt der Vorbeimarsch der Schutzstaffeln. Reichsführer Himmler marschiert an der Spitze. Er erstattet dem Führer Meldung und nimmt dann im Wagen des Führers seinen Platz ein. In schneidigem Vorbeimarsch ziehen auch diese 12000 am Führer vorbei. Auch hier sind alle Gaue vertreten. Der Vorbeimarsch der SS dauert fast eine halbe Stunde. Dann folgt als letzte Gruppe die Leibwache des Kanzlers, der die neugeweihte Standarte ›Adolf Hitler‹ vorangetragen wird. Genau um 16 Uhr 40, also nach viereinhalb Stunden, hat der Vorbeimarsch der Hunderttausend sein Ende erreicht. Der Führer verläßt im Wagen seinen Standort. Ihm folgen die Wagen mit Stabschef Röhm, Minister Goebbels, SS-Führer Himmler und den zahlreichen Führern der SA und SS sowie den Ehrengästen.«

Auf dem Sarg in Marienbad hatte ein Unbekannter ein Transparent niedergelegt mit der Aufschrift: »Prof. Lessing, dem unermüdlichen Kämpfer für Wahrheit, Menschlichkeit und Freiheit. Ein Deutscher im Namen von Millionen Gleichgesinnter«.

Millionen Gleichgesinnter? Wo denn? Im Deutschland von 1933 doch wohl kaum, und was wußte die übrige Welt von Theodor Lessing, geboren am 8. Februar 1872 zu Hannover, ermordet am 30. August 1933 in Marienbad? Man wird nicht sagen können, heutzutage herrsche Klarheit über Leben und Werk, Leistung und Fehlleistung, Verfolgung und Ermordung dieses Mannes. Verdächtige Stille umgibt den Lebenslauf. Keine Wiedererweckung des Werkes; keine Forschung, die sich mit dem Denker und dem Fall Lessing befaßt hätte. Zwar gab Christian Gneuss im Jahre 1962 das geschichtsphilosophische Hauptwerk mit dem Titel *Geschichte als Sinngebung des Sinnlosen* von neuem heraus; im Jahr 1969 wurde auch Lessings Bericht über seine schwierige Jugend unter dem Titel *Einmal und nie wieder*, der zuerst im Jahre 1935 in kleiner Auflage in der Tschechoslowakei als Exilliteratur publiziert worden war, neu herausgegeben. Aufsehen hat dies alles bisher nicht gemacht.

Das nützliche und wohlfeile 20bändige Lexikon des Deutschen Taschenbuch Verlages nennt, außer Gotthold Ephraim, nur die mittelmäßige englische Erzählerin Doris Lessing. Nicht aber Theodor Lessing.

Vieles spricht, nicht nur in Hannover, für die These: der Name Theodor Lessing bezeichne ein politisches Trauma. Da ist ein Denker, dessen Bücher über Wertaxiomatik, zur Nietzsche-Nachfolge im Bereich der Geschichtsphilosophie und der »Lebensphilosophie« so viel Recht darauf haben, erwähnt und erörtert zu werden, wie weitaus belanglosere Arbeiten, die Friedrich Nietzsche mit der Hohnformel »Professorenphilosophie der Philosophieprofessoren« bedachte. Theodor Lessing war ein bemerkenswerter Schriftsteller: das wird an seinen polemischen Arbeiten ebenso demonstriert wie an dem Erinnerungsbuch *Einmal und nie wieder*.

Sonderbarer und bedenklicher ist, daß er auch in seinen zahlreichen Nebenaktivitäten, von heute aus gesehen, fast immer recht hatte, und daß er dafür von seinen Zeitgenossen stets herzlich und kopfschüttelnd ausgelacht zu werden pflegte. Er schloß sich schon vor dem Ersten Weltkrieg den Reformern des Schulwesens an und wirkte als Lehrer an freien Schulgemeinden. Er gründete in Hannover nach dem Ersten Weltkrieg – unter dem Gewieher der Stammtische – eine Liga zur Lärmbekämpfung. Dieser noble und sensible Mensch litt unter der Rüpelei des Alltagslebens und propagierte – es wurde als überaus komisch empfunden – das Prinzip einer Anti-Rüpel-Bewegung. Die einsame Sehnsucht eines Empfindsamen von damals ist heute umfunktioniert worden zum Massengrundsatz der Entpolitisierung. Aus Lessings Aktion der Gegenwehr wurde eine Aktion der Verhinderung von Gegenwehr unter dem Titel »Seid nett zueinander!«.

Er blieb Pazifist während des Ersten Weltkriegs, als man Chauvinist zu sein hatte, war immer »unzeitgemäß«. Als der von Hause entlaufene und von Schulschmach umgebene Gymnasiast seinen Briefwechsel mit Maximilian Harden falsch bewertete, man kann es in den Lessing-Erinnerungen nachlesen, und plötzlich in Hardens Wohnung in Berlin stand, zum Unbehagen des berühmten Publizisten, nahm dieser ihn mit zu Theodor

Fontane. Man lebte in den neunziger Jahren; naturalistische Gesellschaftskritik, oder was man dafür hielt, war Mode, übrigens auch legitim. Der alte Fontane trat herzhaft für die jungen Leute ein: für diese Gerhart Hauptmann und Arno Holz. Der Pennäler Lessing aber wirkte in seinen Tiraden wie ein anachronistischer Ideologe des bürgerlichen Demokratismus von 1848. Fontane und Harden lächelten über den so »unzeitgemäßen« Flüchtling aus dem hannoverschen Gymnasium.

Ein Unzeitgemäßer. In verwirrender Verstrickung durchziehen geistige Regressionen und Antizipationen das Leben und das Werk. Er ist fast immer, und beinahe gleichzeitig, zu spät und zu früh: niemals fällt sein Präsens des Denkens zusammen mit seiner Gegenwart. Einen »Nichtsnutz« nannte ihn Thomas Mann, der stets in erstaunlichem Maße mit dem jeweiligen Zeitgeist auf du und du zu stehen pflegte. Die Feindschaft Thomas Manns, durch Torheiten Lessings provoziert, nichtsdestoweniger in Motivation und Aktion höchst bedenklich, hat zweifellos dazu beigetragen, Lessing im öffentlichen Bewußtsein als Querulanten abzustempeln, als Nichtsnutz und Spielverderber. Dennoch reicht dies alles nicht aus als Erklärung. Er ist nicht daran zugrunde gegangen, daß er unzeitgemäß war, den Mächtigen mißfiel, erfolglose Bücher schrieb. Zugrunde gegangen ist er an einer Verschwörung. Sie vor allem bedarf der Aufklärung. Auch Theodor Lessing war ein lokaler Skandal, bevor sich sein Fall zum Weltskandal erweitern sollte. Die Dokumente lehren, daß nichts von alledem als abgetan gelten darf. Heute von Theodor Lessing sprechen – zur 50-Jahr-Feier der Volkshochschule Hannover, deren Mitgründer Lessing gewesen ist, wobei er damals wiederum von den Honoratioren bespöttelt wurde ob seines Eifers für eine »Schmalspurbildung« – heißt von dieser Verfolgung und ihren Ursachen sprechen.

Ort: Preußische Provinzhauptstadt Hannover.

Zeit: Nach dem Ersten Weltkrieg.

Drei Gelegenheiten ergaben sich im Lauf der zwanziger Jahre, eine breitere Öffentlichkeit in Deutschland, dann in der Welt für Vorgänge in der Provinzhauptstadt Hannover zu interessieren. Die Leine-Stadt zählte damals etwa vierhundertfünfzigtausend Einwohner. Zwar wirkten hier Künstler wie Kurt Schwitters, allein von ihnen war nur in kleinen Zirkeln die Rede. Schlagzeilen dagegen machten während der Weimarer Epoche nur drei Bewohner von Hannover: der Knabenmörder Fritz Haarmann; der pensionierte Generalfeldmarschall Paul von Beneckendorff und von Hindenburg; der Privatdozent und Titularprofessor Dr. phil. Theodor Lessing.

Das klingt wie eine bösartige Pointe und ist nichts als historische Feststellung. Für Theodor Lessing ist die Konstellation des Weltinteresses an jenen drei Hannoveranern tödlich gewesen. Es ist buchstäblich wahr, wenn man konstatiert: er sei an der Nachbarschaft mit Haarmann und Hindenburg – und an seinem Interesse an diesen beiden Nachbarn – zugrunde gegangen. Diese Behauptung muß begründet werden.

Am 23. Juni 1924 wurde Fritz Haarmann als mutmaßlicher Massenmörder ins Gerichtsgefängnis von Hannover eingeliefert. Am 22. Juni 1926 machte ein Erlaß des Preußischen Ministers für Wissenschaft, Kunst und Volksbildung mit Hilfe eines Kompromisses der Lehrtätigkeit Lessings an der Technischen Hochschule Hannover ein Ende. Eine Erklärung der hannoverschen Studentenschaft vom selben Tage hielt sogar diesen Kompromiß – Lessing mußte seine Lehrtätigkeit einstellen, erhielt aber vom Ministerium einen Forschungsauftrag – für unzulänglich. Die Studentenschaft gab folgende Erklärung ab: »Sie begrüßt grundsätzlich und dankbar den Versuch der sechs Hochschullehrer, in den bestehenden Konflikten eine Lösung herbeizuführen. Andererseits steht sie aber auf dem Standpunkt, daß die Ausführungen des Kultusministeriums dem berechtigten Streben deutscher Studenten nach Reinheit und Wahrhaftigkeit an deutschen Hochschulen nicht gerecht werden. Die Studentenschaft stellt mit Genugtuung fest, daß auch von seiten des Kultusministeriums die Eignung des Herrn Prof. Lessing als Hochschullehrer tatsächlich verneint wird. [...] Die Studentenschaft der Technischen Hochschule Hannover bekennt sich erneut zu dem Gedanken einer richtig angewandten Staatsautorität.«

Zur gleichen Zeit und am selben Tage erklärten deutsche Professoren, die weitgehend der Sozialdemokratie nahestanden, so die Philosophen Hans Driesch (Leipzig), Ernst von Aster (Gießen), Siegfried Marck (Breslau) und Leonard Nelson (Göttingen): »Die Unterzeichneten billigen die Haltung des preußischen Kultusministers in der Angelegenheit des a. o. Prof. Lessing. Sie sehen in der republikanischen Betätigung Prof. Lessings keinen Grund für das Vorgehen der Hannoveraner Studenten. Sie mißbilligen die Ausschreitungen dieser Studenten, die selbst vor der körperlichen Bedrohung eines älteren Dozenten nicht zurückschreckten, und mißbilligen insbesondere das dieser Bedrohung zugrunde liegende Prinzip, wonach den Studenten ein Abberufungsrecht gegenüber einem ihnen mißliebigen Professor zustehe.« In ähnlichem Sinne sprachen sich Telegramme von Ernst Toller und Hermann Hesse aus.

Welcher Kausalzusammenhang aber konnte einen abscheulichen Mordfall mit einer Hochschulaktion von internationaler Resonanz derart verknüpfen, daß immer wieder in den hannoverschen Auseinandersetzungen um Theodor Lessing die Namen Haarmann und Hindenburg auftauchen? Wobei erwähnt sei, daß Lessing auch darin als Volksfeind empfunden wurde, daß er heiligste

Güter des örtlichen Wirtschaftslebens gefährdete. Am 5. Juli 1926 veröffentlichte der *Simplicissimus* in München ein Bild unter der Überschrift *Mittelalter*. Zu sehen waren nicht sehr schmeichelhaft gezeichnete Vetteln im Rundtanz um einen Holzstoß mit einem brennenden Konterfei. Auch die Kuppelarchitektur der Stadthalle dahinter wirkte wohlbekannt. Die Unterschrift lautete: »Es geht um die heiligsten Güter. Die Zimmervermieterinnen von Hannover verbrennen vor der Stadthalle das Bild des Professors Lessing.« Ein Volksfeind also, nicht bloß, wie schon vorher, ein Nichtsnutz und Stänkerer. Was hatte er begangen?

Diese Jahre zwischen 1924 und 1926 waren nicht erfüllt von Revolution und Konterrevolution. Die Geldentwertung hatte ein Ende genommen: auf die Rentenmark folgte eine stabilisierte Reichsmark. Die Kommunistische Internationale in Moskau konstatierte 1925 auf ihrem V. Weltkongreß, dem ersten ohne Lenin, eine relative Stabilisierung des Kapitalismus und einen Zusammenbruch des von ihr so genannten »Ersten Turnus der Kriege und Revolutionen«. Der Kongreß schloß die ultralinken deutschen Kommunisten um Ruth Fischer aus. Relative Stabilisierung des Wirtschaftslebens. Neue Sachlichkeit in der Literatur. Deutsch-französische Verständigung in Locarno. Der deutsche Außenminister Stresemann und sein französischer Kollege Briand werden mit dem Friedensnobelpreis ausgezeichnet. Theodor Lessings literarischer Gegenspieler Thomas Mann reist 1925 als Repräsentant der Weimarer Republik nach Paris und feiert im Jahre des hannoverschen Streites um Lessing, also 1926, seinerseits nun in neuer Harmonie mit der eigenen Vaterstadt, die »geistige Lebensform« der Kaufmannswelt von Lübeck.

Freilich erscheinen in den beiden Jahren 1925/26 auch die beiden Bände des Buches *Mein Kampf*. Synchron mit

Thomas Manns Rede über *Lübeck als geistige Lebens-form* und mit dem hannoverschen Kampf um Theodor Lessing verläuft der Einzug des rheinischen Germanisten und Gundolf-Schülers Dr. Joseph Goebbels als Gauleiter Hitlers in Berlin.

Keine Krisenzeit also, sondern ein scheinbar behäbiges und konjunkturelles Transit. Ein liberal und pazifistisch dekoriertes Schaufenster, aber hinten im Laden ist allerlei in Vorbereitung. Gelegentlich tritt es hervor: dann wird die Auslage gestört. Etwa beim Haarmann-Prozeß, wo der Skandal nicht vom Mörder ausgeht, sondern von seinen Richtern. Dann am 26. April 1925, als der pensionierte Marschall, der die Schlacht bei Tannenberg gewonnen und den Ersten Weltkrieg verloren hatte, die Stadt Hannover verläßt, um im Berliner Reichstag als gewählter Reichspräsident den Eid auf die Weimarer Verfassung zu leisten. Schließlich im Hochschulstreit um Theodor Lessing.

Lessing und Haarmann; Lessing und Hindenburg; Lessing als Volksfeind.

»In Hannover bestand in den Jahren 1918 bis 1924 eine Art Menschenschlächterei. Knaben und Jünglinge verschwanden in auffallend großer Zahl. Es stellte sich heraus, daß sie, ganz gleich, ob in 20 oder in 40 Fällen, teuflisch gemordet sind. Ihre Knochen und Schädel wurden in die Leine oder in Teiche der Umgebung geworfen. Die Eingeweide auf Kirchhöfen verscharrt. Das Fleisch beseitigt, wenn nicht gar verwertet. Nur durch ein Gewebe von Zufällen gelang es, nach dem die Volksseele längst beunruhigt und dem dunklen Werwolf auf die Spur gekommen war, den Verbrecher festzustellen, der die schwärzesten Greuelgeschichten des Pitaval übertrumpft. Der Verbrecher, ein als defekt bekanntes Individuum, ist 45 Jahre alt und hat Zuchthausstrafen und längeren Aufenthalt im Irrenhause hinter sich. Er war berüchtigt als Homosexueller und wurde von der Kriminalpolizei als Angeber und Späher in homosexuellen Kreisen benutzt. Die Beziehung zu subalternen Beamten erleichterte ihm die perverse Mordtätigkeit. Der Mann fühlte sich als Detektiv, trat als Kriminalbeamter auf, wurde verschiedene Male mit kriminalistischen Erhebungen beauftragt, genoß, berechtigt oder unberechtigt, Vorrechte, die sonst nur Kriminalbeamten zustehen, und verübte unter dem Deckmantel sozialer Arbeit seine ungeheuerlichen Verbrechen. Dies wäre der Tatbestand.«

Ein Zeitungsartikel Theodor Lessings, der unter dem Titel *Haarmann und die Polizei* schon zu Beginn des Gerichtsverfahrens die Konstellation dieses Prozesses in ihrer gesellschaftskritischen Relevanz vorgestellt hatte. Der Aufsatz schloß mit den Worten: »Der Fall gehört nicht vor den Richter, er gehört vor den Psychologen. Entsetzlich genug, daß Richter so selten Psychologen, Psychologen so selten Ethiker sind.«

Haarmann war 1879 geboren. Er hatte als ein 40jähriger, verhältnismäßig spät dem Rausch des Geschlechtsmordes sich überlassend, seine Tötungen exekutiert. Im Gegensatz zu Jürgen Bartsch war er nicht in einem bürgerlich wohlanständigen und bei den Nachbarn beliebten Milieu aufgewachsen. Dennoch haben die Zeugen immer wieder den Fritz Haarmann als »sympathisch« und vertrauenerweckend bezeichnet. Dies eben – und natürlich die Aura des inoffiziellen und von der Polizei Hannovers offensichtlich tolerierten Detektivgetues – hat ihm auch immer wieder das Vertrauen seiner Opfer zugezogen. Als man Haarmann schließlich verhaftet hatte – Lessing konnte nachweisen, daß der Mörder, um sein Geständnis zu erzwingen, von der hannoverschen Polizei schwer mißhandelt worden war –, begann ein Gerichtsverfahren, für welches Lessing das Wort vom »Justizmord« prägte, wobei er hinzusetzte, er schreibe das nicht leichtfertig: »Ich behaupte es aus kalter ruhiger Überlegung; auf Grund der Kenntnis aller Personen und Umstände und nachdem ich über ein Jahr alle Seiten des Kriminalfalles nach allen Seiten hin erwogen und behutsam durchdacht habe.«

In seinem Buch *Haarmann. Die Geschichte eines Werwolfs*, das Lessing 1925 in Berlin nach Ende des ersten Prozesses und noch vor der Hinrichtung Haarmanns veröffentlichte, geht er, wie später in seiner Autobiographie, von einer äußerst prägnanten und eindringlichen Schilderung des hannoverschen Nachkriegsmilieus aus, um zu demonstrieren, daß nur in dieser Zeitproblematik (verlorener Krieg und gescheiterte Revolutionen wie Gegenrevolutionen) und Ortskonstellation (überwiegend kleinbürgerliche Bevölkerung, keine wirkliche Großindustrie, stark verbürgerlichte Arbeiterschaft, monarchistisches und frustriertes Rentnertum) die Tätigkeit Haarmanns, des sympathischen Kleinbürgers und Vertrauensmannes der Polizei, so lange unentdeckt bleiben konnte. Da war der Offizialverteidiger des Angeklagten, dem es nur darauf ankam, keinen »Volkszorn« dadurch zu erregen, daß er sich zu stark für das Monstrum engagierte.

So stieß Theodor Lessings These, wonach der Fall nicht vor Gericht, sondern ins Sprechzimmer des Psychologen und Arztes gehöre, zusammen mit der verständnislosen Erklärung des Gerichtsvorsitzenden Bökelmann, der hochmütig abwinkte: »Psychologie gehört nicht in den Gerichtssaal.«

Wenn Lessing vom »Justizmord« sprach, meinte er aber nicht nur Ablehnung der Todesstrafe und Inkongruenz einer Erledigung dieses Krankheitsfalles Haarmann mit Hilfe des Fallbeils. Da war außerdem noch, neben dem Mörder Fritz Haarmann, ein zweiter des Mordes Angeklagter: Haarmanns Freund und Gelegenheitsma-

cher Hans Grans. Daß Grans als krimineller Parasit gelebt hatte, stand außer Frage: auch für den Gerichtsbe-
richterstatter Lessing. Allein die öffentliche Meinung
verlangte auch diesen Kopf, obwohl Grans, wie sich her-
ausstellte, keine Mittäterschaft oder Beihilfe an den
Mordtaten nachzuweisen war. Haarmann belastete den
Freund und Komplicen. Der Psychologe Lessing deutet
den Vorgang so: hier habe einer den Geliebten mit in den
Tod ziehen wollen. Außerdem ist Haarmann offensichtlich mißhandelt worden, um Polizei und Gericht auch die
zweite Kopfjagd zu erleichtern.

Grans wurde mit Haarmann zum Tode verurteilt. Das
Leipziger Reichsgericht verwarf seine Revision, aber
Theodor Lessing hat durch seine Berichterstattung und
durch das Aufsehen, das er mit ihr und mit seinem Haar-
mann-Buch erregte, den Justizmord an Grans verhindert.
Haarmann wurde hingerichtet, der Fall Grans von
neuem aufgerollt. Man verurteilt ihn zu zwölf Jahren
Zuchthaus.

Am 21. Januar 1926 veröffentlichte Theodor Lessing,
den man während des ersten Prozesses wegen unsachli-
cher und unwissenschaftlicher, nämlich wissenschaftlicher Berichterstattung aus dem Gerichtssaal gewiesen
hatte, im *Prager Tagblatt* sein *Schlußwort über Haarmann und Grans*. Da kommt er zum Schluß auf das
Verhalten des Gerichts ihm selbst, dem Berichterstatter
gegenüber zu sprechen, bezieht sich auf sein Haarmann-
Buch und teilt mit: »Das hannoversche Schwurgericht
hat am 15. Dezember 1924 auf Grund des § 176 des Ge-
richtsverfassungsgesetzes mit Beziehung auf die Berichte
im *Prager Tagblatt* mir den Zutritt zu den Prozeßver-
handlungen gesperrt. Es geschah das in der Weise, daß
aus einem Berichte zwei Sätze aus dem Zusammenhang
herausgerissen und als unwahr unterstellt wurden. Ich
habe dadurch, gegen die Sachlichkeit des Gerichtes miß-

trauisch geworden, mich von da ab weiter in die Materie des Prozesses versenkt und habe, was ich mit bestem Gewissen vertreten zu können glaube, zusammengefaßt in dem Buch: ›*Haarmann. Die Geschichte eines Werwolfs*‹, Berlin 1925. Sollten nun in dem Buch oder in den Berichten im *Prager Tagblatt* Irrtümer unterlaufen sein, so bitte ich gemäß dem Pressegesetze sie berichtigen zu dürfen. Sollte Beleidigendes gegen Gericht oder Polizei in meinen Darlegungen gefunden werden, so bitte ich mich wegen Beleidigung oder Verleumdung zu verklagen, vielleicht ist das der Weg, um die Wahrheit festzustellen, die wir ja alle wollen. Das Gericht hat beide legalen Wege nicht betreten. Es hat vorgezogen, mir den Zutritt nach Möglichkeit zu erschweren und darüber hinaus eine Denunziation beim Kultusministerium zu betreiben, die mir als akademischem Lehrer ein Disziplinarverfahren und im Verein mit politischem Unverständnis und Mißverständnis eine durch Jahr und Tag andauernde öffentliche Hetze brachte.«

Er fügt die groteske Szene an, daß sich das Gericht auf Vorschlag des neuen Verteidigers von Grans genötigt sah, das Buch Theodor Lessings herbeiholen zu lassen. Lessing berichtet: »Ein Saaldiener besitzt das Buch und bringt es dem Staatsanwalt. Der nimmt es, betrachtet den Einband und legt es zurück. Bei der Urteilsbegründung äußert sodann der Vorsitzende: ›Der Gerichtshof weist es zurück, Notiz zu nehmen von einem Buch, das ein hiesiger Mediziner zu der Sache Haarmann-Grans geschrieben haben soll. Ebenso weisen wir zurück, uns von Zeitungsaufsätzen beeinflussen zu lassen. Wir Berufsrichter wissen aus uns selbst, was wir zu tun haben. Wir brauchen keine fremde Belehrung.‹ (Wörtlich stenographiert). Also [...] auf Grund zweier aus einem Zeitungsaufsatz herausgerissener Sätze Denunziation beim Ministerium und Hetze durch Jahr und Tag. Aber: ›Wir kennen die Sache

gar nicht, wir mißbilligen sie nur.‹ Bei dieser Gottähn-
lichkeit wird mir bange. Nicht für mich! Aber bange für
den Tag, wo diese Herrlichkeit der drei juristischen Ko-
ryphäen unserer guten Stadt Hannover, der Herren Bökelmann, Wilde und Wagenschieffer ganz zweifellos zu-
sammenbrechen wird.«

Das war am 21. Januar 1926. Schlußbericht Theodor
Lessings in seinem wichtigsten Publikationsorgan, dem
Prager Tagblatt. Hier bereits wurde die nächste Konstellation angedeutet: Denunziation des unliebsamen Publizisten bei seiner vorgesetzten Behörde, dem preußischen
Kultusministerium. Man reagiert prompt. Ministerium
und Hochschule mißbilligen die Art der Berichterstattung, die mit akademischer Würde nicht zu vereinen sei.

Nun aber ist damit durch das Hannoversche Gericht
ein Signal gegeben nicht bloß für einen Disziplinaraus-
schuß, sondern für den organisierten Volkszorn. Zwischen dem Beginn des Haarmann-Prozesses und dem
Schlußwort nach dem Urteil über Hans Grans hatte Lessing nämlich abermals – und wiederum mit Hilfe des
Prager Tagblatts, also mit Hilfe des »Auslandes« – Miß-
liebiges über Hannover und einen seiner Bürger publiziert. War er zunächst isoliert worden in der städtischen
und akademischen Gemeinschaft durch sein Verständnis
für das Monstrum Haarmann, so bewies er nun seine
tiefe moralische Verkommenheit darin, daß er es an Ehrfurcht fehlen ließ vor dem Heros Paul von Hindenburg.

Am 26. April 1925 war der pensionierte Marschall, Bürger von Hannover und Ehrendoktor der Technischen
Hochschule, zum deutschen Reichspräsidenten gewählt
worden. In einer Volkswahl, worin er gegen den blassen
Kandidaten von Sozialdemokratie, Zentrumspartei und
Demokratischer Partei, den Zentrumspolitiker Dr. Wilhelm Marx, obsiegte. Am Tage vor der Präsidentenwahl,

am 25. April, hatte Lessing, wieder im *Prager Tagblatt* auf die möglichen Folgerungen einer Wahl Hindenburgs hingewiesen.

Dieser Aufsatz ist Lessing zum Verhängnis geworden. An ihm vor allem entzündeten sich die Verfolger. Liest man den Text, so überrascht die überaus freundliche Beurteilung, die der alte Offizier erfährt. Paul von Hindenburg, im Jahre 1847 in Posen geboren, ging auf die Achtzig zu, als man ihn zum Reichspräsidenten erwählte. Er ist dann, nach Ablauf der ersten Sieben-Jahres-Frist, am 10. April 1932 noch einmal gewählt worden. Hindenburg starb als amtierender Reichspräsident. Am 30. Januar 1933 berief er Hitler zum Reichskanzler einer Regierungskonstellation, welcher auch Papen und Hugenberg angehörten. Im zweiten Wahlkampf von 1932 gab die KPD, die Ernst Thälmann als Kandidaten aufgestellt hatte, den Wahlspruch aus: »Wer Hindenburg wählt, wählt Hitler.«

Genau sieben Jahre vorher hatte Prof. Theodor Lessing allein für sich, unter allgemeiner Mißbilligung, wenn nicht Empörung, dieselbe Folgerung gezogen. Sein Aufsatz wird nicht müde, die Redlichkeit Hindenburgs zu erwähnen. Freilich läßt er auch erkennen (der Artikel wurde unmittelbar vor der Wahl verfaßt), man sei im Begriff, einen Mann höchst schlichten Geistes zum Staatsoberhaupt zu erwählen.

Lessing zog aus Kenntnis des Mannes und seiner Geistesart die politische Folgerung, wenn er am Schluß des Aufsatzes befürchtete, eben die schlichte Redlichkeit des alten Soldaten mache ihn besonders anfällig für den Rat der falschen Freunde und der Intriganten. Während des Weltkriegs habe Erich Ludendorff die Autorität Hindenburgs »seinem Ehrgeiz und seinem Machtwillen« dienstbar gemacht, »gedeckt von der Flagge der nationalen Ideale«. Eine Wiederholung sei jederzeit zu befürchten.

Nicht ohne Schauder liest man die Schlußworte des so verhängnisvollen wie prophetischen Zeitungsartikels: »Nach Plato sollen die Philosophen Führer der Völker sein. Ein Philosoph würde mit Hindenburg nun eben nicht den Thronstuhl besteigen. Nur ein repräsentatives Symbol, ein Fragezeichen, ein Zero. Man kann sagen: Besser ein Zero als ein Nero. Leider zeigt die Geschichte, daß hinter einem Zero immer ein künftiger Nero verborgens steht.« Auf das Zero folgte der Nero. Der Hindenburg-Wähler wählte Hitler.

Was folgte, hat Lessing selbst in einem rührenden und naiven Brief an den neugewählten Reichspräsidenten geschildert, der natürlich niemals einer Antwort gewürdigt wurde: »Kein Hahn hätte nach meinen Worten gekräht (wie nach all den hundert Aufsätzen, die ich geschrieben habe), wenn nicht eine übelwillige Lokalzeitung jenen Aufsatz mißbraucht hätte. Gelegentlich der Feier der Stadt Hannover zu Ehren des nun gewählten, nach Berlin fortziehenden Reichspräsidenten druckte eine hannoversche Zeitung meinen Aufsatz nach, entstellt bis zur Unkenntlichkeit und versehen mit aufwiegelnden Glossen. So entstand eine lokale Hetze. Studenten der Technischen Hochschule in Hannover (an welcher ich seit zwanzig Jahren als Privatdozent für Philosophie wirke), aufgepeitscht teils durch die Hetzworte jenes Provinzblattes, teils auch durch ein paar unwohlwollende Professoren, brave, ahnungslose, gutgläubige Jungens befanden: ›Hindenburg, der Ehrendoktor unserer Hochschule muß gerächt werden‹, und bereiteten nach dem Fackelzuge zu Ehren Eurer Exzellenz mir eine nächtliche Katzenmusik.«

Lessings Brief an den Reichspräsidenten trägt das Datum des 7. Juni 1925. Damals bereits hatte eine Akademiker-Versammlung Hannovers den Entzug der Lehrbefähigung gefordert. Rektor und Senat schlossen sich an und suspendierten den Professor eigenmächtig. Die Regierung der Provinz drückte sich vor klaren Entscheidungen, das preußische Ministerium nicht minder. Nun begann eine Aktion der Selbsthilfe, also eines »spontanen«, nämlich gut organisierten und finanzierten Volkszorns. Stichworte mögen genügen. Anfrage der Deutschnationalen im Preußischen Landtag an den Kultusminister: »Ist er immer noch bereit, einen Hochschullehrer weiter in Hannover zu belassen, dem er in einem Erlaß vom 29. September 1925 vorhalten mußte, daß er bei seiner Berichterstattung über den Haarmann-Prozeß die erforderliche Genauigkeit und Sorgfalt vermissen ließ, der 2. seinerzeit verwarnt werden mußte, weil er die notwendige und übliche Rücksicht auf seine Stellung als Hochschullehrer und akademischer Forscher vermissen ließ, dem 3. aus diesem Grunde größere Zurückhaltung empfohlen werden mußte, weil er sonst nicht in der Lage sei, den ihm erteilten Lehrauftrag dauernd aufrechtzuerhalten?«

Lessing erklärt dem Korrespondenten der *Frankfurter Zeitung*: »Ich werde unter allen Umständen versuchen, meine Vorlesung heute von 5 bis 6 Uhr durchzuführen. Ich glaube aber nicht, daß sie zustande kommen wird, weil die Hörer nicht wagen werden, sich in meinen Hörsaal zu begeben. Die Vorlesung von 6 bis 7 Uhr mußte ich bereits aufgeben, weil nur zwei Hörer sich rechtzeitig eingeschrieben haben. Aber auch diese sind nach den Krawallen der letzten Woche fortgeblieben. Sicher weiß ich nur, daß ich unter allen Umständen in die Hochschule gehen werde, obwohl als einziger Hörer meine Frau da sein wird. Da man mir einen anderen, in einem Seitenflügel gelegenen, vom Hauptgebäude abgetrennten Hörsaal zuwies, so hat mein Kolleg nur den Wert einer symbolischen Handlung. Ich zeige nur, daß ich gewillt sei, jeden Montag ins Trommelfeuer zu gehen, bis die Hochschule nachgibt. Ob ernstere Störungen kommen, läßt sich nicht voraussagen. Wahrscheinlich ist, daß man das ›Trockenlegungsverfahren‹ versucht. Ich werde in einem ausgestorbenen Gebäude eine Stunde lang eingeschlossen und von hundert Mann Schutzpolizei bewacht sein, und dann durch die johlende Menge wieder nach Hause gehen.«

Nun kommt es, neben der Hatz, auch zu der großen Hetz. Jagdszenen aus Niedersachsen. Es vollzieht sich ein Auszug der Hannoverschen Studentenschaft. Ab ins gelobte Land: nach Braunschweig. Die *Niederdeutsche Zeitung* vom 8. Juni 1926 berichtet. Wo sie politisch steht, ist unschwer zu erraten. »Ein ungewohntes Leben und Treiben herrschte auf dem sonst zu gleicher Stunde stillen Bahnsteig 3 unseres Hauptbahnhofes. 1400 Studierende der hiesigen Technischen Hochschule, einschließlich der Nichtkorporierten, versammelten sich hier gegen 11 Uhr vormittags zur Fahrt nach Braunschweig. Ein unendlich langer Sonderzug stand zur Abfahrt bereit. Die einzelnen Waggons waren mit satirischen Kreidezeichnungen verziert. Die jungen Akademiker, die den Weg zum Bahnhof in verteilten Gruppen zurücklegten, wurden am Königsworther Platz von den dort versammelten Arbeitslosen mit freundlichen Zurufen begrüßt, es herrschte anscheinend aufrichtige Freude darüber, daß die Hochschüler auch einmal streiken. Couleur – Mütze und Band – wurde erst auf dem Bahnsteig angelegt. Der Urheber dieser Demonstrationsfahrt, Professor Lessing, der sich selbst einmal in seinem Dialektbuche *Jäö* Theodor le Singe, das heißt den Affen nannte, ist es ja gewohnt, als Dozent der Minoritäten vor leeren Räumen zu sprechen; das gleiche Los trifft nun heute den gesamten Lehrkörper. Es ist niemand mehr in der Hochschule; der Exodus – zunächst demonstrativ – ist perfekt.

Selbstverständlich war, daß auch die Nichtkorporierten sich nicht nur den Korporierten im Kampf gegen den Haarmann-Analytiker Lessing-Lazarus anschlossen, sondern daß sie sich an der Demonstrationsfahrt nach Braunschweig beteiligten. Begrüßenswert aber ist, daß die ausländischen Studierenden ihrer Sympathie für das Vorgehen der deutschen Studenten gegen den unmöglichen Professor Ausdruck gaben. Viele ausländische Herren, selbst Chinesen und Japaner, waren am Zuge erschienen, um ihren deutschen Kommilitonen eine glückliche Fahrt zu wünschen. Eine große Menge von Angehörigen und Freunden der Studenten gaben bis zur Abfahrt des Sonderzuges das Geleit. Zahlreiche Liebesgaben in Gestalt von Zigaretten u. a. wurden den tapfer um ihr Studium kämpfenden Musensöhnen dargereicht. Zu einer machtvollen, begeisternden Kundgebung gestaltete sich das von kampfesfrohen jugendlichen Kehlen gesungene alte Studentenlied ›Burschen heraus‹! Langsam setzte sich der Zug in Bewegung. Hüte-, Mützen- und Tücherschwenken! Fröhliche Zurufe hin- und herüber und mählich verklang mit den Entschwindenden das wundervolle Volkslied: ›Ihr alten Gassen grad und krumm, ich zieh nicht mehr in euch herum‹ usw. [...] Der Empfang in Braunschweig war ein Bild, wie es die Stadt Heinrichs des Löwen bislang wohl kaum erlebt hat. Die gesamte Studentenschaft der dortigen Hochschule war am Bahnhof erschienen, um ihren 1400 hannoverschen Kommilitonen Gruß und Gastfreundschaft darzubieten.«

Inzwischen aber war auch die Leitung der Hochschule nicht müßig, gewisse hochschulpolitische Ziele zu verfolgen, die ahnen ließen, daß Krawalle und Exodus nicht ungern gesehen wurden. Der *Hannoversche Kurier* berichtet von einem Gespräch mit dem Rektor Professor Oesterlen: »Als nächste Reaktion seitens der Studenten

rechnet der Rektor mit dem Ausbruch des Studenten-
streiks. Schließlich befürwortete er warm den von Prof.
Schuster angeregten Plan, ein Ordinariat für Philosophie
an der Technischen Hochschule Hannover zu schaffen
und mit einem bedeutenden Philosophen zu besetzen,
und man sei beim Kultusminister dieserhalb bereits
mehrfach vorstellig geworden. Damit wird der Lehrauftrag, den Lessing besitzt, hoffentlich sofort hinfällig werden.« Am gleichen Tage aber verrät das in Berlin erscheinende bürgerliche *8 Uhr Abendblatt*: »Wie erinnerlich,
hatte eine gewisse Stellungnahme Lessings im Haarmann-Prozeß, die auf Grund seiner wissenschaftlichen
Anschauungen erfolgt war, und ein Artikel zur Kandidatur Hindenburgs zum Reichspräsidenten, der ablehnend,
aber gesinnungsgemäß hochanständigen Inhalts war, äußeren Anlaß zur politischen Offensive gegeben. Der
wirkliche Grund liegt natürlich woanders, und viele
dürften mit Recht vermuten, daß bestimmte Kreise in
Hannover nicht nur mit bloßem Schmunzeln den Radau-
szenen an der Technischen Hochschule zusehen. Die Philosophie Professor Lessings ist nämlich den Männern um
den Verband für Innere Mission herum seit langem ein
Dorn im Auge. Sie erstreben nach dem Scheitern ihres
Planes in Münster die Errichtung einer Professur für protestantische Philosophie in Hannover. Und hier ist ihnen
Lessings Professur im Wege.«

Das Spiel läuft nach festen Regeln ab. Der Haus- und
Grundbesitzer-Verein Hannover fordert das Eingreifen
des Magistrats, »um die wirtschaftliche Schädigung der
Stadt zu vermeiden«. Eine Vollversammlung des Lehr-
körpers verlangt die Absetzung des unwürdigen Hoch-
schullehrers. Der führende protestantische Theologe der
Universität Berlin, Geheimrat Reinhold Seeberg, billigt
das Vorgehen der Studenten in der Sache, wenn auch
nicht in der Form. Die *Vossische Zeitung* fragt ihrerseits

nach den Geldgebern für den Extrazug und erklärt: »Wir glauben, daß die Stadt Hannover den Auszug der Korps- und Verbindungsstudenten deutschnational-völkischer Art bei bestem Wohlbefinden überstehen würde. Bestimmt würde auch der üble Einfluß der losen Sitten gewisser Korpsstudenten in Hannover verschwinden. Wir brauchen keine Vereinigungen für Rekordsaufen und Säbelfechten. In einer Zeit ernstester und wirtschaftlicher Not ist jedes Faulenzertum vom Übel und auch die eventuelle wirtschaftliche Schädigung einer gewissen Damenwelt durch den Auszug wäre belanglos.«

Massenversammlung von mehr als viertausend Bürgern am 11. Juni in der Stadthalle. Zündende Ansprache eines früheren Bürgermeisters. Nun hat Student Poehlmann, der eigentliche Anreißer der Kommilitonen, seine große Stunde: »An unserer Hochschule sollten Reinheit und Ehre aufrechterhalten bleiben. Die Studentenschaft wolle sich eine solche Einstellung bewahren, daß sich die Zukunft des Vaterlandes darauf aufbauen könne. Denn die ganze Liebe der Studentenschaft gehöre dem Vaterlande! An diese ebenfalls mit lang anhaltendem Beifall aufgenommene Rede schloß sich das Deutschlandlied, das die Versammlung stehend sang und das seinen Ausklang fand in dem machtvollen neuen Vers: ›Deutschland, Deutschland über alles, und im Unglück nun erst recht.‹« Einstimmige Entschließung mit Dank an die Studentenschaft für die Reinhaltung des Begriffs der Wahrhaftigkeit und die Wahrung akademischer Ehre und Freiheit.

Scharfer Schnitt in diesem Film und Aufblenden einer anderen Konstellation. Da ist ein Flugblatt, das ganz – und zum Abschluß – zitiert werden sollte: »Einwohner Hannovers! Seit Monaten ist es das Bestreben nationalistischer Kreise, den Professor der Philosophie Lessing an der Technischen Hochschule unmöglich zu machen. Man wirft ihm vor, er habe in der Haarmann-Grans-Affäre falsch berichtet, er habe außerdem Hindenburg im ›deutschfreundlichen‹ *Prager Tagblatt* schwer beleidigt. Die *Niederdeutsche Zeitung* und der *Kurier* kolportieren seit Wochen unentwegt diesen gewissenlosen Vorwurf. Nichts davon ist wahr! Es sind Lügen und Verleumdungen, die der vernünftigen Kritik nicht standhalten können. Der Artikel über Hindenburg war eine charakterologische Studie, zu der Professor Lessing als Dozent der Philosophie ein Recht hatte. Im Falle Grans wurde von den Gerichten selbst das ursprüngliche Todesurteil wieder aufgehoben. Diesen beinahe durchgeführten Justizmord im Falle Grans hat Professor Lessing immer gegeißelt, und darüber hinaus die unsachgemäße und oberflächliche Prozeßführung der Gerichte. Dazu hat er als freier Staatsbürger ein Recht. Scheinbar kennt diese Republik keine derartigen Rechte. Aber tatsächlich handelt es sich im Falle Lessing ja nicht um diese Dinge. Wenn es sich nicht um ›Größeres‹ handelt, brauchte die Studentenschaft die Vorlesungen von Lessing ja nicht zu belegen. In Wirklichkeit geht es den Korpsstudenten in Verbindung mit rechtsradikalen Kreisen um die Aufrichtung der monarchistischen Reaktion an den deutschen Hochschulen. Fememörder und Putschisten rekrutieren sich, wie die Fememordverhandlungen ergeben haben, aus den Kreisen der deutschen Studenten. Man weiß dort, was man will. [...]

Einwohner Hannovers! Laßt Euch diesen Hochschulskandal nicht gefallen! Verlangt von Euren Organisationen, Gewerkschaften und Bürgervorstehern ein handfestes Eingreifen gegen die Übergriffe halbreifer, nationalistischer Saufstudenten! Denkt daran, daß die kommenden politischen und wirtschaftlichen ›Führer‹ diesen Reihen entstammen. Sie werden Euch später einmal treten

und demütigen, sie werden die Geister der wilhelmini-
schen Zeit heraufbeschwören, wenn Ihr nicht wie ein
Mann zusammensteht gegen den Hochschulskandal!

Sozialistischer Studentenbund
Internationaler Sozialistischer Kampfbund
Komunistische Partei (Bez.-Ltg. Niedersachsen).«

Das übrige ist bekannt. Man könnte weiterzitieren. Etwa
den Rektor der Hochschule, zu deren Lehrkörper Lessing gehörte. Einem Mitarbeiter des *Berliner Lokalanzei-
gers*, also der Hugenberg-Presse, erläuterte die Magnifi-
zenz, es bestände leider keine rechtliche Möglichkeit, den
mißliebigen Professor zu entfernen. Man müsse feststellen, daß hier ein sehr bedauerlicher Fehler in der Verfassung der Hochschulen in Preußen vorhanden sei. Jeder,
der die technischen Voraussetzungen erfülle, könne also
an den preußischen Hochschulen sich als Privatdozent
betätigen und Ärgernis erregen. Auch Student Poehlmann möchte nicht zurückstehen. Er veranlaßt einen
Empfang für die studentischen Hauptfeinde Lessings
durch die deutschnationale Organisation des »Stahlhelm«. Ein Major von Waldow im »Tannenbergbund«
hat der *Niederdeutschen Zeitung* in Hannover folgendes
mitzuteilen: »Heute sind es 5 Jahre, da standen mit Männern und Jünglingen aller Berufsarten deutsche Studenten im Kampfe für Volk und Vaterland an Schlesiens
Grenze. Wer dächte nicht zurück an diese Kriegsstuden-
ten, diese wetterfesten Männer, Landsknechte deutscher
Art, gefestigt in Stahlgewittern des Krieges, zusammen-
geschweißt mit allen Söhnen des Vaterlandes im Kampfe.
Wahrlich es war ihnen allen ernst damit:
›Wenn es geht ums Vaterland,
Treu die Klingen dann zur Hand.‹«
Wenig Umstände macht jener Paul Fechter, dessen Bü-

cher zur Literaturgeschichte auch heute noch auf den Regalen im Lehrerzimmer und in einigen Volksbüchereien ein geachtetes Dasein führen. In der gemäßigt-konservativen *Deutschen Allgemeinen Zeitung* befindet er so: »Schuld an der Affäre sind somit die, die Herrn Lessing seinerzeit als Lehrer an einer deutschen Hochschule zuließen und mit dem Titel Professor schmückten. Es gibt heute in Deutschland genug Leute von ungleich höherem Niveau, die man auf solche Posten berufen könnte, und um die es wenigstens lohnen würde, zu raufen. Man muß bei uns langsam lernen, wieder Ansprüche zu machen. Auch in Ministerien.« Die ehemals liberale, längst ins deutschnationale Gelände abgewanderte satirische Wochenschrift *Kladderadatsch* sagt es sogar in Versen:

Wenn der Herr Professor ohne Zagen
Kühn begeifert Deutschlands besten Mann –
Solches kann der Herr Professor wagen,
Ob er sonst auch noch so wenig kann.
Seiner Weisheit Meinung zu vertuschen,
Hat der Herr Professor keinen Grund;
Die Studenten aber müssen kuschen,
Wenn die Weisheit trieft aus Lessings Mund.
Ja, so siehste aus! Gottlob: noch leben
Deutsche Jünglinge im deutschen Land,
Die vor Zorn und vor Verachtung beben,
Hebt sich gegen Größe eine Hand.
Und mit Grauen sehn die alten Tanten:
Selbst im hohen Ministerium
Springt es leichter sich mit Intendanten
Als mit stolzer, deutscher Jugend um!

Zur gleichen Zeit, da dies geschrieben wird, veröffentlicht der sozialdemokratische *Volkswille* in Hannover eine Meldung. »Heute früh verschied nach kurzem Krankenlager im 79. Lebensjahre unsere bewährte Kampfgenossin Frau Dr. Lessing, die Mutter unseres Hochschullehres Dr. Theodor Lessing. Der maßlos widerliche Verleumdungsfeldzug der reaktionären Meute gegen den Sohn hat die geistig regsame alte Dame seelisch derart erschüttert, daß ihre sonst so kräftige Natur nun doch vorzeitig unterlag.«

Dann kam jener klägliche Kompromiß, der keiner war. Lessing darf nicht mehr akademischer Lehrer sein, sondern wird in die – offenbar harmlosere – Forschung abgeschoben.

Im April 1932 macht auch Lessings Partei, die deutsche Sozialdemokratie, den Generalfeldmarschall Paul von Hindenburg zu ihrem Präsidentschaftskandidaten. Als das wiedergewählte Reichsoberhaupt die Reichsregierung Adolf Hitlers vereidigt, kann Lessing in seiner Geburtsstadt nicht mehr bleiben. Er flieht. Beim Überfall auf Lessings Wohnung in Anderten kann die SA bloß demolieren, aber nicht töten. Die Tötung wird im August in Marienbad nachgeholt.

Ein politisches Trauma. Nichts davon kann vergessen sein: weil eine so dichte Schicht des Vergessenwollens über jenen Vorgängen festgestampft wurde. Es ist nicht so, als habe man es mit dem Vorgang einer menschlichen Passion zu tun, einem traurigen, sogar tragischen Vorgang. *Der Fall Theodor Lessing ist ein Symptom für gesellschaftliche Konstellationen in Deutschland.* Die eigentümliche Funktion dieses Philosophen, der kein Denker von Rang war, dieses Schriftstellers, der sich irrigerweise für einen Lyriker hielt, dieses auch in politischen Einzelfragen oft wirren und widerspruchsvollen Kulturkritikers, scheint darin bestanden zu haben, daß sich all seine Gegenspieler beim Kontakt mit ihm »zur Kenntlichkeit verändern mußten«: Ludwig Klages und Max Scheler, Stefan George und Thomas Mann.

Aber Lessing ist nicht bloß an den deutschen Zuständen und an Widersprüchen seines Talents oder Charakters zugrunde gegangen, sondern an seiner *Philosophie*. Der Widerspruch zwischen dem Denker und dem Kulturpolitiker Theodor Lessing ließ sich zurückführen auf den Widerstreit zwischen *philosophischem Pessimismus* und *Aufklärung*.

Lessings Denken wurzelte tief in den Gedankengängen der bürgerlichen Desillusion nach dem Scheitern der Erhebung von 1848. Der alte Fontane hat diesen Anachronismus sogleich gespürt. Lessing war niemals gleichzeitig mit dem Denken seiner Epoche. Seine Kritik an unwürdigen Zuständen, zumeist in der Sache berechtigt, erfolgte nur allzuoft aus Impulsen der Regression, Trauer, der Elegie. Andererseits war Lessings Kulturkritik gerade deshalb so scharf und unbarmherzig, weil sie die Entwicklung des modernen Denkens negierte. Sein Meister war und blieb Arthur Schopenhauer. In der sonderbaren Mischung aus Pessimismus und aufklärerischer Entrüstung über Geistlosigkeit, Dummheit, Schurkerei war Lessing gar nicht so unähnlich dem pessimistischen Aufklärer Kurt Tucholsky. Auch Parallelen zu manchen Gedanken von Karl Kraus könnten gezogen werden.

Karl Kraus jedoch: dieser Volksfeind und Spielverderber, in seiner Metaphysik von Ursprung und Untergang gar nicht so unverwandt den Geschichtsleugnungen in Lessings Buch von der *Geschichte als Sinngebung des Sinnlosen*, war als Schriftsteller und Politiker trotz allem ein Mann des 18. Jahrhunderts, bürgerlicher Aufklärung. Er edierte die Epigrammatiker des 18. Jahrhunderts, zitierte Kant, Lessing, Goethe, gesellte sich den frechen, widersetzlichen Aufklärern des 19. Jahrhunderts: den Johann Nestroy und Jacques Offenbach.

Theodor Lessing lebte als Denker im Bereich der Gegenaufklärung. Er mißtraute dem deutschen Idealismus und vor allen den Hegelianern. Alle Mißverständnisse und Vorurteile Schopenhauers hatte er kritiklos übernommen. Dialektisches Denken war auch ihm nichts als eine Folge von logischen Schnitzern. Schlimmer noch: Schopenhauer hielt trotzdem, als Schüler von Kant und Goethe, das Denken hoch, die Bildung, das Buch. In Theodor Lessing indessen rumorte stets der antiintellektuelle Impuls, der vom Geist nicht mehr kontrollierte Lyrismus. Seine Philosophie stand nicht im Zeichen des »Prinzips Hoffnung«, sondern der Trauer um das Unwiederbringliche.

In einem Band der Satiren und Novellen, die Theodor Lessing im Jahre 1923 unter dem Titel *Feind im Land* in einem kleinen Hannoverschen Verlag erscheinen ließ, steht am Schluß ein *Gruß den Gefangenen*: gewidmet den inhaftierten Teilnehmern an der Rätebewegung in München, Ernst Toller vor allen. Hier versucht Lessing den Ursachen des modernen Mißbrauchs nachzugehen, welcher in der Kultur mit Denken und Ideen getrieben wurde. Allein er verwechselt entfremdetes oder manipuliertes Denken mit dem denkerischen Erkenntnisprozeß. So kann er schreiben: »Wir finden diesen Mißbrauch in Deutschland besonders dort, wo der Geist Hegels noch lebendig ist, der Totengräber unsres Mythos. Hegel nämlich vertauschte die menschliche Orientierung über Lebendiges mit dem Lebendigen selbst; das bewegungslos Seiende mit der zeitlich historischen Geschehensfolge. Er benannte den Reinen Geist (also die inhaltleerste, toteste Abstraktion) mit dem alten Worte: Idee. Diesen deutschen Gespenstertanz zu scheuchen war ich lebenslang bemüht. Treu meinem Lehrer: Schopenhauer.« Und weiter: »Noch klarer, noch schärfer kann ich den großen Betrug begreiflich machen. Ich brauche nur hinzuweisen auf die moderne Wissenschaft vom Leben, auf die sogenannte Biologie. Diese Wissenschaft offenbart klärlich, daß Lebendiges, sobald wir es denken, sich uns darstellen muß als eine Art Bewegung in der Zeit. Also als Mechanik. [...] Auch der lebensnächste, bildervollste unserer Denker, Friedrich Nietzsche, hat aus dem Kerker: Moderne Wissenschaft nicht herausgefunden. Er wandelte Dionysos in Dynamik.« (a. a. O., S. 193, 195).

Das Paradoxon eines Denkens wider das Denken hat Lessings Leben und Wirken so widerspruchsvoll gemacht. Dieser Feind der Dialektik wurde ein Opfer der Dialektik. Seine Entrüstungen galten der Geistlosigkeit und Herzensträgheit. Beim Prozeß Haarmann: wenn er durch psychologische Wissenschaft den Vorgang offizieller Rachemythologie zu erhellen strebte. Im Falle Hindenburg: wenn er die politische und geistige Unbildung des Offiziers als Gefährdung des Volkes empfand. Dies alles war praktizierte Aufklärung. In seinen philosophischen Reflexionen jedoch war Lessing ein Pessimist der Spätromantik: immer auf dem Heimweg nach dem bewußtlosen Sein, dem vegetativen Leben. Nach einer Welt des Novalis, worin die Zahlen und Figuren der modernen Wissenschaft und Technik nicht mehr Schlüssel seien »aller Kreaturen«. Das merkwürdigste Paradoxon bestand vielleicht darin, daß *dieser* Vertreter *dieser* Philosophie an einer technischen Hochschule zu lehren gedachte.

Wer Theodor Lessing kennenlernen möchte, sollte das bedeutendste Buch lesen, das dieser interessante Denker und schlechte Dichter hinterlassen hat. Als Aufschreibung seiner Jugendgeschichte, und als Liebeserklärung an Hannover. Mit dem *Anton Reiser* von Karl Philipp Moritz hat Christian Gneuss die Jugendgeschichte Theodor Lessings verglichen und auf den gemeinsamen Hintergrund der beiden Bücher, die niedersächsische Welt, hingewiesen. Ebenso drängt sich ein Vergleich auf mit quälenden Jugendgeschichten anderer Kinder aus Bürgerhäusern des emanzipierten Judentums am Ausgang des neunzehnten Jahrhunderts. Manche Berichte von Elternhaus und Schule, gesellschaftlicher Hierarchie und ideologischen Riten erinnern an die Jugendgeschichte Marcel Prousts, auch Franz Kafkas natürlich. Erschreckend ist die Übereinstimmung dessen, was Lessing über seine Jugendzeit um 1890 berichtet, mit der Jugendzeit von Peter Weiss in den zwanziger Jahren unseres Jahrhunderts, die er in seinem Buch *Abschied von den Eltern* geschildert und gedeutet hat. Es gab also Kontinuation. Theodor Lessing, dieser scheinbare Sonderling, hat gleichzeitig eine typische Lebensgeschichte gehabt.

Er hat sie so aufrichtig und selbstkritisch geschildert, wie irgend möglich war. Immer im Bewußtsein, daß Leben und Sinngebung des Lebens unrettbar auseinanderfallen. Es ist vielleicht kein Nachteil, daß nur diese Jugendgeschichte aufgeschrieben werden konnte und keine Fortsetzung mehr fand. Die Jugendgeschichte aber ist bewegend und informierend, Zeitdokument zugleich und gestaltete Literatur. Frei gemacht hatte sich Lessing zuletzt, wie seine Deutung des Buchtitels erkennen läßt, vom philosophischen Pessimismus. Die Sinngebung meint nicht Untergangssehnsucht in der Formel vom »Einmal und nie wieder«, sondern das Unwiederbringliche des einmal gelebten Augenblicks.

3. Anmerkungen zu Ernst Bloch

a) Utopie und Literatur

Zu Beginn eines deutschen Sommersemesters, im Mai 1949, hielt Ernst Bloch an der Universität Leipzig, die zehn Jahre später (1959), an ihrem 550. Geburtstag, den Namen einer Karl-Marx-Universität tragen sollte, seine Antrittsvorlesung als neuberufener Ordinarius für Philosophie. Sein Thema war als schroffe Triade formuliert: »Universität, Marxismus, Philosophie«. Ich erinnere mich, wie einige akademische Bürokraten bereits Anstoß nahmen an dieser so unakademischen Fassung eines Vortragstitels. Daß die Repräsentanten herkömmlich bürgerlichen Philosophierens, soweit sie im Auditorium saßen – die meisten waren ferngeblieben –, die Zusammenschau von Universität, Philosophie und Marxismus als anstößig, im höchsten Maße unphilosophisch hielten, war evident. Bloch nahm ihre Gedanken gleich zu Beginn auf in seinen Gedankengang, gab ihnen gleichsam das Wort: »Gegner, aber auch Bezweifler der neuen Welt, die heraufgekommen ist und im Begriff ist, immer gründlicher herauszukommen, haben zwischen diesen drei Kategorien einen grotesken Unterschied konstruiert. Nach Jaspers etwa soll die Universität, als Ort der freien Forschung, zum Marxismus in einer Art unwilliger Beziehung stehen.«

Da stand nun ein Mann und Denker vor den Studenten, dessen eigener Lebenslauf für jeden, der Bescheid wußte, erschreckend demonstrierte, wie entfremdet, unwissenschaftlich auch im traditionellen Sinne es zugehen kann in einer Universität konventionellen Typs, wenn jemand vom Fach der Philosophen ernsthaft, also nicht als einer von zahllosen Apologeten des gesellschaftlichen Status quo, nachdenkt über Relationen zwischen der

Rolle der Philosophie des dialektischen und historischen Materialismus.

Der Mann auf dem Leipziger Katheder war nach Deutschland zurückgekehrt. Sein erster Satz daher: »Ich freue mich, zurückgekehrt zu sein.« Heimgekehrt war er als amerikanischer Staatsbürger. Später gab er seinen Paß auf, um deutscher Staatsbürger zu werden: zuerst Bürger der DDR bis zum Jahre 1961, dann der Bundesrepublik.

Vor einer Hörerschaft von Studenten aber sprach er, als akademischer Lehrer, hier in Leipzig und im Jahre 1949 zum erstenmal. Ernst Bloch wurde am 8. Juli 1885 in Ludwigshafen geboren. Wenige Wochen nach dieser Antrittsrede beging dieser neue deutsche Professor der Philosophie seinen 64. Geburtstag. Es gehört durchaus zum Thema dieses Philosophierens *und* der deutschen Universitäten bis zum Ende des Zweiten Weltkriegs, daß ein Denker vom Range Blochs, der immerhin bereits mit seinem philosophischen Erstlingswerk »Geist der Utopie« von 1918 (Neufassung von 1923) erhebliches Aufsehen erregt hatte, *niemals von irgendeiner Universität für eine Berufung in Erwägung gezogen wurde.* Das ist kein individuelles Mißgeschick. Auch Georg Lukács, wie Bloch vom Jahrgang 1885, hat zum erstenmal nach dem Weltkrieg, nach der Rückkehr ins heimatliche Ungarn, als Universitätsprofessor seine Vorlesungen und Seminare halten können. Walter Benjamin wagte es Ende der zwanziger Jahre, mit einer Arbeit über deutsche Literatur des siebzehnten Jahrhunderts das Recht zu erbitten, deutsche Literaturgeschichte an der Universität Frankfurt zu lehren. Das Gesuch wurde abgelehnt, die eingereichte Arbeit wegen allgemeiner Unverständlichkeit bespöttelt. Heute gibt es bereits eine beträchtliche Sekundärliteratur über Benjamins unverständliches Buch »Ursprung des deutschen Trauerspiels«. Drei Privatgelehrte:

Bloch, Lukács, Benjamin. Drei marxistische Philosophen. Doch ohne Universität.

Dies war kein deutsches oder mitteleuropäisches Phänomen. Bloch kam aus den Vereinigten Staaten nach Leipzig. Genauer gesagt: aus Cambridge, Massachusetts. Allein er kam nicht aus Harvard. Ich habe ihn gefragt: er hat vom akademischen Leben einer der berühmtesten Universitäten nur die – ausgezeichnete – Bibliothek kennengelernt. Ob man im dortigen Department of Philosophy überhaupt ahnte, wer da in den Lesesälen herumsaß, um Bücher zu schreiben wie jenes »Prinzip Hoffnung«, das im »Times Literary Supplement« vor nicht langer Zeit als eines der wichtigsten Werke moderner Kulturkritik bezeichnet worden ist: ich wüßte es nicht zu sagen. *Dieser* deutsche Emigrant jedenfalls hat keine Harvardkarriere machen können.

Auch dies ist abermals kein Individualphänomen, sondern eine Folgerung aus Blochs Art der Problemstellung, welche der herkömmlichen Universitätswissenschaft so schroff wie nur möglich entgegentrat.

Das läßt sich an der Formulierung jener Leipziger Vorlesung demonstrieren: »Universität, Marxismus, Philosophie«. Die konventionelle Wissenschaft, wenn sie bereit gewesen wäre, ein solches Thema anzupacken, hätte auf der Reihung bestanden: Philosophie, Universität, Marxismus. Der offizielle Marxismus (so wurde Bloch auch gleich nach seiner Rede etwas ärgerlich auseinandergesetzt) hätte auf der Reihenfolge: Marxismus, Philosophie, Universität insistiert. Bloch *stellt die Universität voran*: mitnichten die vorhandene, sondern seine eigene Konzeption einer – dialektisch interpretierten – Totalität des wissenschaftlichen Bewußtseins. Die Universität wird als offensichtlich primär vorangestellt. Darin erweist sich Bloch, wie auch sonst in dieser Rede, als Schüler *und* Kritiker des philosophischen Idealismus. Hier bereits zitiert er wohlgefällig (und damals zum Ärger stalinistischer Bürokraten) einen Satz von *Lenin*: »Der kluge Idealismus steht dem klugen Materialismus näher als der dumme Materialismus.« In Blochs Spätwerk »Das Materialismusproblem, seine Geschichte und Substanz« von 1972, das der Autor »dem Jugendfreund Georg Lukács« widmete, ist Lenins These ausführlich (historisch wie substantiell) am Material bewiesen worden.

Universität hat den Vorrang, weil Bloch sie, in bemerkenswerter Weiterbildung eines Gedankens von Schelling, als Möglichkeit versteht, »bei Durchsprechung des philosophischen, des medizinischen, juristischen, theologischen Studiums ... die entscheidenden Partien eines ... Weltbilds zu entwickeln«. Bloch antwortet: »Der Plan ist sublim und völlig aus dem Geist der universitas litterarum; es gibt darin, sofern Wille zur gezielten Universalität besteht und möglich ist, keinen Streit der Fakultäten.« (Das ist eine Abgrenzung Blochs, zusammen mit Schelling und Hegel, gegen Kants berühmte Schrift »Der Streit der Fakultäten« von 1798). Worauf hinzugesetzt wird: »Unsere marxistische Orientierung hätte den Plan selbstverständlich auszugestalten, aber gerade die marxistische Orientierung selber ist, wird und bleibt der Universität verbunden, in immer neu zu bewährender Einheit von Theorie und Praxis, von Praxis und Theorie.«

Darum steht Universität voran: als Totalität der theoretischen Bewältigung. Die ist ohne marxistische Dialektik der Theorie und Praxis nicht möglich, wobei Praxis nicht als Aktivität der Laboratorien verstanden, oder allein verstanden wird, sondern als Praxis der jeweiligen konkreten gesellschaftlichen Prozesse. Die freilich deutet Bloch, womit er sich zum jungen Marx gesellt, und der offiziell sowjetischen Fassung von Philosophie widerspricht: »Es gibt keine konkrete Praxis mehr ohne jenes Totum des Blicks, das Philosophie heißt. Und es gibt keine Philosophie mehr ohne jenen Bezug auf Praxis, der Herstellung der klassenlosen Gesellschaft heißt, das ist Aufhebung der menschlichen Entfremdung und Verdinglichung. Wo immer also Gewissen Wissen hat und Wissen Gewissen, gibt es keine Philosophie, erst recht keine Verwirklichung der Philosophie ohne Kampf gegen die Entfremdung.«

Der Begriff des Totum spielt eine entscheidende Rolle im gesamten Philosophieren von Bloch. Die Nähe zum Konzept der »*konkreten Totalität*« bei Lukács in »Geschichte und Klassenbewußtsein« ist nicht zufällig: sie resultiert aus einer – ephemeren – geistigen Freundschaft und Denkparallelität der Freunde Bloch und Lukács in jenen legendären Heidelberger Zeiten eines ersten Vorkriegs, als die gemeinsame Neuentdeckung der Hegelschen Dialektik zu ersten Fixierungen führte in »Geschichte und Klassenbewußtsein« und in Blochs »Geist der Utopie«.

In der Rede von 1949 spricht der neuernannte Professor vom »Totum des Blicks, das Philosophie heißt«. Von hier erst, vom Blochschen Konzept des Totums her, läßt sich der Gang dieses Denkens, seit seinen Anfängen, in individual- wie ideologiekritischer Genese, am deutlichsten fassen. Von hier allein erschließt sich das Moment des *utopischen Bewußtseins* im von Bloch postulierten totalen Blick des Philosophen.

In der zweiten, so wesentlich abgeänderten Fassung von »*Geist der Utopie*«, daß sie den Verfasser veranlaßte, in der heutigen Gesamtausgabe seiner Schriften *beide Fassungen* neu zu edieren, im Entwurf von 1923 also, trägt das Schlußkapitel zwar, wie im Jahre 1918, die Überschrift »Karl Marx, der Tod und die Apokalypse«, allein die Erfahrungen mit der russischen Revolution ebenso wie mit den mißglückten Revolten in Deutschland, Österreich oder Ungarn sind ebenso verarbeitet wie die ästhetischen Positionen jenes Expressionismus, den Bloch später im Jahre 1938, zusammen mit Brecht, gegen Lukács verteidigen sollte. Zwei Ströme sollten in diesem Bereich Utopia von 1923 zum Zusammenfluß geführt werden: ein wesentlich als ökonomisches und antikapitalistisches System verstandener Marxismus, und die, wie Bloch schreibt, »utopisch überlegene Liebeswelt Weitlings, Baaders, Tolstois«. Auch Dostojewski soll dabei sein, ebenso wie der »Adventismus der Ketzergeschichte«. Vom Adventsdenken, der Weihnacht als Geburt des Messias, ist Bloch nie abgerückt. In einer seiner berühmtesten Studien zur Literatur hat er das Lied der Seeräuberjenny aus Brechts »Dreigroschenoper«, als trivial-plebejisches Adventsdenken gedeutet.

Unter der Überschrift *Der sozialistische Gedanke* heißt es daher noch im Jahre 1923: »Derart bietet das Ganze Utopias das Bild einer sich in nichts mehr ökonomisch rentierenden Hierarchie; jeder produzierend nach seinen Fähigkeiten, jeder konsumierend nach seinen Bedürfnissen.« Sonderbares Amalgam der Kirchenväter: Weitlings utopischer Handwerkersozialismus, katholische Mystik des Franz von Baader, Tolstois Gewaltlosigkeit. Auch jüdische Mystik des Baalschem wird zitiert. Bloch setzt die Stelle, um sie zu unterstreichen, in Sperrdruck: »Daß erst dann der Messias kommen kann, wenn sich alle Gäste an den Tisch gesetzt haben.« Dieser Tisch jedoch, die Welt des Ökonomischen mithin, sei »zunächst der Tisch der Arbeit, und dann erst, dann aber sogleich der Tisch des Herrn...« (Geist der Utopie, Gesamtausgabe Band 3, S. 307)

Das Totum des Blicks, auch Philosophie genannt, ist in diesen frühen Stadien zu verstehen als Zusammenschau von sozialistischer Revolution und einer durchaus nicht allein christlich gemeinten Apokalypse. Diese Symbiose aus Urchristentum, Gesamtreligion und utopischem

Sozialismus ist zwar ungewöhnlich genau konzipiert und universalgeschichtlich, besser: universal geistesgeschichtlich fundiert, allein sie entfernt sich durchaus nicht von expressionistischen Konzepten bei Alexander Blok in Rußland, später in der Lyrik Pasternaks oder Jessenins, in Gedichten Johannes R. Bechers aus der Entstehungszeit von »Geist der Utopie«. Der Dramatiker Georg Kaiser, überzeugter Platoniker, kam nie davon los.

Dennoch hat Bloch sich später davon entfernt. Das Utopia in »Geist der Utopie« wird in *Bereichen* gesucht – in Tätigkeitsbereichen wie Bewußtseinsbereichen – doch nicht in Form einer geschichtlich situierten und situierbaren Folge von geschichtlichen Phänomenen. Bloch ist dem Denken Hegels, von Marx zu schweigen, ferner denn je. Dies großartige Erstlingswerk eines Denkers besteht eigentlich meist aus Exkursen: zur Philosophie der Musik, über das Ornament, es geht aus (darin wieder an Hegel anklingend) vom Prozeß der »Selbstbegegnung«, um prompt nicht weiterzuwissen (was bei Hegels Konstruktion kein Problem gewesen war), als es darum geht, die »universale Selbstbegegnung« als Reich der überwundenen Entfremdung zu interpretieren.

Fruchtbar werden, daher übernommen in jenes Denken Blochs, das zum »Prinzip Hoffnung« führen sollte, die Reflexionen über die Dialektik zwischen dem »Nicht-mehr-Bewußten« und dem »Noch-nicht-Bewußten«. Allein das noch nicht bewußte Wissen, das Bloch später in der geschichtlichen Praxis aufspüren, an allen Tagträumen vom besseren Leben aufzeigen sollte, dessen Philosophie eine solche des geschichtlich-gesellschaftlichen Totums ist, *präsentiert sich in den Anfängen nicht eigentlich als Philosophie, sondern als eschatologische Vision.* »Geist der Utopie« ist utopisches Bewußtsein, keine Reflexion über die geschichtlichen Formen und Ursachen des utopischen Denkens. Man könnte es so formulieren: im »*Geist der Utopie*« ist vom Sozialismus im Sinne des utopischen Sozialismus die Rede; die später von Bloch so meisterhaft interpretierten »Thesen über Feuerbach« bleiben negiert. Im »*Prinzip Hoffnung*« wurde der utopische Sozialismus mitsamt allen anderen Menschheitsträumen, das demonstriert Bloch im berühmten vierten Teil über »Freiheit und Ordnung. Abriß der Sozialutopien«, zum *Objekt* wissenschaftlich-sozialistischer Interpretation. Das Totum des Blicks ist philosophisch, was nicht mit dürrer Didaktik manches marxistisch-orthodoxen Lehrbuchs verwechselt werden sollte. Bloch war den sowjetischen Interpreten, nicht bloß der Stalinära, auch in seiner Leipziger Zeit, zwar als fortschrittlicher Denker und Professor willkommen, als selbständiger Marxist jedoch insgeheim stets suspekt.

Dennoch wäre es verfehlt, das wichtigste und berühmteste Werk von Bloch, eben das »Prinzip Hoffnung«, ausschließlich als dialektische Zurücknahme von »Geist der Utopie« zu erklären. Die Kontinuität in Blochs Denken hinter aller Diskontinuität einzelner philosophischer wie politischer Positionen bleibt zu bewundern. Gewiß, das einstige utopische Bewußtsein wich einer *Phänomenologie der utopischen Erscheinungsformen*. Abermals erscheint Karl Marx in der Überschrift eines letzten Kapitels auch im »Prinzip Hoffnung«, aber in säkularisierter Form. Nicht mehr kopuliert mit Tod und Apokalypse. Nun heißt es: »Karl Marx und die Menschlichkeit; Stoff der Hoffnung.« Bei einem so bewußt arbeitenden Schriftsteller wie diesem hier ist nichts dem Zufall überlassen. Das letzte Wort in den beiden so grundverschiedenen Fassungen von »Geist der Utopie« lautete: »Gebet«. Im »Prinzip Hoffnung« steht das Wort: »Heimat.«

Da in diesen Schlußworten seines Hauptwerks von Bloch offensichtlich die Quintessenz seines Denkens möglichst licht und bekennerhaft vorgetragen werden sollte, wird man die ganze Zusammenfassung anführen müssen.

Der Mensch lebe überall noch in der humanen Vorgeschichte: diesen bekannten marxistischen Satz wiederholt Bloch, um fortzufahren: »Die wirkliche Genesis ist nicht am Anfang, sondern am Ende, und sie beginnt erst anzufangen, wenn Gesellschaft und Dasein radikal werden, das heißt sich an der Wurzel fassen. Die Wurzel der Geschichte aber ist der arbeitende, schaffende, die Gegebenheiten umbildende und überholende Mensch. Hat er sich erfaßt und das Seine ohne Entäußerung und Entfremdung in realer Demokratie begründet, so entsteht in der Welt etwas, das allen in die Kindheit scheint und worin noch niemand war: Heimat.« So klingt das »Prinzip Hoffnung« aus.

Die Analyse hat es nicht schwer, die allgemein-marxistischen Grundthesen hier mit den besonderen Betrachtungsweisen und Postulaten dieses besonderen marxistischen Denkers zu konfrontieren. Genesis war nicht im goldenen Zeitalter zu finden. Bloch ist, wie alle Marxisten, weitab dem antiken Konzept, das sich als jüdisch-christlicher Sündenfall fortsetzen sollte. Das Paradies ist kein verlorenes. Die wirkliche Genesis ist erst am Anfang. Bemerkenswert, doch selbst nach offizieller Marxdoktrin zu rechtfertigen, ist die Abwandlung jener berühmten Formel des jungen Marx: radikal sei, an radix erinnernd, eine Sache an der Wurzel fassen. Bei Marx war das für die radikale Betrachtungsweise gefordert worden: radikale Theorie vor allem. Bloch fordert, daß »Gesellschaft und Dasein radikal werden, das heißt sich an der Wurzel fassen«. Was nur als radikale Praxis gedeutet werden kann: antizipiert und geleitet in der radikalen Theorie.

Ob die von Bloch übernommene, von bedenklichen Assoziationen nicht freie Chiffre einer »*realen Demokra-*

tie« dem Sachverhalt einer aus Entäußerung und Entfremdung befreiten arbeitenden Menschheit ganz gerecht zu werden vermag: es wäre zu erwägen.

Am Schluß hingegen, im allerletzten Satzteil, ist Bloch wieder ganz bei sich selbst. Der Gegensatz zu *Horkheimer oder Adorno*, schlechthin zu einer nichts als negativen Dialektik, könnte nicht größer sein. Du sollst dir kein Bildnis machen: bei meinem letzten Besuch in Montagnola bestätigte Max Horkheimer, dies mosaische Gesetz sei gleichzeitig das Kernstück auch der kritischen Theorie einer sogenannten Frankfurter Schule. Daher Adornos Erbitterung gegen Hegels Konzept einer »Negation der Negation«, die alles wieder zu einer scheinbar höheren« Position dirigieren möchte. Horkheimer und Adorno sahen nur Entfremdung, nicht aber das Vorscheinende einer entdinglichten Menschheit.

Ernst Bloch ist Hegel am Schluß seines Hauptwerks abermals sehr nah. Das Beisichselbstsein des Geistes wurde in die *reale Utopie* (das Wort stammt von Bloch!) übergeführt. Eine aus Entäußerung und Entfremdung dergestalt durch sich selbst befreite Menschheit, daß sie sich selbst an der Wurzel faßte, ist »bei sich selbst«, mit Hegel zu sprechen.

Solch humaner Zustand wird in der marxistischen Literatur meist als *Sozialismus oder Kommunismus* bezeichnet. Im »Geist der Utopie« klang diese Terminologie gleichfalls an: wenngleich in einem kaum marxistischen Kontext. Noch vor etwa einem Jahrzehnt liebte es N. S. Chruschtschow, solche Zukunftsperspektiven für sein Land zu proklamieren. Die heutige Sowjetpolitik hat auch das eliminiert. Bloch spricht im »Prinzip Hoffnung« *nicht von Sozialismus, sondern von Heimat.* Das soll für ihn beileibe kein Gegensatz sein, wie die Gedankenführung beweist; dennoch ist weit mehr in dieser Terminologie enthalten als – eben Terminologie.

Wie beim Gedankengang einer Genesis, die nicht am Anfang steht, als Weltschöpfung im ersten Buch Mosis, sondern am Ende, wird »Heimat« hier gegen alle deutsch-romantischen Nostalgien gesetzt. Wenn *Novalis* in berühmter These alles Gehen des Menschen, der Einzelnen wie der Menschheit, als ein Gehen »nach Hause« gedeutet hat, so wird ihm hier durch Bloch, der genau weiß, wem er antwortet, die Replik gegeben. Es gibt kein »Nach Hause« als ein Zurück, weil die Menschheit niemals behaust gewesen ist, sondern stets nur den Vorschein davon besaß. Niemand war je im Zustand der Heimat.

Das spricht kein kaltherziger Kosmopolit und geschmeidiger Weltmann. Der Mann Ernst Bloch ist das Gegenteil davon: ein Deutscher, ein Pfälzer, geboren als königlich bayerischer Untertan. Mit zärtlichem Spott liebt er das zu erinnern. Er spricht unverkennbar mit dem Akzent einer Landschaft und Heimat. Ob er jemals in Massachusetts realisiert hat, daß man im Lande nicht deutsch sprach, ist mir immer zweifelhaft geblieben.

Das Konzept einer am Ende erst stehenden Heimat stützt sich durchaus auf Gedanken von Marx. Der wurde nicht müde zu betonen, die Menschheit besitze oft den *Traum von einer Sache*, ehe die gesellschaftlichen Verhältnisse deren Verwirklichung möglich gemacht hätten. Folgerichtig wollten Marx und Engels daher in ihrer bekannten »*Sickingendebatte*« mit Ferdinand Lassalle das Epithet des »Tragischen« nur jenen Gestalten der Weltgeschichte zubilligen, die den Traum von einer künftigen Sache besaßen, aber zu früh kamen. Das bekannte Beispiel ist ihnen *Thomas Münzer*. Es bleibt als bemerkenswertes Detail festzustellen, daß Ernst Bloch, als er im Jahre 1921, also zwischen erster und zweiter Fassung von »Geist der Utopie«, sein Buch über »*Thomas Münzer als Theologe der Revolution*« herausgab, jenen Briefwechsel der Sickingendebatte weder kannte, noch auch kennen konnte. Die Texte waren damals noch nicht publiziert.

Es gibt also einen Vorschein von Heimat, als Traum von der Sache. Er scheint »allen in die Kindheit«. Dem einzelnen Menschen wie der Menschheit. Bloch hat sich aufgemacht, alles zu sammeln, was unter der Wärme solchen Vorscheins jemals geblüht hat und aufzufinden war: utopische Systeme wie die Länder Eldorado und Eden; Architekturen, die niemals gebaut werden konnten; das Hoffnungssignal aus dem »Fidelio«, wie die »besseren Luftschlösser in Jahrmarkt und Zirkus, in Märchen und Kolportage«.

Hier findet sich der Standort von *Literatur* im Denkreich von Ernst Bloch. Dieser unvergleichliche Humanist, der Hoffnung als docta spes für sich definierte, spielt gern den literarischen Simplex. Er genießt bisweilen sein Sprüchlein, wenn er gebildetem Gerede dadurch aus dem Weg geht, daß er in falscher Demut behauptet, es gebe nur zwei Autoren, die er wirklich genau kenne: *Hegel und Karl May*. In der Tat: zu den vielen Antizipationen die von ihm ohne viel Aufhebens vorgenommen wurden, sogar der Begriff der »Umfunktionierung« dürfte von ihm stammen, gehört auch die Entdeckung nicht bloß Winnetous, sondern aller besseren Trivialliteratur: für die Literaturwissenschaft nicht bloß, sondern für die Anthropologie. Auch Karl May schien vielen in die Kindheit. Ernst Bloch trug Achtung für die Träume seiner Knabenzeit.

Es gibt unter den gesammelten »Literarischen Aufsätzen« einen höchst merkwürdigen aus dem Jahre 1926 mit dem Titel »*Hebel, Gotthelf und bäurisches Tao*«. Da ist vieles in eins gefaßt: in schriftstellerischer Meisterschaft arbeitet Bloch Gemeinsamkeiten wie Gegensätze bei Hebel und Gotthelf heraus. Der Mann aus dem Wiesental bei Basel, aufgeklärter Rousseauist, rheinischer

Hausfreund, Erzieher, doch nicht Eiferer, und Gotthelf als bernischer Pfarrer einer langen gesellschaftlichen Restaurationszeit. Kleriker beide. Aber etwas mokant bemerkt Bloch: »Der Prälat Hebel spricht nie von der Kirche, der Pfarrer Bitzius-Gotthelf bei jeder nur sich bietenden Gelegenheit, und zwar mit Zuchtrute.«

Dennoch wird die Gemeinsamkeit der beiden großen Erzähler, von denen Hebel landschaftlich, geschichtlich, sprachlich dem Herzen Blochs weit nähersteht, stärker betont als ihre politische und historische Disparatheit. Das höhere Verbindende interpretiert der Deuter mit einem Grundbegriff chinesischer Philosophie: dem Urgrund, dem vorgeschriebenen Ablauf, *dem Tao*. Einem »bäurischen Tao«, wie spezifiziert wird. Blochs Denken ist universal, also von Anbeginn auch west-östlich. Das Tao der *Chinesen*, er formuliert es als »Welttakt«, sei vergleichbar dem Begriff der »Natur« bei den *Stoikern*. Chinesisches Tao jedoch sei »ein Wort ganz aus diesem bäurischen, familiären Volk heraus, das Haus gut im Gang, das Leben und sein Streben gut im Lauf, woran Segen ist, ein verborgener und doch öffentlicher Zustand, den man vom Bauerntum her sicherer versteht als aus den üblichen Vergleichungen mit entlegener Mystik.«

In dieser frühen materialistischen Interpretation von Philosophie und Literatur scheint der *Doppelcharakter von Heimat* bei Bloch durch. Künftige Heimat des Menschen, als verwirklichte Hoffnung, ist nicht unähnlich einer sublimierten Rückkehr ins Vorkapitalistische, Vorbürgerliche, in ein unendlich harmonisiertes Bäurisches: das Haus gut im Gang, das Leben und sein Streben gut im Lauf, woran Segen ist. Kurz: zum erstenmal Heimat. Der Interpret schrickt vor solchem Ausblick damals (1926) nicht zurück. Er gehört übrigens zu Blochs genuinem Expressionismus. Er glaubt bei Hebel, vielleicht gar bei

Gotthelf, in nuce vorgebildet zu finden, was »einmal, in nachkapitalistischer Zeit, nach Aufhebung der Unterschiede von Stadt und Land, in konkret-einfach und ungekünstelt gewordenen Verhältnissen, Einklang mit ›gutwaltend Natürlichem‹ bedeuten könnte«.

Hier freilich ist Novalis zur Stelle. Der Name fiel nicht, doch im Zusammenhang mit Hebel und Gotthelf hatte Bloch ausführlich für die frühe deutsche Romantik votiert: gegen die reaktionäre späte. So aber klingt es bei Friedrich von Hardenberg:

> Wenn dann sich wieder Licht und Schatten
> Zu echter Klarheit wieder gatten,
> Und man in Märchen und Gedichten
> Erkennt die wahren Weltgeschichten,
> Dann fliegt vor Einem geheimen Wort
> Das ganze verkehrte Wesen fort.

Es gibt bei Bloch nicht das eine geheime Wort. Die Befreiung der Menschen ist das ihnen aufgegebene, stets geahnte Werk. Allein in einem durchaus nicht mit Novalis übereinstimmenden Verstande ist auch Bloch der Meinung, man könne die wahren Weltgeschichten in Märchen und Gedichten entdecken. Nicht als Poetisierung der Welt, sondern umgekehrt: Märchen und Gedichte, Literatur und Kunst, Ketzertum und Utopismus als ebenso viele Indizien dafür, daß die Weltgeschichte bloß Vorgeschichte blieb, daß die Genesis noch aussteht. Niemand noch war bisher in der Heimat, mithin bei sich selbst heimisch. Zu suchen bleiben diese Indizien als Vorschein. Sogar dort, wo sie sich aller Deutung, nicht allein der wissenschaftlichen Interpretation, zu entziehen scheinen. In solchen Fällen, die er gesammelt, noch lieber nacherzählt hat als ein Meister der Erzählkunst, der bei Johann Peter Hebel lernte, liebt es Ernst Bloch, von »*Spuren*« zu sprechen.

Spuren? Aber wovon? Und wo führen sie hin? Spuren – etwa im Kriminalroman – bedeuten allenthalben: Wegweiser. Das Ziel ist jedesmal deutlich sichtbar; mit Hilfe von Spuren wird es ereichbar. Es sind Spuren in einer geschlossenen und berechenbaren Welt. Wo in Geschichten von ihnen berichtet wird, entstehen geschlossene literarische Formen.

Ernst Bloch ist dies alles durchaus nicht unvertraut. In seinen literarischen Arbeiten gibt es eine mit dem Titel »*Philosophische Ansicht des Detektivromans*«. Sie beginnt mit dem Satz: »Etwas ist nicht geheuer, damit fängt es an.« Das ist noch herkömmliche These: in der analytischen Dramaturgie von Sophokles zu Kleist, und weiter zu Ibsen. Es beginnt stets damit, daß ein Zustand scheinbar fraglos wirkt, dann aber als nicht geheuer erkannt werden muß.

Sogleich jedoch geht Bloch auch hier, seinem Konzept der Spuren folgend, ab von solcher Tradition. *Noch im Detektivroman sucht er nach Spuren eines Nochnicht statt eines Einst.* Das wird so formuliert: »Forschend Aufdeckendes ist freilich nur das eine, es geht aufs Woher. Forschend Heraufbildendes wäre das andere, es geht aufs Wohin. Ein Gewesenes Finden ist dort, ein Neues Schaffen hier der gespannte, oft nicht minder labyrinthische Vorgang.«

Bei Kleist – im »Zerbrochenen Krug« – dienen Spuren und Indizien dem Aufdecken vergangenen Geschehens, sei es auch bloß ein solches der vergangenen Nacht. Ernst Bloch jedoch ist allenthalben aus auf Spuren eines Zukünftigen, eines Wohin. Spuren im Gegenwärtigen: aber zu deuten als Indizien eines Neuen. Weshalb der Philosoph, in erstaunlicher, doch innerhalb seines Denkens durchaus folgerichtiger These, den *Künstlerroman als Komplementärgattung zum Kriminalroman interpretiert*. Gemeint ist freilich nicht eine psychologisierende

Künstlernovelle, sondern jene Gattung des Künstlerromans bei Goethe oder Hoffmann, Proust wie Thomas Mann, die sich für Vorgänge des kreativen Prozesses interessiert: für das Schaffen von Neuem, mit Bloch zu reden.

In den Erzählstücken seines Buches »*Spuren*« hat Bloch diese Seite seiner Phänomenologie der futurischen Visionen in literarisch höchst eigentümlicher Weise kenntlich gemacht. Man kann bei solcher durchaus genuinen Schöpfung von Erzählformen, beeinflußt durch Hebel, Kleist oder Kafka, dennoch unverkennbar geprägt durch die Suche nach Spuren eines Prinzips Hoffnung, von *Ernst Blochs poetischer Sendung* sprechen. Worin besteht sie? Zunächst in entschieden offenen Formen: dies ist der äußerste Gegensatz zur lückenlosen Aufdeckung der analytischen Epik und Dramaturgie. Blochs Geschichten gehen nie auf ohne Rest. Es bleibt etwas Ungelöstes übrig. »Aber etwas fehlt«, sagt Paul Ackermann in Brechts »Mahagonny«. Ernst Bloch pflegt den Satz oft und gern zu zitieren. Fing es an beim Suchen mit dem Satz: »Etwas ist nicht geheuer«, so steht in Blochs »Spuren« am Ende insgeheim der Satz: »Etwas ist nicht geheuer geblieben.«

Solche Geschichten und Fragestellungen mit dem Schlagwort »Mystizismus« oder gar »Irrationalismus« abzutun, wäre die ärgste Verkennung. Umgekehrt sucht Bloch hartnäckig nach Erklärungen eines scheinbar Unerklärbaren. Gewiß kennt er seine Manichäer und Gnostiker, ist aber selbst keiner. Der Autor des »Prinzip Hoffnung«, geprägt vielleicht stärker, als er selbst wahrhaben möchte, durch Hegel, bleibt fest davon überzeugt, daß da Weltgeheimnisse sind, die sich im selben Maße aufklären werden, wie Menschen dem näherkommen, was »Heimat« genannt werden könnte: aufgehobene Entfremdung. Das Buch, gedacht als letztes magnum opus, woran der 88jährige seit Jahren mit Hartnäckigkeit arbeitet, trägt den Titel »Experimentum Mundi«.

In dem Buch »Spuren« werden solche nicht geheuren Geschichten berichtet: Versuche einer Sinngebung von Gelesenem aus der Tagespresse, von Bauerngeschichten, von jüdischer Erzählkunst. Auch Fernöstliches. Warum wird der Bauer Li vom Blitz errettet? Weshalb ist der fromme Rabbi von Belz für den Himmel kein »Gerechter«, wohl aber der rüpelhafte und fluchende Jizchak Leib, der plötzlich auf seinem Kaftan wie auf einem Floß das reißende Wasser überqueren kann? Eine Deutung hielt und hält Bloch durchaus für möglich: wenngleich nicht eine im Sinne des herkömmlichen Materialismus. Andererseits ist Bloch, was viele seiner theologischen Verehrer und Hermeneuten übersehen möchten, zwar ein Denker, den religiöse Phänomene faszinieren, doch das Gegenteil eines religiösen Denkers.

Fasziniert ist Bloch von *Verwandlungen* der Menschen wie Situationen, worin hinter dem vertrauten Aspekt plötzlich ein anderer, durchaus nicht vertrauter sichtbar wird. Weil er von früh auf geübt war, solche Möglichkeiten hinter den bekannten Wirklichkeiten aufzuspüren, hat Bloch, im Gegensatz etwa zu Adorno, auch wohl von Benjamin, das *Phänomen des deutschen Faschismus* sogleich richtig gesehen und gedeutet: auch keineswegs als unvertraute Entartung der bürgerlichen Demokratie interpretiert.

Es gibt bei Bloch die Formeln von einer » *Veränderung zur Kenntlichkeit und zur Unkenntlichkeit*«. Es ist das große Thema dessen, was in einem Menschen oder einer gesellschaftlichen Konstellation ist oder sein könnte. Der Möglichkeit hinter der Wirklichkeit. Auch die Möglichkeit der Hoffnungslosigkeit gehört zum Denken über das Prinzip Hoffnung.

Bloch ist ein dialektischer Denker. Über sein Konzept

des Materialismus, das er in Cambridge, Mass., im ersten Entwurf seines Buches über den Begriff Materie und dessen Geschichte entwarf, wird zu streiten sein. Bedenkenswert bleibt dennoch auch hier der geheime dialektische Zusammenhang zwischen dem klugen Materialismus und Idealismus. Auch Lenin ließ seinem Buch über »Materialismus und Empiriokritizismus« etwa zehn Jahre später, kurz vor der Rückkehr nach Rußland, sehr scharfsinnige Hegelstudien folgen.

In dem Buch »Spuren« hat Bloch, der sonst so abhold ist aller autobiographischen Schriftstellerei, auf wenigen Seiten die Geschichte seiner eigenen Jugend geschildert: als Erwachen eines jungen Menschen zum Staunen, zur Beobachtung von Spuren, die nirgendwohin zu führen scheinen, und doch als Spuren eines Nochnicht vorhanden sind. Bloch nennt es den *Blick durch das rote Fenster*. Was so erläutert wird: »Das heimliche Fenster machte... weltfeindlich (gerade weil es das Leben bejaht, aber unsres), es ist die Sammellinse für die *utopischen Stoffe*, aus denen die Erde besteht. Private Sammlung war nirgends gemeint und wird nicht fortgesetzt.«

Nirgendwo haben wir so klar wie hier sowohl die Motivation wie die Intention der Bücher »Geist der Utopie« und »Das Prinzip Hoffnung«. Es kam nicht darauf an, die Geschichte der utopischen Stoffe um einen neuen zu vermehren. Erkannte Utopie läßt sich – eben als Utopie – nicht fortsetzen.

b) Philosophie als Ästhetik

Daß er als Denker wie als Liebhaber ein enges Verhältnis zur Kunst und zu den Künsten besitzt, ist allgemein bekannt. Um so erstaunlicher, daß in der auf 16 Bände angelegten Gesamtausgabe seiner Werke kein eigentlicher

Monumentalband für das ästhetische System einzustehen hat. Gewiß gibt es eine Sammlung der literarischen Aufsätze wie der politischen und im engeren Sinne philosophischen Untersuchungen; allein bei ihnen allen handelt es sich, mit Schopenhauer zu sprechen, um Parerga und Paralipomena.

Der Gegeneinwand, im Gesamtwerk Ernst Blochs könne allein den beiden Fassungen von »Geist der Utopie« und ihrer späteren dialektischen »Aufhebung« im »Prinzip Hoffnung« die Qualifikation eines magnum opus zugesprochen werden, trifft die Sache nicht. Bloch hat diese Gesamtausgabe ebenso als ein bewußt gestaltender Schriftsteller komponiert, wie jedes einzelne seiner Werke. Abgesehen von den Sammlungen der Aufsätze und den Vorlesungen in Leipzig wie in Tübingen, stehen alle anderen Bände für ein systematisch beschrittenes und umschrittenes Sachgebiet der philosophischen Reflexion. Daß hier die Hegel-Gesamtausgabe niemals aus dem Auge verloren wurde, kann nachgewiesen werden. Der Band mit dem Titel »Naturrecht und menschliche Würde« ist Staats- und Rechtsphilosophie. Das Buch über den Materialismus, seine Geschichte und Substanz, steht für eine Naturphilosophie, die gleichzeitig eine Ideologiekritik aller anderen Naturphilosophen in sich birgt. Gipfelnd in dem bescheiden als »Exkurs« bezeichneten Abschnitt über die Grenzen und Möglichkeiten einer »Dialektik der Natur« bei Friedrich Engels. Das Buch »Atheismus im Christentum« trägt den Untertitel »Zur Religion des Exodus und des Reichs«. Es analysiert jene Problematik, die früher als Religionsphilosophie firmiert worden war. Das noch im 90. Lebensjahr von Ernst Bloch vollendete Werk »Experimentum mundi« stellt in den Mittelpunkt die »Gruppen und Zentren der Kategorienlehre«; es fungiert im Gesamtwerk selbst als Kategorienlehre. Ethische Antinomien wurden eingebaut in die Staats- und Rechtslehre; die Betrachtungen zum Materialismusproblem sind als erkenntnistheoretische Grundlegung einer materialistischen Philosophie zu verstehen.

Alle Bereiche traditioneller philosophischer Reflexion finden sich im Gesamtwerk eines Mannes, der schon auf der Schulbank, belächelt von seinen Lehrern, das erklärte Ziel verfolgte, sein Leben als Philosoph zu verbringen. Nimmt man hinzu die Universitätsvorlesungen, die Blochs Auseinandersetzung mit der Philosophiegeschichte zu spiegeln hatten, so offenbart sich ein lebenslanges *systematisches* Philosophieren.

Es fehlt jedoch die Ästhetik. Das erscheint um so verwunderlicher, als Georg Lukács und Theodor W. Adorno, zwei Denker folglich, just in einer Ästhetischen Theorie die Gipfelung ihres Arbeitens erblickt hatten. Lukács betrachtete seine Ästhetik, das Hauptwerk seiner letzten Lebensjahre, als Kulmination. Adorno sah, nach Abschluß des Buches über »Negative Dialektik«, in der Ausarbeitung seiner Vorlesungen zur Ästhetischen Theorie seine wichtigste Denkaufgabe. Es gibt aber bei Ernst Bloch, erstaunlicherweise und in aller Bewußtheit, kein Gegenstück zur »Ästhetik« von Lukács und zur »Ästhetischen Theorie« von Adorno.

Es lohnt sich, darüber nachzudenken, weil dadurch der spezifische Aufriß der Blochschen Philosophie klarer nachgezeichnet werden kann. Daß keine Indifferenz Blochs für Werke der Kunst und allgemein der Einbildungskraft vermutet werden kann, ist evident. Die beiden Bände der Anthologie »Ästhetik des Vor-Scheins«, die Gert Ueding in der edition suhrkamp herausgab, demonstrieren umgekehrt, daß die ästhetischen Phänomene, sowohl in Gestalt von Werken der Kunst wie in Form der Kunstphilosophie und ästhetischen Theorie, das Denken Ernst Blochs ein Leben lang beschäftigt haben. Von der ersten Fassung des Buches »Geist der Utopie«, wo Reflexionen über das Ornament und zur Philosophie der Musik den Gedankengang geradezu überfluten, bis zu grundlegenden Betrachtungen zu einzelnen Künsten: zur Dichtersprache und zum Theater, zur Malerei von Giotto bis Gauguin, zum Film, zur Architektur, zur Musik von Bach bis Schönberg.

Wie also? Die Formel jener Textsammlung enthält im Kern die Antwort auf ein scheinbares Paradoxon. »Ästhetik des Vor-Scheins«. Wie alle Philosophie Ernst Blochs ist auch seine Ästhetik eine solche des Vor-Scheins, was heißen soll: einer gedanklichen Antizipation. Im Kategorialsystem von Bloch nimmt daher die Kategorie Möglichkeit den überragenden Platz ein. Im Spätwerk »Experimentum mundi« wird das ausdrücklich anerkannt. Nachdem Bloch sein Konzept von Möglichkeit, was auch alle menschliche Finalität in sich schließt, gegen Aristoteles abgegrenzt hat, formuliert er: »Objektiv-reale Möglichkeit ist die in der Substanzialität behauste Kategorie aller Kategorien überhaupt, also auch der Transmissionskategorien.« Er hat diese These im Text gesperrt setzen lassen, um ihr höchsten Nachdruck zu verleihen.

Dieser Chiffre von der objektiv-realen Möglichkeit gibt Bloch ganz zum Schluß seines philosophischen Alterswerks noch eine andere sprachlich-gedankliche Wendung, oder, wie er selbst es nennt: »Drehung«. Nun wird von »Realisierung des Realisierenden« gesprochen. Objektiv muß diese Drehung der Geschichte, der Weg vom Vorschein zum Schein, möglich sein. Von Vorschein ohne gesellschaftliche Realisierungschance hatte Bloch ein Leben lang geredet. Nachdrücklich bereits im Buch über Thomas Münzer als Theologen der Revolution. Münzer hatte den Vorschein gedacht in gesellschaftlich unreifer Zeit. Das Buch »Experimentum mundi« trägt eine andere Widmung an ein Denken ohne gesellschaft-lich-reale Möglichkeit. »Dem Andenken Rosa Luxemburgs« steht auf dem Vorblatt.

Aus alledem jedoch ergibt sich eine Folgerung, die nur auf den ersten, den falschen Blick verwundern mag. *Ist* nämlich für das Prinzip Hoffnung und sein Kategorialsystem alle bisherige Geschichte nur als Vorschein zu verstehen, als ein Träumen oder Denken oder Fingieren von Möglichkeit als von einer Heimat, worin noch keiner je gewesen ist, *dann* lassen sich alle bisherigen Wirklichkeiten, die nicht Möglichkeit geworden sind, als ebensoviele Träume von einer noch unrealen, doch objektiv möglichen Sache verstehen. Dann ist ihnen aber notwendigerweise ein *ästhetisches* Moment beigegeben. Als Traumgebilden, die mit der Einbildungskraft zu tun haben: mit der ästhetischen Urteilskraft, wie Kant formuliert hatte. Denn die ästhetische Urteilskraft gehört nicht allein zum Arbeiten jener Künstler, die sich nicht einer angeblichen Bewußtlosigkeit verschreiben. Anders ausgedrückt: Ernst Bloch konnte auf eine eigene ästhetische Theorie verzichten, weil sein gesamtes Œuvre im höchsten Verstande ein Denken über menschliches Geschehen sub specie des Ästhetischen repräsentiert.

Wird das verstanden, so wurde gleichzeitig erkannt, daß das schriftstellerische, eigentlich: das poetische Werk von Bloch, wie es am nachdrücklichsten in den Erzählungen des Bandes »Spuren« kristallisiert wurde, nicht als Nebenarbeit, gar als ein Hobby abgetan werden darf. Die »Spuren« gehören genauso zum philosophischen Œuvre wie, umgekehrt, das scheinbar rein philosophisch-denkerische Werk auch und zugleich als ein riesenhaftes Œuvre der Einbildungskraft gedeutet werden darf. Adornos Theorie stand unter der Chiffre einer Negativen Dialektik. Die Frankfurter Schule versagte sich alles Denken über den Vorschein. Sie mißtraute den Antizipationen. Darum brauchte sie die Ästhetische Theorie als eine solche der Negativität. Für Ästhetik als Zufluchtsstätte der Metaphysik hatte Adorno bloß Hohn. »Was der emphatischen Philosophie zerging«, spottete er, »kann Ästhetik, selbst eine philosophische Disziplin, nicht aufwärmen.« Um solches nachzuweisen, wird jedoch eben diese philosophische Disziplin bemüht.

Die Philosophie Ernst Blochs versagt sich nicht das Denken über Möglichkeiten einer menschlichen Zukunft: um Heimat als Vor-Schein wie als erreichtes Sein. Das mag »emphatisch« sein im Sinne von Adorno, allein es macht nicht willkürlich irgendwo auf dem Wege halt. »Wir haben genug Weltgeschichte gehabt...«, schrieb Bloch bereits 1921 in seinem Buch über Thomas Münzer. Weltgeschichte als das nichts denn Reale, ohne Traum, Möglichkeit, Vor-Schein. Es gehört zur einzigartigen Größe Ernst Blochs, daß ihm schon seit der Kinderzeit dergleichen nicht genügen mochte.

4. Käte Hamburger

Freundeswort

Freundeswort. Mit neunzig Jahren war es ihr endlich gelungen, die Bedeutung ihres Lebens und Wirkens kenntlich zu machen. Da Käte Hamburger sowohl im Leben wie in ihren Arbeiten eine Philosophin gewesen ist, kann zur Kennzeichnung dieses Prozesses eine Formel des Philosophen Ernst Bloch zitiert werden: mit neunzig Jahren hat sich Käte Hamburger »zur Kenntlichkeit verändert«.

Ihr treuer Schüler Helmut Kreuzer hatte für sie die philosophische Ehrendoktorwürde der Universität Siegen erwirkt. Freudig und dankbar war die Geehrte nach Stuttgart zurückgekehrt. Vielleicht noch beglückter war sie, das konnte man in Gesprächen erahnen, über die Auszeichnung durch die Universität Göttingen. Dort hatte die Theologische Fakultät der Georgia Augusta der Stuttgarter Philosophin beim großen Universitäts-Jubiläum gleichfalls die Doktorwürde verliehen. Käte Hamburger war tief bewegt. Hier wurde ein geheimer Impuls ihres Denkens spürbar. Sie war ein gläubiger Mensch.

Sie bekam den Schiller-Preis des Landes Baden-Württemberg. Richard von Weizsäcker wollte sie kennenlernen, war aber freundlich genug, auf einen Besuch des Gastes in der Villa Hammerschmidt zu verzichten. Statt dessen kam er selbst als Gast in Kätes Wohnung, oben im zehnten Stock des Hölderlin-Hauses in der Hegelstraße. Das war keine Kleinigkeit, versetzte die zu Ehrende einigermaßen in Aufregung. Wie empfängt man den Herrn Bundespräsidenten mitsamt der unvermeidlichen Eskorte? Das alles mußte genau überlegt werden: sowohl in Bonn wie in der Hegelstraße.

Sie war nicht stolz auf diesen Besuch, sie war darüber

glücklich. Zwei Menschen waren einander begegnet und hatten einander verstanden. Bald darauf hatte Käte Hamburger in Düsseldorf einen Vortrag zu halten. Das wurde in der Villa Hammerschmidt bekannt, und so waren Richard und Marianne von Weizsäcker am Vortragsabend zur Stelle. Ich hatte es gewußt, doch nicht weitergesagt. Das war eine neue und beglückende Überraschung für die Rednerin, die auch in Düsseldorf stürmisch gefeiert wurde.

Um die Zeit ihres neunzigsten Geburtstages sprach sie gern von der Gnade: durchaus in einem theologischen Sinn. Die Grenzen zwischen der philosophischen und der theologischen Fakultät waren für sie immer durchlässig. Das spürte man, als eigene Lebenssubstanz der Verfasserin, in ihren Erörterungen über Thomas Manns Roman über den biblischen Joseph ebenso wie vor allem in ihren tiefen Erkenntnissen über das Werk von Rainer Maria Rilke.

Von einer für sie unvergeßlichen Episode aus ihrer Jugendzeit hat sie einmal berichtet. Während des ersten Weltkrieges studierte sie – als eine Frau, man denke – in München. Sie hielt einen Kant-Vortrag im philosophischen Seminar, der großen Eindruck machte. Ein Mitstudent, etwas jünger als Käte Hamburger, die 1896 geboren wurde, der die Kommilitonin bis dahin kaum beachtet hatte, war fasziniert von ihr und ihrem Denken. Man traf sich und besprach das Philosophieren der Zeit. Auch dieser Kommilitone unternahm ein Leben lang die Gratwanderung zwischen der Philosophie und der Theologie. Er heißt Gerhard Scholem.

Ich habe Scholem, der sich gleichfalls noch genau an diese Münchner Episode erinnert, einmal gefragt, welche Berufsbezeichnung er für sich selbst akzeptieren würde. Er sah mich erstaunt an, das war offenbar eine dumme Frage. »Ich bin Theologe.« Wie hatte der vertraute und geliebte Freund Gerhard Scholem, wie hätte Walter Benjamin diese Frage beantwortet.

Im Jahre 1986 durfte noch von Gnade gesprochen werden. Allein Käte Hamburger mußte auch noch das Jahr 1992 erleben. Mit 95 Jahren war ihr die Klage Hiobs verstehbar geworden. Sie bat mich am Telefon, nicht zum Geburtstag zu kommen. Beim noch späteren Geburtstags-Telefongespräch, nun war sie nicht mehr im Hölderlinhaus in der Hegelstraße, sagte sie ruhig: »Ich bin ganz verwirrt. Mein Denken ist zerstört.« Worauf ich erwiderte, eine solche nüchterne Feststellung beweise genau das Gegenteil. Das schien sie zu freuen. Die Logik war ihr stets wichtig. Nicht allein als Logik der Dichtung.

Wir alle nannten sie »Tante Käte«. So hatten sie die Kinder ihres Freundes Fritz Martini genannt, dabei blieb es bei uns allen. Sie muß sich darüber gefreut haben. Zu meinem eigenen Geburtstag am 19. März dieses Jahres kam ein Glückwunschtelegramm, das mit »Tante Käte« unterzeichnet war.

Ein großer Mensch und ein guter Mensch hat uns verlassen. Rückblickend auf dieses Leben fällt mir ein Zitat von Adalbert Stifter ein, ein Dichter übrigens, den Käte Hamburger wohl nicht besonders beachten mochte. In Stifters spätem Roman »Witiko« hält ein Bischof die Trauerrede für eine der Romangestalten, einen Mann. Der Bischof schloß mit den Worten: »An ihm ist viel gesündigt worden.«

An ihr ist viel gesündigt worden. Nie hörte man von ihr ein Wort der wirklichen Klage. Davon durfte man nichts merken lassen, erst recht war darüber nicht zu sprechen. Sie war nicht nur dem Namen nach eine Hamburgerin. Manches hat man später erfahren, anderes geahnt. Aus Hamburg wurde sie vertrieben, so wie man nur allzu viele von uns vertrieben hat. Doch konnte sie das Leben ihrer Mutter retten. In Schweden jedoch gab es

nicht nur Freundlichkeit und ein in gutem Sinne »mitleidiges« Asyl.

Viele Spezialisten für deutsche Sprache und Literatur
an schwedischen Schulen und Hochschulen hatten nach
1933 erstaunlich viel Verständnis für ein angeblich »er-
wachendes Deutschland«. Im Verlauf eines Zweiten
Weltkrieges, nach dem Einzug der Erwachten in Dänemark und in Norwegen, dürfte das einstige Verständnis
bei den schwedischen Germanisten kleiner geworden
sein. Käte Hamburger hat über ihre Erfahrungen in der
Universitätsstadt Göteborg stets mit Bitterkeit gesprochen. Fließend sprach und schrieb sie bald die Landessprache. Sie wurde auch eingebürgert im Königreich
Schweden. Bemerkenswert ist jedoch, daß die meisten ihrer schwedisch geschriebenen Arbeiten *nicht* den Themen der deutschen Literatur gegolten haben. In ihren
letzten Jahren lag ihr noch viel daran, die Arbeiten des
Exils über Henrik Ibsen nun auch den deutschen Lesern
zugänglich zu machen.

In den fünfziger Jahren, bei ihrer Rückkehr nach
Deutschland, wäre es möglich gewesen, Käte Hamburger
zu habilitieren oder auch, in Würdigung ihrer vorhandenen Arbeiten, als Professor an ein Deutsches Seminar einer Universität zu berufen. Dagegen gab es Widerstände,
nicht allein von eingesessenen Kollegen, die das Dritte
Reich überdauert hatten, in einem erschreckenden Fall
sogar von der Emigrantenseite.

Fritz Martini hat das Leben und das Denken dieser
Frau tief bewundert. Ihm verdanken wir, daß sich Käte
Hamburger als akademische Lehrerin, die auch Freundin
der Studenten war, als Denkerin von reicher Schöpferkraft und weiter Thematik auch für sich selbst in der Tat
zur Kenntlichkeit verändern konnte. Sie hat neue
Freunde gefunden, treue Kollegen und Verleger, dankbare Leser.

Sie war dankbar für Gnade. Wir dürfen dankbar sein nicht allein für ihr Werk, sondern für ihre Gegenwart. Ein großer Mensch und ein guter Mensch.

Eine Würdigung ihrer Werke, die sie von jeher unter die Formel »Philosophie der Dichtung« zu stellen pflegte, hat zwei Möglichkeiten: sie wird sich entweder dem systematischen Philosophen zuwenden müssen, also dem Buch »Logik der Dichtung« und den Betrachtungen der künstlerischen wie wissenschaftlichen Wahrheit, oder sie wird den denkerischen Weg Käte Hamburgers dadurch mitgehen, daß sie sich in engerem Sinne den literarisch-historischen Untersuchungen zuwendet. Dann wird die Philosophie der Dichtung als Philosophie der Dichter verstanden. Das soll – andeutungsweise – hier versucht werden.

Käte Hamburger und die Philosophie der Dichter

Auf den ersten Blick scheint alles ganz einleuchtend: als emeritierte Professorin der Germanistik an der Universität Stuttgart lebte Käte Hamburger in einem Hochhaus in der Hegelstraße. Das Hochhaus trägt den ehrenvollen und anspruchsvollen Namen Friedrich Hölderlins. Hölderlinhaus in der Hegelstraße. Die Stuttgarter Taxifahrer wußten Bescheid. Die Konstellation erscheint einleuchtend, wenn man daran erinnert, daß Käte Hamburgers bekanntestes und leidenschaftlich umstrittenes Buch den Titel trägt: »Logik der Dichtung«. Einer Sammlung von Studien über Novalis, Friedrich Schiller und Rainer Maria Rilke gab Käte Hamburger, da war sie siebzig geworden, die Überschrift: »Philosophie der Dichter«. Hölderlinhaus in der Hegelstraße.

Allein der erste Blick ist auch hier wieder, wie so häufig, ein falscher. Aus welchen Gründen immer: in der wissenschaftlichen Arbeit Käte Hamburgers hat der Dichter des »Hyperion« kaum eine wesentliche Rolle gespielt. Was überhaupt nichts mit irgendeinem Vorurteil zu tun hat. Käte Hamburger kannte Hölderlin genau und liebte ihn natürlich. Aber er wurde für sie niemals, soweit man sieht, ein Gegenstand der schöpferischen Reflexion. Vielleicht war sie auch im hohen Alter überdrüssig geworden des Geredes über Hölderlins Götter, über den »Fürst des Festes« in der »Friedensfeier«, über Jakobinertum und Krankheitsgeschichte.

Nun gar Hegel. Käte Hamburgers »Philosophie der Dichter« hält kühle Distanz zu dem Philosophen aus Stuttgart. Freilich aus durchaus anderen Gründen als weiland Arthur Schopenhauer. Gemeinsam mag beiden Denkern gewesen sein, Schopenhauer wie Käte Hamburger, die strenge Schulung durch Immanuel Kant, die bei Käte Hamburger, zu Beginn ihrer Studien, folgerichtigerweise ergänzt wurde durch den Neukantianismus. Andererseits ist bei ihr vor allem in ihren späteren Werken über »Wahrheit und ästhetische Wahrheit« aus dem Jahre 1979 und über »Das Mitleid« (1985) die Distanz sowohl zu Schopenhauers Mitleidstheorie wie zu seiner Ästhetik ganz offensichtlich. Ihre Distanz zu Hegel hat wenig gemein mit Schopenhauers Beschimpfung alles Hegelschen Philosophierens.

Als Philosophin scheint Käte Hamburger das *dialektische Denken* insgesamt für fragwürdig zu halten. Wer ihre Bücher liest, wird immer wieder feststellen, daß sie auf scharfe Abgrenzungen erpicht ist. Logische Schlüsse. Entweder – oder. Da ist dann kein Platz im Denken für die – immerhin – Denkmöglichkeit, daß im Entweder auch Elemente eines Oder enthalten sein könnten, und umgekehrt. Käte Hamburger liebte ordentliche und klare Begriffe. Ihr Name erinnert nicht bloß an die große Hansestadt, sie wurde auch dort geboren.

Vielleicht kann ein kurzer Bericht über den Lebensgang dieser ungewöhnlichen und bedeutenden Frau genauer erhellen, wie sich ihre Philosophie der Dichter und der Dichtung entwickelt hat: zuerst als ein präzises Nebeneinander der Beschäftigung mit professioneller Philosophie einerseits, den Werken der Dichter zum anderen. Dann jedoch immer mehr als ein Bemühen, vor allem solche Dichter genauer zu befragen, die *sowohl* ein poetisches *wie* ein philosophisches Werk hinterlassen haben: allen voran Friedrich Schiller und Friedrich von Hardenberg, also Novalis. Der Beschäftigung mit Hardenberg/Novalis, dem »heimlichen Kaiser der Romantik«, wie man ihn halb spöttisch, halb bewundernd genannt hat, entsprang die erste Arbeit, die in den zwanziger Jahren, als man noch nicht überaus freundlich gesinnt war dem Treiben der gelehrten Frauen, den Namen Käte Hamburgers bekannt machen sollte.

Ihre Studie über »Novalis und die Mathematik« von 1929 war fast eine Sensation für die germanistische Zunft. Die völlig ungewohnte Themenstellung einer Verwandtschaft von Mathematik, Philosophie und Dichtung. Novalis als Vorläufer eines Albert Einstein, das war ebenso unerwartet wie nahezu skandalös. Eine glasklar geschriebene Untersuchung, gar nicht »fraulich« gefühlvoll nach dem Rollenklischee. Auch das wirkte irritierend. Eine Jüdin zudem, wie bereits der Name erkennen ließ. Auch machte Käte Hamburger, Tochter eines angesehenen hanseatischen Bürgerhauses, kein Geheimnis aus ihrem Herkommen.

Die geistige Leistung dieser jungen Frau war sogleich unumstritten. Folgen für ihre berufliche Entwicklung durfte das nicht haben: drei Jahre vor Anbruch eines Dritten Reiches. Es hätte auch nichts verändert, wäre Käte Hamburger damals an einer Universität der Weimarer Republik die Habilitation ermöglicht worden. Sie wäre 1933, nach dem Buchstaben eines Gesetzes zur »Wiederherstellung des Berufsbeamtentums« und damit einer Reinerhaltung der Rasse, aus dem Amt entfernt worden. Alles weitere war damit vorgegeben: nicht zuletzt das unausweichliche Exil. Keineswegs vorgegeben war die geistige und moralische Kraft dieser Frau, unbeirrt weiterzuarbeiten und einen Weg weiterzugehen, mit Goethe zu sprechen, nach dem Gesetz, wonach sie angetreten.

Käte Hamburger wurde am 21. September 1896 in Hamburg geboren. Bei ihrem Anblick erwies sich alles übliche Gerede von einer »völligen geistigen und körperlichen Frische« geradezu als komisch. Sie war produktiv wie eh und je. Sie regelte ihren Tagesablauf mit aller Genauigkeit. Auch hier mußte Ordnung sein. Sie empfing ihre Gäste, bestand darauf, noch vor der offiziellen Geburtstagsfeier, die ihr der Klett-Cotta Verlag ausrichtete, selbst am Geburtstagsabend als Gastgeberin zu fungieren.

Sie war auch nach wie vor genau im Rückblick auf ihre Anfänge. Den Werdegang ihrer Anfänge hat sie selbst in einem kurzen Lebensabriß so zusammengefaßt: »Daß ich noch zu den ersten Generationen studierender Frauen gehörte, zeigt sich schon darin, daß der Träger des Mädchengymnasiums in Hamburg, das ich besuchte, der Verein für Frauenbildung und Frauenstudium war. Mitten im Ersten Weltkrieg, Sommersemester 1917, begann ich meine Studien mit Kunstgeschichte, Geschichte, Literaturgeschichte in Berlin, wo ich noch bei Größen wie Friedrich Meinecke, Eduard Meyer, Dessoir, Roethe hörte, doch noch sozusagen ein Maultier, das im Nebel seinen Weg sucht. Ich fand ihn dann in München, wohin ich zum Wintersemester 1918/19 ging und dort Kriegsende und Revolution erlebte, wodurch aber der ruhige Gang der Universitätsstudien nicht beeinträchtigt war.

Durch ein Seminarreferat über Platos Staat wurde ich gleich im ersten Semester zur Philosophie ›entdeckt‹ und durfte mich der freundlichen Gunst des Geheimrats (so wurden die Professoren damals noch betitelt und angeredet) Clemens Baeumker (Haupt der Neuscholastik) erfreuen – und auch, worauf ich heute noch etwas stolz bin, des Interesses von Gerhard Scholem, der mit mir zusammen am Seminar teilnahm und am selben Tag wie ich, Februar 1922, summa cum laude promovierte (ich nur mit bravem magna cum laude).

Die Verbindung von Literatur und Philosophie, die ich mein schreibendes Leben hindurch auf verschiedene Weise pflegte, wurde damals begründet. Ich promovierte mit einer Dissertation über »Schillers Analyse des Menschen als Grundlegung seiner Kultur- und Geschichtsphilosophie«.

Die zwanziger Jahre verbrachte ich in Hamburg, das inzwischen eine Universität bekommen hatte, an die Ernst Cassirer berufen worden war, bei dem ich Vorlesungen hörte und der meine Arbeit »Novalis und die Mathematik« an die Deutsche Vierteljahresschrift für Geistesgeschichte und Literaturwissenschaft vermittelte.

1928 ging ich nach Berlin und wurde dort Privatassistentin des Philosophen Paul Hofmann (a.o. Professor an der Universität Berlin). Beschäftigt mit Novalis, kam ich von ihm zu Thomas Mann, als ich den »Zauberberg« las und die Verwandtschaft seiner Krankheits- und Todesphilosophie mit der des Novalis, dann auch die Beschäftigung Thomas Manns mit Novalis entdeckte. 1932 erschien meine Schrift »Thomas Mann und die Romantik«, die kein langes Leben hatte: sie wurde 1933 gleich vom Verlag Juncker & Humblot vernichtet. (Dr. Juncker hatte sich ein Jahr vorher als Verehrer Thomas Manns bekannt.) Aber sie verschaffte mir die persönliche Bekanntschaft mit Thomas Mann, dem ersten, natürlich unvergeßlichen Besuch in der Poschingerstraße im September 1932. (Die Verbindung blieb dank meiner weiteren Beschäftigung mit seinem Werk bis zu seinem Tod in einem Briefwechsel bestehen.)

»In Thomas Manns Tagebüchern heißt sie stets »Die Hamburger«.

Der Weg Käte Hamburgers von Novalis zu Thomas Mann war folgerichtig. Wenn auch, von Thomas Mann her gesehen, nicht gerade als Weg von der Mathematik des Novalis zur Mythologie der Joseph-Romane, die in Käte Hamburger ihre erste und vielleicht nach wie vor bedeutendste Interpretin finden sollten. Der Novalis Thomas Manns war der Dichter von »Hymnen an die Nacht« und der Essayist politischer Träumereien über »Die Christenheit oder Europa«. In Thomas Manns »Betrachtungen eines Unpolitischen« von 1918 wird das trotzige Bild einer politischen Romantik entwickelt, das man dem Aufklärungsdenken des älteren Bruders Heinrich Mann entgegenhält. Bei Heinrich Mann das Bekenntnis zu den französichen Moralisten und Epikern: von Voltaire bis Emile Zola. Thomas Mann hält das alles nicht allein für »undeutsch« im Sinne damaliger deutscher Durchhalte-Propaganda. Er hält es einbekanntermaßen sogar für kulturlos. Dergleichen sei bloße »Zivilisation«. Weshalb Heinrich Mann, dessen Name nicht einmal erwähnt wird in dem Riesenessay, mit dem als Schimpfwort gemeinten Ausdruck eines »Zivilisationsliteraten« bedacht wird. In diesen »Betrachtungen« beruft sich Thomas Mann auf die deutsche Romantik Hardenbergs und Eichendorffs, auch auf Dostojewski übrigens, und auf den Schopenhauerschen Pessimismus des »Palestrina« von Hans Pfitzner.

Mit Recht hat daher Käte Hamburger in ihren biographischen Notizen darauf hingewiesen, daß sich noch der republikanisch-demokratische Thomas Mann in seiner »Rede von deutscher Republik« von 1922 damit abmühte, mit Hilfe einer Umdeutung des Novalis eine Art Synthese aus deutscher Romantik und demokratischer deutscher Politik zu entwerfen. Damit wurde man weder dem Denken Friedrich von Hardenbergs gerecht, noch konnte man die antirepublikanischen deutschen Nationalisten besänftigen, die nicht bereit waren, die politisch-militärische Niederlage von 1918 hinzunehmen. Hans Pfitzner, Freund Thomas Manns in den Kriegsjahren, wurde ein unversöhnlicher Feind. Pfitzner war einer der Antreiber jenes Manifestes der Richard-Wagner-Stadt München gegen Thomas Mann im Jahre 1933, das sogleich zum unfreiwilligen, dann freiwilligen Exil des Verfassers der »Buddenbrooks« führen sollte.

Käte Hamburger aber hat solche romantischen Träumereien niemals mitgemacht. Sie hat wohl auch die »Betrachtungen eines Unpolitischen«, die sie mit Recht für unphilosophisch hielt, von Anfang an mißbilligt. Ihr eigenes Bild von Novalis war wesentlich konkreter und folgenreicher. Sie gehörte wohl zu jenen ersten Lesern des gewaltigen Nachlasses, denen die Welt- und Systementwürfe Hardenbergs wichtiger waren als seine politischen Denkspiele. Aber als Käte Hamburger in den Fragmenten des Novalis den folgenden Satz entdeckte: »Jeder Körper hat seine Zeit; und jede Zeit hat ihren Körper«, da erkannte sie plötzlich, weil sie sich in der Sache selbst auskannte, eine frühe Vorläuferschaft zur Relativitätstheorie von Albert Einstein, der erklärt hatte: je nach dem Bezugskörper müsse die Zeit eines Ereignisses beurteilt werden. Die Abhandlung Käte Hamburgers über »Novalis und die Mathematik« schloß mit folgenden Sätzen: »Wir dürfen nun aus den abgebrochenen Aussprüchen des Novalis keine zu große Meinung über eine vorhandene Erkenntnis der modernen Relativitätstheorie bei ihm gewinnen; sie sollen nur erweisen, daß gerade der Frühromantik, als deren konzentriertester Ausdruck die Persönlichkeit des Novalis gelten kann, die kühnsten Kombinationen des Gedankens, ohne die der Fortgang der mathematischen Naturwissenschaft nicht möglich wäre, besonders nahelagen und daß sie vorzüglich den Novalis auf Ziele wiesen, die in der Tat das folgende Jahrhundert realisiert hat. Die Gedankenwelt des Romantikers Novalis fügt sich in das mathematisch-naturwissenschaftliche wie in das erkenntnistheoretische Bild des 19. Jahrhunderts (an dessen Beginn er starb), wie man es ohne weiteres nicht erwartet hätte.«

Mit Recht hat die Autorin diese frühe Arbeit von 1929 im Jahre 1966 von neuem vorgelegt. Sie findet sich heute in dem Band »Philosophie der Dichter«, der Studien über Novalis und Schiller, dem, wie berichtet, ihre Dissertation bereits gegolten hatte, mit einer späteren Studie über »Die phänomenologische Struktur der Dichtung Rilkes« verbindet. Wie Käte Hamburger selbst die vier Studien über Novalis, Schiller und Rilke verstanden haben möchte, hat sie in einem knappen Vorwort zu diesem Buch als Siebzigjährige erläutert:

»Der Titel ›Philosophie der Dichter‹, dem ich der vorliegenden, drei ältere und einen neuen Aufsatz enthaltenden Auswahl meiner Arbeiten gegeben habe, erklärt sich zwar durch die Themen dieser Aufsätze selbst. Aber seinem genauen Sinne nach ist er zutreffend nur für die Novalis- und Schilleraufsätze. Schiller und Novalis waren Dichter und Philosophen, ein dichterisches und ein philosophisches Werk liegen getrennt voneinander vor, und die Erörterung ihrer philosophischen Schriften ist denn ja auch kein Novum in der Literatur- und Philosophiegeschichte. Es liegt anders im Falle Rilkes, und zwar so, daß der Titel dieses

Sammelbandes auf ihn nicht mehr völlig zutrifft. Kein philosophisches Werk existiert hier neben der Dichtung, und diese selbst ist keine philosophische, keine Ideendichtung. Von einer Philosophie des Dichters Rilke kann die Rede nicht sein. Aber Sammeltitel, die sich nicht auf allgemeinste Kategorien beschränken, sondern eine engere Thematik zu umreißen suchen, sind in den meisten Fällen mit dem Mangel behaftet, nicht alle der unter ihnen vereinigten Untersuchungen ganz zu decken. Mit diesem Vorbehalt darf der Rilke-aufsatz sich thematisch zu den anderen drei gesellen, obwohl es sich hier um einen anderen Fall der Verbindung von Philosophie und Dichterexistenz handelt als bei Novalis und Schiller, und zwar um den, wie ich meine, einzigartigen Fall, daß hier eine Dichtung statt einer Philosophie da ist.

Auf der anderen Seite hat der Versuch, diesen Umstand analysierend ans Licht zu heben und zu begründen, mit den Aufsätzen ›Novalis und die Mathematik‹ und ›Schiller und Sartre‹ etwas gemein, und zwar eine Methode des Vergleichens, die mehr als alles andere Kritik herausfordern könnte. Wenn die Mathematik-auffassung des Novalis mit Hilfe der neukantianischen Erkenntnistheorie interpretiert, Schiller mit Sartre in Beziehung gebracht und Rilkes Dichtung von der Husserlschen Phänomenologie her erhellt zu werden versucht wird, so könnte das als ein willkürliches komparatives Verfahren kritisiert werden, das philologischer Nachweisbarkeit und damit jeder Beweiskraft ermangele. Die Untersuchungen müssen erweisen, ob und wieweit sie solcher Kritik standhalten. Doch möge jene Äußerung Friedrich Schlegels, die ich zur Unterstützung oder Beglaubigung meines Verfahrens in dem Aufsatz ›Schiller und Sartre‹ zitiere und mit der er selbst seine Lessingdarstellung einleitet, dem Bande gleichsam als Motto vorangestellt werden: ›So lange wir noch an Bildung wachsen, besteht ja ein Theil, und gewiß nicht der unwesentlichste, unseres Fortschreitens eben darin, daß wir immer wieder zu den alten Gegenständen, die es werth sind, zurückkehren, und alles Neue, was wir mehr sind oder mehr wissen, auf sie anwenden, die vorigen Gesichtspunkte und Resultate berichtigen, und uns neue Aussichten eröffnen.‹

Stuttgart, im Januar 1966   K.H.«

Auch die in Käte Hamburgers Lebensbericht erwähnte erste Studie über Thomas Mann, mit dem Titel »Thomas Mann und die Romantik«, ging von einem Bild der deutschen romantischen Schule aus, das nichts gemein haben konnte mit den nach-romantischen Gedankengängen jener »Betrachtungen eines Unpolitischen«. Hatte sich Käte Hamburger der Zugang zu Novalis von dessen mathematisch-naturwissenschaftlichem Denken her erschlossen, so wurde sie bei Thomas Mann fasziniert von den zwiespältigen Haltungen seines Erzählens, also vom angeblichen oder wirklichen *Ironiker* Thomas Mann. Die Beziehung war hergestellt von der romantischen Ironie im Sinne Friedrich Schlegels zur Ironie eines Thomas Mann. Allein im Verlauf ihrer Arbeiten über den großen Zeitgenossen, mit dem sie, wie bereits gesagt, bis zuletzt im Briefwechsel stand, wird ihr das Klischee vom Ironiker Thomas Mann immer fragwürdiger.

Abermals läßt sie nicht locker. Im Jahre 1965 erscheint Käte Hamburgers Buch »Der Humor bei Thomas Mann« mit dem Untertitel »Zum Joseph-Roman«. Allein sie ist immer noch nicht zufrieden. Sechzehn Jahre später, also 1981 – da steht sie im fünfundachtzigsten Lebensjahr – vereinigt sie eine endgültige Fassung der Arbeit über die Joseph-Romane mit dem novellistischen

Epilog Thomas Manns, nämlich mit einer Interpretation von Thomas Manns Moses-Erzählung »Das Gesetz«. Was folgerichtig war, denn auch Thomas Mann selbst hatte die Moses-Erzählung gleichsam als spielerischen Epilog zur epischen Tetralogie der Joseph-Romane betrachtet.

Im Mittelpunkt steht seitdem *die sorgfältige Unterscheidung zwischen Ironie und Humor.* Käte Hamburger verhält sich kühl zur Distanzhaltung der Ironie und der Ironiker. Sie erläutert: »Ironie hat ihre Wurzeln in Distanznahme, das heißt in einem kritischen Bewußtsein, das sich niemals unmittelbar den Erscheinungen hingibt.« Demgegenüber hält es die Interpretin lieber mit *Jean Paul,* aus dessen »Vorschule der Ästhetik« sie mit Zustimmung die These zitiert, daß der Humor das Große erniedrige, um ihm das Kleine, und das Kleine erhöhe, um ihm das Große an die Seite zu stellen. Weshalb Käte Hamburger die menschheitsgläubigen und utopischen Elemente, also das humoristische Konzept in Thomas Manns Joseph-Romanen, weit höher schätzt als alle ironische Distanz. Daher findet sie eine unmittelbare Beziehung zwischen dem Humor Jean Pauls, der plebejisch war und demokratisch, und einem Ausspruch von Thomas Mann, wo es heißt: »Das Komische als Labsal, der Humorist als wahrer Wohltäter der Menschheit. – Je älter ich werde, desto inniger empfinde ich es so, und ich habe es sehr früh so empfunden.«

Ob er es in der Tat so früh empfunden hat, der junge Thomas Mann, darf man bei diesem Ausspruch von 1926 in Frage stellen. Wichtiger ist, daß es eben *dieser* Thomas Mann gewesen ist und nur sein konnte, der Käte Hamburger immer wieder veranlaßte, die »Anstrengung des Begriffs«, um den ungeliebten Hegel zu zitieren, an ihm zu erproben.

Es war jener Thomas Mann im übrigen, der sich das

wohlverdiente Exil im Jahre 1933 erschrieben hatte. Wie es ihr selbst damals erging, das hat Käte Hamburger folgendermaßen notiert:

»Im Herbst 1933 ging ich nach Dijon (wo der Germanist und Rektor Edmond Spenlé ein Novalisforscher war). Ich konnte fruchtbare französische Sprach- und Literaturstudien betreiben. Zu meinem Glück scheiterte ein Lektoratsangebot seitens des Rektors durch die Germanistin (auch Thomas Mann-Übersetzerin) Geneviève Bianquis. Der Zufall – ich muß ihn Vorsehung nennen – führte mich durch die in Dijon geknüpfte Freundschaft mit einer älteren Schwedin Ende 1934 nach Göteborg, wo ich bis 1956 lebte, in diesem von Hitler und Krieg verschonten Land, wohin ich meine Mutter retten konnte. – In diesen 22 Jahren wurde ich nicht nur schwedische Staatsbürgerin, sondern auch schwedische Schriftstellerin, zusätzlich zu dem Deutschunterricht, den ich Personen aus den verschiedensten Schichten, vom Lehramtskandidaten bis zu Schulkindern und Warenhauspersonal gab. Es scheint mir, daß ich vielleicht ohne diesen Grammatikunterricht mein Buch ›Die Logik der Dichtung‹ nie geschrieben hätte. Die Umstände, die verhinderten, daß ich ein Lektorat an der Göteborger Högskola bekommen konnte, sind in dem Buch von Helmut Müssener ›Exil in Schweden‹ und von Professor Korlén geschildert worden. Sie waren vor allem durch die damals zuständigen Personen bedingt. Nachdem ich die schwedische Sprache beherrschte, hatte ich das Glück, eine recht umfangreiche journalistische Tätigkeit in den angesehenen Zeitungen und Zeitschriften entfalten zu können; auch drei schwedische Bücher, über Tolstoi, Schiller, Thomas Mann publizierte ich.«

In einer Sammlung »Kleine Schriften« von Käte Hamburger, die in Stuttgart 1976 herauskam, hat sie, die schwedische Staatsbürgerin, auch ihre wichtigsten Beiträge zur schwedisch-deutschen Literaturbeziehung von neuem publiziert: über Goethe und Schweden; über das unerschöpfliche Thema des Bergwerks von Falun; über Ibsen und über den schwedischen Epiker Pär Lagerkvist. Abermals auch kleinere Arbeiten über Rilke und Thomas Mann. Diesmal vor allem zum Faustus-Roman. Käte Hamburgers wichtigste Untersuchung in dieser Sammlung, wiederum angelegt als Philosophie der Dichter und der Dichtung, trägt aber den Titel »*Don Quijote und die Struktur des epischen Humors*«. Auch hier gibt es die Beziehung zu Jean Paul, dazu eine eher kritische Distanzierung von Thomas Manns berühmtem Essay über die »Meerfahrt mit Don Quijote«. Käte Hamburgers Studie über das Meisterwerk des Cervantes steht in engem Zusammenhang mit ihrer Untersuchung über die »Logik der Dichtung«. In ihrer Abhandlung versucht sie nachzuweisen, warum die Geschichte des Don Quijote und des Sancho Pansa nur als Erzählwerk gestaltet werden konnte. Die Begründung ist überaus brillant: »Das grundlegende und neue strukturelle Element eines Romanaufbaus war, daß als Romanheld ein Romanleser auftritt – ein Romanleser, der die Wirklichkeit, in der er selbst lebt, für seine Romanwirklichkeit hält, bzw. sie in eine solche verwandelt, aber auch umgekehrt und in eins damit, seine Romanwelt, die der von ihm gelesenen Ritterbücher, für eine wirkliche hält. ›Denn jemandem einreden zu wollen, daß Amadis nie auf Erden gelebt und ebensowenig die anderen abenteuernden Ritter, von denen die Geschichtsbücher voll sind, das heißt einem einreden wollen, daß die Sonne nicht leuchtet und das Eis nicht kältet und die Erde uns nicht trägt‹, sagt Don Quijote zum Domherrn, der ihn von seinen Einbildungen heilen will. Dieser Romanleser tritt also nicht nur als Held des Romans, sondern auch als Strukturelement des Romans auf. Und es ergab sich daraus die Notwendigkeit, einerseits die primäre Romanwelt, den eigentlichen Romanschauplatz, das Land La Mancha mit allen seinen Personen, zu denen auch Don Quijote gehört, als Wirklichkeit kenntlich zu machen – die Wirklichkeit, die in komischem Gegensatz zur Fiktionswelt des Helden steht, andererseits aber auch dieser Fiktionswelt eine solche Verwirklichung zu geben, daß sie in ihrer Absurdität anschaulich deutlich wird. Durch die Einführung Don Quijotes als Romanleser wird bereits ein höchst verschlungenes Gewebe von Fiktion und Wirklichkeit gesponnen, dessen Sinn zu enthüllen die genial gelöste Aufgabe des Dichters war. Es entstand für ihn das Problem, die Fiktionalisierung der Wirklichkeit und die Verwirklichung der Fiktion, als zwei verschiedene Schichten desselben Romans, erzählerisch darzustellen, und der Don Quijote-Roman bezeugt nun umgekehrt nichts Geringeres, als daß dies *nur* erzählerisch bewerkstelligt werden konnte.«

Inzwischen war die Schwedin und Emigrantin Käte Hamburger wieder nach Deutschland zurückgekehrt. Im Kuratorium einer in Ostberlin gegründeten Thomas Mann-Gesellschaft lernte sie den Stuttgarter Germanisten Professor *Fritz Martini* kennen. Sie äußerte vor ihm den Wunsch, in der Bundesrepublik Deutschland tätig zu werden. Es ist Fritz Martinis Verdienst, daß er die sechzigjährige Käte Hamburger, im Herbst 1956, zurückholte, in Stuttgart habilitierte und ihr damit eine akademische Lehrtätigkeit und Professur ermöglichte, die sie bis zu ihrem achtzigsten Jahr mit Eifer und Sorgfalt wahrnahm. Inzwischen waren ihre Bücher erschienen, ihr Name war weit über die Fachwelt hinaus bekannt geworden. – Von zwei späten Arbeiten aber soll noch gesprochen werden, weil sie, entstanden 1982 und 1985, zum Schönsten gehören, was diese bedeutende Frau, die im Laufe ihres Lebens auch immer mehr Lust bekam am Handwerk des Schriftstellers, leisten konnte: eine Studie über »*Heine und das Judentum*« und ihr großartiges Spätwerk über »*Das Mitleid*«.

Der Text über »Heine und das Judentum« ist in vielfacher Hinsicht ungewöhnlich. Auf den ersten Blick scheint er kaum im Einklang zu stehen mit den Hauptthemen, die Käte Hamburger ein Leben lang beschäftigen sollten. Heine gehörte offenbar nicht zu ihnen. Er selbst hat den Novalis offensichtlich gehaßt. Die Verbindung Hardenbergs mit dem Jenaer Kreis der Frühromantiker um August Wilhelm Schlegel mußte dem späteren Autor eines bösen Buches über »Die romantische Schule« von Grund auf mißfallen.

Auch Thomas Manns Verhalten zur Person und zum Werk Heinrich Heines ist tief zwiespältig. Daß Heine ein großes Jugenderlebnis gewesen sein muß für den Gymnasiasten aus Lübeck, ist heute evident. Allein die paar Aufsätze Thomas Manns über den Autor der »Reisebilder« sind verkrampft, insgeheim verquält. Thomas Manns große Lobrede auf August von Platen wurde insgeheim, wenn man zu lesen versteht, gegen Heinrich Heine geschrieben.

Es kam hinzu, daß Thomas Mann, der eine Jüdin geheiratet hatte, übrigens die Tochter eines königlich-bayerischen Universitätsprofessors und Geheimrats, sein Leben lang irritiert blieb beim Umgang sogar mit jüdischen Freunden wie dem Musiker Bruno Walter. Sehr ernst war dieser heimliche Antisemitismus Thomas Manns nicht zu nehmen. Liest man die Tagebücher, so konzentriert sich Thomas Manns Irritation offensichtlich auf die Familie seiner Frau und auf die jüdische literarische Gefolgschaft des älteren Bruders Heinrich Mann.

Trotzdem wäre auch hier, im Falle von Käte Hamburger, der erste Blick wiederum ein falscher Blick. Die Beschäftigung mit Heinrich Heine und dem Judentum *lag durchaus nicht,* von heute her gesehen, *außerhalb ihrer Interessen und Fragestellungen.* Käte Hamburger ist ganz frei vom sogenannten »jüdischen Selbsthaß«. Sie hat wohl auch niemals unter ihrer Herkunft gelitten. Im Gegenteil, zu beiden hat sie sich stets, auch in der Zeit des schwedischen Exils, mit Nachdruck bekannt: zu ihrer jüdischen Abstammung *und* zu dem Milieu einer angesehenen Bürgerfamilie in der Freien und Hansestadt Hamburg.

Bei dem Text über »Heine und das Judentum« handelte es sich um die Niederschrift eines Vortrags, der am 16. März 1982 bei der Württembergischen Bibliotheksgesellschaft in Stuttgart gehalten wurde. Käte Hamburger stand in ihrem sechsundachtzigsten Jahr. Der Eindruck, den diese Rednerin bewirkte, äußerte sich nach dem Ende der Rede in ungewöhnlicher Form. Das Auditorium stand auf, um der Rednerin zu danken. »Standing Ovations.« Das ist inzwischen, im Sprachgebrauch der Medien, eine Floskel geworden, wenn ein Liedermacher gut gefallen oder ein Sportler eine gute Leistung vollbracht hat. Hier in Stuttgart, nach einem literarischen Vortrag, bedeutete es eine Demonstration ganz anderer Art: Dankbarkeit und Ehrfurcht.

Auch hier war von Käte Hamburger, im Falle Heinrich Heines, die Frage nach einer »Philosophie des Dichters« gestellt worden. Ein philosophischer Dualismus bildete den Ausgangspunkt: die fragwürdige und folgenreiche *Wechselbeziehung zwischen Emanzipation und Assimilation.* Im Falle Heinrich Heines demonstriert Käte Hamburger das Auseinanderfallen dieser beiden Postulate der bürgerlichen Aufklärungstheorie, soweit es sich um die Juden und die Deutschen handelt. Einerseits die

Emanzipation als Folge der Französischen Revolution und ihrer Proklamierung der Menschenrechte. Gleichheit auch der Juden vor dem Gesetz. Zuerst proklamiert in Deutschland, dann widerrufen unter der Restauration, schließlich durchgesetzt seit den Ereignissen von 1848. Die Emanzipation als Gleichheit vor dem Gesetz setzte jedoch ausdrücklich auch die Assimilation der Juden voraus. Wenn möglich, mit Hilfe der Taufe, in jedem Fall aber als Preisgabe ihrer eigenen religiösen und kulturellen Besonderheiten.

Indem Käte Hamburger, mit deutlicher Skepsis gegenüber einem solchen Postulat der Assimilation und damit des Ursprungs-Verzichts, diesen Konflikt am Denken und Schaffen Heinrich Heines demonstriert, macht sie deutlich, daß in unserem Jahrhundert, im Grunde seit 1918, in Deutschland die Postulate der Emanzipation und der Assimilation immer mehr auseinanderfielen. Der erneuten Verweigerung aller Emanzipation durch den Rassismus mußte auf jüdischer Seite die Verweigerung der Assimilation folgen. Zuerst in Form der zionistischen Opposition gegenüber dem Gleichschaltungsgebot, später in Form des Staates Israel.

Die fünfundachtzigjährige Käte Hamburger macht uns verstehen, daß der späte Heinrich Heine, der schmerzgepeinigte Patient in der Matratzengruft, eben dies Auseinanderfallen von Assimilation und Emanzipation tief nachempfunden haben muß. Sie erläutert: »Nicht die jüdische Religion ist der Grund dafür, daß das jahrtausendlange Weh, der west-östlich dunkle Spleen gewichen ist, sondern eine neue Auffassung des Judentums und der Juden. Diese neue Auffassung hatte ihm die Bibel, das Alte Testament, die 5 Bücher Mosis, offenbart, in erster Linie die Gestalt und das Werk Mosis selbst. In ihm, den er früher, als Vertreter des asketischen Nazarenertums, nicht sonderlich geliebt hatte, erkannte er den großen

Künstler, den Bildhauer, der zwar nicht wie die Ägypter Kunstwerke aus Backstein und Granit, aber Menschen-obelisken und Menschenpyramiden gemeißelt hat, aus einem armen Hirtenstamm ein Volk, Israel, das eben-falls, wie die ägyptischen Pyramiden, den Jahrtausenden trotzen sollte. – Diese Mosesauffassung Heines, will ich hier erwähnen, ist genau 90 Jahre später, 1944, zu einem Mosesbuch ausgestaltet worden, das in der Moseslitera-tur einzig dastehen dürfte; von Thomas Mann in seiner Erzählung ›Das Gesetz‹, ›wahrscheinlich unter dem un-bewußten Einfluß von Heines Moses-Bild‹, wie Thomas Mann mitgeteilt hat. – Dem von Moses geschaffenen Volk, den Juden, über die, wie Heine bekennt, er nie mit hinlänglicher Ehrfurcht gesprochen, mißt er jetzt den hö-heren Wert zu als den Hellenen, den Griechen, die, wie er freilich recht simplifizierend meint, nur schöne Jünglinge waren. Die Juden waren Männer, gewaltige, unbeug-same Männer, bis auf den heutigen Tag, trotz achtzehn-hundert Jahren der Verfolgung und des Elends. Vor al-lem aber geht es Heine auf, daß die Welt den Juden nicht nur ihren Gott verdankt, sondern auch dessen Wort, die Bibel. Und siehe da, wie es in Heines kombinatorischem und manchmal recht opportunistischem Denken zuge-hen kann: Wenn er früher Judentum und Christentum im abschätzigen Sinne des asketischen Nazarenertums ver-einigt sah, so nun durch die Bewahrung und Verbreitung der Bibel.«

Auch bei der Kunde, das Käte Hamburger im Begriff stehe, ein Buch über »das Mitleid« zu schreiben, mochte man in einer ersten und gleichfalls falschen Reaktion ver-wundert fragen, wie es zu diesem scheinbar so fernlie-genden Thema kommen konnte. Eine neunundachtzig-jährige Frau publiziert im Jahre 1985 eine gelehrte philosophische Untersuchung, die nun – scheinbar – kaum etwas zu tun hat mit der Dichtung, den Dichtern und ihrer ästhetischen Theorie. *Hier befand man sich im Bereich der Ethik.* Allein man befand sich, wenn man die schöne Prosa dieses philosophischen Traktats über, oder eigentlich: gegen das Mitleid gelesen hatte, trotzdem im wohlvertrauten Bereich des Denkens *wie des Fühlens* von Käte Hamburger.

Sie hält nicht viel von Mitleid, und da sie alles zu lesen pflegt, Zeitungsnotizen und auch Kriminalromane, Triviales wie Dichterisches, war ihr nicht entgangen, wie sehr die Formel des »Mitleids« in unserer gegenwärtigen Gesellschaft nur noch abschätzig und pejorativ verwendet wird. Ein »mitleidiges« Lächeln drückt Verachtung aus. Wie konnte es dazu kommen? Gotthold Ephraim Lessing und Arthur Schopenhauer waren bekanntlich davon überzeugt, daß der mitleidige Mensch zugleich der humanste sei.

Dieser Ansicht ist Käte Hamburger durchaus nicht, und sie begründet ihre Ablehnung mit Texten aus der Gesamtgeschichte des europäischen Denkens: von Aristoteles über die mittelalterlichen Scholastiker zu Spinoza und Rousseau, dann weiter bis in das Denken der bürgerlichen Aufklärung und natürlich auch Gegen-Aufklärung hinein.

Käte Hamburger hat sich ein eigenes kleines Archiv angelegt, wie sie einmal kurz anmerkt, worin die negative Aura des »Mitleids« im heutigen Sprachgebrauch dokumentiert werden soll. Da spricht etwa Camus, als Interpret des Großinquisitors bei Dostojewski, vom »kalten Mitleid«. (Une pitié froide) Käte Hamburger notiert den Satz, zitiert ihn auch, und zeigt in einem ganz kurzen Kommentar, daß Albert Camus hier den Dostojewski mißverstanden hat.

Überhaupt klärt sie immer wieder erlauchte Denkfehler. Ihr Verhalten zu den großen Denkern ist durchaus »demokratisch«: die Interpretin diskutiert als Gleichbe-

rechtigte. Sie konstatiert zunächst, daß den »Mitleids-
theorien Rousseaus und Schopenhauers die Annahme
gemeinsam ist, daß Mitleid ein dem Menschen angebore-
ner moralischer Trieb, die Grundlage der Moral
schlechthin« sei. Das war bekanntlich auch noch die
These der Expressionisten zu Beginn unseres Jahrhunderts. »Der Mensch ist gut.« Käte Hamburger fragt aber
genauer nach und stellt für Schopenhauer fest: »Er gesteht, daß wir beim Leiden des anderen nicht selbst leiden...«

Darauf läuft diese bedeutende Untersuchung schließlich hinaus. Mitleid ist nicht Liebe, auch nicht Barmherzigkeit, es ist an sich unverbindlich und deshalb im allgemeinen folgenlos. Der in der Philosophiegeschichte als
Verächter des Mitleids getadelte Spinoza sei durchaus
nicht unbarmherzig gegenüber dem Mitmenschen. Freilich unterscheide er genau zwischen der bloßen commiseratio und der misericordia: »Ein Verächter des Mitleids
ist Spinoza nur insofern, als es ... bloße Gefühlsäuße-
rung des Jammerns ist, ohne Antrieb zu barmherzigem
Handeln zu sein.«

Thomas von Aquino habe bereits angekündigt, daß
unsere Sorge um leidende Menschen, die uns wahrhaft
nahestehen, nicht als Mitleid gedeutet werden dürfe.
Denn es findet Identifikation statt: mit uns selbst. Beim
bloßen »Mitleid« ist das anders.

Die auf den ersten Blick erschreckende, doch unwider-
legbare Formel fand die Interpretin bei *Ludwig Wittgenstein* in den »Philosophischen Untersuchungen«. Da
heißt es: »Das Mitleid, kann man sagen, ist eine Form der
Überzeugung, daß ein Andrer Schmerzen hat.« Der
Überzeugung! Käte Hamburger ist folgerichtig: diese
Formel Wittgensteins sei »die radikalste Formulierung
der ›Unpersönlichkeit dieser Haltung‹«. Des Mitleids
nämlich.

Die Schlußseite des Traktats trägt die Überschrift »Der ethische Ort des Mitleids«. Sie ist bewußt kühl gehalten. Da heißt es: »Sollte es gelungen sein, diese Struktur sichtbar zu machen, so würde sich aus ihr mit einiger Genauigkeit der Ort bestimmen lassen, den im Bereich der Ethik das Mitleid besetzt. Es scheint nicht zu viel und nicht zu wenig gesagt zu sein, wenn wir ihn als einen im ethischen Sinne neutralen bezeichnen. Einen ›mitleidigen Menschen‹ gibt es nicht, wie es einen guten, gerechten, selbstlosen, tapferen usw. Menschen gibt. Mitleid ist so geartet, daß ein und derselbe Mensch (ein guter wie auch ein weniger guter) es in diesen oder jenen Fällen empfinden, in anderen Fällen nicht empfinden kann. Mitleid ist nicht, wie Lessing in seinem berühmten Diktum ›Der mitleidige Mensch ist der beste Mensch‹ zum Ausdruck brachte, eine Charaktereigenschaft. Es gehört zum menschlichen Gefühlsleben, innerhalb dessen ›Gefühl‹ nicht nur im positiven Sinne des Gefühlvollen, sondern als jede positive und negative Gefühlsregung überhaupt verstanden wird. Es dürfte für diese Verhältnisse kaum ein direkteres Zeugnis als das Mitleid geben, das in sich selbst diese Beschaffenheit des Gefühlslebens vereinigt, positiv und negativ reagieren zu können. Die ethische Neutralität entspringt seiner Distanzstruktur, diese umgekehrt dem neutralen Charakter des aus diesem Grunde so vielfach umstrittenen Mitleidsaffekts.«

Was sich hinter dieser Kühle verbirgt, ist jedoch eine tiefe Menschlichkeit. Plötzlich wird deutlich, daß Käte Hamburgers mitleidlose Abrechnung mit dem Phänomen des Mitleids gar nicht so fern ist ihrem frühen ästhetischen Argumentieren. Ihr mißfiel bei Thomas Mann die Distanz des Ironikers. Gepriesen wurde der Humorist, der Distanz zwischen den Menschen überwindet und sich dem Mitmenschen öffnet und sogar eröffnet. *Dieselbe* Unterscheidung trifft Käte Hamburger hier im ethi-

schen Bereich, wenn sie das tatenlose und insgeheim ge-
fühllose Mitleid sorgfältig unterscheidet von aller Barmherzigkeit. Die commiseratio hält auf kühle Distanz. Das
Leiden des Mitmenschen wird, wie Ludwig Wittgenstein
formulierte, festgestellt, ohne daß daraus irgendwelche
Folgen entspringen müssen. Die misericordia aber öffnet
sich dem Mitmenschen. *Humor und Barmherzigkeit:
beide überwinden die Entfremdung vom Mitmenschen.*

Im Bekenntnis zu diesen beiden Grundhaltungen hat
Käte Hamburger in ihrem gesamten Lebenswerk zugleich eine *Selbstaussage* vollzogen. Wir haben allen
Grund, dankbar zu sein und uns darüber zu freuen, daß
diese Lebensleistung schließlich doch noch möglich
wurde: in unserer Wegwerfgesellschaft und unter unseren Zeitumständen. Ehre ihrem Andenken.

V. Deutsche, Juden, Kommunisten

1. Anna Seghers

Wie soll man von ihr sprechen, wie wäre sie zu beschreiben? Das wird jeder sich fragen, der sie gekannt hat: von der flüchtigen Begegnung bis sogar zum vertrauten Umgang. Da war immer eine Grenze der Vertrautheit, wie ich meine und bei allen Begegnungen zu spüren glaubte. Sie war stets ernst und gleichzeitig freundlich, vermochte aufmerksam zuzuhören, nahm Anteil, wollte helfen und half auch wirklich. Allein konnte man diese Frau mit den unvergeßbaren Augen wirklich in Verbindung bringen mit dem »Aufstand der Fischer von St. Barbara«, mit dem »Siebten Kreuz« oder dem Figurengewimmel des Romans »Die Toten bleiben jung«? Man mußte es sich fragen. Die Dichterin, und das ist sie wohl gewesen, in einem hohen Sinne, entzog sich.

Ich habe im Lauf der Jahre zwischen 1947 und 1963 häufig mit ihr gesprochen, über Begebnisse, Sorgen, Menschen und Pläne. Wir sind miteinander – sprachlos, fast blicklos – im Herbst 1948 durch das Lager Auschwitz gegangen, standen vor der Mauer der Exekutionen, vor den angehäuften Resten eines menschlichen Glücks, die man den Opfern noch abgenommen hatte. Später war Anna Seghers unser Gast an der Universität Leipzig und las vor den Studenten im überfüllten Hörsaal.

Allein sonderbar genug: ich erinnere mich nicht, daß wir jemals über Literatur miteinander gesprochen hätten. Das war kein Zufall; auch anderen dürfte es so ergangen sein. Damit stimmt überein, daß Anna Seghers, die ein vielleicht schmales, doch bedeutendes Werk der Essayistik hinterlassen hat, sieht man ab von offiziellen Programmreden als Präsidentin des Schriftstellerverbandes der Deutschen Demokratischen Republik oder von programmatischen und vielleicht auch programmierten Reden auf irgendwelchen Konferenzen, kaum jemals über die eigene Arbeit schreiben mochte. Stets zog sie den ganz fremden und scheinbar fernliegenden Bereich vor. Als Erzählerin durch eine Hinwendung zur Geschichte und zur Welt der Karibik. Als Essayistin in einem Buch von 1963 mit dem Titel: »Über Tolstoi – Über Dostojewski«.

Zu jeder These über Anna Seghers gehört sogleich auch eine mögliche Antithese. Diese Meisterin einer strengen Prosa stand gleichzeitig in den großen Überlieferungen der deutschen Literatur. Von Heinrich von Kleist kam sie niemals los. Ihn hat sie, in einem berühmten Briefwechsel mit dem Freund Georg Lukács, ausdrücklich verteidigt gegen den Vorwurf der Reaktion und der »Dekadenz«. Auch die Studien über Dostojewski und Tolstoi führen insgeheim wieder zurück nach Deutschland. Wie schon bei Thomas Mann gibt es auch bei Anna Seghers die geistige Bruderschaft zwischen Fjodor Michailowitsch Dostojewski und Friedrich Schiller. Anna Seghers vergleicht den Großinquisitor des »Don Carlos« mit der Gestalt des Großinquisitors in den »Brüdern Karamasow« und fragt sich: »Schiller hat freilich nicht ahnen können, wohin sie schließlich gegangen ist, eine von ihm gedichtete Gestalt. Hätte er ihren Weg verstanden? Hätte er zum Beispiel seinem Großinquisitor zu folgen vermocht in das kalte Fieber von Iwan Karamasow? – Vielleicht leichter, als wir es uns heute vorstellen können.«

Diese Verbindungslinie hat auch Thomas Mann für sich gezogen. Ihm war die Beziehung zwischen Schiller und Dostojewski, auch zwischen Tolstoi und Goethe, die bei Anna Seghers ausgespart wird, früh schon bewußt geworden durch den Umgang mit seinem Bewunderer

Georg Lukács. Beide haben sie wohl, Thomas Mann wie Anna Seghers, jene »Theorie des Romans« aus dem Jahr 1920 in aller Sorgfalt gelesen, die ihr Verfasser Georg Lukács, nach seinem Übertritt zum Kommunismus, ausdrücklich und sehr freiwillig abzuleugnen liebte.

Allein der scheinbaren Nähe zu Thomas Mann, die sich auch darin äußern sollte, daß man bei der Begegnung mit Thomas Mann gleichfalls die Person des Autors mit dem von ihm Geschriebenen kaum in Verbindung zu bringen wußte, entsprach trotzdem in beiden Fällen ein grundverschiedenes Verhalten des Autors zu seinem Werk. Thomas Mann hat spöttisch und selbstironisch immer wieder vom eigenen »rastlosen Hang zum Autobiographischen« gesprochen. Seine Romane, Erzählungen, auch seine großen literarischen Porträts bedeuten stets Verwandlung des Autors in eine Kunstfigur. Das Werk der Anna Seghers ist, von einer bedeutenden Ausnahme abgesehen, entschieden frei von solcher Anverwandlung und Autobiographik. Es ist reich an Frauengestalten, die man nicht vergessen kann. In der Erzählung »Vierzig Jahre der Margarete Wolf« wird der Lebensweg einer Frau vom Rhein beschrieben mit den Worten: »Es stellte sich heraus, daß sie aus meiner Gegend stammte.« Die Geschichte der Margarete Wolf wird von ihr im Gespräch unter Frauen erzählt. Die Erzählerin ist hier aber, wie auch in anderen Texten, wo sie scheinbar der Ich-Form sich bedient, nur Botin, vertraute Freundin, Zuhörerin. Von sich selbst gibt sie nichts preis. Auch hier entzieht sie sich: sogar noch dem Leser ihrer Bücher.

Was wissen wir im Grunde von ihr? Die biographischen Tatsachen sind allgemein bekannt. Sie stammte aus Mainz: kam 1900 hier zur Welt. Unter dem heutigen Datum feierte sie ihren Geburtstag. Von früh auf kam sie durch den Vater mit bildender Kunst in Verbindung. Eine deutsche und jüdische Familie. Der Vater war Antiquitäten- und Kunsthändler. Er hatte Umgang mit dem kunstverständigen Großherzog Ernst Ludwig von Hessen und bei Rhein. Wenn man zu lesen versteht, wird man das liebevolle Gedenken an das Elternhaus immer wieder an verborgenen Stellen entdecken können. Fräulein Dr. Reiling, die in Heidelberg die Kunstgeschichte und die chinesische Sprache und Literatur studiert hatte. Netty Reiling wählt sich, als sie zu schreiben beginnt, das Pseudonym Seghers: nach einem der drei niederländischen Maler dieses Namens aus dem frühen 17. Jahrhundert, vermutlich meinte sie Herkules Seghers.

Die Verschlüsselung wird in den Anfängen sogar noch weiter fortgesetzt. Das berühmte Erstlingsbuch »Aufstand der Fischer von St. Barbara«, das 1928 bei Gustav Kiepenheuer in Potsdam erschien, trug den Verfassernamen »Seghers«: ohne Vornamen. Daß hier eine Frau schrieb, blieb freilich im Klatsch des Literaturbetriebs nicht lange verborgen. Die junge Studentin Netty Reiling war kaum zu übersehen, auch wenn sie alles tat, um von sich abzulenken. Sie hatte in Heidelberg bei Gundolf studiert und Karl Jaspers, auch bei dem ungarischen Wirtschaftswissenschaftler Emil Lederer, einem faszinierenden Mann und akademischen Lehrer. Er war ein Freund von Georg Lukács, der gleichfalls, vor dem Ersten Weltkrieg, in Heidelberg auftauchte und viel bewundert worden war.

Die ungarischen Emigranten, die vor der nationalistischen Diktatur des Admirals Horthy das Heimatland verlassen hatten, zog es immer wieder nach Heidelberg. Hier wirkte Lederer, hier wirkte der Soziologe Karl Mannheim in den zwanziger Jahren, hier lernte Netty Reiling den ungarischen Studenten Laszlo Radvanyi kennen, den sie heiratete. Sie haben das Leben miteinander geteilt, diese beiden Kommunisten: das Exil in Paris, dann in Mexiko, dann die Rückkehr nach Deutschland, nach Ostberlin. Sie hatten Kinder und Enkel. Ihren Mann hat sie überlebt, doch von alledem erfährt man im Grunde nichts beim Lesen ihrer Bücher. Das mochte ein Thema sein für Netty Radvanyi, nicht für Anna Seghers. Sie war oft gefährdet und bedroht. Immer wieder ging es um das Leben. Als die deutsche Wehrmacht in Paris einrückte, befand sich Anna Seghers noch in der okkupierten Stadt. Sie konnte schließlich entkommen. Nichts davon hat sie erzählt oder sonstwie preisgegeben.

Warum war sie im Jahre 1928 der Kommunistischen Partei Deutschlands beigetreten? Auch darüber gibt es keine programmatische Erklärung von ihrer Hand. Die Entscheidung selbst, von damals her betrachtet, war nicht ungewöhnlich. Im Zeichen einer deutlich erkennbaren Agonie des Weimarer Staates, im Klima eines zornigen Nationalismus, der niemals die Niederlage von 1918 verwunden oder auch bloß akzeptiert hatte, erschien der Kommunismus als mögliche Alternative. Stalin war noch ein Name der russischen Politik. Wessen er fähig sein würde, dieser Josef Wissarionowitsch Dschugaschwili, was man einstmals als Stalinismus mit Entsetzen würde mitansehen müssen, war nicht vorauszusehen. Viele gingen damals den Weg der Anna Seghers: der sächsische Adlige Vieth von Golßenau, der den Schriftstellernamen Ludwig Renn angenommen hatte; der Ungar Arthur Koestler und Manès Sperber aus Galizien, der Arzt Dr. Friedrich Wolf, Bürgersöhne wie Aragon oder André Gide in Frankreich. Sympathisanten der Kommunistischen Partei mit Namen Bertolt Brecht oder Ernst Bloch.

Von diesen Anfängen der Anna Seghers, der nicht zufälligen Synchronisierung ihres Debüts als Kommunistin und als Schriftstellerin, muß genauer gesprochen werden. Auch hier gibt es zu jeder These sogleich die Antithese. Natürlich ist das Gesamtwerk der Erzählerin Anna

Seghers undenkbar ohne die Lebensentscheidung für den Kommunismus, und zwar, um nichts zu beschönigen, nicht für einen konzeptionellen und heimatlosen Marxismus, wie man ihn bei Bloch oder Brecht im »Lichte unserer Erfahrung« entdecken kann, sondern für den offiziellen Marxismus-Leninismus der sowjetischen Doktrin und Observanz.

Was durchaus nicht heißen mag, daß Anna Seghers, entgegen westlichen Vorstellungen, die selten auf genaue Information gestützt sind, ein bequemes und folgsames Parteimitglied gewesen wäre. An Konflikten innerhalb des eigenen gewählten Lebensraums hat es nicht gefehlt. Eine Geschichte, die authentisch ist, machte mich nachdenklich, als ich sie erfuhr. Als Anna Seghers nach dem gescheiterten Aufstand der österreichischen Sozialisten gegen die katholisch-konservative Regierung Dollfuß in Wien im Februar 1934 einen Roman schrieb, der dieses Thema behandeln sollte unter dem Titel »Der Weg durch den Februar« (1935), gab es sogleich im Kreise der exilierten Kommunisten in Paris die üblichen ideologischen Debatten. Anna Seghers habe die österreichische Sozialdemokratie »zu positiv« geschildert, und dergleichen mehr. Der offizielle Besserwisser von Amtswegen hat es mir später selbst erzählt. Er griff Anna Seghers in der Parteizelle der kommunistischen Schriftsteller an und verlangte Rechenschaft oder gar Selbstkritik. Anna Seghers antwortete, statt aller Gegenrede, mit einem wohlbekannten Zitat aus dem »Götz von Berlichingen«. Gesprochen im breiten rheinhessischen Tonfall.

Das ist mehr als eine Anekdote. Der Ankläger hat diese Haltung bewundert, wie er viel später gestand. Sie meinte eine Grenzziehung von äußerster Strenge. Das Parteimitglied Anna Seghers etablierte sich ausdrücklich als selbständige Macht. Es stimmt auch keineswegs, daß sie in späteren Jahren in Ostberlin zur Ja-Sagerin geworden wäre. Freilich trennte sie auch dort jedesmal, was man zur Kenntnis zu nehmen hatte, die politische von der literarischen Sphäre. Sie blieb auf der Parteilinie beim ungarischen Aufstand von 1956, obwohl ihrem Freund Georg Lukács damals der Galgen drohte, dem er entkam: man ließ es bei der Deportation nach Rumänien bewenden. Sie nahm auch nicht die Partei der Leute vom Prager Frühling im Jahre 1968. Doch wo sie Unrecht sah im eigenen Bereich der Schriftsteller und der Literatur, hat sie nicht geschwiegen, sondern vielen geholfen. Als Walter Ulbricht den Schriftsteller Peter Hacks öffentlich angriff und sein Stück »Die Sorgen und die Macht« verdammte, schrieb Anna Seghers im »Neuen Deutschland«, das ihren Beitrag nicht ablehnen konnte: sie habe das Stück von Peter Hacks gesehen und halte es für gut und nützlich.

Wie sind diese scheinbaren oder realen Widersprüche zwischen Leben und Werk, genauer: zwischen Lebensentscheidung und Aussage des epischen Werkes zu deuten? Wer da, wie es oft von außen her geschehen ist, von Opportunismus zu sprechen wagt, oder gar vom blinden Gehorsam, hat den Menschen Anna Seghers nicht gekannt und sein Werk im Grunde mißverstanden. Es gibt nämlich einen tiefen Dualismus im Werk, seit den Anfängen, und weit noch hineinreichend in die späten Lebensjahre: gipfelnd, im späten Werk von Anna Seghers, in der Erzählung vom »Argonautenschiff« von 1948 und der historischen-karibischen Erzählung »Das Licht auf dem Galgen« vom Jahre 1961.

Dieser *tiefe Dualismus* durchzieht allenthalben das Schaffen von Anna Seghers. Wie jede These bei ihr zugleich den Gegenbegriff hervorbringt, so enthält, umgekehrt, auch jede negative Akzentuierung gleichzeitig ein Element des Positiven. In einem Titel wie »Die Kraft der Schwachen« hat es Anna Seghers besonders klar erkennen machen. Darum sind alle so genau beobachtenden und in sorgfältiger Aufspürung der Tatsachen komponierten Erzählwerke niemals bloß »realistisch« in einem herkömmlichen Sinne. Zu schweigen von der sonderbaren Ästhetik eines Sozialistischen Realismus.

Alle Welt bei Anna Seghers ist gleichzeitig auch *mythische Welt.* Das hat als erster, gleich zu Beginn ihrer schriftstellerischen Laufbahn, der Hamburger *Hans Henny Jahnn* gespürt und auch ausgesprochen, als er im Jahre 1928 dem jungen Autor »Seghers« als alleiniger Preisrichter die damals wichtigste literarische Auszeichnung für einen jungen Schriftsteller verlieh: den Kleist-Preis. Zur Begründung seiner Entscheidung stelle er fest: »Ich habe den Preis der jetzt achtundzwanzigjährigen Anna Seghers zuerkannt, weil ich eine starke Begabung im Formalen gespürt habe. Bei großer Klarheit und Einfachheit der Satz- und Wortprägung findet sich in den beiden Novellen ein mitschwingender Unterton sinnlicher Vieldeutigkeit, der den Ablauf des Geschehens zu einer spannenden Handlung macht. Die Funktionen des Lebens erscheinen weniger wichtig als die Tatsache seiner Existenz. Die Gestalten sind nicht so sehr Träger einer Handlung, als Äußerung in ihnen wirksamer Kräfte. Darum verbrennt alles, was als Tendenz erscheinen könnte, in einer leuchtenden Flamme der Menschlichkeit.« Diese Analyse ist bis heute gültig geblieben.

Schon damals meldeten sich Gegner und Gegenspieler. Einer hieß Arno Schirokauer. Er verdammte von Grund auf, nämlich so: »Das Herz schlägt für die Armen, wodurch aber die Grammatik noch nicht besser wird. Die Prosa ist unbrauchbar. Die Sprache zeichnet nicht, bezeichnet nicht. Es kommt ihr nicht auf Genauigkeit und Prägnanz an; sie setzt Tupfen; sie entlädt sich stoßweise.« Man kann es nicht falscher sagen.

Hans Henny Jahnn nahm darauf noch einmal das

Wort: zur Begründung der Preisverleihung, und als grausame Antwort an Herrn Schirokauer: »Auch die preisgekrönten Werke, ›Aufstand der Fischer von St. Barbara‹ und ›Grubetsch‹ von Anna Seghers, machen aus ihrer Tendenz kein Hehl. Die Arbeitgeberzeitungen haben durch ihre Rezensenten deshalb die Preisverteilung als einen Mißgriff bezeichnen lassen. Auch geschmacklose Angriffe sind aufgetaucht. So hat Herr Schirokauer sich das Verdienst erworben, nicht die Arbeiten bemängelt, sondern ein Zeitungsgefecht eingeleitet zu haben. Er spielte mit ein paar Bällen, die in Wahrheit weiche Pflaumen waren. Und sagte, fragte, ob man ein Werk deshalb krönen könne, weil es als Voraussetzung habe, daß es soundso viele Ruhrgebiete in der Welt gäbe und gewisse Leute versuchten, mit blauen Bohnen den Hunger der Hungernden zu stillen (was ihnen, objektiv betrachtet, mit ein wenig Blutverschütten gelänge). Mir scheint, daß, wenn Herr Schirokauer sich an die Unabwendlichkeit dieser Zustände gewöhnt hat, das ja nicht auszuschließen braucht, daß andere sich für ihre Problematik immer noch interessieren.«

Ich habe später mit Hans Henny Jahnn über die damalige Konstellation gesprochen. Er gestand mir, daß er nicht, wie bekannt, den Preis für die *beiden* Erstlingswerke von Anna Seghers verlieh, die Erzählungen »Grubetsch« und »Aufstand der Fischer von St. Barbara«, sondern daß er »Grubetsch« für die bei weitem bedeutendere Erzählung gehalten habe.

Nun unterscheidet sich auch hier wieder das Urteil des Preisrichters von damals dadurch vom eigenen Urteil der Erzählerin, daß Anna Seghers die Erzählung »Grubetsch« immer wieder nicht gerade abzuleugnen, doch beiseite zu schieben suchte. Sie findet sich nicht einmal in der Sammlung ihrer »Ausgewählten Erzählungen«. Erst in der Gesamtausgabe kann man sie wieder nachlesen.

Hans Henny Jahnn hat aber in seinem Urteil recht gehabt: wie immer die Verfasserin selbst es sehen mochte. Der »Aufstand der Fischer von St. Barbara« ist ein Meisterwerk der deutschen Novellistik geblieben, allein auch der »Grubetsch« ist ein Meisterwerk. Ich habe einmal mit Anna Seghers darüber sprechen wollen. Sie lächelte, wie zu erwarten war, wich aus, sprach von etwas anderem.

Der »Grubetsch« ist eine wüste Geschichte. Das mythische Element tritt ungemein stark hervor. Wer ist dieser Grubetsch, den alle lieben und, weil er sie nimmt und wegwirft, anzieht und preisgibt, auf leidvolle Art zu hassen lernen, so daß er schließlich umgebracht wird, abgestochen, mitten in einer Gemeinschaft der Verworfenen? »Die anderen bückten sich über den Tisch, schleiften Grubetsch darüber und stopften ihn schnell weg, irgendwohin.« So wird auf der letzten Seite der Erzählung berichtet. Auf der ersten sagt eine Frau »Der Grubetsch ist wieder da... jetzt wird es wieder ein Unglück geben.« Das Glück aber und auch Unglück, das sich mit dem Namen des Mannes Grubetsch verbindet, wird nicht erklärt, bleibt unklärbar. Grubetsch ist eine mythische Gestalt. Liest man die Geschichte von neuem, so überrascht die Ähnlichkeit dieser Erzählung, des epischen Erstlings von Anna Seghers, mit dem dramatischen Erstling von Bertolt Brecht. Der Mann Baal bei Brecht ist ein sonderbarer Verwandter und Gegenspieler des Mannes Grubetsch. Beide leben in einer Welt der süßen Anarchie; beide genießen das Glück wie auch den Untergang, der ähnlich abläuft in beiden Fällen. Nur: Bertolt Brecht hing stets mit zärtlicher Liebe an seinem Baal. Anna Seghers hätte den Grubetsch, den sie auch in sich trug, recht gern verleugnet.

Das konnte nicht gelingen. Sie hat trotzdem immer wieder Erzählungen geschrieben, die der Geschichte vom

Manne Grubetsch ähnlich wurden. Vor allem als sie den Mut faßte, im Jahre 1937, einen weiblichen Mythos, diesmal befreit von aller städtisch-plebejischen Anarchie, neu zu finden oder wohl auch: wiederzufinden. Die »Sagen von Artemis« sind gleichfalls mythische Welt: diesmal jedoch durch die Autorin zweifach legitimiert: weil eine Sage erzählt wird, und weil es um die Göttin Diana geht, die Göttin der Jagd und der Jäger, auch die tötende Göttin, die Schwester des fernhin treffenden Bogenschützen Apollon.

Erzählt wird, in einer großartigen Prosa, vom ständigen Dasein der Göttin: scheinbar bloß in der Welt der Bauern, Hirten und Jäger. Einer der Erzählenden, dem Artemis begegnet war, faßte den Mut, ihr sein Leid zu bekennen: »Ihr Bruder war ein mächtiger Gott, vielleicht sogar der mächtigste... Ich erzählte ihr, wie mich das Heimweh überfiel, zuerst hie und da bei irgendeiner Gelegenheit und dann immer häufiger, bis ich kaum mehr etwas roch oder anfaßte, was mich nicht auf Umwegen an die Heimat erinnerte... Wie schließlich das Heimweh Tag und Nacht da war, weil es zuletzt überhaupt nichts mehr gab, was mich nicht an die Heimat erinnern konnte.«

Die »Sagen von Artemis« sind ein Werk des Exils: Wohl noch in Paris entstanden. Ein Werk des Heimwehs nach einer verlorenen und unerreichbaren Heimat.

Auch die Erzählung »Das Argonautenschiff« von 1948, geschrieben noch im Exil in Mexiko, handelt von einem wohlbekannten Mythos, von den Argonauten, dem Jason, der Medusa und der Medea. Sie handelt auch vom Mythos der gescheiterten Hoffnung. Der gealterte Jason erzählt von der Argo: »Ihr Holz ist mit der Zeit morsch geworden. Das allerberühmteste Schiff ist noch recht gut erhalten. Du hast vielleicht schon von ihm gehört. Es heißt die Argo. Es ist nur ein Wrack. Du kannst aber nicht davorstehen, ohne daß du vor Ehrfurcht zitterst.«

Im Werk der Anna Seghers führt ein gerader Weg von der süßen Anarchie des Grubetsch zur Trauer um das gescheiterte Schiff, das Argo heißen mag oder auch, auf dem berühmten Bild von Caspar David Friedrich, den Namen »Hoffnung« tragen könnte. Eine gescheiterte Hoffnung oder auch eine gealterte Hoffnung. Man muß sich ganz einlassen auf das Werk von Anna Seghers, auf seine Thesen wie Antithesen. Sinndeutung und Deutungshilfe werden nicht gewährt. Vielleicht nicht bloß, weil Anna Seghers dem Literaturgespräch abhold war, sondern wohl auch, weil die Kräfte und Mächte, die von ihr gestaltet wurden, nur auf solche Art benannt werden konnten.

Einmal hat sie es trotzdem versucht: von sich selbst zu sprechen und von ihren realen Begebenheiten in der fernen westlichen Welt, unter armen Leuten, die ein plebejisches Spanisch sprechen. Die Erzählung vom »*Ausflug der toten Mädchen*« kennt ein Ich, das erzählt, allein es nimmt diesmal nicht nur Berichte von anderen entgegen, sondern berichtet selbst. Es spricht von der Emigrantin Anna Seghers in Mexiko, und von der Heimat, von Mainz und vom Rhein. Sie erzählt, gleichsam einer zuhörenden Artemis, vom Heimweh.

Eine Erinnerungsgeschichte. Erinnerung an die Rheinfahrt von einst mit den Mainzer Mitschülerinnen, die alle tot sind und die alle zerstört wurden in jener Welt, der das Mädchen Anna Seghers bis nach Mexiko entfliehen mußte. All diese jungen Mädchen starben im Grunde am Dritten Reich. Ihr Geschick wurde dadurch bestimmt. Von ihnen selbst hing es ab, darüber zu entscheiden, auf welcher Seite sie stehen wollten: ob sie also mitschuldig wurden an dem, was schließlich ihr Leben beenden sollte. Der Schluß der Erzählung ist eine Apotheose des

Heimwehs, nämlich des Schulwegs von einst: »Unter den beiden großen Eschen, die sich von der rechten und linken Seite der Straße wie ein Triumphbogen spannten, sich gegenseitig berührend, unzerstört, unzerstörbar.« In dem Roman »Transit« von Anna Seghers, vielleicht ihrem bedeutendsten, steht der Satz: »Denn abgeschlossen ist, was erzählt wird.« Wenn es aber erzählt wurde, hat es neue Dauer erhalten, indem es in der Erzählung weiterlebt: unzerstört, unzerstörbar.

Auch Anna Seghers war, wie alle großen Erzähler, auf der Suche nach einer Verlorenen Zeit. Der »Ausflug der toten Mädchen« endet gleichsam wie bei Marcel Proust, der nach Hause geht am Ende des Riesenromans, um alle Verlorene Zeit wiederzufinden beim Aufschreiben. Bei Anna Seghers heißt es so: »Man hat uns nun einmal von klein auf angewöhnt, statt uns der Zeit demütig zu ergeben, sie auf irgendeine Weise zu bewältigen. Plötzlich fiel mir der Auftrag meiner Lehrerin wieder ein, den Schulausflug sorgfältig zu beschreiben. Ich wollte gleich morgen oder noch heute abend, wenn meine Müdigkeit vergangen war, die befohlene Aufgabe machen.«

Die Welt der Erzählerin Anna Seghers ist stets auch eine *tragische* Welt. Sie kennt sowohl die noch unerfüllte wie auch die gescheiterte Hoffnung. Fast immer geht es um Tod und Leben. Schon in den Titeln drängt sich der Tod hervor. Die Toten bleiben jung. Der Ausflug der toten Mädchen. Der Roman »Transit« endet mit dem Satz: »Ich werde eher des Wartens müde als sie des Suchens nach dem unauffindbaren Toten.«

Vielleicht ist Anna Seghers in unserer Zeit noch einmal eine Tragikerin gewesen, die begriffen hatte, daß man keine Tragödien mehr auf die Schaubühne bringen darf. »Uns kommt nur noch die Komödie bei«, behauptete Friedrich Dürrenmatt. Deshalb seien Tragödien heute nicht mehr denkbar. Anna Seghers hat immer wieder das

Tragische erzählen wollen: die menschliche Existenz zwischen der Wärme und der Kälte. Die Kraft der Schwachen. Das Eingedenken der Toten. Wo sie sich literarisch und auf Anregung ihres Freundes Georg Lukács mit der großen epischen Totalität, dem breiten Gesellschaftsroman, einließ, wurden nicht allein Grenzen der Gestaltung sichtbar, sondern manchmal zugleich damit auch die Grenzen des realistischen Romans, wie ihn Lukács verehrt und gepriesen hatte. Das »Siebte Kreuz« ist ebenso wie »Transit« eher Erzählung als Roman. Erzählung immer wieder in der Nachfolge des Heinrich von Kleist. Annähernd glückte die Zusammenführung der Zeit- und Erzählebenen in dem Roman »Die Toten bleiben jung«, der noch entdeckt werden muß.

Wie soll man es deuten, daß das Werk der Anna Seghers, das weltberühmt ist, weil unzählige Menschen es in allen Sprachen der Welt gelesen und geliebt haben, das Werk einer der großen Schriftstellerinnen unseres Jahrhunderts, in ihrer eigenen Heimat so unbekannt blieb: wenig gelesen, von Tagesschreibern mit ein paar Floskeln abgetan? Die Parteipolitik reicht als Erklärung nicht aus. Eher muß daran gedacht werden, daß eine Wegwerfgesellschaft, die keine Herkunft mehr kennen will und an keine Zukunft zu glauben vermag, die tragische Wirklichkeit in den Werken von Anna Seghers kaum mehr ertragen kann. Anna Seghers hat immer gefragt, mit dem Titel ihres Essays über Dostojewski und Friedrich Schiller: »Woher sie kommen, wohin sie gehen.« Den Ursprüngen bei all ihren Gestalten geht sie nach, doch möchte sie auch wissen, welche Möglichkeiten sich finden für ein besseres Leben. In ihrer mythisch-tragischen Welt gibt es, wie in ihrer karibischen Geschichte, das »Licht« sogar noch auf dem Galgen.

Wer sich auf Anna Seghers einläßt und sie nach ihrem Tode ehrt, fragt gleich ihr nach den Ursprüngen und Aussichten der Menschen in aller Welt. Der meint es ernst mit der Geschichte und mit unserer Zukunft. Er fragt mit Anna Seghers in jedem Augenblick: woher sie kommen und wohin sie gehen. Der hat sie verstanden, die Schriftstellerin Anna Seghers aus Mainz. Dem entzieht sie sich nicht. Ehre ihrem Andenken.

2. Versuch über Hanns Eisler

»Fragen Sie mehr über Brecht«, so pflegte Hanns Eisler seinem Ausfrager Hans Bunge einzuschärfen, einem der vertrauten Mitarbeiter des großen Stückeschreibers. Ich selbst würde in ähnlicher Weise einem etwaigen Ausfrager meinerseits einschärfen: »Fragen Sie mich mehr und mehr aus über Hanns Eisler.« Dabei hat es zwischen dem Musiker und mir niemals eine stetige Zusammenarbeit gegeben, wie etwa zwischen Brecht und mir, wo eine Arbeitsverbindung entstand, die am Abend der Empfangsfeier für den aus Prag eingetroffenen Brecht gegen das Jahresende 1948 begann, um abgeschlossen zu werden in Brechts Berliner Wohnung zwei Tage nach der Totenfeier im Theater am Schiffbauerdamm im August 1956.

Mit Eisler hatte ich nicht nur in Verbindung mit seiner Arbeit am Berliner Ensemble zu tun: zwischen uns bestand seit der ersten Begegnung, von der noch gesprochen werden soll, eine erstaunlich nahe freundschaftliche Beziehung. Im Umgang mit Brecht gab es für uns nur die Anreden »Brecht« und »Mayer«, auch in den Briefen. Keine Vornamen, die Anrede mit Sie. Hanns Eisler und ich aber, wir haben stets Du zueinander gesagt. Dabei hat die vertrauliche Anrede im kommunistischen Machtbereich durchaus keine wirkliche Vertraulichkeit und Nähe bedeuten müssen. Das wußte und weiß man nur allzu gut. Zweimal wurde ich von Brecht eingeladen, bei der Vorbereitung seiner Bearbeitung des »Hofmeister« von Jakob Michael Reinhold Lenz vor den Mitgliedern des Berliner Ensembles zu sprechen. Beide Male war auch Hanns Eisler, der eine höchst eindrucksvolle und originelle Musik für die Aufführung geschrieben hatte, bei der Diskussion anwesend. Man saß nachher zusammen: im einen Fall mit der Anrede Sie, mit dem Du im anderen. Einen Unterschied der Distanz gab es dabei nicht. Die jeweilige Anrede paßte genau zur Lebensform des einen wie des anderen. Unvergeßbar waren sie beide. Brecht hat viele Menschen, aus Gründen, die bisweilen sein Geheimnis blieben, von sich gestoßen. Die Urteile über diesen besonderen Menschen sind bis heute sehr widerspruchsvoll geblieben. Theodor W. Adorno, der in Los Angeles mit ihm zu tun hatte, aber zu den von Brecht gehaßten Tuis vom Frankfurter Institut gehörte, sprach mir gegenüber von der »Treulosigkeit« dieses Menschen. Ich habe immer wieder die Treue und Zuverlässigkeit Brechts nicht nur selbst erfahren, sondern auch erlebt bei seinem Umgang mit anderen, denen er sich seit den Anfängen verbunden fühlte, auch wenn vieles in der Zwischenzeit geschehen war. Brecht hat dem Herbert Jhering und auch dem Arnolt Bronnen bis zuletzt die Treue gehalten.

Im Urteil seiner überlebenden Zeitgenossen hingegen über Hanns Eisler hat es solche Widersprüche niemals gegeben. Wer ihn kannte und erlebte, war ihm verfallen. Beide sind sie Spieler gewesen, der Brecht wie der Eisler: nämlich Künstler. Allein Brecht pflegte gegen seine Partner freundschaftlich zu spielen. Das war insgeheim Arbeit für ihn. Er probierte Konstellationen und Dialoge, Spannung und Entspannung. Seine wirklichen Partner haben das stets gewußt, und mitgespielt. Im Frühsommer 1954 nahmen Brecht und ich in Amsterdam am Internationalen Kongreß des PEN-Clubs teil. Wir schwänzten an einem Vormittag die literarischen Debatten, gingen spazieren an den Grachten, es war heiß, man wurde müde und durstig. Da war eine kleine holländische Kneipe am Ufer. Wir traten ein, um etwas zu trinken. Ich bestellte dann etwas Brot und holländischen Käse. Ich wußte, daß Brecht ein großer Liebhaber der guten Käsesorten war. Er wußte, daß ich es wußte, bestellte aber nicht. Als der Käse gebracht wurde, sehr einladend, bat mich Brecht, ich möge ihm etwas davon abgeben. Ich hatte es vorausgesehen und leise beim Kellner einen zweiten Teller bestellt. So spielten wir miteinander eine Szene, ohne daß der Vorgang mit einem Wort kommentiert wurde.

Ein solches Spiel wäre undenkbar gewesen mit Hanns Eisler. Er spielte nicht gegen einen Partner, sondern erreichte mühelos, daß man *mit* ihm gemeinsam spielte. Brecht war ein Dramatiker, Hanns Eisler ein Musiker.

Die Flaschenpost

Wenn ich an ihn zurückdenke, was oft geschieht, weil er so lebendig blieb in der Erinnerung, fällt mir sofort eine Geschichte ein, die er mir erzählte. Übrigens erzählte er sie mir zweimal zu verschiedenen Zeiten. Eisler besaß, ganz wie Brecht, der auch bisweilen dieselbe Geschichte wiedererzählte, einen Fundus des Erlebten. Dazu gehörte diese *Episode mit Theodor W. Adorno.* Hanns Eisler verlegte die Story, wenn ich mich recht erinnere, ans Meeresufer, und zwar in Katalonien. Ich habe nachgeschaut in den biographischen Angaben des Buches »Hanns Eisler – Für Sie porträtiert von Eberhardt Klemm«, Deutscher Verlag für Musik, Leipzig 1973. Eberhardt Klemm, der früh gestorben ist, war Musikwissenschaftler in Leipzig und gehörte zum Freundeskreis von Uwe Johnson. Er hatte den Spitznamen »Bela«: wegen seiner anhaltenden Begeisterung für Béla Bartók.

Klemms Angaben über Eislers Lebenslauf vermerken für das Jahr 1936 die Teilnahme des Musikers am Jahreskongreß der Internationalen Gesellschaft für neue Musik in Barcelona. Es war die Zeit des spanischen Bürgerkriegs. Ich glaube mich zu erinnern, daß Eisler von Spanien sprach im Zusammenhang mit der Geschichte von der *Flaschenpost*. Er habe dort, so berichtete er, mit Adorno am Meer gelegen. Der befreundete Musiker und Soziologe, Schüler Alban Bergs, so wie Eisler ein Schüler Arnold Schönbergs gewesen war, habe monologisiert. Adornos Konzept vom Kunstwerk, das unabhängig und in strenger Abgrenzung von aller Kulturindustrie entstehen müsse und einer Flaschenpost zu gleichen habe, ist heute wohlbekannt. Es gehört zum Grundkonzept einer negativen Dialektik. Wahrscheinlich hat Adorno damals auch am Meeresstrand in solcher Weise argumentiert. Worauf Hanns Eisler in folgender Weise repliziert hat: »Weißt Du, Teddy, ich stelle mir das genau vor hier am Meer. Da wird nun Deine Flasche herangespült. Ich bin ein alter Säufer, stürze mich darauf. Erste Enttäuschung: sie enthält keine Flüssigkeit. Dann öffne ich die Flasche. Sie enthält nur einen Zettel in Deiner Handschrift. Darauf steht geschrieben: ›Mir ist mies.‹ Was soll ich damit nun anfangen?«

Ich höre das noch genau. Dergleichen kann man nicht erfinden. So muß es gewesen sein. Anschließend Gelächter. Hanns Eisler hatte ein tiefes, unwiderstehliches Lachen. Er lachte immer von neuem, wenn er die Geschichte von neuem vortrug.

Sie enthält alle Elemente von »Scherz, Satire, Ironie und tieferer Bedeutung« im Sinne des berühmten Lustspiels von Christian Dietrich Grabbe. Die tiefere Bedeutung liegt wohl darin, daß hier die Konzepte der negativen Dialektik und des Prinzips Hoffnung gegeneinander stehen. Adorno hielt fest am Bildnisverbot der kritischen Theorie. Man kann und darf sich eine alternative und antithetische Gesellschaft zur kapitalistischen Wirklichkeit nicht ausmalen. Hanns Eisler will mit seinem Leben und seiner Kunst zur Entstehung einer alternativen Gesellschaft beitragen. Adornos Zettel in der Flasche ist für Eisler nichts anderes als ein Ausdruck des »unglücklichen Bewußtseins« im Sinne von Hegel. Allein diese Negation möchte Eisler, und daran hat er bis zuletzt festgehalten, durch eine Negation der Negation ins Positive wenden.

Die Geschwister Eisler

In Eberhardt Klemms Buch über Eisler gibt es einige schöne und seltene Photographien, die offenbar Hanns Eisler selbst dem Porträtisten zur Verfügung stellte. Man sieht den streng blickenden Philosophen Dr. Rudolf Eisler, der in Leipzig für einen der großen dortigen Verlage ein Philosophie-Lexikon vorbereitete. So kam der Österreicher Hanns Eisler am 6. Juli 1898 nicht an der schönen blauen Donau, sondern an der kleinen Pleiße zur Welt. Die Eltern kehrten aber bereits 1901 nach Wien zurück. Die Mutter Ida Maria Eisler geborene Fischer ist eine schöne blonde Frau gewesen. Die Kopfform des jungen Hanns Eisler auf einem Weltkriegsbild vom April 1917 erinnert mehr an die Mutter als an den streng blickenden intellektuellen Vater. Streng blickend und »intellektuell« in einem unangenehmen Sinn war Hanns Eisler wahrhaftig nicht.

Am merkwürdigsten ist das Kinderbild von Elfriede, Gerhart (mit t, in Verehrung für Gerhart Hauptmann) und Hans, der damals das n seines Vornamens noch nicht verdoppelt hatte. Von diesen drei Geschwistern sprechen, heißt doch auch, von drei Gestalten der Zeitgeschichte zu berichten. Der Name Elfriede Eisler besagt nichts für einen, der sich nicht genau in der Zeit- und Kulturgeschichte der ersten Jahrhunderthälfte auskennt. Allein Elfriede Eisler nahm später den Namen *Ruth Fischer* an. Vielleicht in Erinnerung an den Mädchennamen der Mutter? Als Ruth Fischer aber gehört sie in die unglückliche Geschichte einer Ersten Deutschen Republik. Man versucht, was unzulässig sein muß, aus dem Kinderbild des etwa Zehnjährigen (Hanns Eisler war der Jüngste) auf die energische, oft auch zänkische kommunistische Politikerin der zwanziger Jahre zu schließen. Aus meiner Schülerzeit weiß ich noch, daß die bürgerliche Presse, wenn Ruth Fischer wieder einmal mitten in einer der grenzenlosen Inflationsdebatten des Deutschen Reichstages für Krach sorgte und vom Präsidenten verwarnt werden mußte, höhnisch erklärte, sie heiße gar nicht Ruth Fischer, sondern Elfriede Golke. Vermutlich hatte sie damals einen Mann mit dem proletarischen Namen Golke geheiratet. Elfriede hieß sie in der Tat.

In der Geschichte der Kommunistischen Internationale spielte sie in den Anfängen der Sowjetunion noch unter Lenin und in Stalins Anfängen eine wichtige Rolle. Sie stand ganz links im Kommunismus, das versteht sich. Bereits unter Lenin gab es, in Erinnerung nicht allein an die einstigen Parteikämpfe zwischen den Menschewiki und Bolschewiki, sondern innerhalb der zahllosen internen Abweichungen von der Parteilinie, eine Unterscheidung zwischen Rechten, Versöhnlern und Ultralinken. Ruth Fischer war ultralinks, ihr Bruder Gerhart jedoch ein Versöhnler. Beide gehörten zur Kommunistischen Partei Deutschlands, beide hatten ihren Rückhalt bei den entsprechenden Moskauer Fraktionen. Hat sich Ruth Fischer damals zusammen mit dem Sowjetrussen Maslow, ihrem Fraktionskollegen, in Moskau an Trotzki gehalten statt an Stalin? Im Kreml war man dieser Meinung, was um 1925, als Stalin bereits über Trotzki gesiegt hatte, den Parteiausschluß der »Ruth Fischer- und Maslow-Gruppe« zur Folge hatte.

Dies alles ist deutsche und internationale Geschichte gewesen. Ruth Fischer und Maslow hatten im Oktober 1923 innerhalb der Partei wütend dagegen protestiert, daß die damaligen »rechten« Parteiführer Heinrich Brandler und August Thalheimer, einstige Schüler und Mitarbeiter von Rosa Luxemburg, zwar erreicht hatten, daß in den Ländern Sachsen und Thüringen linkssozialistisch-kommunistische Regierungen errichtet wurden, die später von der Reichsregierung nach dem Grundsatz »Reichsrecht bricht Landesrecht« durch Einmarsch der Reichswehr beseitigt wurden. Die kommunistische Parteileitung verhinderte einen von vornherein verlorenen allgemeinen Aufstand gegen diese Maßnahme der Reichsregierung. Ruth Fischer aber und die anderen Ultralinken hätten im Sinne von Trotzkis »permanenten Revolutionen« gehandelt und trotzdem losgeschlagen: mit der sicheren Aussicht auf eine blutige Niederlage. Die Reichsregierung verbot vorübergehend die Kommunistische Partei Deutschlands, die einen illegalen Parteitag irgendwo abhielt. Dort wurde die rechte Parteileitung abgelöst. Nun führten Fischer und Maslow die große Arbeiterpartei Karl Liebknechts, Franz Mehrings und Rosa Luxemburgs. Brandler und Thalheimer schickte man nach Moskau in das seitdem weltbekannte und später gefürchtete Hotel Lux.

Mit der Stabilisierung der »Deutschen Rentenmark« am 1. Januar 1924 war es zu Ende mit dem, was die Komintern offiziell als »Ersten Turnus der Kriege und Revolutionen« deklarieren sollte. Die Parteiführung Fischer und Maslow war kurzlebig, dann folgte der Ausschluß. Die Brandlerianer blieben noch bis 1928 in der Kommunistischen Partei Deutschlands und Komintern. Dann rechnete Stalin auf dem VI. Weltkongreß der Komintern mit seinem »rechten« Rivalen N. J. Bucharin ab, und zugleich mit dessen deutschen Anhängern.

Ruth Fischer hat dann eine Zeitlang eine kleine Gruppe der ausgeschlossenen Fraktionsmitglieder organisiert und damit an eine politische Wiederkehr geglaubt. Allein es war unmöglich. Stalin hat niemals einen seiner Feinde vergessen und übersehen. Ruth Fischer wurde immer mehr zum Inbegriff einer »antisowjetischen und antikommunistischen« Ideologie. Dadurch wurde sie ganz anderen Leuten und in ganz anderer Weise interessant. Ruth Fischer habe ich selbst nur einmal und ganz kurz gesehen. Das war im Jahr 1946 und in Frankfurt. Ich war damals politischer Chefredakteur von Radio Frankfurt, einem Sender der amerikanischen Militärregierung. Die Sekretärin im Vorzimmer meldete, eine Frau Ruth Fischer möchte mich sprechen. Ich ließ nachfragen. Es handelte sich um »die« Ruth Fischer. Ich ging hinaus, stellte mich vor. Sie wollte gern mit mir über die Struktur und politischen Konzepte des neuen deutschamerikanischen Senders sprechen. Ich lehnte höflich ab. Wir hatten unsere Richtlinien, die ich auch selbst für gültig hielt. Eine Erörterung darüber sei jedoch unzweckmäßig: es handelte sich um Anordnungen der Militärregierung. Was sie herausfinden und diskutieren wollte, war mir wohlbekannt. Damals galt noch, bis zum Frühjahr 1947, als der Kalte Krieg vorbereitet wurde durch eine Stuttgarter Rede des damaligen amerikanischen Außenministers Byrnes, die Anweisung, daß innerhalb der deutschen Presse und damit auch innerhalb des Rundfunks, keine Kritik an anderen Alliierten geübt werden dürfe, was vor allem hieß: keine antisowjetische Diskussion im amerikanischen Sender. Dies jedoch hatte sich vermutlich Ruth Fischer gewünscht. Ein Jahr später hätte sie vollständig gesiegt. Damals aber war ich längst ausgeschieden bei Radio Frankfurt.

Über Ruth Fischer, seine Schwester Elfriede Eisler, ließ Hanns Eisler nicht mit sich reden. Sie war für ihn indiskutabel. Mit seinem älteren Bruder *Gerhart Eisler* hingegen war er bis zum Tode des Älteren eng verbunden. Den Politiker Gerhart Eisler hat er bewundert. Ich war ganz anderer Meinung, doch Hanns nahm seinen Gerhart immer in Schutz. Gerhart Eisler ist wohl niemals aus der KPD ausgeschlossen worden. Er gehörte zu jenen »Versöhnlern«, denen es wichtig war, die Einheit ihrer Partei trotz allen Fraktionskämpfen zu erhalten. Dabei machte man sich sowohl bei Stalin mißliebig, wie auch in der deutschen Partei, die inzwischen von Ernst Thälmann geführt wurde. Hinter Ernst Thälmann aber war längst jener *Walter Ulbricht* aus dem Schatten getreten, der einstmals durchaus nicht zum Spartakusbund gehört hatte wie Brandler, Thalheimer oder Paul Böttcher, sondern erst bei der Vereinigung der Unabhängigen Sozialisten mit den Kommunisten seinen Aufstieg zu organisieren vermochte. Ulbricht hat die Versöhnler gehaßt und bekämpft, auch wenn er sie 1926 tolerieren mußte. Paul Böttcher war damals eine Zeitlang sogar Chefredakteur der »Roten Fahne«. In Moskau war Bucharin noch Chefredakteur der Regierungszeitung »Iswestija«. Der Reichstagsabgeordnete Eberlein, Fraktionschef der Versöhnler, emigrierte nach Moskau und wurde dort umgebracht. Gerhart Eisler gelangte ins amerikanische Exil. Als dort unter Präsident Truman gegen Ende der vierziger Jahre der Kalte Krieg auch im amerikanischen Inland geführt wurde, als Justizkampf gegen »Unamerican Activities«, und Brecht ebenso wie Hanns Eisler vorgeladen und beschuldigt wurden, entdeckten die politischen Staatsanwälte unter Anführung des Senators Joseph McCarthy aus dem Staat Wisconsin, dem Robert Kennedy zur Seite stand, daß dieser Emigrant Gerhart Eisler ein schlimmer Feind sei und ein großer Agent.

Nun wurde Bruder Gerhart von Moskau aus zum Helden und Märtyrer gemacht. Irgendwie kam er frei, wurde wohl ausgewiesen, ganz wie vorher sein jüngerer Bruder

Hanns Eisler. Man holte ihn in die Deutsche Demokratische Republik. Ich war dabei, wie aus Anlaß eines festlichen Konzerts die Veranstaltung unterbrochen werden mußte, weil Gerhart Eisler eintrat, der Held und Märtyrer. Plötzlich war auch Walter Ulbricht zur Stelle und ließ es sich nicht nehmen, den lieben Freund und Genossen auf dem Podium herzlich zu umarmen. Die meisten im Saal waren begeistert und gerührt. Sie mochten nicht ahnen, was Gerhart Eisler, der sich auskannte, bei dieser brüderlichen Umarmung empfand. Ulbricht empfand gar nichts. Für den war das Routine. Am nächsten Tag sorgte er dafür, daß Gerhart Eisler dorthin kommandiert wurde, wo er keine Macht ausüben, sondern sich nur kompromittieren konnte. Ich habe dann bisweilen und jeweils nur eine kurze Weile den Rundfunkkommentaren Gerhart Eislers zugehört. Er war Chefredakteur des Rundfunks in Ostberlin und Kommentator. Auch bei dieser Tätigkeit hatte man Gerhart Eisler ein Bein gestellt. Der tückisch-elegante Karl Eduard von Schnitzler betrieb nach wie vor die antiwestliche Propaganda, wie bekannt. Er durfte die absolute Negation betreiben. Gerhart Eisler wurde dazu verurteilt, die Vorzüge des sozialistischen Regimes auf allen Gebieten zu preisen. Nun war Gerhart Eisler kein Held mehr und kein Märtyrer.

Ich habe ihn ein paarmal getroffen, den Gerhart Eisler. Er litt sehr unter dem Widerwillen, den er allenthalben zu spüren bekam. Seinen genialischen jüngeren Bruder hat er geliebt und bewundert.

Ist Hanns Eisler ein Kommunist gewesen? Zweifellos. In den späten zwanziger Jahren war er der Kommunistischen Partei Deutschlands beigetreten. Damit war es nach dem 30. Januar 1933 zu Ende. Innerhalb der Partei war die Richtlinie ausgegeben worden, daß es in einem organisatorischen Sinn keine Parteimitgliedschaft mehr geben dürfe. Das war auch notwendig, um gegen Zuwanderung im Auftrag irgendwelcher Geheimdienste sicher zu sein. Kommunistisches Parteimitglied konnte man erst nach dem Kriegsende innerhalb der Neugliederung der Parteien werden. In der Sowjetunion ist es wohl anders gewesen. Hanns Eisler hatte natürlich in den USA enge Verbindung zu seinen einstigen Genossen, doch einer illegalen Parteizelle hat er niemals angehört, wie er aussagte. Er ist auch, soweit ich weiß, bei der Rückkehr nach Wien nicht Mitglied der Kommunistischen Partei Österreichs geworden, ebensowenig hat er zur SED gehört.

Was also mag er gewesen sein in diesem Leben, das am 6. September 1962 zu Ende war? Hanns Eisler starb also mit 64 Jahren. Manches spricht dafür, daß er immer ein Dissident gewesen ist: von außen her gesehen und auch vor sich selbst.

Der Dissident: Eisler und Arnold Schönberg

Die Jugendgeschichte der beiden älteren Geschwister, also der Ruth Fischer und des Gerhart Eisler, sollte einmünden in die politische Geschichte einer ersten deutschen Nachkriegszeit. Soweit man sieht, hielt es die beiden Aspiranten kommunistischer Gesellschaftsveränderung nicht im heimischen Österreich, das als deutschsprachiges Residuum übriggeblieben war nach dem Zerfall des habsburgischen Nationalitätenstaates. Die Geschichte dieser beiden Geschwister wurde kommunistische Parteigeschichte, und zwar offenbar mit der Besonderheit, daß der Eintritt in die Kommunistische Partei Deutschlands von Anfang an verbunden war mit der jeweiligen persönlichen Entscheidung für ein *spezifisches Dissiden-*

tentum. Das hing natürlich mit den russischen und später sowjetischen Parteikämpfen der Bolschewiki zusammen. Ruth Fischer hielt allzu gefährliche Nähe zu L. D. Trotzki. Gerhart Eisler wollte es auf keinen Fall mit J. W. Stalin verderben, doch die richtige Liebe zum »Vater der Völker« hat er wohl niemals aufbringen mögen. Als ihn Walter Ulbricht schließlich in der jungen Deutschen Demokratischen Republik auf den völligen Personenkult einschwor, war es für Gerhart Eisler zu spät geworden. Innerhalb der Partei spürte man wohl immer noch den Geruch eines Dissidenten, der seinen Kleidern nach wie vor zu entströmen schien.

Hanns Eislers Jugendgeschichte ist die eines Musikers, und zwar von Anfang an die eines schöpferischen Tonsetzers. Eisler hat sehr gut Klavier gespielt; seinen vielen und immer wieder erfolgreichen Liedern war er ein hochgeschätzter Begleiter, doch im Gegensatz zu anderen großen Komponisten des zwanzigsten Jahrhunderts, etwa zu Debussy und Bartók, Prokofjew und Schostakowitsch, auch zu Benjamin Britten, begann Hanns Eisler nicht mit einer Laufbahn als Konzertpianist. Die russische Komponistentradition, begründet durch Anton Rubinstein und Sergej Rachmaninow, legte den Weg fest, der von dem pianistischen Vortrag eigener Werke fast unmerklich hinüberführte zum Verzicht auf Klavierabende zugunsten des Komponierens. Diese besonders bei russischen und ungarischen Tonsetzern vorgezeichnete Laufbahn war für das neunzehnte Jahrhundert maßgebend. Auch Franz Liszt und später der junge Johannes Brahms, der sich zuerst als Schüler zu Franz Liszt gesellen wollte, hatten sich in solcher Weise auf den eigenen Weg gemacht.

Die *Zweite Wiener Schule* der Tonsetzer im zwanzigsten Jahrhundert ging andere Wege. Arnold Schönberg bevorzugte als ausübender Musiker das Violoncello. Er machte sich auch nur widerstrebend an die Aufgabe des Dirigenten: weil es ihm schwer gemacht wurde, fachkundige Kapellmeister für die eigenen Partituren zu finden, und weil er der Fachkunde anderer Musiker insgeheim nicht traute. Auch Schönbergs berühmte Schüler Alban Berg oder Anton von Webern haben es ähnlich gehalten. René Leibowitz und Winfried Zillig gaben schließlich das eigene Komponieren auf zugunsten ihrer Tätigkeit als Leiter großer Orchester. Eduard Steuermann wurde zum Meisterpianisten dieser Zweiten Wiener Schule; Rudolf Kolisch hat die neue Kammermusik Arnold Schönbergs und seiner Schüler recht eigentlich als Quartettspieler durchgesetzt und schließlich die neue Art des Interpretierens übertragen können auch auf die Werke einer Ersten Wiener Schule, also auf Haydn und Mozart, Beethoven und Franz Schubert.

In seinem Buch »Hanns Eisler. Musik einer Zeit, die sich eben bildet« (Edition Text und Kritik, München 1976) hat *Albrecht Betz* die Entwicklung Hanns Eislers genau erforscht und interpretiert. Hanns Eisler war im Jahr 1898 zur Welt gekommen: als ein Jahrgangsgenosse seines späteren Freundes und Partners Eugen Berthold Brecht. In Wien ging er seit 1904 zur Schule, er wurde 1916 zu einem ungarischen Regiment eingezogen und kam, wie Tausende seiner Generation, als ein Aufsässiger und Revolutionär im Jahr 1918 nach Wien zurück. Ein Jahr später, also mit einundzwanzig Jahren, beginnt er sein Studium am Wiener Konservatorium, kennt aber bereits, als ein Nachgeborener, die Werke von Schönberg, Alban Berg und von Webern. Zu ihnen fühlt er sich hingezogen und beginnt im Herbst 1919 in Mödling bei Arnold Schönberg die eigentliche Lehrzeit als Komponist.

Der Beginn des Komponisten Hanns Eisler ist zugleich auch Anfang eines sozialistischen Lebenslaufs. Als reproduzierender Musiker hat sich Eisler auf die Tätigkeiten eines Dirigenten und Klavierbegleiters beschränkt. Wer Hanns Eisler als Dirigenten vor dem Orchester, möglichst einem Klangkörper mit kammermusikalischer Besetzung, erlebt hat, durfte ihn bewundern. Er war freundlich, gelassen, sehr häufig auch lustig. Ihm war solistische Einzelarbeit mit den Orchestermusikern wichtiger als das gebieterische Schwelgen im großen Gesamtklang. Innerhalb seiner musikalischen Schöpfungen nahmen die *Chorwerke* einen großen Platz ein. Darin blieb Eisler ein getreuer Schüler seines Lehrers Schönberg. Dieser wiederum war, wie man weiß, ein Leben lang ein Bewunderer des Komponisten Johannes Brahms. Auch Brahms hat, ganz wie Schönberg und später Hanns Eisler, viel Zeit in seinem Leben auf das Dirigieren von Chören verwandt. Der junge Eisler leitet bereits im Jahr 1920 die Arbeiterchöre »Stahlklang« und »Karl Liebknecht«. Der Komponist und Dirigent Hanns Eisler war stets auch ein begeisterter Erzieher und Lehrer. Was er gelernt zu haben glaubte, als Musiker und als Zeitgenosse, gedachte er als Erfahrung an die Nachgeborenen weiterzugeben. Auch hier gibt es eine Affinität zum Jahrgangsgenossen Bert Brecht, der auf die Frage, was sein Beruf sei, zumeist mit »Lehrer« zu antworten pflegte.

Der Tonsetzer Hanns Eisler, dem das Komponieren immer leicht zu fallen schien, hat in Schönbergs strenger Lehre langsam und sorgfältig gearbeitet. Sein op. 1 ist eine Klaviersonate. Sie ist 1923 abgeschlossen und wird auch sogleich, am 10. April dieses Jahres, in Prag zum ersten Mal aufgeführt. Es ist wohl auch kein Zufall, daß Eisler als Komponist mit einer Klaviersonate beginnt: etwa zwei Jahrzehnte nach dem op. 1 von Alban Berg, das auch in einer längst berühmt gewordenen einsätzigen Klaviersonate bestanden hat. Auch das op. 1 von Hanns

Eisler ist damit als Bekenntnis zu einer künstlerischen Gemeinschaft zu verstehen. Allein die nächsten Werkzahlen präsentieren bereits den Liederkomponisten im op. 2, neue Klavierstücke und eine zweite Klaviersonate und als op. 4 ein »Divertimento für Bläserquintett«.

Im Gegensatz zu den turbulenten Anfängen des Komponisten Arnold Schönberg, der immer wieder auf allgemeinen Widerstand stieß, was seinen Protektor Gustav Mahler stets traurig stimmte, beginnt der Komponist Hanns Eisler überaus erfolgreich. Sein op. 1 wird rasch bekannt, es wird im Herbst 1924 in Wien wiederholt. Inzwischen entstanden als op. 5 die Lieder nach den scheinbaren Nonsens-Gedichten von Christian Morgenstern und ein Duo für Violine und Violoncello als op. 7. Im Jahr 1925 erhält Hanns Eisler den Kunstpreis der Stadt Wien. Im selben Jahr wird er zum ersten Mal mit seinen Liedern im Juli in Donaueschingen auf dem Internationalen Kammermusikfest aufgeführt. Das Streicher-Duo op. 7 kann im September 1925 auf dem Kammermusikfest in Venedig gespielt werden. Bereits zu Beginn dieses so erfolgreichen Jahres 1925 verließ Hanns Eisler, der sich immer mehr als Komponist *und* als Sozialist seinem Lehrer Schönberg entfremdet hatte, die österreichische Hauptstadt und zog nach Berlin. Hier wird er im Jahr 1926 als Kompositionslehrer an das im neunzehnten Jahrhundert gegründete und nach zwei berühmten Pianisten aus der Schule von Franz Liszt benannte Klindworth-Scharwenka-Konservatorium berufen.

Über den *Bruch zwischen Eisler und seinem Lehrer Schönberg* ist viel geschrieben worden. Allein es ist wohl kurzschlüssig, wenn man Schönbergs tiefe Abneigung gegen die Hinwendung seines Schülers zur Politik als Absage an die besondere politische Meinung Hanns Eislers versteht. Die außermusikalischen Positionen Arnold Schönbergs sind nicht leicht zu entwirren. Bereits in seinem Verhältnis zum Judentum gab es im Verlauf seines Lebens kontrastierende Anschauungen. Andererseits war der »Pierrot Lunaire« sowohl in der literarischen wie musikalischen Aussage auch als gesellschaftliche Provokation zu deuten. Schönbergs späte »Ode an Napoleon« und natürlich der »Überlebende von Warschau«: beides ist klar politisch gemeinte Literatur und Musik. Es kann also nicht, auch wenn es Hanns Eisler zur Zeit des Bruches so auffassen mußte, die Art seiner Politik gewesen sein, die zum Bruch führte, sondern ein durchaus divergierendes Rollenverständnis von der eigenen Lebensaufgabe. Hier trennten sich die Selbstbilder des Lehrers und des Schülers voneinander. Beim Rückblick auf diesen historisch bedeutsamen Zwiespalt zwischen zwei Künstlern von hohem Rang wird man abermals an Hanns Eislers witzigen Bericht über das Gespräch mit Adorno am Meeresstrand erinnert, also an die Flaschenpost. Adorno vertritt in dieser Konstellation, ohne es in diesem Augenblick zu wissen oder zu wollen, die Haltung Arnold Schönbergs: auch wenn Schönberg selbst, wie bekannt, offenbar eine tiefe Abneigung empfand gegenüber diesem philosophierenden Schönbergianer und Schüler Alban Bergs. Hanns Eisler hingegen spricht am Meeresstrand genau so wie bei seinem Abschied von Schönberg.

Vielleicht ist der Zwiespalt zwischen Lehrer und Schüler weit mehr gewesen als eine Konfrontation zweier starker Persönlichkeiten. Es handelt sich vermutlich auch um einen *Gegensatz der Generationen*. Da stehen die Jahrgänge 1874 und 1898 gegeneinander. Ins Literarische übertragen heißt das: *Hofmannsthal und Brecht*. Übrigens auch Karl Kraus und Bert Brecht. In wie starkem Maße dieses zu Ende gehende zwanzigste Jahrhundert geprägt worden ist durch Menschen und Menschengruppen aus dem seit langem moribunden Reich der Habsburger, das entdeckt man im Grunde erst heute, ein Menschenalter nach dem Verschwinden des Kaiserreichs und Königreichs Österreich–Ungarn. Robert Musil hat es im »Mann ohne Eigenschaften« kurz Kakanien genannt.

Auch der »*Wiener Kreis*« der Logistiker und später Informatiker. Mit Ludwig Wittgenstein. Auch die Väter des gar nicht so Neuen Liberalismus mit ihrem Postulat der freien Marktwirtschaft kamen nicht allein aus Cambridge, sondern auch aus Wien. Ludwig von Mises hatte schon in den zwanziger Jahren in Wien ein Institut für Konjunkturforschung im heutigen Sinne gegründet. Dann wird Mises Professor am Genfer Hochschulinstitut für Internationale Studien, das von der Rockefeller-Stiftung finanziert wurde. Sein Kollege und gleichgestimmter Wirtschaftswissenschaftler war dort der Deutsche Wilhelm Röpke. Auch Friedrich August von Hayek, der spätere Nobelpreisträger für Wirtschaftsforschungen, ein Freund und Schüler des Ludwig von Mises, kam nach Genf zu Vorträgen. Später in der Bundesrepublik Deutschland wird Wirtschaftsminister Ludwig Erhard als »Vater der freien Marktwirtschaft« gefeiert. Er ist wohl eher ein Adoptivsohn gewesen.

An jenem Genfer Institut, das sich bereitwillig den emigrierten Professoren und Studenten geöffnet hatte, lehrte damals, als Freund und Kollege von Mises', der Jurist und Rechtsphilosoph *Hans Kelsen*. Er hat zum deutschen Grundgesetz das Postulat eines Bundesverfassungsgerichts beigesteuert. Also kein »Hüter der Verfassung« mehr in Gestalt eines Reichspräsidenten, der plebiszitär gewählt wird und mit Notverordnungen regieren darf, sondern eine höchste Justiz, die sich interpretierend auf das positive Grundgesetz zu berufen hat. Auch der

Ausdruck Grundgesetz statt des Wortes Verfassung geht wohl auf Hans Kelsen zurück. Er sprach von einer Grundnorm.

Die Vielheit der Impulse, die von einer Hauptstadt ausgingen, die über ein klein gewordenes Land regierte, wo man der Hauptstadt mißtraut, bleibt nach wie vor ebenso verwirrend wie beglückend. Es genügt der Hinweis auf Namen von Weltbedeutung. Sigmund Freud und Franz Kafka, Arnold Schönberg und seine Schüler, Karl Kraus und seine oft abtrünnigen Jünger, zu denen man auch so gegensätzliche Geister wie Franz Werfel und Elias Canetti rechnen muß. Der in sich zwiespältige Austro-Marxismus mit den Gegensätzen zwischen Otto Bauer und Max Adler. Der Architekt Adolf Loos und die »Wiener Werkstätten«. Nichts von alledem ist hinfällig geworden im Ablauf des Jahrhunderts.

Andererseits wird man bei einer solchen Aufzählung entdecken müssen, daß in all diesen Gruppen und Kreisen und Gemeinschaften, die scheinbar von den anderen Gemeinschaften nichts wissen wollen, sowohl eine *tiefe innere Verwandtschaft* erkennbar geworden ist, wie auch eine ebenso tiefe innere Zwiespältigkeit. Die tiefen Affinitäten zwischen Karl Kraus auf der einen Seite, dem frühen deutschen Expressionismus zum anderen, sind offensichtlich. Schönberg hat seine Harmonielehre verehrungsvoll dem Begründer der »Fackel« gewidmet. Die zweite (und letzte) Ausgabe der großen expressionistischen Anthologie »Der blaue Reiter« von 1914 enthält am Schluß des Bandes drei Notentexte von gleichgestimmten Tonsetzern: Schönberg, Webern und Alban Berg. Aber auch Bert Brecht, damals bereits ein Emigrant, steuerte zum 60. Geburtstag von Karl Kraus (1934) ein berühmtes Gedicht bei.

Die Gegenwelt zu diesen Wahlverwandtschaften wurde durch Freud und die Arbeiten der Tiefenpsychologen repräsentiert. Sigmund Freud sprach von Karl Kraus im Ton der Verachtung, ganz wie Hugo von Hofmannsthal. Elias Canetti verstand sein Hauptwerk »Masse und Macht« als Gegenentwurf zu den psychologischen Entwürfen der verhaßten Freudianer.

In all diesen Kreisen aber hat es den Konflikt zwischen einer jeweiligen Orthodoxie und einem Dissidententum gegeben. Freud und die Abtrünnigen C. G. Jung oder Alfred Adler. Karl Kraus und sein abtrünniger Jünger Franz Werfel. Arnold Schönberg und Hanns Eisler.

Vielleicht war in einem tiefen Verstande das Dissidententum des Schülers dadurch notwendig geworden, daß Arnold Schönbergs Kunst in aller Entschlossenheit eine *Kunst der Einsamkeit* gewesen ist und sein sollte. Nicht zufällig haben sich Robert Musil und Schönberg und Karl Kraus gleichsam programmatisch zur Einsamkeit und damit zur Absage an den Kulturbetrieb bekannt. Was in allen drei Fällen nicht ausschließt, daß man gelitten hat unter dem Nichterfolg, den man gewollt hatte. Bert Brecht, der die dichterische Potenz eines Stefan George durchaus erkannte, spöttelte ein bißchen über diese komische Verwirrung der Gefühle. Brecht meinte, von Stefan George sprechend: die Säule, die sich dieser Säulenheilige ausgesucht hat, steht in einer allzu belebten Gegend. Nichtentscheidung zwischen Einsamkeit und Erfolgswillen hat dazu geführt, daß eine Jugendfreundschaft zwischen Hofmannsthal und Kraus zerbrach; daß Freud nicht zugeben konnte, in Arthur Schnitzler einen erstaunlich Gleichstrebenden neben sich zu haben; daß Schönberg im Zorn dem Autor des »Doktor Faustus« allen Ernstes vorwarf, die Zwölftonlehre für seine literarischen Zwecke usurpiert zu haben.

Wahrscheinlich hing diese ebenso subjektive wie objektive Einsamkeit zusammen mit den Gegebenheiten des dahinsiechenden Großreiches der Habsburger. Die deutschsprachige Kunst und Literatur war Minderheit in diesem Reich. Juden wie Mahler und Schönberg, Freud oder Kelsen und Kafka waren Minderheit einer Minderheit.

In der Generation von 1898 hingegen ist der Zusammenbruch dieser zerstrittenen Nationalitätenwelt bereits vollzogen. In einer ganz neuen Weise entstrebt sie der Einsamkeit und macht Ernst mit dem beim jungen Hofmannsthal nur literarisch gemeinten Wunsch: »Gebunden werden, ja, und Kräfte binden...«

Die Abkehr Hanns Eislers von seinem Lehrer war als Ausbruch aus einer Theorie und Praxis der Einsamkeit zu verstehen. Allein die ersehnte und erstrebte Gemeinschaft, verstanden als Begründung einer *plebejischen Tradition*, war trügerisch. Am Ende von Leben und Werk eines Hanns Eisler war eine neue Einsamkeit entstanden.

Von der Solidarität: Brecht und Eisler

> Vorwärts und nicht vergessen
> Worin unsere Stärke besteht!
> Beim Hungern und beim Essen
> Vorwärts, nie vergessen
> Die Solidarität!

Brecht, Solidaritätslied

Immer wieder äußerte Hanns Eisler, auch noch in seinen ausführlichen Gesprächen mit Hans Bunge, ein politisches Kunstwerk wie eben dieses »Solidaritätslied« von Brecht und Eisler, hätten beide nicht mehr übertreffen können: weder der Librettist noch der Komponist. Diesem Lied aus der letzten Phase einer moribunden Weimarer Republik gelang wirklich, was Johannes R. Becher und Hanns Eisler um 1950 für ihre »Neuen Deutschen Volkslieder« auch angestrebt hatten. Um es mit Brechts Vers zu sagen: »Als unbekanntes Lied ins Volk zu gehen.« Natürlich ist das »Solidaritätslied« eine Abwandlung sowohl der Gedanken des »Kommunistischen Manifests«, wie des Arbeiterliedes von der Internationale. Aufruf an die Verdammten dieser Erde. Die Kraft der Schwachen. Die Verwandlung des individuellen Eigentums in eine Rechtsform, die man später in der Deutschen Demokratischen Republik als »Volkseigener Betrieb« zu deklarieren pflegte.

> Vorwärts und nie vergessen
> Und die Frage konkret gestellt
> Beim Hungern und beim Essen:
> Wessen Morgen ist der Morgen?
> Wessen Welt ist die Welt?

Brecht und Eisler. Das ist vor dem Blick einer Nachwelt gleichsam zur künstlerischen Symbiose geworden. Eislers Vertonungen der Brecht-Texte haben die musikalische Zusammenarbeit zwischen Bert Brecht und Paul Dessau offensichtlich zurückgedrängt. Dennoch zeigt gerade die Tatsache, daß Brecht seit der Exilzeit in Kalifornien viel mit dem gleichfalls exilierten deutschen Komponisten Paul Dessau zusammenarbeitete, zum Beispiel bei der Musik zur »Mutter Courage«, statt sich abermals an Eisler zu wenden, daß diese künstlerische Gemeinschaft zwischen dem Texteschreiber und dem Tonsetzer weder voraussetzungslos gewesen ist, noch problemlos. Im Bewußtsein vieler Nachgeborenen scheint es so auszusehen, als habe sich der Musiker Hanns Eisler spät erst dem von Anfang an marxistischen und revolutionären

Stückeschreiber und Lyriker Bert Brecht angeschlossen. Der Ablauf war wohl eher umgekehrt. Bereits die Verbindung Hanns Eislers mit den beiden älteren Geschwistern führte ihn zum Marxismus und zu einem revolutionären Wirken gerade auch als Künstler. Für die proletarische Emanzipation in den zwanziger Jahren hatte Eisler in *David Weber* einen Textdichter und politischen Freund gefunden, mit dem er gemeinsam an seiner später so berühmt gewordenen musikalisch-politischen Ausdrucksweise arbeiten konnte.

Brecht hat auch später immer wieder im Rückblick zu erkennen gegeben, daß er in den Anfängen der Weimarer Republik, also jenen Revolutionsjahren zwischen 1919 und 1923, durchaus kein Anhänger der damaligen sogenannten Spartakisten gewesen sei. Sein erstes wirklich erfolgreiches Theaterstück »Trommeln in der Nacht« hatte ursprünglich den Titel »Spartakus«. Es entstand in München in unmittelbarer Reaktion auf die Ereignisse der Münchener Räterepublik. Allein Bert Brecht stand damals nicht an der Seite eines Ernst Toller oder Gustav Landauer oder Eugen Leviné. Er hatte auch nicht deren Schicksal: Tod oder Haft, zu teilen. Sein Heimkehrer Andreas Kragler, der als abgeschriebener Kriegsgefangener die bürgerliche Ruhe und Genußsucht so unliebsam stört, so daß er, mehr durch Zufall, gemeinsame Sache zu machen scheint mit den Spartakisten, ist das Gegenteil eines Revolutionärs. Er will seine Braut wiederhaben, und am Schluß will er nur noch eines mit ihr aufsuchen: das große und weiche Bett.

Der späte Brecht hat mit Skepsis auf diese eigenen Anfänge des Stückeschreibens zurückgeschaut. Sein Text »Bei Durchsicht meiner frühen Stücke« verrät ein tiefes Unbehagen gerade über »Trommeln in der Nacht«. Den eigentlichen Erstling »Baal« aber hat Brecht stets geliebt und hochgehalten. An seinem Spartakisten-Stück hingegen versuchte er zu Beginn der fünfziger Jahre durch Reparatur und die kurze Einführung eines nun wirklich klassenbewußten Gegenspielers zum Andreas Kragler vergeblich herumzubessern.

Ein Außenseiter wollte Bert Brecht immer sein, auch ein Spielverderber. Er freute sich nicht mit an den allgemeinen Freuden. Als seine eigenen Lehrer in der Frühzeit nannte er gern den Frank Wedekind und den Karl Valentin. Anarchistische Emotionen und antibürgerliche Affekte. Brecht hat auch später häufig betont, es sei nicht die kommunistische Arbeiterbewegung gewesen, die ihn zum Marxismus »bekehrt« habe. Die Motivation sei Karl Marx gewesen. Auch hier nicht das »Kommunistische Manifest«, sondern das schwierig zu lesende dreibändige Werk einer Kritik der politischen Ökonomie: »Das Kapital«. Um die Bedeutung dieser Analysen für die damalige Gegenwart ermessen zu können, mußte sich für Brecht die deutsche Wirklichkeit von der relativen Stabilisierung im Jahr 1924 immer mehr zur ökonomischen Krisenzeit der späten zwanziger Jahre hin entwickeln. Als die Krise sich ankündigte, um das Jahr 1928, suchte Brecht eine Antwort, wie er behauptet hat, bei den bürgerlichen Fachleuten zur Frage der Wirtschaft und Finanz. Da war aber nichts, was ihn befriedigte. Dann haben es wohl politisch engagierte Freunde unter den Theaterleuten unternommen, den anarchoiden Einzelgänger mit den Theorien des dialektischen Materialismus vertraut zu machen. Die Lehrzeit war erfolgreich über alle Erwartungen. Sie hat sich das ganze spätere Leben von Brecht hindurch ausgewirkt: auch dort, wo die jeweiligen parteikommunistischen Direktiven längst nicht mehr vereinbart werden konnten mit einer marxistischen Dialektik. Auf dem großen antifaschistischen Kongreß zu Paris im Jahre 1935 sprach Brecht als Redner, zum Ärger der politischen Veranstalter, von den »Eigentumsverhältnissen« und der Notwendigkeit, diese zu verändern. Immer noch im Sinne des Solidaritätsliedes von damals.

Die Erfahrungen seiner sogenannten linken Lehrjahre hat Brecht in all seine späteren Arbeiten eingehen lassen. Die Enttäuschung über das Gerede der bürgerlichen Wirtschaftsfachleute klingt nach im Hohn des Stückeschreibers in Brechts letztem Theaterstück, der Komödie von Turandot und dem Kongreß der Weißwäscher. Die entsetzliche stalinistische Entartung des Marxismus in der unsinnigen These von den beiden Arten des Faschismus, nämlich den eigentlichen Faschisten und den Sozialfaschisten, sprich: Sozialdemokraten, wirkt nach in Brechts Parabelspiel von der »Heiligen Johanna der Schlachthöfe«. Die dort so erfolglos agierenden Strohhüte, die helfen wollen, aber nur Unheil anrichten, sind nicht als Heilsarmee zu interpretieren, sondern als Sozialdemokratie.

Der von Brecht gelernte und beherzigte Marxismus, verbunden allerdings mit den leninistischen Maximen einer Parteidiktatur, hat ein so großartiges Lehrstück wie »*Die Maßnahme*« an den Rand der Unmenschlichkeit getrieben. Auch die freiwillige Selbstopferung eines Menschen könne und müsse Parteiarbeit sein. Der späte Brecht schaute auf diese »Maßnahme« zurück mit ähnlichem Mißbehagen wie auf »Trommeln in der Nacht«. Im einen Falle eine Entgleisung in Richtung auf die siegreiche Gegenrevolution des Bürgertums. Im anderen eine Entgleisung im Sinne der Inhumanität.

Hanns Eislers Lehrjahre hatten ihn, wie bereits gesagt, weit früher zur Arbeiterbewegung geführt. Als Dirigent der Arbeiterchöre erwarb er auch Erfahrungen im Umgang mit den wirklichen Proleten. So entging er folglich der Gefahr, das theoretische Idealbild vom Proletariat mit den konkreten Menschen zu verwechseln.

Die Begegnung mit Brecht, woraus dann die Kollaboration wurde und schließlich eine Freundschaft, begann wohl erst um das Jahr 1930. Da hatte Brecht bereits die Erfahrungen einer Zusammenarbeit mit Musikern vom Range eines *Kurt Weill* und *Paul Hindemith* hinter sich. Die Zusammenarbeit mit Kurt Weill ist ein Glücksfall geblieben. Der Komponist Weill aber, ein Schüler von Engelbert Humperdinck, hatte für sich niemals an eine marxistische Lehrzeit gedacht. »Dreigroschenoper« und »Mahagonny« blieben im Bereich der Negativ-Dialektik. Der ist Kurt Weill auch später in New York innerlich treu geblieben. Brechts bohrendes Fragen nach den Eigentumsverhältnissen scheint ihn nicht inspiriert und bedrängt zu haben. Paul Hindemith aber und Bertolt Brecht: das war ein Mißverständnis auf beiden Seiten. Es konnte bald aufgeklärt werden.

Brecht und Eisler: das wurde in einer ganz neuen und gültigen Weise fruchtbar: gerade auch im Gegensatz zur bloßen antibürgerlichen Negation gegenüber den kapitalistischen Netzstädten mit Namen Mahagonny oder Chicago oder Sezuan. »Die Maßnahme« von Brecht mit der Musik von Hanns Eisler wurde ein großes Kunstwerk. Man wird es als solches verstehen und aufführen können. Wenn Brecht aus guten politischen Gründen eine Aufführung ablehnte, so könnte ein Zugang von neuem denkbar werden in Form einer Verfremdung der Verfremdung.

Zu Hanns Eislers inspiriertesten Liedschöpfungen gehören die Vertonungen der Gedichte und Lieder Brechts, die er seiner Dramatisierung des Romans »*Die Mutter*« von Maxim Gorki einfügte. Der russische Roman vom Jahre 1905, einem Jahr der gescheiterten Revolution, wurde durch Brecht neu erzählt mit Hilfe einer neuen literarischen Gattung und im Lichte der damaligen Erfahrungen mit einer erfolgreichen russischen Revolution im Oktober 1917. Das »Lob des Kommunismus«, das die Mutter Pelageja Wlassowa verkündet, ist von ihr ebenso ernst gemeint wie vom Librettisten Brecht und vom Komponisten Hanns Eisler. Brecht hatte damals seiner Dramatisierung der »Mutter« auch theoretische Kommentare beigefügt, die man nach wie vor wie eine Aufforderung zur Revolution lesen kann. Kaum ein anderes Werk des Stückeschreibers Brecht geriet so nahe an den Rand bürgerlicher Illegalität wie eben diese dramatisch-musikalische Schöpfung. Kein Zufall, daß sowohl später das Berliner Ensemble noch zu Lebzeiten von Brecht am Schiffbauerdamm eben diese Aufführung programmatisch vorstellen mußte. Mit Helene Weigel und Ernst Busch in den Hauptrollen. Nicht weniger bemerkenswert aber auch, daß Peter Stein in den wichtigen Theaterjahren seines Wirkens am Halleschen Ufer in Westberlin eben diese »Mutter« als gemeinsame Schöpfung von Gorki und Brecht und Eisler ins Programm der »Schaubühne« aufnahm.

Nach dem Tod von Brecht saß man, wenige Tage später, in der Wohnung des Toten zusammen. Helene Weigel, die beiden Verleger Peter Suhrkamp und Walter Janka, ein paar Freunde und Berater. Es war festgelegt worden durch die Verleger in den beiden deutschen Staaten, daß der Text der beiden Ausgaben textgleich sein müßte. Nun ging es damals, im August 1956, gerade um die Neuausgabe eben dieses Schauspiels »Die Mutter« mit allen zugehörigen Brecht-Kommentaren. Angesichts des Verbots der Kommunistischen Partei und Propaganda in der Bundesrepublik mußte diese Publikation als Verstoß gegen bundesdeutsches Recht interpretiert werden. Man hatte mit Verbot und Verfolgung zu rechnen. Bei diesem Zusammensein auf Bert Brechts Balkon erklärte Peter Suhrkamp, er sei bereit, diese Gefährdung für sich zu akzeptieren. Er wußte aus eigener Erfahrung im Dritten Reich, was Gefahr bedeuten kann.

Die spätere Mannschaft des »Berliner Ensembles«, die sich um die Jahreswende 1948/49 in Berlin zusammenfand, hatte sich in den Berliner zwanziger Jahren nicht spontan gebildet. Noch in der Mitte dieses Jahrzehnts war der blonde norddeutsche Schauspieler *Ernst Busch* erpicht auf Bühnenrollen des zynischen Verführers. Bei einer von Gustav Hartung inszenierten Aufführung von Shakespeares »Troilus und Cressida« spielte Busch den bedenkenlosen Diomedes, den griechischen Liebhaber der treulosen Cressida. Freilich gab es damals bereits die Anfänge des später weltberühmten Sängers sozialistischer Kampflieder. Die bürgerliche Presse bezeichnete Busch spöttisch als »Barrikaden-Tauber«, was trotzdem eine hohe Achtung bedeutete, denn der Tenor Richard Tauber war Deutschlands Idol, weit über die Grenzen des Opernpublikums hinaus.

Mit Hanns Eisler war Ernst Busch, dem wir die unvergeßbaren Eisler-Platten nach Texten von Brecht und Kurt Tucholsky verdanken, aus Anlaß des Films »*Kuhle Wampe*« zusammengetroffen. Hier entstand eine Zusammenarbeit beim Film, die später im Berliner Ensemble am Schiffbauerdamm fortgesetzt werden sollte. Auch der Filmregisseur von »Kuhle Wampe« hatte überleben dürfen, der Bulgare *Slatan Dudow*. Ich habe die Mannschaft des legendären Films später in Berlin wiedergetroffen: Brecht, Eisler, Ernst Busch und Dudow. Man verstand die gemeinsame Arbeit sogleich nach kurzem Andeuten. Alles schien sich von selbst zu verstehen. Einer aus dem Mitarbeiterkreis von »Kuhle Wampe« konnte nicht mehr dabei sein. Der einstige Jurist *Dr. Ernst Ott-*

walt, erfolgreicher kommunistischer Schriftsteller, emigrierte 1933 in die Sowjetunion. Dort hat ihn Stalin umbringen lassen.

Zu den wichtigsten Kompositionen Hanns Eislers in diesen letzten Jahren der Weimarer Republik gehörten eben diese Musik zum Film »Kuhle Wampe« und die Partituren zur »Maßnahme« von Brecht und zur »Mutter« von Gorki/ Brecht. Eisler pflegte seine Kompositionen zu solchen Filmen oder Theaterstücken dann auch in Form von Orchestersuiten für konzertante Aufführungen zu arrangieren. Auch darin blieb er immer noch ein Mitglied des Schönberg-Kreises. Alban Berg hatte es genau so gehalten. Die Orchestersuite zum »Wozzeck« war vom Komponisten fertig arrangiert, ehe an eine Aufführung der ganzen Oper zu denken war. Auch die spätere Oper »Lulu« von Alban Berg, deren dritten Akt er nicht mehr vollenden konnte, wurde während des Arbeitsprozesses bereits als Orchestersuite konzipiert: damit das große Adagio des letzten Aktes.

Hanns Eisler hat seine Kunst niemals einer Flaschenpost anvertrauen mögen. Alles abstrakte Denken auf der Grundlage der totalen Negation war ihm zuwider. Eislers Musik, darin ist sie unwiderstehlich geblieben, auch nach dem Scheitern sämtlicher Hoffnungen und Illusionen aus jener Zeit, diente stets dem Prinzip Hoffnung. Eisler war der Meinung, wie bereits gesagt, daß jenes Solidaritätslied unübertreffbar gewesen sei für sie beide, Brecht und Eisler. Allein das *»Einheitsfrontlied«* von 1934 steht gleichwertig neben dem Song von der Solidarität.

Viel Unheil hatte ja am Ende der zwanziger Jahre die sinnlose Behauptung Stalins angerichtet, es gäbe zwei Arten des Faschismus: denjenigen der braunen Bataillone und den »Sozialfaschismus«. Es war Unsinn und »blinde Meinung«. Allein die deutsche Arbeiterbewegung wurde dadurch zersetzt und zerrissen. So hatte man leichtes Spiel nach dem 30. Januar 1933, die getrennten und verfeindeten Gruppen nach einer berühmten preußischen Strategie »vereint zu schlagen«. Das Umschwenken Stalins auf eine Taktik der Einheitsfront, die man ihm in Moskau durch den Bulgaren Georgi Dimitrow, den Helden und Märtyrer im Leipziger Reichstagsbrandprozeß, wo er freigesprochen werden mußte, abnötigte, erfolgte erst spät im Jahre 1934 und wurde ein Jahr danach, im Sommer 1935, auf dem Brüsseler Kongreß der illegalen Kommunistischen Partei Deutschlands als neue Doktrin verkündet. Aber alles war zu spät.

Außerdem hatte Stalin, wie man heute weiß, am 1. Dezember 1934 seinen gefährlichen Widersacher *Kirow* in Leningrad umbringen lassen. Von nun an gab es nur noch den Stalinismus auf real existierender Grundlage für die Solidarität und die Einheitsfront. Hanns Eisler war im Jahre 1930 zum erstenmal in die Sowjetunion gereist. Man holte ihn immer wieder auch in den folgenden Jahren nach Moskau. Die Uraufführung des Films »Kuhle Wampe« fand an der Moskwa statt, dann folgte die Berliner Premiere.

Um Hanns Eislers Verhältnis zur damaligen Sowjetunion richtig beurteilen zu können, muß daran erinnert werden, daß Stalin zwar im Jahre 1928 auf dem VI. Weltkongreß der Komintern über die alten Bolschewiki aus Lenins Freundeskreis, vor allem über *N. J. Bucharin* gesiegt hatte. Aber die späteren Opfer der stalinistischen Justizmorde durften damals nicht nur überleben, sondern blieben mächtig und angesehen. Bucharin war nach wie vor Chefredakteur der Regierungszeitung »Iswestija«. Die sowjetischen Filme, Theaterstücke, die Lyrik und Dramatik Majakowskis, dem Eisler in Berlin begegnet war: alles blieb faszinierend. Erst im Jahre 1934 konnte Stalin das Wirken moderner Kunst und Künstler schroff verbieten. Seitdem war der Schönbergianer Hanns Eisler in der Sowjetunion bis zu Stalins Tod insgeheim suspekt. Auch Brecht und seinem Berliner Ensemble hat man, das hat Brecht später nach der Rückkehr ebenso bitter wie spöttisch berichtet, ziemlich deutlich mißtraut. Brecht und Eisler waren nun einmal keine nützlichen Partner für eine am bürokratischen Schreibtisch formulierte Ästhetik des Sozialistischen Realismus.

Hollywood und Hölderlin

Jeden Morgen, mein Brot zu verdienen
Gehe ich auf den Markt, wo Lügen gekauft
werden.
Hoffnungsvoll
Reihe ich mich ein zwischen die Verkäufer.

Brecht, Hollywood

Was der neue deutsche Reichskanzler am 30. Januar 1933, den Brecht einfach als »Anstreicher« zu titulieren pflegte, in der Tat an ideologischem Anstrich und sehr üblen Streichen anrichten würde, das hatten Brecht wie Eisler sehr bald begriffen. Ihre Freunde und Gesinnungsfreunde Ernst Bloch oder Theodor Wiesengrund-Adorno mußten es durch andere erst lernen. Adornos väterlicher Freund und Institutsdirektor *Max Horkheimer* hat mir später in Montagnola nach dem Tode Adornos erzählt, wie der jüngere Mitarbeiter in den ersten Monaten des Jahres 1933 davon schwärmte, durch klug formulierte Texte einer politischen Sabotage gegen das neue Regime zu kämpfen. »Ich habe ihm damals geantwortet: Nein, Teddy, jetzt muß man Deutschland so schnell wie möglich verlassen!«

Brecht war auch darin klug und menschenkundig, daß

er nicht in den beliebten Emigranten-Residenzen Prag oder Paris bleiben wollte. Zu schweigen von Wien, das man seit dem Februar 1934 mit Recht bereits für verloren halten durfte. Das faschistische Italien war undenkbar. So landete Brecht mit seiner Familie und wenigen Getreuen, eingeladen durch die damals erfolgreiche und angesehene Schriftstellerin *Karin Michaelis*, in Dänemark, wo nun »Svendborger Gedichte« entstehen durften. Dort hat der Stückeschreiber gleichsam Hof gehalten und jene Besucher ausführlich sprechen können, an deren Mitarbeit ihm gelegen war. Zwei vor allem sind ihm als Besucher wichtig gewesen, und auch sie nahmen den Besuch bei Brecht in Svendborg sehr ernst: Hanns Eisler und Walter Benjamin.

Es gibt einen sonderbaren *Parallelismus im Verhältnis Walter Benjamins und Hanns Eislers* zu ihrem bewunderten Freund Bertolt Brecht. Um seinetwillen, doch vor allem im Prozeß einer Wandlung, hatten beide sich von ihren früheren geistigen Partnern entfernt. Für Eisler war Arnold Schönberg nach wie vor die große Vaterfigur geblieben. Auch zuletzt noch hat Eisler immer wieder erzählt, wie er im kalifornischen Exil seinen Freund Bertolt Brecht auf einen Besuch bei Schönberg vorbereitete: »Du wirst dich auf alle Fälle anständig und höflich benehmen müssen. Der Mann ist ein Genie. Er wird lauter politischen Unsinn reden, allein das hast du hinzunehmen.« Brecht hielt sich an die Lehre. Er konnte sehr höflich sein, wenn er es wollte. »Von chinesischer Höflichkeit«, wie Eisler zu bemerken liebte. In all seinen politischen Aktivitäten, auch der zwanziger Jahre, war Eisler ein Schüler geblieben des Komponisten nicht allein der »Gurrelieder«, sondern auch des Meisters der Zwölftonlehre. Mit Recht betont Albrecht Betz in seiner Monographie über den Komponisten Eisler: »Eisler ist ohne Schönberg undenkbar.« Gemeint ist hier der eigentliche Schönberg im

Gegensatz zur musikalischen Ästhetik der Zweiten Wiener Schule nach dem Tode des Lehrers.

Bei *Walter Benjamin* gab es eine ähnliche Alternative zwischen *Hugo von Hofmannsthal* und Brecht. Schönberg mochte es in Wien mit Karl Kraus halten, was Verachtung bedeuten mußte für den von Kraus verachteten Hofmannsthal. Auch Brecht hielt es mit Karl Kraus, der den jungen Brecht stets nachhaltig unterstützt und gefördert hatte. Walter Benjamin hingegen hatte in schwieriger Lage durch Hugo von Hofmannsthal eine Herzstärkung und Anerkennung erfahren. Benjamins großer Versuch über »Goethes Wahlverwandtschaften« war in einer von Hofmannsthal verantworteten Schriftenreihe publiziert worden. Der Übergang Benjamins zur Zusammenarbeit mit Brecht, die bisweilen spürbar wurde durch unhaltbare, von Brecht inspirierte Gedanken über linke Melancholie, wurde von Hofmannsthals Freunden ebenso als unzumutbar und unverständlich bezeichnet, wie die Schönbergianer Hanns Eislers musikalische und politische Entwicklung als Renegatentum betrachteten. Beide aber, Walter Benjamin wie Hanns Eisler, haben sich nicht endgültig entscheiden wollen. Kein Entweder – Oder. Brecht oder Schönberg. Brecht oder Hofmannsthal. Sie hielten sich an die Symbiose, und haben gut getan. Daran haben auch beider Besuche in Svendborg nichts geändert.

Die Konstellationen im amerikanischen Exil waren grundverschieden im Falle von Hanns Eisler und von Bert Brecht. Der Musiker war ein international berühmter und auch in kommerzieller Hinsicht begehrter Gast. In dieser Beziehung gleichen sich für geraume Zeit die amerikanischen Erfahrungen eines Kurt Weill mit denen von Eisler. Der Komponist der »Dreigroschenoper« kam wie gerufen für die auf neuartige Musicals erpichten Theater am Broadway im Umkreis der 42. Straße. Noch in den siebziger Jahren, also nach dem Tode von Kurt Weill, sah ich dort ein ebenso nostalgisches wie erfolgreiches Musical, dessen Attraktion die große Schauspielerin und Meisterin des Songs *Lotte Lenya* sein durfte. Das Musical hieß »Cabaret«, wurde dann in einen Film transformiert mit völlig neuer Handlung, und natürlich ohne die Lenya.

Hanns Eisler war in den Vereinigten Staaten vor allem durch seine Filmmusiken bekannt geworden. Im Strom der Einwanderer aus Deutschland und nach Hollywood befanden sich viele ehemalige Freunde Eislers aus den zwanziger Jahren. Man hat offenbar weitgehend zusammengehalten: das erfuhr man viel später aus den Berichten der Zurückgekehrten. Jeder vermied die Intrige, weil man selbst ein Opfer einer gigantischen politischen Intrige geworden war. Der ideologische und ästhetische Gegensatz freilich wurde auch im amerikanischen Exil liebevoll kultiviert: zwischen Thomas Mann und Brecht, Thomas Mann und Döblin, Thomas Mann und Schönberg, Brecht und Adorno, Heinrich Mann und Thomas Mann. Das Jahr 1936 hatte Eisler weitgehend in London und Paris zugebracht. Er war auch im November in Kopenhagen bei der Uraufführung von Brechts gegen das Rassengesetz geschriebene Lehrstück »Die Rundköpfe und die Spitzköpfe«, zu welchem Eisler abermals die Musik geschrieben hatte. 1937 ist er im – noch – republikanischen Spanien, dann in Svendborg bei Brecht.

Doch bereits am 21. Januar 1938, also vor dem deutschen Einmarsch in Wien, übersiedelte Hanns Eisler nach New York. Seine Ankunft wird ausgiebig gefeiert. Es gibt ein Begrüßungskonzert im Festsaal der New School for Social Research. Dieses Institut war schon im Jahre 1933 gegründet worden, um wichtigen emigrierten

Wissenschaftlern und Künstlern ein Betätigungsfeld zu geben. Zu den ersten Professoren, die man berief, gehörten Hannah Arendt und der Theologe Paul Tillich. Auch Eisler übernahm eine Professur am Institut. Später wechselte er für einige Zeit nach Mexiko an die dortige Staatsuniversität. Nachdem er den Aufenthalt in New York vertauscht hatte mit einem Exil in Kalifornien, der Stadt also, »wo Lügen verkauft werden«, unterrichtete er an der University of Southern California, wo man auch bis heute das Andenken an jenen deutschen Emigranten *Lion Feuchtwanger* hochhält, dem keine spätere amerikanische Administration jemals gestattete, Bürger der USA zu werden.

Eisler hat, auch nach eigener Ansicht, in Los Angeles durchaus komfortabel leben können. Man riß sich um seine Filmmusiken. Er selbst aber war ebenso vorsichtig wie wählerisch. Für Seifenopern und gefilmten Hollywood-Glamour war er sich als Tonsetzer zu schade.

Wichtig wurde ihm auch in Amerika die früher schon in Berlin begonnene Zusammenarbeit mit dem holländischen Filmemacher *Joris Ivens*. Für einen Film von Ivens entstand eine der kunstvollsten Partituren dieses Musikers: seine »Vierzehn Arten, den Regen zu beschreiben«. Auch für einen wichtigen und geglückten antifaschistischen Spielfilm hat Eisler die Musik geschrieben. Unter dem Titel »Hangmen also die«, worin gezeigt wird, wie der Henker Reinhard Heydrich in Prag als Reichsprotektor niedergeschossen wird, sollte gezeigt werden, wie es der Solidarität der unterdrückten Tschechen gelingt, die Heydrich-Attentäter zu schützen und zu retten.

Ich habe den Film während des Krieges in der Schweiz in seiner englischen Originalfassung sehen können, Fritz Lang, wohlbekannt aus den Stummfilmzeiten der Ufa mit Dr. Mabuse, Metropolis und natürlich mit den Nibelungen, hatte den Film, dessen Dialoge von Brecht geschrieben waren, als Politreißer inszeniert, was ganz in der Ordnung war. Hanns Eislers Musik beachtete streng die Unterschiede zwischen einer Musik für die Schaubühne und für den Film. Im Theater hatte sie ein statisches Element zu sein, im Film gehörte sie zur Dynamik und Rhythmik. Sie durfte auch dialektisch wirken, wenn irgendeine an sich verlogene Aktion auf der Leinwand gerade nicht gefällig illustriert, sondern schroff ignoriert wurde.

In Hollywood ist Eisler reduziert auf gesellige Zusammenkünfte mit Freunden und Genossen, und auf das rastlose Komponieren. Erst später rückblickend gestand er, dabei gleichsam auch für Bert Brecht sprechend und sich erinnernd, daß beiden nach ihrem Wiedersehen im kalifornischen Exil, kaum etwas anderes übrigblieb, als schöpferisch zu arbeiten. Brecht war nicht so bekannt und erfolgreich wie der Tonsetzer, doch er verdiente recht gut sein Brot in der Filmstadt der Illusionen und Traumfabriken. Hanns Eisler war ein geselliger Mensch, der stets etwas zu unternehmen hatte, agierte, plante, organisierte. Gelangweilt hat er sich wohl nur, wenn er sich bei der soeben abgeschlossenen Partitur innerlich ausgegeben hatte und wieder Kraft suchte für neue musikalische Schöpfungen. Der Fall Bert Brecht war schwieriger. Er litt ein Leben lang unter der Langeweile. Um ihn hatte man sich unentwegt zu kümmern. Auch er verstand es gut zu organisieren: vor allem die Mitarbeit von Frauen, die ihm, gerade auch durch ihre Mitarbeit, die Langeweile vertrieben.

Der Stückeschreiber Brecht hatte die vielleicht literarisch erfolgreichste Periode seiner Arbeit in Svendborg vollendet, unter dem »Strohdach des Nordens«, wie es in einem der Svendborger Gedichte heißt. Wenn man es jedoch besichtigte, dieses Strohdach des Nordens, von dessen Wohnhaus man nur wenige Schritte hinuntersteigen mußte ans Meer, so bedeckte es ein stattliches patrizisches und klassizistisches, sehr geräumiges Emigrantenheim. Es gibt auch einen kleinen Park mit Statuetten. Dort haben sie miteinander gesessen und beraten, Brecht und Helene Weigel, Elisabeth Hauptmann, Walter Benjamin und Hanns Eisler. Hier entstanden so neuartige und unerwartete Bühnenwerke wie »Mutter Courage und ihre Kinder«, dann »Der gute Mensch von Sezuan«, auch eines der berühmtesten Schauspiele des Stückeschreibers mit dem ursprünglichen Titel »Leben des Galilei«.

Brecht hielt von Svendborg aus enge Verbindung mit früheren Freunden und Mitarbeitern, vor allem in der Schweiz. Der Dramaturg am Zürcher Schauspielhaus war ihm wohlbekannt aus den letzten Jahren der Weimarer Republik, *Kurt Hirschfeld*. So konnte Hirschfeld bereits 1940 in Zürich, mit Therese Giehse, die »Mutter Courage« aufführen, ein Jahr später den »Guten Menschen« mit Maria Becker und Karl Paryla. Es folgte ein Jahr später die Weltpremiere des »Galilei«. Leonard Steckel spielte die Titelrolle und hat auch selbst inszeniert. Auch Brechts Gedicht »An die Nachgeborenen« gelangte zu Hirschfeld nach Zürich. Wir gaben damals (1944) eine Flüchtlingszeitschrift heraus im Auftrag der schweizerischen Fremdenpolizei. Sie hieß »Über die Grenzen«. Dort wurde dieses weltberühmte Gedicht zum ersten Mal gedruckt. Unmittelbar nach Kriegsende konnten wir als Emigranten in der Schweiz zum ersten Mal in der Zürcher Tonhalle einen Überblick geben über das »Wort der Verfolgten«. Am Schluß sprach Karl Paryla die Verse Brechts an die Nachgeborenen. Es war vermutlich auch dies eine Art Uraufführung.

In Santa Monica hatte sich Brecht an die Arbeit gemacht mit einem anderen emigrierten deutschen Tonsetzer, dessen Name seitdem eng verbunden geblieben ist mit Brechts Theaterarbeit, *Paul Dessau*. Kurt Hirschfeld in Zürich hatte zwar den Text der neuen Theaterstücke aus der Svendborger Zeit erhalten, doch ohne Begleitmusik für die wichtigen Songs, die jeweils als episches Element der Dramaturgie sowohl die »Chronik aus dem Dreißigjährigen Krieg« wie das pseudochinesische Lehrstück zu unterbrechen hatten. Bei der Uraufführung der Mutter Courage in Zürich hatte der schweizerische Komponist Paul Burkhard die Musik beigesteuert. Sie war einfallsreich, wohl auch im negativen Sinne kulinarisch. Nach seiner Rückkehr aus Amerika hat Brecht sie fortgebannt. Zur Mutter Courage gehört von nun an die Bühnenmusik von Paul Dessau. Kunstvoll gearbeitet ist auch sie, kulinarisch wird man sie nicht nennen.

Brecht hatte stets, ein Leben lang, die Möglichkeit, in widrigen und ärgerlichen Episoden des Alltagslebens, seine Zuflucht zum Gedicht zu nehmen. Die Lyrik hat ihn wohl nie im Stich gelassen. Ein Mitemigrant, Hans Winge, berichtete mir später in Ostberlin von einer Episode mit Brecht, der sich wieder einmal über Dummheit und Bosheit des Alltags geärgert hatte. Winge sagte ihm brüsk: »Zeigen Sie mir das Gedicht, das Sie darüber geschrieben haben.« Brecht fühlte sich ertappt und holte das Gedicht.

Auch Eisler führte ein *musikalisches Doppelleben*. Darin hat er sich schon von früh auf geübt. Er wechselte, so oft es ging, die musikalischen Gattungen. Bald nach seiner Übersiedlung von New York nach Hollywood im Jahre 1942 kehrte er zum Liedschreiben zurück, der Vertonung von Texten Brechts natürlich, aber auch von fünf Anakreon-Fragmenten und *sechs Hölderlin-Fragmenten,* was heißen soll, zu dem, was er schon in seinen Wiener Anfängen, nicht unähnlich der Arbeit auch der Schönbergianer, an Texten praktiziert hatte. Nicht das Ganze eines vorhandenen lyrischen Textes, sondern Fetzen daraus, Fragmentarisches. Im Fall des Anakreon blieb die überlieferte fragmentarische Form der griechischen Lyrik, also auch deren deutscher Nachdichtung, gewahrt. Bei Hölderlin, den Eisler genau kannte und sehr liebte, versagte er sich als Musiker, ein geschlossenes lyrisches Gebilde der eigenen Musik auszuliefern. Musik durfte sich nur an einigen auserwählten Stellen nähern.

Auch später in Ostberlin hat Eisler diese musikalische Praxis weitergeführt. Zur mißfälligen Verwunderung der politischen Besserwisser schuf Hanns Eisler zum Goethe-Jubiläum ein bedeutendes Chorwerk, dem er eine einzige Goethe-Zeile unterlegte.

»Steht nicht länger tief gebeugt!«

Die Verszeile als Botschaft an Machthaber wie Untertanen. Erinnerung an den aufrechten Gang des Menschen.

Komposition für den Film

Auch die wichtigsten literarischen Texte Hanns Eislers entstanden in Hollywood und während des Zweiten Weltkrieges. Das Talent dieses Künstlers war von früh auf geprägt worden durch die expressionistische Generation und ihre Sehnsüchte nach dem Gesamtkunstwerk. Ob dieser genuine Musiker und auch Musikant ein Augenmensch war, läßt sich durch Erinnerungen kaum belegen. Ihn interessierten Menschen, Beziehungen, Wechselbeziehungen zwischen Klang und Wort. Von früh auf allerdings auch zwischen dem Film und dem Wort. So wurde Eisler nicht nur zu einem produktiven Schöpfer von Filmmusik, sondern zu einem nachdenklichen Theoretiker des eigenen Gewerbes, sowohl in Berlin wie in London, wie vor allem in Los Angeles.

Es ist schade, daß Eisler später in Wien und Ostberlin nur bei ungewöhnlichen und notwendigen Anlässen, etwa als Replik auf törichte ideologische Besserwisserei, im unmittelbaren Sinne »das Wort ergriff«. Seine späteren Berliner Vorlesungen über die Dummheit in der Musik müssen hinreißend gewirkt haben, auch befreiend auf seine damaligen Hörer. Er selbst hatte Freude an den eigenen Gedanken, erzählte lachend im Gespräch immer wieder von neuen Fällen dümmlicher Komposition, die er abermals entdeckt hatte, wobei er als getreuer Schüler Arnold Schönbergs sehr erlauchte Meister nicht ausnahm. Über Richard Strauss konnte man mit ihm nicht ernsthaft sprechen. Der »Rosenkavalier« war für ihn das absolut Letzte. Zu Richard Wagner bestand ein höchst ambivalentes Verhältnis. Er haßte den Verfasser des Traktats »Über das Judentum in der Musik« mit gutem Recht. So habe ich ihn ein paarmal erlebt beim Anhören großer Wagner-Musik. Da lauschte er verzückt und wiederholte dann strahlend: »Dieser alte Schurke.« Das Buch »*Komposition für den Film*«, das zwischen 1942 und 1944 in Hollywood entstand, ist eine Gemeinschaftsarbeit von Eisler und Adorno. Der vollständige Text steht nunmehr, erweitert durch ein Vorwort Theodor W. Adornos, das datiert ist »Frankfurt am Main, Mai 1969«, also wenige Monate vor Adornos Tod, im 15. Band der gesammelten Schriften Adornos. Der 15. Band erschien im Jahre 1976, also postum.

Die gemeinsame Untersuchung der beiden Musiker und Sozialforscher Eisler und Adorno erschien zuerst im Jahre 1947 in englischer Sprache unter dem Titel »Composing for the Film« bei Oxford University Press in New York. Als Verfasser zeichnete ausschließlich Hanns Eisler. Auch die erste deutsche Ausgabe, wenige Jahre später in Ostberlin publiziert, nennt Hanns Eisler als alleinigen Verfasser. Nunmehr aber findet man diesen Text, mit gutem Grund, in einer Gesamtausgabe von Schriften Theodor W. Adornos.

Das Buch »Komposition für den Film« hat also eine geheime Geschichte, die zugleich die Zustände gesellschaftlicher Entwicklung und Politik widerspiegelt. Das Verschweigen der Mitverfasserschaft seines Freundes Teddy durch Eisler bedeutete nicht Usurpation oder sogar Eigennutz, sondern Schutz des Freundes vor einer amerikanischen politischen Inquisition, die Hanns Eisler zwang, auch hier alle Mitschuld als »Alleinschuld« auf sich zu nehmen.

Man wird diesen nachträglichen, sehr noblen Bericht Adornos über die Geschichte des gemeinsamen Buches konfrontieren müssen mit der gemeinsamen Vorrede der beiden, die datiert ist »Los Angeles, 1. September 1944«. Interessant sind die dort von beiden Seiten formulierten Dankesbezeugungen an Freunde und Helfer. Hanns Eisler bedankt sich bei den beiden bedeutenden Filmemachern Joseph Losey und Joris Ivens, außerdem bei dem damals sehr erfolgreichen Dramatiker Clifford Odets. Drei Jahre später (im Jahre 1947) begann gegen alle drei, und natürlich auch gegen Hanns Eisler, die politische Inquisition, die ihnen jetzt Unamerican Activities vorwarf.

Adorno bedankt sich vor allem bei seinem Freund Max Horkheimer, dem Direktor des einstigen Frankfurter Instituts für Sozialforschung, der ihn aus dem englischen ins amerikanische Exil holte und mit ihm nach Kalifornien zog. Dort entstand, gleichsam als Gegenstück zu der Gemeinschaftsarbeit von Eisler und Adorno über Filmmusik, das große Gemeinschaftswerk »*Dialektik der Aufklärung*« von Horkheimer und Adorno. In seinem Dank an Horkheimer weist Adorno ausdrücklich auf die gleichzeitig entstandenen Texte über »Kulturindustrie« ebenso hin wie auf die in Gemeinschaftsarbeit entstandenen »Philosophischen Fragmente«. Beide Texte kursierten damals nur im Manuskript, noch nicht als Druckwerk. Sie wurden dann erst von den beiden Verfassern in die »Dialektik der Aufklärung« integriert.

Es gibt eine sonderbare Wechselbeziehung zwischen diesen beiden scheinbar oder wirklich sehr heterogenen Gemeinschaftsarbeiten Theodor Wiesengrund-Adornos zur Dialektik der Aufklärung und zur Komposition für den Film. Abermals wiederholt sich die Mittlerstellung Hanns Eislers zwischen Brecht und Schönberg, oder auch die Nichtentscheidung Walter Benjamins zwischen Brecht und Hofmannsthal, diesmal bei Adorno als dem Mitverfasser zwischen Max Horkheimer und Hanns Eisler. Überdenkt man diese Konstellation, so ist man *wieder bei dem Gespräch am Meeresstrand über die Flaschenpost*. Das Gemeinschaftswerk einer Dialektik der Aufklärung entspringt dem Geist einer Negativen Dialektik. Das Buch »Komposition für den Film« hingegen behandelt bereits im zweiten Abschnitt unter der Überschrift »Funktion und Dramaturgie« ganz ausdrücklich die Aufgabenstellung eines Filmemachers und Filmkomponisten beim Versuch, mit Hilfe des Films das beim Publikum zu verändern, was die Autoren des Traktats als »Vorurteile und schlechte Gewohnheiten« bezeichnen. Es sei nicht zu vergessen, daß diese Untersuchung zu Kriegszeiten und im Kampf gegen alle Formen des Faschismus geschrieben wurde. Hier soll die negative Polemik eines künstlerischen Antifaschismus zur Befreiung führen: auch mit den Mitteln des Films. Ein Filmwerk wie »Henker sterben auch« konnte natürlich nur mit den Mitteln der Kulturindustrie entstehen; dennoch handelte es sich um ein Kunstwerk, nicht um ein Blendwerk. Im Anhang zu dem Buch »Komposition für den Film« wird eine Partitur abgedruckt: »Vierzehn Arten, den Regen zu beschreiben. Arnold Schönberg zum 70. Geburtstag gewidmet.«

Die Ausweisung

Über die sonderbaren Konstellationen deutscher Exilprominenz in der Lügenstadt Los Angeles ist in den folgenden Jahrzehnten viel geschrieben worden. Sogar findige Dramatiker haben diese merkwürdigen Spannungen und Bindungen zwischen den Familien von Thomas und Heinrich Mann, von Brecht und Schönberg, Horkheimer und Adorno, Alfred Döblin oder Berthold Viertel höchst bühnenwirksam inszeniert. Es gibt die pedantischen und ausführlichen Tagebücher Thomas Manns, die schmerzvollen Aufzeichnungen des gescheiterten Klaus Mann bis zu seiner Einberufung als amerikanischer Soldat, Bert Brechts Arbeitsbücher. Viele Anekdoten, worin sich die skurrile Lage von Menschen ausdrückt, die einander nicht ausstehen können, doch alle im Emigrantenboot sitzen: mehr oder weniger geräumig.

Hanns Eisler hatte herrliche Geschichten auf Lager, um die Atmosphäre jener späten Kriegstage zu schildern. Über die ganz unberechtigten, doch unvermeidlichen Zornesausbrüche Arnold Schönbergs nach der Lektüre von Thomas Manns Roman »Doktor Faustus«. Natürlich hatte sich Thomas Mann durch Adorno über das Grundkonzept der Zwölfton-Komposition informieren lassen. Er hielt es, als ein Wagnerianer, der sich nicht satt hören kann am Violinkonzert von Tschaikowski, für ebenso kühn wie wahnhaft. Grund genug für ihn, seinen deutschen Tonsetzer Adrian Leverkühn als Erfinder der Schönbergschen Kompositionslehre zu imaginieren. Jeder informierte Leser wußte natürlich, daß es zwar Arnold Schönberg und seine Musik gab, doch keinen deutschen Tonsetzer Adrian Leverkühn. Nur Schönberg selbst wollte es anders wissen und setzte durch, daß ihm Thomas Mann in einem gedruckten Zusatz zum Roman diese Verfasserschaft zugestand.

Die Spannungen zwischen Brecht und den Frankfurtern Horkheimer und Adorno waren nicht minder skurril, doch virulent. Der Stückeschreiber Brecht in Hollywood kommt nicht los vom Projekt eines Tui-Romans und einer Tui-Komödie. Tuis sind leicht chinesisch verkleidete Intellektuelle. Gemeint sind Horkheimer und Adorno. Der Tui-Roman blieb bloßer Entwurf. Das Tui-Projekt für das Theater hieß schließlich »Turandot oder der Kongreß der Weißwäscher«. Den Grundentwurf hat mir Brecht im Gespräch später einmal so dargestellt: Im China der Turandot herrscht schwere Wirtschaftsnot. Der Kaiser ordnet einen Kongreß der Wirtschaftsexperten an. Sie sollen die Ursache der Krise benennen und eine Therapie vorschlagen. Doch über ihren Häuptern hängt in lockender Nähe ein gefüllter Brotkorb. Wenn sie ideologisch schwafeln und vom Einfluß der Mondphase sprechen, senkt sich der Korb und man darf hineingreifen. Kommt man der Sache näher und spricht von Ausbeutung, Mehrwert und Kolonialismus, so schnellt der Brotkorb in die Höhe. Der Kongreß kehrt dann zu den Mondphasen zurück.

In Ostberlin haben dann viele Besserwisser von »Partei und Staat« in dieses Konzept hineingeredet. Was dann herauskam und gedruckt wurde, ist mühsam lustig und ein bißchen wirr.

Hanns Eisler erzählte strahlend von einer *Begegnung zwischen Brecht und Adorno*, die er selbst vermittelt hatte. Adorno durfte Lieder vorspielen, die er als Schüler Alban Bergs geschrieben hatte nach Gedichten Stefan Georges, was Brecht schon nicht gefiel. Dann drehte sich am Ende Adorno fragend um und schaute vom Klavier herüber zu dem Stückeschreiber. Der meinte kühl: »Es erinnert mich doch sehr an Chopin.« Adorno war zerschmettert, wie Eisler berichtete. Allein diese Anekdote meint viel mehr als eine kleine Bosheit unter Mandarinen. Hanns Eisler hat auch immer wieder berichtet, daß Brecht, der die Bedeutung Arnold Schönbergs und seine Widerborstigkeit im Kulturbetrieb hoch anerkannte, mit der Musik dieses Komponisten nichts anfangen konnte. Er hielt, wie Eisler berichtet hat, die Musik Arnold Schönbergs für »allzu melodisch«, also kulinarisch. Darüber werden Tausende widerwilliger Konzertbesucher, die einen Schönberg erdulden müssen, laut lachen. Schönberg selbst hätte Brecht beigepflichtet: er wollte ein Melodiker sein, und man spürt beim genauen Zuhören sogar in seinem kühnen Klavierkonzert ein Weiterwirken der neuromantischen Musikalität.

Alle Hoffnungen nach dem Kriegsende auf eine neue Grundlegung menschenwürdiger Lebensformen wurden bald zerstreut. Alfred Döblin kehrte nach Frankreich zurück, amtierte als hoher französischer Kontrolloffizier in Baden-Baden, wo er eine – sehr kurzlebige – Literaturzeitschrift herausgab. Sie hieß »Das Goldene Tor«, worin eine Anspielung lag auf die Gründung der Vereinten Nationen in San Francisco im Angesicht der Golden Gate Bridge. Auch ein sakraler Nebensinn schwang mit bei dem katholischen Konvertiten Döblin. Seit dem Frühjahr 1947 aber hatte die amerikanische Außenpolitik des Präsidenten Harry S. Truman und seines Außenministers Byrnes eine schroffe Wendung genommen gegen die Sowjetunion, den früheren Alliierten. Kalter Krieg. Nun waren alle in den Vereinigten Staaten verdächtigt geworden, die während des Krieges und kurz nachher deutliche Sympathien hatten spüren lassen für das angebliche gesellschaftliche Alternativsystem im europäischen Osten. Truman war ein Präsident der demokratischen Partei, nicht der Republikaner. Der oberste Inquisitor gegen Unamerican Activities, der Senator des Staates Wisconsin, Joseph McCarthy, war Demokrat. Sein juristischer Berater, was heute längst vergessen ist, hieß Robert Kennedy.

Was da losbrach, hat einer der Verfolgten und Angeschuldigten, der Schriftsteller *Arthur Miller,* in seinem Stück »Hexenjagd« (The Crucible) weltbekannt gemacht. Weltbekannt waren auch die Namen der nun Angeschuldigten. Joseph Losey und Joris Ivens, Miller, Clifford Odets und Lilian Hellmann und viele andere. Und natürlich die deutschen Emigranten. Aus dem gar nicht als Intellektueller, sondern als politischer Flüchtling in Amerika lebenden Gerhart Eisler wurde durch Medienzauber ein Weltverbrecher gemacht, obwohl man ihm nur nachweisen konnte, Kommunist zu sein und gewesen zu sein.

Noch in einem Gespräch, das ich mit *Charlie Chaplin* im Jahre 1954 in seinem Haus oberhalb des Genfer Sees führen konnte, klang viel Bitterkeit nach über eine damalige Hetze, die ihn veranlaßt hatte, die Staaten zu verlassen und nach Europa zurückzukehren. Die Dokumente über Brechts Vernehmung vor dem Ausschuß McCarthy sind wohlbekannt. Brecht stritt nicht nur alles ab, sondern erläuterte in deutscher Sprache, denn er hatte einen Dolmetscher verlangt, die strikt literarische Bedeutung all seiner Texte. Mitgliedschaft in irgendeiner politischen Organisation war ihm nicht nachzuweisen, übrigens auch nicht den Emigranten Heinrich Mann und Lion Feuchtwanger, die man trotzdem niemals in den USA einbürgerte. Hanns Eisler wurde peinlich befragt vor dem Ausschuß. Die brüderliche Verstrickung zu Gerhart war nicht zu leugnen. Ebenso wenig die Zusammenarbeit mit Brecht. In seinen späteren Gesprächen mit Hans Bunge und auch vorher bereits in persönlichen Berichten erläuterte er lachend, wie er den Richter und Inquisitor auf falsche Fährten hetzte. Um Bert Brecht aus dem Spiel zu bringen, erklärte er kühn, als man ihm seine Kompositionen zur »Maßnahme« vorhielt oder zu den Songs aus »Die Mutter«: Ja, das seien alles seine Texte, aber sie seien einfach Dichtung, für die er die entsprechende Musik habe schreiben wollen. Inhaltlich und real habe das keinerlei Bedeutung gehabt für irgendeine Wirklichkeit. Man hat es ihm anscheinend geglaubt, ohne weiter nachzuprüfen.

In ähnlicher Weise übernahm Eisler auch die volle und alleinige Verantwortung für das Buch »Composing for the Film«. Auf diese Weise blieb Theodor W. Adorno unbehelligt, der Amerikaner geworden war, ganz wie Max Horkheimer.

In Hollywood war Eisler vorgeladen worden vom dortigen örtlichen Komitee gegen unamerikanisches Unwesen. Dann folgte die eigentliche Gerichtsverhandlung vom 24. bis 26. September 1948 in Washington D.C. Man machte es verhältnismäßig glimpflich. Es erging das Urteil: Ausweisung aus den Vereinigten Staaten. Brecht hatte nach seinem Verhör ein solches Urteil nicht mehr abgewartet. Für ihn war alles vorbereitet worden zur raschen Abreise. Eine Flugkarte war auf einen anderen Namen reserviert. Der andere sagte in letzter Minute ab. Man schrieb den Flugschein aus auf den Namen von Bertolt Brecht. Seine Angehörigen waren ohnehin bereits zur Abreise gerüstet. So wurde es mir später in Leipzig von demjenigen berichtet, der diese Abreise des Stückeschreibers zu planen hatte.

Mit 51 Jahren (1949) schrieb Hanns Eisler einmal noch eine Melodie, welche durch die Welt gehen sollte: gleich dem Lied von der Solidarität und jenem anderen von der Einheitsfront. Freilich waren die Substanz und Funktion dieser neuen Liedschöpfung im mindesten nicht zu vergleichen mit jenen früheren Gesängen. Oder vielleicht doch? Das Lied von der Solidarität und von der Einheitsfront wollte integrieren, Menschen mit Hilfe von Versen und Melodien zueinander führen. Allein es ging um Gegenwelten. Integration als Verteidigung und Angriff.

Die Musik hingegen zu jenen Versen von Johannes R. Becher, die der Lyriker schnell aufs Papier brachte, nachdem der Auftrag erteilt worden war, den Text zu einer »Nationalhymne der Deutschen Demokratischen Republik« zu entwerfen, verlangte vom Leser und späteren Hymnensänger, daß er sich mit einem Bestehenden ineins fühlen müsse, mit eben dieser Deutschen Demokratischen Republik. Keine Integration folglich mit dem Ziel einer Veränderung, sondern Bekenntnis zu einem vorhandenen Status quo. Sie haben beide, Becher wie Eisler, später im Gespräch erkennen lassen, daß ihnen der Zwiespalt einer Aufgabenstellung, welche nicht denunziert, sondern beschönigt, durchaus bewußt war.

Der Textdichter Becher hat damals keineswegs, wie spöttisch von Gegnern behauptet wurde, unbedenklich drauflos gereimt. Sein Gedicht, das so beginnt:

> Auferstanden aus Ruinen
> Und der Zukunft zugewandt,
> Laß uns dir zum Guten dienen,
> Deutschland, einig Vaterland...

ist in der Aussage würdig, die Friedensbereitschaft darf man um das Jahr 1950 durchaus noch ernst nehmen. Es soll nicht vergessen werden, daß um dieselbe Zeit der erste Bundespräsident einer jungen Bundesrepublik Deutschland, Theodor Heuss also, dem Bremer Lyriker Rudolf Alexander Schröder gleichfalls den Auftrag zu einer Nationalhymne erteilte. Daraus ist nichts geworden. Es blieb bei Hoffmann von Fallerslebens dritter Strophe: ohne Maas und Memel, und ohne die Südtiroler.

Daß man die Becher-Verse – nicht ganz freilich – nach der Melodie des Deutschlandliedes singen kann, war evident. Man hatte es spöttisch auch immer wieder versucht mit Becher und Joseph Haydn. Allein es geht trotzdem nicht. Der Lyriker Becher hatte nach den ersten vier Zeilen jeweils den Rhythmus gebrochen, sehr zur Freude seines Tonsetzers, weil dadurch musikalisch die Liedform respektiert wurde. Allerdings war der neue und gebrochene Rhythmus als Marschieren zu verstehen. Hinzu kam, daß Becher in idealistischer Übersteigerung eines utopischen Entwurfs an die Grenzen des Absurden gelangte. Integration wurde verlangt in einem nicht allein utopischen, sondern pseudo-religiösen Sinne. »Daß die Sonne schön wie nie über Deutschland scheinet...« oder aber: »Daß nie eine Mutter mehr ihren Sohn beweint«.

Hanns Eisler schrieb eine schöne, sangbare und würdige Musik, die bis zum Ende dieser DDR immer wieder von Orchestern intoniert und gern angehört werden konnte. Als man im Ostberliner Politbüro, im Gegensatz zum Staatsvolk, genug zu haben glaubte vom einigen Vaterland Deutschland, durfte Bechers Text nicht mehr gesungen werden. Man spielte aber weiter die Musik von Hanns Eisler, und zwar bei zahllosen Siegerehrungen deutscher Sportler aus dem anderen deutschen Staat.

Eislers Musik meint ein Treppensteigen, wobei immer die bereits überwundenen Stufen noch mitgespielt werden müssen. Es geht nach oben, allein das Unten bleibt in jedem Augenblick spürbar. Der Marschrhythmus ist nicht auftrumpfend, sondern sachlich gemeint. Man marschiert auch bei einer gemeinsamen schweren Wanderung. Um Ludwig Uhlands Guten Kameraden zu zitieren: »Im gleichen Schritt und Tritt«.

Bald nach Veröffentlichung von Text und Musik dieser neuen Nationalhymne meldete sich ein wohlbekannter musikalischer Unterhalter aus dem Dritten Reich und wollte Geld haben als Entschädigung für ein verletztes Urheberrecht. Zwei Viervierteltakte, die einstmals die Aussage »Good bye Jonny, good bye Jonny« hatten begleiten dürfen. In provinzieller westdeutscher Polemik hat man mit dieser Konstellation jenes Unterhalters mit dem Komponisten Hanns Eisler ein bißchen gespielt, wurde es dann doch schließlich leid.

Hanns Eisler erhielt zusammen mit Johannes R. Becher, der diese gleiche Auszeichnung, die mit einem hohen Geldbetrag gekoppelt war, schon 1949 allein erhalten hatte, im Jahre 1950 den Nationalpreis erster Klasse der Deutschen Demokratischen Republik für Text und Musik der Nationalhymne.

Nach seiner Vertreibung aus den Vereinigten Staaten, die im Gegensatz zu den Ausweisern ganz ohne Schande vollzogen wurde, sondern im Gegenteil zu einem großen Abschiedskonzert mit Eisler-Musik im New Yorker Rathaus führte, kehrte Hanns Eisler in seine Wiener Heimat zurück. Was er dort vorfand, war eine epigonale und lokale Nachahmung des Kalten Krieges. Auch Wien war, wie Berlin, in Sektoren geteilt. Im Gegensatz jedoch zu Berlin schmolz der kommunistische Einfluß im Verlaufe der Nachkriegsentwicklung immer mehr dahin. Es war ersichtlich, daß Moskau anders als in Berlin nicht an einer Dauerpräsenz interessiert war an der schönen blauen Donau. Freilich mußte man langsam arbeiten und warten, bis der Generalissimus Stalin im gläsernen Sarg und an der Seite Lenins besichtigt werden konnte.

Daß es in Wien für eine allgemeine Entscheidung zugunsten des Westens gehen würde, bekam Hanns Eisler dort rasch zu spüren. Die Leute, gerade auch die Emigranten mit den »guten amerikanischen Aktivitäten«, führten das große Wort. Einer von ihnen durfte einen offenbar unamerikanischen Emigranten, der gleichfalls zurückgekehrt war, öffentlich anfallen mit dem Hohnwort: »Burschi, laß es sein...« Der Höhner hieß Friedrich Torberg, das darf nicht vergessen werden. Der Gehöhnte nannte sich immerhin Günther Anders. Er hatte ein Buch geschrieben über »Die Antiquiertheit des Menschen«, das bis heute allen Hohn zunichte macht.

Hanns Eisler schrieb für das von kommunistischen Emigranten unweit des Karlsplatzes gegründete Theater »Die Scala«, wo so bedeutende Schauspieler wie Wolfgang Heinz und Karl Paryla arbeiteten, eine schöne Bühnenmusik zu Nestroy, übersiedelte dann aber bald nach Berlin. Hier wurde ihm alles geboten, was man ihm in Wien verweigert hatte oder hätte: Mitgliedschaft in einer neuen Akademie der Künste, Professur an einer Hochschule für Musik; Publikation einer deutschen Ausgabe des Buches »Composing for the Film«. Damals entstanden auch einige neue und dank ihrer Sachkunde aufregende Reflexionen Eislers über das Verhältnis zwischen Hörer und Komponist.

Nach wie vor war Hanns Eisler, wenn man absah von Leitartikeln des Ost-West-Konflikts, ein berühmter Musiker der Gegenwart. In Brüssel spielte man ihn auf dem Krongreß der Internationalen Gesellschaft für neue Musik ebenso wie auf einem entsprechenden Festival in Prag.

Die Zusammenarbeit zwischen Bert Brecht und Eisler konnte jetzt in Berlin erneuert und fortgesetzt werden. Noch gab es Raumschwierigkeiten für das neue »Berliner Ensemble« von Brecht und Helene Weigel, zu welchem seit der Gründung Künstler gehörten wie Caspar Neher und Teo Otto, wie Hanns Eisler und Paul Dessau, wie Schauspieler vom Rang der Therese Giehse und des im allgemeinen in Zürich arbeitenden Leonard Steckel.

Nunmehr aber suchte Johannes R. Becher gleichfalls die gemeinsame Arbeit mit dem Musiker aus Wien. Auch neue Möglichkeiten ergaben sich für Eisler durch eine Zusammenarbeit mit dem Schauspieler-Sänger *Ernst Busch.* Für ihn komponierte Eisler damals schon die – im Rückblick – prophetischen Texte von Kurt Tucholsky ebenso, wie er seine Brecht-Kompositionen fortsetzte. Die Schallplatten Ernst Buschs mit den Tucholsky- und Brecht-Liedern zur Musik Hanns Eislers galten seit langem als klassische Werke, die es mit jeder späteren Hitparade aufnehmen konnten.

Bechers Wunsch freilich, mit Eislers Hilfe für den jungen Staat der Deutschen Demokratischen Republik gleichsam eine neue liedhafte Ästhetik durchzusetzen, mußte den Tonsetzer Hanns Eisler in einen künstlerischen Zwiespalt treiben, der ihn gequält hat. Der Lyriker Johannes R. Becher, große Begabung des einstigen Expressionismus, hatte sich die von Stalin im Jahre 1934 verordnete Rückkehr zum Klassizismus so stark verinnerlicht, daß er jahrelang wirklich daran glaubte, man könne durch simple Rückkehr zu romantischen Heimatliedern ins Volk dringen, um dann, wie Becher formulierte, »als unbekanntes Lied ins Volk zu gehn«. In diesem Verstande schrieb Becher Gedichte, die er recht großspurig als »Neue deutsche Volkslieder« ankündigte. Hanns Eisler fand sich bereit, diese nachgemachte, kunststoffmäßige Frühromantik zu komponieren.

Hier kann ich Goethe zitieren mit seinem – nachdatierten – Ausspruch vom Abend der Schlacht bei Valmy im Jahre 1792. Hier beginne nun eine neue Epoche, und man könne stolz behaupten, man sei dabeigewesen. Auch ich bin dabeigewesen am Abend des 22. Mai 1950, als im Leipziger Kongreßhaus, denn das Gewandhaus war noch nicht wieder errichtet worden, die Uraufführung jener Neuen deutschen Volkslieder stattfand. Becher hatte sie mit dem eigenen Geburtstag verknüpfen wollen, auch wenn es erst der 59. sein konnte. Beim sechzigsten im Mai 1951 wurde dann noch kräftiger gefeiert.

Librettist und Komponist waren zugegen, auch Ernst Busch sang einige Lieder, der ausgezeichnete Leipziger Rundfunkchor unter dem jungen und hoffnungsvollen Herbert Kegel hatte sich große Mühe gegeben. Herbert Kegel starb viel später in tiefer Verzweiflung. Ich selbst war gebeten worden, als Leipziger Professor der Literaturwissenschaft das Wort zu ergreifen. Ich hielt es mit der Polly aus Brechts »Dreigroschenoper«, was heißen soll: »Da behielt ich meinen Kopf oben und ich blieb ganz allgemein.« Sprach also über die historischen sehr gegensätzlichen Entstehungsprozesse eines Volksliedes und eines Kunstliedes, zeigte die Abwandlungen im Textlichen und Musikalischen. Das Lied vom »Lindenbaum« klingt nun einmal anders im Volkston als bei Franz Schubert.

Hanns Eisler begriff sehr gut, was ich sagen wollte. Wir waren hinterher bei einer Feier. Ich weiß noch, daß ich etwas spöttisch von » Mendelssohn mit falschen Noten« gesprochen habe. Eisler lachte und nahm es hin. Er hatte kein gutes Gewissen, auch wenn einige Texte mit wirklich schönen Melodien beschenkt worden waren. In weit stärkerem Maße noch, was immer Brecht dabei an Schönberg rügen wollte, war der Schüler Eisler ein stärkerer Melodiker als sein Lehrer Arnold Schönberg. Blicke ich zurück auf das damalige Unterfangen, das natürlich folgenlos blieb, denn diese »Neuen deutschen Volkslieder« waren rasch vergessen, so war es wohl die kompositorische Aufgabe, die Eisler gereizt hatte. Er war ein besessener Komponist, doch überhaupt nicht opportunistisch. Was er hier geschaffen hatte, war nicht aus Willfährigkeit mit der stalinistischen Ästhetik zu erklären, sondern ein neugieriger Versuch, doch einmal so zu komponieren wie Franz Schubert oder Felix Mendelssohn. In seiner »Symphonie classique« hatte der junge Prokofjew auch einmal so komponieren wollen wie der große Franz Joseph Haydn.

Johann Faustus

Man befand sich damals, in jenen unseligen frühen fünfziger Jahren, im westlichen Deutschland beim Versuch, eine bürgerlich-konservative Weimarer Republik zu restaurieren. Im Heimatfilm und mit Karl May und einer sauberen Leinwand, weshalb es nicht zuzulassen war, daß die junge und hübsche Hildegard Knef in unzüchtiger Entblößung präsentiert wurde. Der Vater der Völker, Generalissimus Stalin, lebte immer noch, offenbar wahnhaft befangen in seinem Haß gegen Juden und jüdische Ärzte, verräterische Kommunistenführer, die man an den Galgen bringen mußte, in nachträglichen Haßgefühlen gegen den Todfeind Leo Trotzki, der es mit der jungen Kunst und Literatur gehalten hatte, weshalb ein strenger Klassizismus zu verordnen war.

Was vom Kreml her angeordnet wurde, fand übereifrige Ideologen und Besserwisser in allen Instanzen der noch jugendlichen sozialistischen Einheitspartei. Der Staatspräsident Pieck, der Ministerpräsident Grotewohl wurden langsam entmachtet durch Walter Ulbricht, für den alles Gesetz war, was Moskau befahl.

Man hatte klassizistisch zu sein. Unter dem geheiligten »kulturellen Erbe« waren Stechschritt und Parademarsch ebenso einbegriffen wie Johann Wolfgang von Goethe. Der Goethesche »Faust« war ein nationales Heiligtum. Wer daran mäkelte, machte sich zum Staatsfeind. Einer der Mäkler hieß *Bert Brecht*. Er hatte mich brieflich gebeten, vor Beginn der Proben zum »Urfaust« beim Berliner Ensemble zu referieren und die Forschungslage zu erklären. Der Brief war wichtig und findet sich bereits abgedruckt in einer Auswahl von Briefen des Stückeschreibers. Ich hatte dann unter Brechts Leitung vor dem Ensemble referiert. Auch Hanns Eisler war anwesend. Ebenso der von Brecht angeleitete junge Regisseur Egon Monk. Ich sprach mich als Referent gegen eine Inszenierung des Urfaust aus. Das Manuskript sei durch glücklichen Zufall auf uns gekommen, und es sei ein wichtiges literarisches Dokument. Dieses Fragment aber isoliert spielen zu wollen, statt den eigentlichen »Faust«, schien mir bei der gegenwärtigen Theatersituation einigermaßen abwegig. Brecht widersprach höflich: der Urfaust sei wichtiger als der Faust.

So wurde der Urfaust im Frühjahr 1953 durch das Berliner Ensemble aufgeführt, und die Parteileitung hatte rechtzeitig dafür gesorgt, daß es ein *Mißerfolg* wurde. In einer endlosen Polemik im Zentralorgan »Neues Deutschland« wurden alle Ausführenden arg gebeutelt und gerügt. Dann wurde Bertolt Brecht selbst und mit ihm auch bereits Hanns Eisler in folgender Weise zur Ordnung gerufen:

»Bertolt Brecht und Hanns Eisler, die sich zur Zeit mit dem ›Faust‹-Problem befassen, sollten sich vergegenwärtigen, in welcher Situation das deutsche Volk sich befindet, welche Aufgaben vor ihm stehen. ›Faust‹ ist ein Spiegelbild des Besten im deutschen Volk. Die

Verteidigung dieser großen Schöpfung unserer Nationalkultur, der Kampf gegen die Verfälschung des Klassischen sollte jedem humanistischen Schriftsteller unserer Zeit Bedürfnis sein. Patriotismus und Verteidigung unserer Nationalkultur sind keine taktischen Winkelzüge, sondern ein untrennbarer Bestandteil des Kampfes für eine höhere gesellschaftliche Ordnung in Deutschland.«

Gezeichnet hatte die Erzstalinistin Johanna Rudolph. Eigentlich hieß sie Marianne Gundermann, hatte den Holocaust überlebt. Sie war immer dort zu finden, wie man aus den oben zitierten ideologischen Klischees ablesen kann, wo Kritik verordnet und Selbstkritik befohlen wurde. Ideologische Denunzianten hatten damals im Kulturleben der DDR Hochkonjunktur. Es gab eine »Staatliche Kunstkommission«, die berufen war, alle Innovationen zu verhindern. Ihr Mitglied Wilhelm Girnus war einer der schlimmsten Einpeitscher. Als er eine Ausstellung von Ernst Barlach zu verhindern suchte, hatte ihm Brecht in der Zeitschrift Peter Huchels, also in »Sinn und Form«, geantwortet. Johanna Rudolph hatte keinerlei literarische oder musikalische Vorbildung. Wenn Girnus mit der Keule Goethe auf die Gegner eindrosch, tat es Johanna Rudolph, die keine Noten lesen konnte, mit der Keule Georg Friedrich Händel. Die geprügelten Musiker hatten ihr den Beinamen »die Witwe Händel« gegeben.

Läppische Wichtigtuereien, so möchte es scheinen. Damals ging es in Wirklichkeit um die Existenz und das Weiterschaffen. Das wußten Brecht und Hanns Eisler. Im Vorjahr war ein Anschlag der Ulbricht und Girnus zur Verhinderung der Oper »*Das Verhör des Lukullus*« von Bertolt Brecht und Paul Dessau glücklicherweise noch abgewendet worden. Nun sollte man den Angriff wiederholen, diesmal gegen Bertolt Brecht und Hanns

Eisler. Es war natürlich kein Zufall, daß Hanns Eisler im Jahre 1952 beim Aufbau-Verlag das Libretto zu einer geplanten Oper »Johann Faustus« hatte erscheinen lassen und daß Brecht den Grundkonzepten dieses Textbuches durch seine Aufführung des »Urfaust« beim Berliner Ensemble sekundierte.

Allein man schrieb bereits das *Jahr 1953*. Jene törichte Polemik der Johanna Rudolph erschien im »Neuen Deutschland« vom 28. Mai 1953. »Die Toten reiten schnell.« (Auch dieses ist natürlich Kulturerbe). Zwanzig Tage noch bis zum 17. Juni.

Natürlich war das Libretto zur Faust-Oper von Hanns Eisler insgeheim ein dramatischer Entwurf von Brecht. Das Zetergeschrei der Ideologen hat Hanns Eisler, wie er niemals geleugnet hat, so tief getroffen, daß er unfähig war und blieb, nur eine einzige Zeile des eigenen Textbuches in Musik zu setzen. Wahrscheinlich hat man ihm damit seine größte künstlerische Möglichkeit genommen.

In seinem Buch »Musik einer Zeit, die sich eben bildet« hat Albrecht Betz das ideologische Grundkonzept Brechts wie Eislers genau charakterisiert.

»Eisler greift in seinem ›Johann Faustus‹ wie Thomas Mann auf das Puppenspiel und das Volksbuch zurück, Goethe umgehend. Gleichwohl sind die Konzeptionen grundverschieden. Die Thomas Manns, des Wagnerianers, ist eine *national*psychologische. Die Eislers rückt den *Klassen*konflikt des Künstlers und Wissenschaftlers in den Mittelpunkt.

Die neue Auffassung der Faust-Gestalt hatte sich in der Diskussion mit Brecht ergeben. Seit beider Übersiedlung nach Berlin hatte Brecht ein Thema aus der

Emigration in den Vordergrund geschoben: den Komplex der ›Tuis‹, der opportunistischen Intellektuellen. Der Zeitpunkt für einen dialektischen Rückblick auf die Geschichte der ›deutschen Misere‹, die wenige Jahre zuvor im Zusammenbruch ihren Tiefpunkt erreichte, schien gekommen; dabei fiel der Blick scharf auf die Geschichte, Verantwortung und Misere der deutschen Intellektuellen. Brecht fürchtete eine Reprise der fatalen Entwicklung in Westdeutschland. Für ihn war der Schoß ›fruchtbar noch‹, aus dem der Faschismus gekrochen war. Der amerikanische Einfluß im anderen Deutschland ließ ihm die Warnung der Wissenschaftler und Künstler dringlich scheinen: die Erinnerung an die ersten Atombomben war frisch. In diesem Kontext entsteht das Libretto zu ›Johann Faustus‹.«

Es ist schwer zu entscheiden, ob Eisler für seine Konzeption des Doktor Faustus auf Gedanken von Brecht zurückgriff oder ob es bereits eine gemeinsame, noch aus dem amerikanischen Exil stammende Übereinstimmung gab im Urteil über den »weitbeschreiten Erzzauberer«. Doktor Faustus wurde konfrontiert mit den aufständischen Bauern des Deutschen Bauernkrieges von 1525. Natürlich wirkte bei Eisler die Kenntnis des »Doktor Faustus« von Thomas Mann nach. Wie der Erzähler aus Lübeck, so hatte auch Hanns Eisler einen Bogen gemacht um Goethe, um alle Inspiration dem einstigen Volksbuch zu entnehmen. Keine Erlösung, sondern Höllenfahrt.

Zu Beginn der zwanziger Jahre hatte bereits Ernst Bloch in seinem Buch über *Thomas Münzer* die einstige These Heinrich Heines aus dem neunzehnten Jahrhundert angezweifelt, wonach Lessing den Luther fortgesetzt habe. Luther also als Ursprung einer jeglichen deutschen Aufklärung. Ernst Bloch hatte Luther, was den geschichtlichen Erkenntnissen entsprach, als Intellektuellen gesehen, der als einstiger Rebell seinen Frieden macht mit der Obrigkeit und sich als Bluthund gegen die aufständischen Bauern, damit auch gegen Thomas Münzer, anbietet. Die Luther-Gestalt bei Thomas Mann ist ähnlich angelegt: hier wird ein Prototyp der deutschen Misere vorgestellt.

Die geschichtliche Ironie wollte es jedoch, daß gerade auch Thomas Mann für seinen Gegenspieler Brecht im kalifornischen Exil gleichsam als Prototyp eines deutschen Obrigkeitsdenkens verstanden wurde. Auf die bürgerlichen Intellektuellen sei nun einmal kein Verlaß. Wahrscheinlich entsprach es gemeinsamen Überzeugungen der beiden Freunde *Lion Feuchtwanger und Bertolt Brecht,* wenn auch Feuchtwanger in seinem Romanwerk über die amerikanische Unabhängigkeitsbewegung am Vorabend einer Französichen Revolution das Thema des politisch unzuverlässigen »Linksintellektuellen« in den Mittelpunkt seiner Erzählung stellte. In Feuchtwangers Roman »Die Füchse im Weinberg«, der ursprünglich unter dem Titel »Waffen für Amerika« erschien, wird Beaumarchais als ein solcher Intellektueller präsentiert. Einstmals Kämpfer für die bürgerliche Emanzipation, Vordenker der künftigen Rousseauisten, Waffenlieferant für Washington und Franklin, dann jedoch völlig unzugänglich für ein Verstehen der Ereignisse seit dem 14. Juli 1789.

Bei Lion Feuchtwanger: der Versager Beaumarchais im Prozeß einer bürgerlichen Revolution. Bei Eisler und Brecht: der Versager Faustus im deutschen Bauernkrieg. In einem Brief an mich, der auch gedruckt vorliegt, hatte mich Brecht gebeten, in die heftige Debatte gegen Eisler und sein Libretto einzugreifen. Ich konnte es nicht tun. Natürlich war ich wütend über das Geschrei der Johanna Rudolph, doch war ich auch nicht bereit, die festgefahrene Animosität des Stückeschreibers gegen die Tuis Horkheimer und Adorno zu teilen. Man lebte nicht im Bauernkrieg, und die angeblichen Tuis waren gar keine.

Hat Hanns Eisler jemals begriffen, daß sein Libretto wieder einmal, wie beim Gespräch am Meeresstrand mit Adorno, gegen die Flaschenpost gerichtet war?

Epilog

Nach dem 17. Juni 1953 gab es bis zum Herbst des Jahres 1956 in der DDR so etwas wie ein Aufatmen nach den sektiererischen Verbotsregeln der Girnus, Johanna Rudolph, Kurt Hager und manch anderer amtierender Besserwisser. Die Staatliche Kunstkommission wurde aufgelöst, ein Ministerium für Kultur entstand, Johannes R. Becher, bis dahin im wesentlichen nur Präsident des Kulturbundes, amtierte nunmehr als Minister. Blickt man zurück, so wird man von einem politischen Rückfall sprechen dürfen. So haben es auch die Brecht und Eisler gesehen. Das Becher-Schauspiel »Winterschlacht«, ein Weltkriegsdrama mit der idealistischen Dramaturgie einer »Wandlung des Helden«, wurde von Brecht selbst in seinem Theater am Schiffbauerdamm inszeniert. Hanns Eisler schrieb die Bühnenmusik. Abermals griff er zurück auf seine Fertigkeiten als Film- und Bühnenmusiker. Aus manchen in solcher Weise zweckgebundenen Partituren stellte er später eigene Orchestersuiten zusammen.

Am 17. Dezember 1954 hielt Eisler in der Ostberliner Akademie der Künste einen Vortrag des Gedenkens für seinen Lehrer Arnold Schönberg. Nach offizieller Doktrin galt Schönberg nach wie vor im gesamten Ostbereich der Stalinisten als Prototyp westlicher Dekadenz. Sogar Dmitri Schostakowitsch war mit dieser Beurteilung einverstanden, wie er verkünden ließ.

Ich war dabei, als Eisler seinen Vortrag mit den Worten begann: »Ein chinesisches Sprichwort sagt: ›Wer seinen Lehrer nicht ehrt, der ist ein Hund!‹« Die Besserwisser nörgelten vorsichtig in der Diskussion an Schönberg herum. Als der Wiener Musikwissenschaftler Georg Knepler, einstmals musikalischer Begleiter von Karl Kraus bei dessen Vorträgen mit Werken des Jacques Offenbach, die Anti-Schönberg-Litanei anstimmte, meldete ich mich zu Wort und wurde sehr scharf, was Eisler freute. Hinterher fragte ich ihn, wo er jenes chinesische Sprichwort entdeckt habe. »Das habe ich erfunden!«

Ein Jahr nach dem Schönberg-Vortrag (1955) erschien in einer ausgezeichneten Buchausgabe die Gesamtzahl von Eislers Liedern und Kantaten. Er wurde mit Ehren überhäuft, mußte für berühmt gewordene französische Filme ebenso komponieren wie für Giorgio Strehler, der in Berlin bei Brecht gelernt hatte, an der Mailänder Scala.

Dennoch war bei jeder neuen Begegnung mit Hanns Eisler die Einsamkeit und tiefe innere Enttäuschung spürbar. Nach der Niederschlagung der ungarischen Revolte gab auch er die politischen Hoffnungen von einst verloren.

Seine zweite Ehe mit Lou Eisler, die mit ihm alle Glückstage und Erleidnisse des Exils erlebt hatte, zerbrach. Lou Eisler kehrte nach Wien zurück und heiratete den gemeinsamen Freund Ernst Fischer. Nach Eislers Tod wußten die Fischers noch, mit großer Herzlichkeit, über gemeinsame Begegnungen in Wien zu berichten. In Berlin war Ernst Fischer ein verdächtiger Dissident, dann Renegat. Walter Ulbricht kannte ihn noch von Moskau her. Den wollte man nicht haben.

In seinem Bericht über die Flaschenpost hatte sich Hanns Eisler selbst als einen »alten Säufer« bezeichnet. Das war er. Einmal gab er der Westberliner Klatschpresse die Möglichkeit zur Schadenfreude. Eisler hatte sich alkoholisiert in Westberlin ein Taxi für die Heimfahrt nach dem Osten genommen. Es gab noch keine Mauer. Als er entdeckte, daß er nicht mehr genügend Westgeld bei sich hatte, brachte ihn der Fahrer zur Polizei. Großer Jubel in den Gazetten. Eisler ließ sich nichts anmerken.

Aus erster Ehe hatte er einen Sohn, den Maler Georg Eisler: Professor an der Hochschule der Künste in Wien. Er schloß nun eine dritte Ehe nach der Scheidung von Lou und fand eine treue Gefährtin, der es immer wieder gelang, den Vereinsamten aufzurichten und zum musikalischen Schaffen zu ermuntern. Endlich wurde in Berlin auch die in Amerika entstandene »Deutsche Sinfonie« aufgeführt. Weder Kantate noch absolute Orchestermusik der Tradition. Disparat in vielen einzelnen Elementen, dennoch als Gesamtwerk konzipiert. Disparat und homogen in einem: wie alles Deutsche.

Von einem ersten Herzinfarkt konnte er sich wieder erholen, doch er wußte, wie es um ihn stand. In seinem Todesjahr 1962 schrieb er »Ernste Gesänge für Bariton und Streichorchester«. Der Titel war ein Zitat des Spätwerks »Ernste Gesänge« von Johannes Brahms, die gleichfalls für eine tiefe Männerstimme komponiert worden waren. Doch bei Eisler gab es nicht, wie bei Brahms, den textlichen Rückgriff auf die Bibel eines Alten und Neuen Testaments. Die Verneigung vor Johannes Brahms aber war beziehungsreich. In Johannes Brahms ehrte Eisler einen Musiker, den Arnold Schönberg stets als seinen eigenen Lehrer verstanden hatte, womit Eislers »Ernste Gesänge« abermals auch als Dank an den Lehrer Arnold Schönberg gedeutet werden konnten.

Hanns Eisler starb nach einem zweiten Herzanfall am 6. September 1962 in Berlin. Staatsbegräbnis. Ein Ehrengrab auf dem Dorotheenstädtischen Friedhof, den sich bereits zu Beginn der fünfziger Jahre Bertolt Brecht – von seinem Zimmer aus konnte er hinabschauen auf den einstigen historischen Friedhof – als Ruhestätte ausgesucht hatte. Dort waren Brecht und Becher beigesetzt worden. Es gab auch ein Grab für Heinrich Mann, für viele gemeinsame Freunde aus guten und bösen Tagen in Eislers Leben. Unweit dieser Gräber finden sich, noch vom frühen neunzehnten Jahrhundert her, die Gräber der Philosophen Fichte und Hegel.

In einem Gedicht über diese Gräber auf dem Dorotheenstädtischen Friedhof hat Günter Kunert behauptet, die Toten mitsamt ihren Ehrengräbern würden nachträglich dazu mißbraucht, unter Berufung auf ihr Leben und Werk, die neuen lebendigen und widerspenstigen Künstler und Denker verstummen zu machen. Allein das ist eine andere Frage.

VI. Jüdische Dialoge über Deutsche und Juden

Waren es, bei den hier behandelten vier großen Konstellationen, wirkliche Dialoge? Zu verstehen als Gespräch, als ein Bemühen um Verständigung? Von keiner dieser Konfrontationen wird man das behaupten können. Max Brod und Franz Kafka, Albert Einstein und Walther Rathenau, Sigmund Freud und Arnold Zweig. Dann die beiden Berliner Jugendfreunde Walter Benjamin und Gerhard Scholem. Zahllose Gespräche mag es gegeben haben zwischen Brod und Kafka: damals in Prag und vor einem Ersten Weltkrieg. Allein die wichtigsten Aussagen Brods und Kafkas zum Thema Deutsche und Juden finden sich doch, gar nicht dialogisch, sondern monologisch, in ihren Arbeiten: Büchern, Aufsätzen, Briefen, Tagebüchern. Da scheint dann alles auseinander zu fallen. Jeder stets für sich. Ein Gespräch fand nicht statt: trotz so vieler Gespräche.

Die Konstellation Albert Einstein und Walther Rathenau ist die schärfste aller Konfrontationen, über die berichtet wird. Sie stellt zwei »deutsche Staatsbürger jüdischen Glaubens« in fast unversöhnlicher Zwietracht gegeneinander.

Die Konstellation Sigmund Freud – Arnold Zweig ist uns als Briefwechsel überliefert worden. Eine Kommentierung dieser Korrespondenz fand bisher nicht statt, wie sich überhaupt das öffentliche Interesse, soweit man sieht, bisher noch nicht auf diese wichtigen Zeugenaussagen zum zwanzigsten Jahrhundert erstreckt hat. Sind sie einander überhaupt je begegnet? Der Professor Freud und der Verfasser des großen Romans über den »Streit um den Sergeanten Grischa«? Auf der Couch in der Wiener Berggasse hätte er gerne liegen wollen, der »Meister Arnold«. Freud hat jedoch alle Anspielungen ignoriert.

An einer Stelle des Briefwechsels macht er dem Nichtpatienten klar, daß es für einen Arnold Zweig wie ihn, Sigmund Freud, nur eines zu lernen gäbe, die Einsicht nämlich, »*daß man kein Deutscher sein muß*«.

Auch der Briefwechsel zwischen Walter Benjamin und dem Zionisten Gerhard Scholem, der sich seit der Ansiedlung in Jerusalem als Gershom Scholem verstand, weist kaum wesentliche Merkmale einer Zwiesprache auf. Nach dem Tode ihres Mannes hat Fania Scholem, gleichsam als Ergänzung zu Scholems Buch über die »Geschichte einer Freundschaft«, kühl berichtet, daß einer Fülle von Briefen verhältnismäßig wenig Begegnungen entsprochen haben seit Scholems Übersiedlung nach Palästina. Eine Freundschaft, die intakt blieb trotz oder wegen der räumlichen Distanz? Fania Scholem scheint an diese Freundschaft nicht geglaubt zu haben, oder wohl eher: es war bei Scholem, dem Jüngeren, so etwas wie zärtliche Freundschaft. Wie es Walter Benjamin selbst gesehen hat, weiß man nicht. Aber war er, Walter Benjamin, überhaupt begabt für Freundschaft? Hat es wirklich einmal in Berlin in den zwanziger Jahren eine Freundschaft gegeben zwischen Walter Benjamin und *Erich Kästner*? Liest man Kästners berühmten Roman »Fabian, Die Geschichte eines Moralisten«, so kann man verstehen, daß mancher sachkundige Leser in Fabians Freund Labude, dem Selbstmörder mit der gescheiterten germanistischen Dissertation, einige Merkmale des damaligen Walter Benjamin zu erkennen glaubte. Daß Benjamin im Zusammenhang mit seinem vierzigsten Geburtstag (1932) bereits an die Negation der eigenen Existenz dachte, ist bekannt. In Benjamins ebenso berühmtem wie ungerechtem Aufsatz über »Linke Melancholie«, der vor allem als Angriff gegen den Lyriker Erich Kästner zu lesen ist, spürt man, jenseits des Ideologischen, eine zornige Streitlust. War auch hier eine Freundschaft gescheitert an Benjamins mangelnder Begabung für eine solche?

Es gibt Gemeinsamkeiten in allen drei Fällen. Die Prager Reflexionen über den Zionismus und das eigene Verhältnis zum Judentum führten im Falle von Brod und Kafka dazu, daß Max Brod im Jahre 1939, gleichsam in letzter Stunde, die Heimat verließ, um sich in Tel Aviv niederzulassen: als Dramaturg des berühmten Habimah-Theaters. Damals war er ein Mann von fünfundfünfzig Jahren, seine wichtigsten Bücher hatte er geschrieben, den Nachlaß von Kafka hatte er ediert. Wäre Kafka, ohne den Ausbruch der schweren Krankheit, seinem Beispiel gefolgt? Es ist zu bezweifeln.

Arnold Zweig war stets ein ernsthafter Zionist. Nach dem Zusammenbruch aller Illusionen über die deutsch-jüdische Symbiose verließ er Deutschland, um sich in Palästina, auf dem Berge Karmel unweit von Haifa, niederzulassen. Die wichtigsten seiner späten Briefe an Freud, noch nach Wien gerichtet, dann ins Londoner Exil Sigmund Freuds, wurden in Haifa geschrieben. Allein just in der Woche, da im Jahre 1948 der Staat Israel ausgerufen wurde, verließ der Zionist Arnold Zweig seinen Wohnsitz, um nach Europa zurückzukehren. Zuerst nach Prag, dann nach Ostberlin. Dort hat er, hoch geehrt und aller alltäglichen Sorgen enthoben, sein Leben und Werk beenden können. Sein Grab befindet sich auf dem Dorotheenstädtischen Friedhof in Ostberlin, wo auch Brecht und Heinrich Mann und Johannes R. Becher oder Hanns Eisler beigesetzt wurden, alle unweit der Gräber von Fichte und Hegel. Der Zionist Arnold Zweig hat wohl an eine zweite deutsch-jüdische Symbiose, diesmal im Rahmen einer Deutschen Demokratischen Republik, geglaubt, oder glauben wollen. Es hat diesen Widerruf des Widerrufs vom 30. Januar 1933 nicht gegeben, wie man heute weiß.

Sie war, seit der Mitte des deutschen achtzehnten Jahrhunderts, stets als *Assimilation* verstanden worden, die später sogenannte deutsch-jüdische Symbiose, das heißt: ein enges Zusammenleben heterogener Menschen mit verschiedenartiger Herkunft und Überlieferung. Daraus sollte eine neue Einheit entstehen. Man hatte sie freilich zu deuten als Abdankung des einen Partners zugunsten des anderen. Aus Juden sollten Deutsche werden. War das zu erreichen bei einem Volk, dessen Tradition durch Geschichte und religiöse Überzeugung eben auf seiner Einzigartigkeit zu beruhen hatte. Die Mehrheit der Israeliten war untergegangen in der Gefangenschaft am Euphrat. Sie gingen zugrunde mit den anderen Babyloniern. Wer gewillt war, als Jude weiterzuleben, und nur als solcher, das hat alle bisherige Geschichte bewiesen, vermochte zu überleben. Eben durch den Verzicht auf jegliche Assimilation.

An dieser Antinomie ist schließlich auch in Deutschland die Symbiose gescheitert. Mehr als ein Jahrhundert lang hat man an sie geglaubt: etwa von den Zeiten Moses Mendelssohns und Gotthold Ephraim Lessings bis zur Mitte des neunzehnten Jahrhunderts, genauer: bis zum Scheitern der demokratischen Revolution in Europa im Jahre 1849.

Abraham Mendelssohn, der Sohn Moses Mendelssohns, hatte seine Kinder, wie erwähnt, nicht als Juden aufwachsen lassen. Sie sollten Deutsche sein und werden, nach der Taufe schließlich auch lutherische Protestanten, wie andere Preußen auch. Trotzdem haben alle »anderen Preußen«, auch alle anderen Deutschen, den Musiker Felix Mendelssohn Bartholdy stets als Juden gesehen, je nachdem als großen deutschen Juden oder als fremdartigen Schädling.

Auch ein so sonderbarer und zwiespältiger Aufsatz wie der Text »Zur Judenfrage« von *Karl Marx* aus dem Jahre 1844 ging aus vom Prinzip einer totalen Assimilation zugunsten des Deutschtums. Dieser von allen späteren Zionisten so befehdete Text, über welchen sich Gershom Scholem sehr erbittert äußerte, als *Max Horkheimer* in abgewandelter Form und unter dem Titel »Die Juden und Europa« die Thesen von Marx im Jahre 1939 wiederholte, meinte nichts anderes, als daß die Judenfrage nur dadurch gelöst werden könne, daß die Juden auf ihr besonderes Jude-Sein zu verzichten hätten. In hegelisierender Weise postulierte Marx die Befreiung der Juden als »Befreiung vom Juden«. Genau hundert Jahre später (1944) hat man diese dialektische These, und zwar mörderisch, verwirklichen wollen.

   Die Assimilation ist niemals im allgemeinen Bewußtsein vollzogen worden: weder von den Deutschen, noch von den Juden in Deutschland. Daran haben weder christliche Taufrituale noch militärische Auszeichnungen für jüdisches Heldentum etwas ändern können. Sogar noch in der Zeit des bürgerlich-demokratischen Liberalismus bis etwa in die siebziger Jahre des neunzehnten Jahrhunderts machten auch deutsche Demokraten und Liberale einen großen Unterschied zwischen »guten und schlechten Juden«. Ein Nationalliberaler wie Gustav Freytag unterscheidet in seinem so schrecklich folgenreichen Roman »Soll und Haben« zwischen dem edlen Juden Bernhard Ehrenthal, den ein Deutscher durchaus als Freund haben könnte, der aber in jungen Jahren sterben muß, seinem taktlos aufdringlichen reichen Vater Hirsch Ehrenthal und dem – noch dazu rothaarigen – Verbrecher Veitel Itzig. Andererseits darf nicht vergessen werden, daß es gerade Gustav Freytag war, der die schärfste deutsche Erwiderung geschrieben hat auf Richard Wagners Pamphlet vom Jahre 1869 über »Das Judentum in der Musik«. Freytag stellte damals bereits fest, was später Adorno wiederholen sollte, daß sich Richard Wagner

in seinem deutsch-nationalen Eifer ebenso »jüdisch« gebärde wie seine angeblichen jüdischen Gegner.

Der Gegensatz zwischen guten und schlechten Juden
in Deutschland wurde bereits gegen Ende des neunzehnten Jahrhunderts längst nicht mehr als individuelles und
moralisches Problem gesehen, sondern als *soziale Diffe-
renzierung*. Hier die guten deutschen Juden, dort die einen schlechten Jargon sprechenden und ärmlichen, aber
rituell dahinlebenden »Ostjuden«. Zum Königreich
Preußen, mithin auch zum Deutschen Reich von 1871,
gehörten die Provinzen Westpreußen und Posen mit
weitgehend polnischer und auch polnisch-jüdischer Bevölkerung. Auch in Österreich-Ungarn trug die unheil-
volle polnische Erbschaft in Galizien wesentlich bei zum
Ausbruch der antisemitischen Krankheit.

Im Deutschen Reich hatte man sich bis zum Ende des
neunzehnten Jahrhunderts in Weiterführung einstiger
Tradition der antisemitischen Deutschtümelei von 1817
um geistige Abgrenzung bemüht. Einer der ursprünglichen Freunde des jungen Karl Marx unter den Jung-He-
gelianern der dreißiger Jahre, *Bruno Bauer*, wurde ein
wütender Antisemit. Gegen einen anderen späteren He-
gelianer und Gesellschafts-Wissenschaftler, gegen den
Dr. *Eugen Dühring*, schrieb Friedrich Engels ein spötti-
sches Pamphlet. Wirksam blieben bei vielen Lesern die
judenfeindlichen Tiraden trotzdem.

In Österreich-Ungarn ging man, gerade auch in Wien,
weniger distanziert vor. Antisemitische Politiker wie
Karl Lueger oder gar Lanz von Liebenfels forderten weitgehend die Zurücknahme juristischer Gleichberechtigung für Menschen mit jüdischer Abkunft. Die Freunde
von Johannes Brahms haben damals aufgezeichnet, wie
der Musiker aus Hamburg verzweifelt aufbegehrte gegen
diese Bemühungen, den Prozeß der bürgerlichen Demo-
kratisierung rückgängig zu machen.

Kurz vor der Wende zum zwanzigsten Jahrhundert setzte auch von jüdischer Seite her die Erkenntnis ein, daß der Zurücknahme des Assimilations-Postulats von nichtjüdischer Seite eine Aufkündigung der Symbiose von jüdischer Seite her entsprechen müsse. Der einstigen Unterscheidung zwischen angeblich guten und angeblich schlechten Juden (im Sinne der Deutschheit) entsprach nun die Unterscheidung zwischen deutschen Juden, die festhalten wollten an der Assimilation, und Zionisten, die den Gedanken einer allgemeinen jüdischen Auswanderung zur Debatte stellen. Die Gegensätze waren sowohl ökonomischer wie gesellschaftlicher Art. Das deutsche bürgerliche Judentum bekannte sich zu den liberalen Prinzipien von »Bildung und Besitz«. Bildung verstanden als deutsche humanistische Bildung. Der Zionismus rekrutierte sich seit den Anfängen unter den Kleinbürgern, den Handwerkern aus den jüdisch dominierten Kleinstädten in Galizien oder Posen. Im Habsburgerreich gab es stets beides: den Wunsch nach Auswanderung, damals weitgehend verstanden als *Auswanderung nach Amerika*, und den Wunsch andererseits, trotz allem nach Wien zu gelangen in der nächsten Generation, um dort womöglich einstmals, mit einem Herrn Doktor als Sohn, vom Zweiten Bezirk, also der Leopoldstadt, umziehen zu dürfen in den Ersten Bezirk, das Zentrum der Donaumonarchie.

In dieser Konstellation, die zusammenfällt mit dem Beginn des zwanzigsten Jahrhunderts, werden Dialoge notwendig in jedem einzelnen Falle junger Juden über ihr Verhältnis zu den Deutschen: was auch für Österreich-Ungarn zutraf, denn die Struktur der Donaumonarchie war bestimmt durch die Vorherrschaft der Deutschen in einem vielschichtigen Nationalitätenstaat. Assimilation hatte für einen Juden aus Tschernowitz oder Krotoschin die Bedeutung einer Assimilation an

die deutsche Herrenschicht des Kaiserreichs und Königreichs Österreich-Ungarn. Robert Musil hat es als Kakanien bezeichnet.

1. Max Brod und Franz Kafka

Der Grabstein Franz Kafkas auf dem Neuen Jüdischen Friedhof zu Prag ist weltbekannt. In jedem der vielen Bildbände in vielen Sprachen über den im Augenblick seines Sterbens fast unbekannten Autor der »Verwandlung« und des »Hungerkünstlers« findet man auch die Ansicht des Grabsteins. Ein Familiengrab. Die Eltern Hermann und Julie, die den mit vierzig Jahren gestorbenen Sohn überleben sollten, »im Tode vereint« mit dem nach Ansicht des unerbittlichen Vaters doch so recht nichts geworden war. Weshalb man ihm, fast wie eine Beschönigung, auf dem Grabstein wenigstens den juristischen Doktortitel zubilligte. Doktor Franz Kafka.

Die Abbildung im Buch aber vermag nicht die ganze Konstellation wiederzugeben. Steht man vor diesem Familiengrab oder stellt man sich gar an dessen Seite auf mit dem Blick jener Blickrichtung des Grabsteins, so schaut man nicht hinüber zu anderen Gräbern, sondern wird aufgehalten durch den Anblick der Friedhofsmauer. Der Fußweg an den Gräbern vorbei, also auch am Kafka-Grab, läuft entlang der Friedhofsmauer.

Unmittelbar gegenüber dem Kafka-Grab aber findet sich, befestigt an jener Mauer, eine Bronzetafel. Die Inschrift in tschechischer Sprache ist kaum lesbar. Alles ist verdunkelt, auch überwachsen. Aber es ist eine *Gedenktafel für Max Brod*. Erinnert wird, sehr mit Recht, an die Freundschaft dieser beiden, Max Brod und Franz Kafka, die wohl in der Tat eine gewesen ist. Max Brod wurde von dem todkranken Kafka, das ist weltbekannt, zum Erben und Nachlaßverwalter eingesetzt. Er sollte Kafkas unedierte Manuskripte vernichten. Also vor allem die drei großen Romane. Auch die umfangreichen Tagebücher. Andererseits hat Kafka, was oft vergessen wird, noch in seinen letzten Lebenswochen an Korrekturfahnen seines Buches »Der Hungerkünstler« gearbeitet. Der Auftrag des Autodafé an Brod konnte also keineswegs eine Absage Franz Kafkas an die eigene Literatur bedeuten. Hat Kafka diesen Vernichtungsauftrag erteilt in der Erwartung, daß Brod nicht exekutieren würde? Das wäre nicht undenkbar.

Max Brod hat für diese so wichtige Rettungstat nicht nur viel Undank erfahren müssen im Laufe seines Lebens und Überlebens, denn er hat Kafka um vierundvierzig Jahre überlebt. Dennoch ist, wie man heute beweisen kann, mancher Zorn der germanistischen Philologen gegen den Editor Max Brod weitgehend unberechtigt gewesen. Kafka schrieb deutlich und leserlich, so daß Max Brod weitgehend richtig gelesen und ediert hat. Über Streichungen dort, wo Kafka selbst gestrichen hatte, wird man sich mit Philologen kaum einigen können. Brod wollte, weil es dafür noch keine Möglichkeit gab, die Werke des Freundes vorstellen. Er hat sie der Welt präsentieren können. Da heute die Handschriften vorliegen und nachgeprüft werden können, sind alle bis dahin unbewiesenen Behauptungen, Brod habe das Werk des Freundes »verfälscht«, widerlegt. Wir verdanken diesem Herausgeber die Kenntnis des »wirklichen« Kafka.

Anders steht es um den »*Kafka-Interpreten*« Max Brod. Der von Religion und Psychologie faszinierte Zionist versuchte, Kafka gleichsam nach dem eigenen Ebenbild zu deuten. Mit Hilfe des Kategorien-Paares der Schuld und der Gnade. Vor allem aber mußte Brods Versuch mißlingen, das eigene stets wache historische Bewußtsein auch Werken wie dem »Prozeß« oder dem »Schloß« zu attestieren. Das konnte nicht gelingen. Raum und Zeit werden bei Kafka nicht in dem realistischen Sinne unseres Alltagsbewußtseins verstanden. Natürlich konnte Klaus Wagenbach nachweisen, wie als konkrete erlebte Landschaft das »Schloß« ausgesehen haben mochte, welchem sich der Landvermesser K. andienen wollte. Allein jenes »real existierende« Schloß irgendwo in Böhmen wurde von dem Erzähler Kafka aller Kontur und Struktur beraubt. Kafkas Schloß steht überall. Es findet Platz in jeder Bürgerstube. Nach der aufwendigen amerikanischen Verfilmung des »Prozeß« stellte eine Wiener Zeitung in einer Kritik fest, in jedem Finanzamt eines Wiener Bezirks sei mehr von Kafka spürbar, als in den mächtigen Fabrikhallen dieses Films.

Brod hat durch seine Freundestat für einen der großen Schriftsteller des Jahrhunderts mitgeholfen, das eigene Lebenswerk zu verdunkeln. In den zwanziger Jahren war Brod ein sehr erfolgreicher und geachteter Schriftsteller. Wenn man in kleinerem Kreis der Kenner den Namen Franz Kafka erwähnte, so erfolgte das mit dem Hinweis auf die Empfehlungen des bekannten Autors Max Brod. Heute ist es umgekehrt. Wenn Max Brods Name genannt wird, so mit dem Zusatz: das sei doch der Freund von Kafka. Es wäre an der Zeit, diese modische Verdunkelung zu beenden. Max Brod war nicht allein ein Verfasser bemerkenswerter Romane, vor allem jener beiden Erzählwerke, die er im Rahmen einer projektierten Renaissance-Trilogie verfaßte. Die Romane »Tycho Brahes Weg zu Gott« (1916) und »Reubeni, Fürst der Juden« (1925) sind bedeutende Erzählwerke. Der dritte Band der Trilogie schildert »Galilei im Gefängnis«. Ihn hatte der bereits in Palästina lebende Zionist Max Brod verfaßt, in deutscher Sprache, was ihm sogleich im Lande von eifrigen jüdischen Nationalisten angekreidet wurde. Brod hätte ein hebräisches Buch schreiben sollen.

Dieser kleine, überaus vielseitig begabte Doktor der Rechte, spekulative Denker, Musikkenner und Geschichtsdeuter besaß im höchsten Maße vor allem die Begabung zur Freundschaft. Dreimal hat er sich, also nicht allein im Falle von Kafka, für bedeutende Autoren und Künstler zu einer Zeit eingesetzt, da man deren Tätigkeit weitgehend ignorierte. Max Brod hat früh schon, gleich nach Erscheinen des »Gehülfen« oder des Romanes »Jakob von Gunten« von *Robert Walser* auf diesen einzigartigen Schreiber hingewiesen. Das haben das lange, verdunkelte Leben Walsers hindurch damals nur wenige Leser vermocht. Sie heißen freilich neben Brod zum Beispiel Christian Morgenstern, Robert Musil und Walter Benjamin. Es war wohl auch Brod, der die Texte des Schweizers seinem Freund Kafka zu lesen gab. So wurde Robert Walser, wie bekannt, zu einem der Lieblingsautoren von Kafka: neben Kleist und auch neben Lessing. Auch für den Weg des Brünner Provinzmusikers *Leóš Janáček* in die Weltgeltung hat Brod, der fließend tschechisch sprach, viel geleistet. Er war beteiligt an den deutschen Fassungen der Operntexte Janáčeks. Brod hat gleichfalls mitgeholfen, die schlampige Schreiberei des *Jaroslav Hašek* über einen gewissen braven Soldaten Schwejk in einer spezifisch deutschen Fassung, im sogenannten Prager Deutsch, zu publizieren. Von Brod stammt, weitgehend, übrigens nachgebessert während der Berliner Theaterproben durch Brecht, die Dramatisierung des »Schwejk« für das Theater Erwin Piscators.

Alles Denken Max Brods ist historisch situiert und als Verstehen geschichtlicher Abläufe zu interpretieren. Damit bereits ist der Gegensatz nicht nur zu Kafkas eigenem Schreiben genannt, sondern auch die Unergiebigkeit der freundschaftlichen Dialoge zwischen Brod und Kafka mit dem unerschöpflichen Thema Deutsche und Juden. Gemeinsame Erlebnisse der beiden Freunde standen am Anfang: die Begegnung mit ostjüdischem Theater und plebejisch-jüdischen Lebensformen. Kafka betont bereits in frühen Jahren und am Beginn seines Schreibens, daß er im Bewußtsein lebe, zu Prag innerhalb einer Dreizahl von Beziehungen zu existieren: Tschechen, Deutschen, Juden. Er selbst reihte sich im Tagebuch unter die Juden ein, nicht unter die Deutschen. Also Minderheit einer Minderheit. In frühen Tagebüchern wird auch bereits von Kämpfen zwischen Vater und Sohn Kafka gesprochen. Der Vater, eingedenk der eigenen ländlich-jüdischen Ursprünge, will von dem Interesse des Sohnes und seiner Freunde Max Brod und Hugo Bergmann am Tun, Treiben und Theater der Ostjuden nichts wissen.

Was bei Kafka eine Lebenserfahrung war, die Beziehung zum ostjüdischen Theater, die ja fruchtbar machte für die Selbsterfahrung, wurde für Max Brod ein Anlaß zur Gesellschaftserkenntnis. In einem Aufsatz Max Brods (1917) mit dem Titel »Die dritte Phase des Zionismus« faßt der Analytiker die eigenen Erfahrungen als allgemeine politische Erkenntnisse zusammen:

»Die erste Phase rechnet man vom Auftreten Theodor Herzls (Erscheinen des ›Judenstaats‹, 1896) bis 1908. Es ist der politische Zionismus, charakterisiert durch den Aufruf zur Selbstbesinnung, durch organisatorische und diplomatische Arbeit. Herzl verwarf jede kolonisatorische Kleinarbeit in Palästina vor Erlangung des ›Charters‹, einer öffentlich-rechtlichen Garantie für die neue Stellung. Die zweite Epoche (1908 bis in die jüngste Zeit) läßt neben politische Bemühungen die ›Gegenwartsarbeit‹, praktische Kleinkolonisation in Palästina, treten. Die dritte Phase, die meiner Ansicht nach in unseren Tagen beginnt, stellt neben die älteren Ideale die Forderung rascher sozialer und kultureller Volksarbeit im Galuth (Diaspora, Zerstreuung als Gegensatz von Palästina).«

Nach den deutschen und österreichischen Niederlagen im Jahre 1918 versucht Brod in einem großen religionsphilosophischen Buch mit dem Titel »Heidentum, Christentum, Judentum. Ein Bekenntnisbuch« (München 1921) eine neue Standortbestimmung für das zionistische Denken. In seinen Betrachtungen über das Judentum als eine »Religion der Freiheit« negiert Brod sein eigenes früheres Denken und Schaffen. Den Roman »Tycho Brahes Weg zu Gott« hält er nun für einen »Irrweg«. In diesem bedeutenden Erzählwerk, das zur Zeit Rudolfs II. am Ausgang des sechzehnten Jahrhunderts in Prag spielt, tritt der dänische Physiker und Astronom Tycho Brahe angesichts der für ihn überwältigenden Berechnungen Johannes Keplers vor dem größeren Astronomen freiwillig zurück. Hier hatte Brod wohl noch ein möglicher gemeinsamer »Weg zu Gott« vorgeschwebt. Dies wird nun für einen Irrweg gehalten.

In sonderbarer Weise übernimmt Brod, vielleicht sogar unbewußt, in dieser Religionsphilosophie die deutschen und antijüdischen Unterscheidungen zwischen guten und schlechten Juden auch für eine jüdische religiöse Hierarchie. Brod unterscheidet zwischen dem »edlen und unedlen Unglück«. Das eine ist das metaphysische Schicksal der jüdischen Vertreibung und Diaspora. Unedel sei das Unglück jedoch, das unedle Juden, als Reaktion auf Pogrome, sowohl anrichten wie zu erleiden hätten.

In seiner späten Biographie »Streitbares Leben«, die erst nach dem Tode von Brod im Jahre 1969 erschien, versucht er, den eigenen Weg zum Zionismus, unter Vermeidung angeblicher Irrwege, genauer zu fassen. Wichtig ist dabei, daß er abermals zurückgeht auf die gemeinsamen Erfahrungen und Erlebnisse mit Kafka zu Beginn unseres Jahrhunderts.

»Über meine jüdische Entwicklung, in der mein kleiner Roman ›Ein tschechisches Dienstmädchen‹ eine seltsame Rolle gespielt hat, will ich in einem späteren Kapitel berichten. Hier nur leicht angedeutet: drei Punkte, die letzten Endes in mein langes Hin- und Hergerissensein die Entscheidung brachten.

Erstens die armselige ostjüdische Schauspielertruppe, die ich gar nicht in einem richtigen Theater, sondern in dem kleinen ›Café Savoy‹ entdeckt hatte und die mir doch zum erstenmal als wahrer Begriff von jüdischem Volkstum, erschreckend, abstoßend, zugleich magisch anziehend, sternhaft aufgeleuchtet war, in einem Sinn, der für uns beide dann durch Kafkas Enthusiasmus vertieft wurde.

Zweitens (und das schon vorher) die Vorträge Martin Bubers sowie die glühende Erscheinung des Bekenners Nathan Birnbaum, dem aber die rechte Standfestigkeit fehlte. Auf Buber dagegen konnte man bauen, selbst wenn man in mancher Einzelheit mit ihm nicht übereinstimmte. Richtig schrieb später Hans Kohn in seinem 1930 bei Hegner erschienenen Buch ›Martin Buber. Sein Werk und seine Zeit‹: ›Der Zionismus Herzls, die Sehnsucht nach einem Judenstaat hatten ihre Ursache ausschließlich in den Beziehungen der Juden zu ihrer Umwelt. Buber stellte in seiner ersten Rede über das Judentum die Frage auf eine andere Grundlage: Welchen Sinn hat es, daß wir uns Juden nennen? Was bedeutet es in jedes einzelnen Leben, in dem inneren Recht und Wesen jedes Lebens, daß wir Juden sind? Hier taucht wieder Bubers Grundfrage auf: Was ist die Wirklichkeit des Judentums in jedem einzelnen? Wozu verpflichtet sie uns, nicht in äußerem Zwange, sondern in der Notwendigkeit der Erfüllung unseres inneren Sinnes, die zu werden, die wir sind? Buber hatte schon 1904 die Erkenntnis geäußert, ›daß die wahre Judenfrage eine innere und individuelle ist, nämlich die Stellungnahme eines jeden einzelnen Juden zu der ererbten Wesensbesonderheit, die er in sich vorfindet, zu seinem inneren Judentum, und das dieses allein das Volk statuiert‹.

Buber hat seine ›Drei Reden über das Judentum‹ 1909 in Prag im Kreise des Studentenvereins Bar-Kochba gehalten, dem ich als Gast und Opponent angehörte. Sie erschienen als Buch in dem gleichen Jahr wie Werfels Weltfreund (1911). Um sie zu verstehen, mußte man allerdings schon einige Erlebnisse auf jüdischem und politischem Gebiet hinter sich haben. Zu diesen Kenntnissen kam ich (und das ist das ›Drittens‹ in dieser Reihe) durch ein Bild im Wohnzimmer Hugo Bergmanns.«

Anschließend erläutert Brod, wie er im Umgang mit dem gemeinsamen Freund Hugo Bergmann, auch einem Freund Kafkas, in Gegensatz geriet zum rationalistischen Atheismus des in Prag maßgebenden Philosophen Franz Brentano. Brod gesteht ein, daß seine religiöse Empfindsamkeit damals verhindert habe, sich ganz der damaligen Philosophie zu verschreiben. Es handelt sich insgesamt um jene vor allem durch Ernst Mach repräsentierte Philosophie eines rationalen Skeptizismus, die bis zum Ausbruch des Ersten Weltkrieges das Denken und auch Dichten der Künstler und Schriftsteller Österreich-Ungarns – Budapest, Wien und Prag – bestimmen sollte. Auch Max Brod empfand also den sogenannten Empiriokritizismus als eine Gefahr für die eigene Identität. Wie stark *Rainer Maria Rilke* damals den Einfluß dieser Philosophie verspürte, ist ebenso bekannt wie die Tatsache, daß *Lenin* angesichts vieler Sympathien seiner Freunde für den sogenannten »Machismus« genötigt war, eine dicke philosophische Polemik zur Bewußtseinsstärkung zu verfassen mit dem Titel »Materialismus und Empiriokritizismus«. Für Lenin waren Mach und Avenarius und Franz Brentano viel zu gottsucherisch. Für Max Brod waren sie es zu wenig.

In einem langen Brief an Max Brod, geschrieben in Marienbad im Juli 1916, schildert *Franz Kafka,* der damit einen Auftrag des Freundes ausführt, seine Erfahrungen mit einem damals in den böhmischen Bädern zur Kur weilenden Wunder-Rabbi, der mit Gefolgschaft von Dienern und Jüngern wie ein orientalischer Herrscher aufzutreten pflegte. Noch gab es das Kaiserreich und Königreich Österreich-Ungarn. Man schrieb das Todesjahr des Kaisers Franz Joseph, dem der junge Erzherzog Karl nunmehr als (letzter) Kaiser von Österreich und König von Ungarn für kurze Zeit nachfolgen sollte. Brod hatte wissen wollen, was es mit diesem sonderbaren Rabbi und seiner Sekte auf sich hat. Aus Kafkas Bericht geht hervor, daß der Rabbi mit seiner Lehre die ostjüdischen Frommen, die Chassidim, bekämpft. In einem Zornesausbruch nennt er sie einfach »Mörder«.

»Er sieht aus wie der Sultan, den ich als Kind in einem Doré-Münchhausen oft gesehen habe. Aber keine Maskerade, wirklich der Sultan. Und nicht nur Sultan, sondern auch Vater, Volksschullehrer, Gymnasialprofessor u. s. f. Der Anblick seines Rückens, der Anblick der Hand, die auf der Hüfte liegt, der Anblick der Wendung dieses breiten Rückens – alles das gibt Vertrauen. Auch in den Augen der ganzen Gruppe ist dieses ruhige glückliche Vertrauen, das ich gut ahne.«

Die Schilderung könnte unter Kafkas Erzählungen stehen, sie wäre auch als nächtliche Aufzeichnung in den

Tagebüchern denkbar. Eine Begegnung zwischen Kafka und dem Rabbi findet überhaupt nicht statt. Kafka macht sich zum Gefolgsmann. Mit dem Rabbi teilt er selbst die Neugierde für jede Einzelheit des Lebens und der Vorgänge. In seiner Schilderung wird der majestätische Rabbi immer wieder kontrastiert mit dem armseligen Tun seiner gläubigen Gemeinde. Einer der Meschores, also der Diener, wurde vom Rabbi ausgeschickt, um Wasser aus der Marienbader Rudolfquelle zu holen. Allein es ist Nachmittag, und die Quelle wird zugesperrt. Kafka ist natürlich dabei, wenn es um solche armseligen Niederlagen geht. Als Zuschauer und insgeheim Beteiligter. Dies ist für ihn gleichzeitig ein wunderbares Schauspiel und eine Selbsterkenntnis. Es gibt für ihn, aus vielerlei Gründen, keinen Zugang zu diesem Rabbi. Es gäbe nur die Einordnung als Meschores. Das geht auch wieder nicht.

Max Brod hätte vermutlich einen Weg gefunden, Zugang beim Rabbi zu erhalten. Es hätte auch Gesprächsstoff zwischen ihnen gegeben. Franz Kafka aber stand, wie Joseph K. in dem Prozeß-Roman, vor dem Rabbi wie – ausgesperrt – »vor dem Gesetz«.

In einem späteren Brief Kafkas an Max Brod, geschrieben in Meran im Mai 1920, gibt es einen erschreckenden Ausbruch über die Unlösbarkeit der Beziehungen zwischen Deutschen und Juden. Die Lungenkrankheit ist fortgeschritten. Die Kur in Meran kann nicht Heilung bedeuten, nur Linderung. Alle einstigen Hoffnungen der Vorkriegszeit scheiterten an der deutschen und österreichischen Niederlage. Max Brod hat ihm offensichtlich aus München über die dort beginnenden judenfeindlichen Umtriebe berichtet. Die Münchener Räterepublik von 1919, an welcher sich jüdische Intellektuelle wie Eugen Leviné oder Ernst Toller und Albert Ehrenstein führend beteiligt hatten, war blutig niedergeschlagen worden. Im »Miesbacher Anzeiger« schrieb der bereits schwerkranke Dr. Ludwig Thoma, leidenschaftlicher Nationalist und Antisemit, nunmehr voller Zufriedenheit über die Ermordung des bayerischen (jüdischen) Ministerpräsidenten Kurt Eisner. Als Gustav Landauer im Gefängnishof von Stadelheim mit Gewehrkolben totgeschlagen wird, findet der Schreiber im »Miesbacher Anzeiger«, der sich freilich nicht mit seinem Namen zu erkennen gibt, auch dies in der Ordnung. Wieder einer weniger ...

Vergangen sind für Kafka alle Hoffnungen auf ein Tun in Verbindung mit anderen Menschen. Es gibt nur noch das nächtliche Schreiben. Diese Reise wird für den kranken Kafka zum unerfüllbaren Wunschtraum. Seinem früheren Bewunderer, dem Rezitator *Ludwig Hardt,* dem auch Thomas Mann und Elias Canetti bewundernd geschrieben haben, schenkte er ein Buch von sich mit einer Widmung, die von einer gemeinsamen Reise nach – China spricht. Hier genauso ortlos und zeitlos wie Kafkas »Schloß«.

Die Geschichte des Landvermessers K. war von Anfang an unvollendbar. K. befand sich dem Schloß gegenüber, was er freilich nicht wußte, immer im Zustand einer Annäherung, die keine war. Der Roman mußte fragmentarisch bleiben, ganz wie übrigens das Konzept Robert Musils mit dem »Mann ohne Eigenschaften«. Freilich hatte Robert Musil an eine Vollendbarkeit geglaubt.

Der »Prozeß« hingegen ist kein Fragment geblieben, auch dies dürfte Kafka gewußt haben, obwohl einige Episoden, zum Beispiel die Urteilsverkündung vor der Hinrichtung des Angeklagten, nicht mehr aufgeschrieben wurden. Allein der Schluß war niedergeschrieben worden. Abgestochen wie ein Hund. Das war der letzte Gedanke. Es konnte keinen anderen Schluß geben.

An Max Brod

(Meran, Anfang Mai 1920)

»Liebster Max, vielen Dank. München hatte ich mir ähnlich gedacht, die Details sind merkwürdig. Es ist verständlich, vielleicht verderben die Juden Deutschlands Zukunft nicht, aber Deutschlands Gegenwart kann man sich durch sie verdorben denken. Sie haben seit jeher Deutschland Dinge aufgedrängt, zu denen es vielleicht langsam und auf seine Art gekommen wäre, denen gegenüber es sich aber in Opposition gestellt hat, weil sie von Fremden kamen. Eine schrecklich unfruchtbare Beschäftigung, der Antisemitismus und was damit zusammenhängt, und den verdankt Deutschland den Juden.

Was meinen kleinen Kreis hier anlangt, so haben sich die Gegensätze längst gelegt, ich habe es damals übertrieben, die andern aber auch. Der General z. B. ist mir gegenüber freundlicher als zu andern, was mich übrigens nicht wundert, denn ich habe eine zweifellose gute gesellige Eigenschaft (leider nur diese eine auf Kosten aller andern): ich kann ausgezeichnet, aufrichtig und glücklich zuhören. Es muß sich allmählich in der Familie ausgebildet haben, eine alte Tante von mir hat z. B. ohne besondere innere Beteiligung ein außerordentliches Zuhör-Gesicht: offenen Mund, Lächeln, große Augen, fortwährendes Kopfnicken und unnachahmliche Halsstreckung, die nicht nur demütig ist, sondern auch das Ablesen der Worte von den Lippen des andern erleichtern will und erleichtert.«

Trotzdem gab es immer noch keinen Verzicht. Das Spiel mit der Möglichkeit Palästina wird immer noch aufrechterhalten. Mit Hugo Bergmann hatte Max Brods wie Franz Kafkas Einübung im Zionismus begonnen. Nun schrieb Kafka im Juli 1923 aus Müritz an der Ostsee an Hugo Bergmann.

»Lieber Hugo,
vielen Dank für Deinen Gruß und Wunsch. Es war die erste hebräische Schrift, die ich aus Palästina bekam. Der Wunsch in ihr hat vielleicht große Kraft. Um meine Transportabilität zu prüfen, habe ich mich nach vielen Jahren der Bettlägerigkeit und der Kopfschmerzen zu einer kleinen Reise nach der Ostsee erhoben. Ein Glück hatte ich dabei jedenfalls. 50 Schritte von meinem Balkon ist ein Ferienheim des Jüdischen Volksheims in Berlin. Durch die Bäume kann ich die Kinder spielen sehn. Fröhliche, gesunde, leidenschaftliche Kinder. Ostjuden, durch Westjuden vor der Berliner Gefahr gerettet. Die halben Tage und Nächte ist das Haus, der Wald und der Strand voll Gesang. Wenn ich unter ihnen bin, bin ich nicht glücklich, aber vor der Schwelle des Glücks.
Leb recht wohl

Dein Franz

Grüße von mir Deine tapfere Mutter und die Kinder.«

Aber vielleicht hat Franz Kafkas Dialog über die Wechselbeziehungen zwischen Deutschen und Juden gar nicht in Wirklichkeit stattgefunden. Nicht mit Max Brod, auch nicht mit Hugo Bergmann oder anderen. Wohl auch nicht mit sich selbst in den Tagebüchern. Rückhaltloser, nicht als Literatur systemiert, hat Kafka seine Erfahrungen des Verlierers einer Frau gegenüber erläutert: einer Tschechin. In den von Willy Haas herausgegebenen *Briefen an Milena*«. Ein Brief, gleichfalls aus Meran, geschrieben im Mai 1920, spricht deutlicher als alles andere.

»Wie ist es, Milena, mit Ihrer Menschenkenntnis? Manchmal schon zweifelte ich an ihr, z.B. wenn Sie von Werfel schrieben, es sprach ja daraus auch Liebe und vielleicht nur Liebe, aber doch mißverstehende und wenn man von allem absieht, was Werfel ist und nur bei dem Vorwurf der Dicke bleibt (der mir überdies unberechtigt scheint, Werfel wird mir schöner und liebenswerter von Jahr zu Jahr, ich sehe ihn allerdings nur flüchtig) wissen Sie denn nicht, daß nur die Dicken vertrauenswürdig sind? Nur in diesen starkwandigen Gefäßen wird alles zuendegekocht, nur diese Kapitalisten des Luftraums sind, soweit es bei Menschen möglich ist, geschützt vor Sorgen und Wahnsinn und können sich ruhig mit ihrer Aufgabe beschäftigen und sie allein sind, wie einmal einer sagte, als eigentliche Erdenbürger auf der ganzen Erde verwendbar, denn im Norden wärmen sie und im Süden geben sie Schatten. (Man kann das allerdings auch umkehren, aber es ist dann nicht wahr.)

Dann das Judentum. Sie fragen mich ob ich Jude bin, vielleicht ist das nur Scherz, vielleicht fragen Sie nur ob ich zu jenem ängstlichen Judentum gehöre, jedenfalls können Sie als Pragerin in dieser Hinsicht nicht so harmlos sein wie etwa Mathilde, Heines Frau. (Vielleicht kennen Sie die Geschichte nicht. Es kommt mir vor, als hätte ich Ihnen Wichtigeres zu erzählen, auch schade ich mir irgendwie zweifellos, nicht durch die Geschichte, aber durch deren Erzählung, aber Sie sollen doch auch einmal etwas Hübsches von mir hören. Meißner, ein deutsch-böhmischer Dichter, kein Jude, erzählt es in seinen Erinnerungen. Mathilde ärgerte ihn immer mit ihren Ausfällen gegen die Deutschen: die Deutschen seien boshaft, überwitzig, rechthaberisch, wortklauberisch, aufdringlich, kurz ein unerträgliches Volk. ›Sie kennen doch die Deutschen gar nicht‹ sagte dann endlich einmal Meißner ›Henry verkehrt doch nur mit deutschen Journalisten und die sind hier in Paris alle Juden.‹ ›Ach‹ sagte Mathilde ›da übertreiben Sie, es mag ja hie und da unter Ihnen ein Jude sein, z. B. Seiffert –‹. ›Nein‹ sagte Meißner ›das ist der einzige Nichtjude.‹ ›Wie‹ sagte Mathilde ›Jeitteles z. B. (es war ein großer starker blonder Mensch) wäre ein Jude?‹ ›Allerdings‹ sagte Meißner. ›Aber Bamberger?‹ ›Auch.‹ ›Aber Arnstein?‹ ›Ebenso.‹ So ging es weiter alle Bekannten durch. Schließlich wurde Mathilde ärgerlich und sagte: ›Sie wollen mich ja nur zum Besten halten, zu guter Letzt werden Sie noch behaupten wollen, auch Kohn sei ein jüdischer Name, aber Kohn ist doch ein Vetter von Henry und Henry ist Lutheraner.‹ Dagegen konnte Meißner nichts mehr einwenden. Jedenfalls scheinen Sie keine Angst vor dem Judentum zu haben. Das ist auf das letzte oder vorletzte Judentum unserer Städte bezogen etwas Heldenhaftes und – alle Scherze weit weg! – wenn ein reines Mädchen zu Ihren Verwandten sagt: ›Laßt mich‹ und dorthin auszieht, dann ist es mehr als der Auszug der Jungfrau von Orleans aus ihrem Dorfe.«

Milena hat durch ihr Leben und Sterben bewiesen, daß sie Franz Kafka hier richtig verstanden hatte.

2. Albert Einstein und Walther Rathenau

Der Bericht über ein langes nächtliches Gespräch in Berlin, ablaufend wenige Monate vor der Mordtat, wurde durch den Zionisten *Kurt Blumenfeld* überliefert. Blumenfeld, der bei dieser Gelegenheit wohl mehr die Rolle des Vermittlers zu spielen hatte, muß sich früh bereits, vielleicht bald nach Ende des Gesprächs, Notizen gemacht haben. Seine Darstellung ist etwas selbstgefällig, der gedruckte Text findet sich in Blumenfelds Buch »Erlebte Judenfrage. Ein Vierteljahrhundert deutscher Zionismus«, Stuttgart 1962. Dennoch wirkt die Darstellung authentisch; ein bißchen dramatisiert, doch es besteht kein Anlaß, die Abfolge der Gedankenführung anzuzweifeln. Man spürt die Evidenz. Sie findet sich nachträglich legitimiert durch das Schicksal Walther Rathenaus und durch den weiteren Lebensablauf des großen Physikers. Der hundertste Geburtstag Albert Einsteins im März 1979 wurde in Jerusalem mit einem Weltsymposion der Künstler und Wissenschaftler begangen. Albert Einstein: das war auch ein Thema für den Linguisten Roman Jakobson, den Psychologen Erik H. Erikson oder den amerikanischen Kunsthistoriker Meir Shapiro. Sie alle waren ebenso nach Jerusalem gekommen wie der Geiger Isaac Stern mit seinem Kammerorchester. War dies alles eine Bestätigung der Position Albert Einsteins und eine Widerlegung der Haltung von Walther Rathenau in jenem nächtlichen Gespräch? Man sollte sich hüten, hier gleichfalls mit einem Entweder – oder zu antworten. Über die äußeren Umstände des Zusammentreffens hat Kurt Blumenfeld wie folgt berichtet:

>»Ich hatte Rathenau nur gelegentlich gesehen. Wir kannten uns flüchtig. Es kam aber bis 1922 nie zu einer Unterhaltung, die mitzuteilen wert ist. Mein stärk-

stes persönliches Erlebnis mit ihm war ein Gespräch Anfang April 1922, wenige Wochen vor seiner Ermordung. Ich hatte Einstein gebeten, mit mir zu Rathenau zu gehen, um ihn zu beeinflussen, sein Amt als Außenminister aufzugeben. Einstein teilte meine Anschauung.

Unsere Unterhaltung dauerte von acht Uhr abends bis ein Uhr nachts. Wir waren zu dreien. Fünf Stunden lang wurden Palästina und das Judenproblem und im Zusammenhang damit die Frage erörtert: Hat Rathenau das Recht, die deutsche Politik als Außenminister zu vertreten oder nicht?

Die Anwesenheit Einsteins war entscheidend. Er bezeichnete sich selbst an diesem Abend als Ferment. Er hielt die Unterhaltung in Fluß. Er wurde, wie auch Rathenau fühlte, zu einer Art Schiedsrichter, als sie sich ihrem Ende zuneigte.«

Man wird nicht sagen können, Blumenfeld habe in seinem Bericht versucht, die Schärfe der antizionistischen Argumentation Rathenaus, des deutschen Reichsaußenministers, zu eliminieren. Was Rathenau in diesem Gespräch vortrug, deckte sich, meiner eigenen Jugenderinnerung nach, durchaus mit der Ansicht vieler deutscher Juden, die voraussahen, was in der Tat für den im Jahre 1948 gegründeten Staat Israel zum Daseinsproblem werden sollte. Der jüdische Witz fand damals eine böse Formel: »Ein Zionist ist ein Jude, der mit aller Beredsamkeit einen zweiten Juden zu veranlassen sucht, mit dem Geld eines dritten Juden nach Palästina auszuwandern.« Etwas war schon daran, damals. Ihr eigenes, weitaus schlimmeres Schicksal hingegen hatten sie selbst, diese deutschen Staatsbürger jüdischen Glaubens, nicht ahnen oder gar ermessen können. Rathenau nahm, in jeglicher Hinsicht, damals vieles vorweg:

»Rathenau war ein Meister des Gesprächs, ein vollendeter Dialektiker, der das Problem kannte. Er verstand, Gründe und Gegengründe raffiniert zu ordnen, und wechselte in der Unterhaltung dauernd den Standpunkt.

Gegen den Zionismus führte er eine Äußerung seines Vaters an, der den Zionismus für eine ›angesalbte‹ Sache erklärt hatte. ›Die Zionisten sprechen gern von Selbsthilfe und Auto-Emanzipation, aber das zionistische Palästina wird immer auf das Wohlwollen der nicht-zionistischen Juden angewiesen sein. Eine Sache, die nicht ›self-supporting‹ werden kann, ist auch als Idee nicht interessant. Die Idealisten in Palästina, auch wenn sie bereit sind, für ihre Sache zu sterben, bleiben für die anderen Juden doch nur eine durch Wohltätigkeit erhaltene Gruppe.‹«

Die Gegenposition Albert Einsteins wird durch seinen zionistischen Freund Blumenfeld, wie gesagt, dramatisiert und gleichsam als Widerlegung Rathenaus und seiner Existenzformen gefeiert.

»Das war dem geraden Sinne Einsteins jedoch zuviel. Er fragte Rathenau, was er eigentlich damit bezwecke, wenn er dauernd das Thema ändere. ›Ich bin in dieser Unterhaltung nur ein advocatus diaboli‹, erwiderte Rathenau, ›mich interessiert es, die zionistische Sache unter verschiedenen Aspekten zu sehen.‹

Jetzt aber griff ich ein: ›Wir glaubten, daß diese Sache Sie angeht, und wir sind zu Ihnen gekommen, um Sie auf die Schwierigkeit Ihrer eigenen Position hinzuweisen. Nach meiner Meinung haben Sie kein Recht, als Minister des Äußeren die Angelegenheiten des deutschen Volkes zu leiten.‹

›Warum nicht?‹ verteidigte sich Rathenau, ›nachdem Sie meine Argumente über die Palästinawirtschaft nicht widerlegt haben, kommen Sie wieder mit Psychologie. Ich bin der geeignete Man für mein Amt. Ich erfülle meine Pflicht gegenüber dem deutschen Volk, indem ich ihm meine Fähigkeiten und meine Kraft zur Verfügung stelle. Im übrigen: was wollen Sie, warum soll ich nicht wiederholen, was Disraeli getan hat?‹

›Im Erfolg ist manches möglich‹, erwiderte ich. ›Disraeli brachte England den Suezkanal und machte seine Königin zur Kaiserin von Indien. In schwerer Zeit zeigt sich deutlicher, wer dazugehört und wer als fremd empfunden wird. Ich glaube übrigens, daß ein Jude unter keinen Umständen das Recht hat, die Angelegenheit eines anderen Volkes zu repräsentieren. Sie sehen nur sich und ahnen nicht, daß jeder Jude, nicht nur in Deutschland, sondern in der ganzen Welt, für Ihr Tun verantwortlich gemacht wird. Sie lehnen es ab, sich mit dem jüdischen Volk zu identifizieren, aber es gibt eine objektive Judenfrage, der Sie durch kein Argument entgehen können. Sie erfüllen nur eine Funktion und sind in Wahrheit nicht eins mit dem deutschen Volke, das Sie zu repräsentieren versuchen.‹

›Damit müssen Menschen wie ich durch ihre Leistung fertig werden. Ich durchbreche die Barrieren, mit denen die Antisemiten uns isolieren wollen.‹ Und dann fügte er plötzlich mit einer Art Augurenlächeln hinzu: ›Natürlich säße ich lieber in der Downingstreet als in der Wilhelmstraße.‹

In dem Augenblick sagte Einstein mit seiner unbefangenen Klarheit: ›Jetzt sind Sie aber reingefallen. Das gerade hat doch Blumenfeld versucht auseinanderzusetzen.‹

Der Allzukluge hatte einmal nicht aufgepaßt. In diesem einen einzigen unbewachten Augenblick gab Rathenau zu, daß er wirklich nur eine *Funktion* erfülle, daß er zu der deutschen Welt, die er damals politisch vertrat, zwar mit tausend Fäden und mit besten Gründen, aber doch nur sehr bedingt und nicht unbedingt gehörte.

Rathenau war sehr nachdenklich geworden, denn er wußte nun, daß er mattgesetzt worden war. Wir drei aber spürten, daß dieses Mattgesetztsein nicht das Resultat dialektischer Unterlegenheit war, sondern aus tieferen Schichten seines Wesens stammte.«

Anlaß aber für Siegesfeiern gab es wahrlich nicht. Auch Einstein dürfte „sehr nachdenklich" den Heimweg angetreten haben. War er nun bestätigt durch die Mörder in der Königsallee im Berliner Grunewald? Er hatte auch wohl nichts anderes vorgetragen, als was Rathenau selbst seit langem wußte und als zerreißenden Zwiespalt der eigenen Existenz verspürte. Dennoch hätte jegliche Zustimung zu Einsteins Argumenten eine Selbstabdankung bedeutet. Bereits der junge Albert Einstein aus Ulm muß in seiner geistigen Entwicklung, die ihn früh in die Schweiz führte, eine tiefe Fremdheit empfunden haben gegenüber allem, was man damals als »Deutschtum« zu bezeichnen pflegte. Das spätere Verhalten auch vieler deutscher Physiker wie des bedeutenden Fachkollegen Philipp Lenard in Heidelberg, der in völkischem Hochmut die Forschungen Albert Einsteins einfach als »jüdischen Schwindel« abtat, mögen den Begründer der Relativitätstheorie in seiner kühlen Haltung bestärkt haben.

Walther Rathenau hingegen scheint bestrebt gewesen zu sein, den Juden in sich gleichsam nur als ephemeren Zufall der Natur einzuschätzen. Darin hielt es Walther Rathenau wohl nicht anders als so divergierende jüdische Mitteleuropäer wie Leo Trotzki oder Karl Kraus, zu schweigen vom jüdischen Selbstmörder Otto Weininger. Auch dies hat der gleichsam professionelle Walther Rathenau natürlich gewußt. Als Denker und auch als Fühlender stand er im Lager seiner Gegner und auch Mörder.

3. Vater Freud und Meister Arnold
Der Briefwechsel
zwischen Sigmund Freud und Arnold Zweig

Oh, das Leben könnte sehr interessant sein,
wenn man nur mehr davon wüßte und ver-
stünde. Aber sicher ist man nur seiner augen-
blicklichen Empfindungen!

Brief Sigmund Freuds an Arnold Zweig
vom 8. Mai 1932

Ein angesehener Schriftsteller, Arnold Zweig, fast vierzigjährig, der gerade das Manuskript seines Romans »Der Streit um den Sergeanten Grischa« beendet hat und damit im Begriff steht, ein weltberühmter Autor zu werden, schreibt am 18. März 1927, von Berlin-Eichkamp aus, an Sigmund Freud in Wien. Es ist ein Brief »vielfältiger Dankbarkeit«. Der Mensch und Mann und Autor erweist dem Begründer der Tiefenpsychologie eine Reverenz. Er verdanke dieser »neuen Seelenheilkunst persönlich die Wiederherstellung« seiner »gesamten Person«. Soeben nun habe er das erlittene und verstandene seelische Geschehen in Erkenntnis verwandelt. Ein Buch sei entstanden mit dem Titel »Caliban oder Politik und Leidenschaft«: als Versuch über »die menschlichen Gruppenaffekte, dargestellt am Antisemitismus«. Ob Freud die Widmung dieses Buches annehmen wolle?

Freud steht damals im 71. Lebensjahr, ist also 31 Jahre älter als Arnold Zweig. So debütiert ein Briefwechsel, der nahezu ohne Unterbrechung, trotz schwerer körperlicher Gebrechen der beiden Partner, bis zu Sigmund Freuds Tode im Jahre 1939 und im Londoner Exil andauern sollte.

Freud hatte damals den Brief seines Verehrers sogleich und mit großer Herzlichkeit beantwortet. Die Dedikation nahm er an und bezeichnete »das Anerbieten des Dichters der ›Novellen um Claudia‹« als Ehre, die er zu schätzen wisse. Der Roman »Novellen um Claudia« (1912) hatte den 25jährigen Schriftsteller Arnold Zweig sogleich bekannt gemacht. Auch Freud schätzt, als ein literarisch versierter Vielleser, dem man noch etwas altmodische Verehrung anmerkt vor Schriftstellern und Künstlern, besonders dies Jugendwerk seines Verehrers: eine Arbeit, zu welcher Arnold Zweig schon damals viel Distanz bekundete. Immerhin hatte der Armierungssoldat Zweig den Weltkrieg im Schützengraben vor Verdun und an der Ostfront mitgemacht. Was er nun als Vierzigjähriger schrieb, entfernte sich zusehends vom subtilen Psychologisieren des allzu berühmten Vorkriegsromans. Der Romancier war jetzt darauf aus, die gesellschaftlichen Triebkräfte episch sichtbar zu machen, die zugelassen hatten, was Arnold Zweig von nun an in einem Romanzyklus mit dem Titel »Der große Krieg der weißen Männer« nachzuerzählen und zu deuten unternahm.

Die Korrespondenz dieser zwölf Jahre behandelt daher vor allem die literarischen Projekte und Kreationen Arnold Zweigs. Hier ist der Briefwechsel für den Literarhistoriker wichtig, denn zwei der wichtigsten Romane des heute in Ostberlin lebenden und hierzulande keineswegs nach Gebühr geschätzten Verfassers gehören diesem Zeitraum an: der in Palästina zwischen Juden und Juden, Juden und Arabern spielende Roman »De Vriendt kehrt heim« (1932) und Zweigs vielleicht bedeutendstes Buch »Erziehung vor Verdun« (1935).

Sigmund Freud erlebt man bei der Arbeit an den späten, luziden, immer wieder den kaum auszuhaltenden Körperschmerzen abgetrotzten Aufsätzen zur psychoanalytischen Theorie und Praxis. Geistiges Hauptgeschäft aber für Freud ist in dieser Zeit die Arbeit an seinen Studien zur Religionspsychologie, insbesondere zur

Entstehung des Monotheismus. Da Arnold Zweig, nach der Flucht aus Deutschland im Jahre 1933, im damaligen Palästina und am »Mount Carmel« lebt, drängt es Freud unwillkürlich, beim Briefwechsel mit einem Verehrer, dem die Rolle eines geistigen Sohnes zugebilligt wird, immer wieder auf den »Mann Moses« zurückzukommen, der nach Freuds Hypothese ein Ägypter gewesen sei, gar kein Jude, und den er für den eigentlichen Begründer einer monotheistischen Religion hält. Schon im Jahre 1913 hatte Freud eine Studie über den »Moses des Michelangelo« geschrieben und (nicht ohne Zögern) im Jahr darauf in seiner Zeitschrift »Imago« publiziert: anonym übrigens, um nicht auch noch den – unnötigen – Zorn der Kunstwissenschaftler zu provozieren.

Zwanzig Jahre später kreisen die letzten wissenschaftlichen Meditationen eines schwerkranken, verbitterten, schießlich exilierten Mannes um diese Figur des Religionsstifters. Man spürte schon an Freuds frühem Aufsatz über Michelangelos berühmte Skulptur, daß mehr im Spiele war als ästhetische Interpretation. Freud sah damals im beruhigten Zorn der gewaltigen Figur das »leibliche Ausdrucksmittel für die höchste psychische Leistung, die einem Menschen möglich ist, für das Niederringen der eigenen Leidenschaft zugunsten und im Auftrage einer Bestimmung, der man sich geweiht hat«. Das klingt nach Selbstinterpretation, und Selbstaussage ist wohl auch vieles, was der späte Freud am Schicksal des unjüdischen Religionsstifters der Juden zu demonstrieren sucht.

Der Briefwechsel zwischen Freud und Zweig ist also auf weite Stellen hin ein erregendes Werkstatt-Gespräch zwischen einem Schriftsteller, den die Sozialpsychologie fasziniert, und einem Forscher, der – wie diese Briefe abermals bestätigen – große deutsche Prosa schreibt.

Aber da ist mehr. Freud wirkt vereinsamt, bei allem

Weltruhm. Als Arnold Zweig im Herbst 1933 im Begriff steht, nach Paris zu emigrieren, und Freud um nützliche Adressen bittet, erhält er die nüchterne und harte Antwort: »Ich habe keine Freunde in Paris, nur Schüler.« Die zärtliche Dankbarkeit und Schülerschaft Arnold Zweigs läßt er sich gern gefallen, duldet sogar, daß Zweig ihn, nach der versuchsweisen Anrede »Lieber Herr und Vater Freud«, schließlich als »Lieber Vater Freud« tituliert. Es vollzieht sich also eine »Vater-Identifizierung«, die Freud – in seinem Aufsatz über »Dostojewski und die Vatertötung« – so erläutert: »Sie wird ins Ich aufgenommen, stellt sich aber darin als eine besondere Instanz dem anderen Inhalt des Ichs entgegen. Wir heißen sie dann das Über-Ich und schreiben ihr, der Erbin des Elterneinflusses, die wichtigsten Funktionen zu.«

Der geistige Adoptiv-Vater wehrt nicht ab, stellt aber, mit einem großartigen und herzenshöflichen Trick, die Gleichheit zum Briefpartner wieder her. Ein Brief vom 8. Mai 1932 eröffnet mit der Anrede: »Lieber Meister Arnold.« Ein nächster Brief wiederholt die Formel und setzt hinzu: »Ich glaube, der Name soll Ihnen bleiben.« Meister Arnold und Vater Freud: die Anerkennung des Alten durch den Jüngeren als affektive Bindung; die Anerkennung des »Meisters« in einem hochgeachteten, aber – vom Naturwissenschaftler Freud her gesehen – doch fremden Bereich durch den Arzt und Forscher. Zwei Anreden, die gleichzeitig Annäherung und Distanzierung bedeuten.

Der »Meister Arnold« wird durchaus nicht geschont. Freud läßt ihm nichts durchgehen: keine wissenschaftliche Schlamperei mit falschen Vornamen von Autoren, keine Amateur-Psychologie. Auch will er nicht verstehen, wenn Arnold Zweig, der sich immer wieder einem Analytiker anvertraut, am liebsten vom Meister selbst behandelt werden möchte. Da sich selbst Freud andererseits keine einzige »Fehlleistung« durchgehen läßt, ergeben sich oft komische Episoden.

Zu Anfang des Briefwechsels tituliert er Arnold Zweig einmal als »Lieber Herr Doktor«. Der wehrt sich ziemlich heftig gegen die illegale Promotion: »Denn ich habe mich nie für fähig gehalten, einen akademischen Grad zu erwerben, sehr zu Unrecht, wie ich jetzt weiß, und muß nun den Rest meines Lebens nackt und bloß als schlichter Mann meines Namens hinbringen, eine Entbehrung, unter der ich besonders dann leide, wenn ich mir den heutigen Zustand unserer Universitäten vorstelle.« Freud repliziert sogleich: er habe es insgeheim gewußt und die Fehlleistung nachträglich zu deuten versucht: »Sie zeigte als Störung den anderen Zweig auf [Stefan Zweig. H.M.], von dem ich weiß, daß er gegenwärtig in Hamburg mich zu einem Essay verarbeitet, der mich in Gesellschaft von Mesmer und Mary Eddy-Baker vor die Öffentlichkeit bringen soll. Er hat mir im letzten Halbjahr einen starken Grund zur Unzufriedenheit gegeben, meine ursprüngliche starke Rachsucht ist jetzt ganz ins Unbewußte verbannt, und da ist es ganz gut möglich, daß ich einen Vergleich anstelle und eine Ersetzung durchführen wollte.«

Über den Dr. Stefan Zweig hatte Freud früher anders geurteilt. Im Dostojewski-Aufsatz, der eine Interpretation von Stefan Zweigs Erzählung »Vierundzwanzig Stunden aus dem Leben einer Frau« enthält, wird vom Autor als dem »mir befreundeten Dichter« gesprochen. Was nun wieder Arnold Zweig ärgert, der diesen Aufsatz Freuds liest und brieflich dem Verfasser einige Vorwürfe macht ob dieses Lobes.

Überhaupt erweist sich Freud in seinem Verhältnis zu Menschen als stark an die jeweilige Konstellation gebunden. Ein Brief von 1935 erwähnt in einem Nebensatz und verachtungsvoll »Hochstapler wie O. Rank«. Freud hatte schon anders über Otto Rank geschrieben. Abermals weiß er selbst, wie hart und ungerecht er ist. Als Arnold Zweig nun seinerseits eine Freud-Biographie schreiben möchte, was ihm deren virtueller Held voller Entsetzen auszureden sucht, und nach den Renegaten der Psychoanalyse fragt, antwortet der achtzigjährige Freud: »Zufriedener bin ich damit, daß Sie nicht mehr meine Biographie schreiben wollen. Sie sollen aber auch mich nicht anregen, daß ich selbst ein neues Stück meiner Lebensgeschichte schreibe. Eine Revision der Abfallsbewegungen geriete leicht allzu indiskret und ordinär.«

Ein großer Hasser bleibt er auch noch mit achtzig Jahren: »Daß unser Hauptfeind P. Schmidt eben das österreichische Ehrenzeichen für Kunst und Wissenschaft erhalten hat für seine frommen Lügen in der Ethnologie, rechne ich mir zum Verdienst an. Er sollte offenbar dafür getröstet werden, daß die Vorsehung mich 80 Jahre alt werden ließ.« Dies aber schreibt ein Mann, der immer weiter arbeitet trotz der Krebswucherungen in Hals und Mund und der natürlich weiß, was vor sich geht. So muß man einen Satz verstehen, der sechs Jahre vor dem Tode geschrieben wurde: »Ich meine, diesmal habe ich mir ein Anrecht auf einen plötzlichen Herztod erworben, keine üble Chance.« Aber die Vorsehung gewährt sie nicht, die Chance. Freuds letzter Brief an Zweig vom 5. März 1939 gibt die Diagnose: »Es ist kein Zweifel mehr, daß es sich um einen neuen Vorstoß meines lieben alten Carcinoms handelt, mit dem ich seit jetzt 16 Jahren die Existenz teile. Wer damals der Stärkere sein würde, konnte man natürlich nicht vorher sagen.« Die Selbstanalyse des 79jährigen bleibt schonungs- und illusionslos: »Es steckt noch so viel Genußfähigkeit in mir, also Unzufriedenheit mit der notgedrungenen Resignation. Es ist grimmiger Winter in Wien, ich bin seit Monaten nicht ausgegangen. Ich finde mich auch schwer in die Rolle des für die

Menschheit leidenden Heros, die Ihre Freundschaft mir offeriert. Meine Stimmung ist schlecht, mir gefällt sehr wenig, meine Selbstkritik hat sich sehr verschärft. Senile Depression würde ich an einem anderen diagnostizieren.« Auf Arnold Zweigs seelische Komplikationen geht Freud fast niemals ein: ihn scheint der Schriftsteller zu interessieren, nicht der seelisch leidende Mensch. Außerdem verargt er es dem Autor des Grischa-Romans, daß dieser jemals an eine Symbiose glaubte zwischen Deutschen und Juden. Dagegen erwärmt sich das Klima der Briefe sogleich, wenn er auf Berichte Zweigs über sein chronisches, stets mit Erblindung drohendes Augenleiden zu antworten hat. Als Arnold Zweig in Palästina einen schweren Autounfall erleidet, ist Freuds Schreiben sogar erfüllt von mürrischer Zärtlichkeit.

Sich selbst bezeichnet der große »Verstörer« der neueren Menschheit als »Liberalen vom alten Schlage«. Die von Zweig erbetene Unterschrift unter ein Memorandum vom November 1930 verweigert er, weil im Text vom »kapitalistischen Wirtschaftswirrwarr« die Rede ist. Freud erläutert: »Denn das käme einer Parteinahme für das kommunistische Ideal gleich, und von dieser bin ich weit entfernt. Bei aller Unzufriedenheit mit den gegenwärtigen Wirtschaftsordnungen fehlt mir doch jede Hoffnung, daß der von den Sowjets eingeschlagene Weg zur Besserung führen wird. Ja, was ich von solcher Hoffnung nähren könnte, ist in diesem Jahrzehnt der Sowjetherrschaft untergegangen.«

Gar so weit ist Arnold Zweig einige Jahre später, nach den Moskauer Prozessen, von dieser Position auch nicht entfernt. Politisches Unbehagen hier und dort. Bei Freud in Wien die Konstatierung: »Spannungsvoll und lustlos laufen die Zeiten zwischen Kommunismus und Faschismus in unserem armseligen Österreich weiter« (14. 3. 1935). Bei Zweig sechs Monate später im »Lande der

Väter« die Bilanz: »Inzwischen durchlaufe ich mannigfache Krisen. Zum ersten stelle ich ohne Affekt fest, daß ich nicht hierher gehöre. Das ist nach zwanzig Jahren Zionismus natürlich schwer zu glauben. Nicht etwa persönlich enttäuscht bin ich, denn es geht uns hier recht gut. Aber alles war irrig, was uns hierher brachte.«

Nicht verwunderlich also, wenn Arnold Zweig in solcher Verwirrung besonders auf Freuds Buch über »Das Unbehagen in der Kultur« (1930) schwören möchte. Allein sonderbarerweise manifestiert sich bei Freud selbst immer stärker ein Unbehagen über die eigene frühere Diagnose eines Unbehagens in der modernen Kultur. Der letzte Brief Freuds, der die Konstatierung des Sterbensprozesses enthält, antwortet daher fast höhnisch: »Was Sie für ›trostreiche Aufklärungen‹ in meinem ›Unbehagen‹ entdeckt haben wollen, kann ich nicht leicht erraten. Dieses Buch ist mir heute sehr fremd geworden.«

Die literarische Meisterschaft der Briefe Freuds ist überwältigend. In keinem Augenblick hat man den Eindruck, Freud nehme sich beim Schreiben an den befreundeten Autor zusammen. Er beherrscht seine Formulierungen in diesen Briefen ebenso mühelos wie in seinen Schriften. Arnold Zweig hat recht, wenn er meint: »Sie werden wohl wissen, daß Sie es sind, der der Wiener Literatur das Lebenslicht ausgeblasen hat.« Es ist zunächst eine Anspielung darauf, daß seit Freud die literarische Seelenzergliederung eines Schnitzler oder auch Hofmannsthal (oder auch des frühen Arnold Zweig) fragwürdig wurde. Dann aber ist Freud, wie sein Wunschsohn später bemerkt, selbst ein wichtiges Moment dieser österreichischen Literatur deutscher Sprache. Man höre einen Briefbeginn Freuds vom 15. Juli 1934: »Also ein neues Stück haben sie in der Eile fertig gemacht, eine Episode aus dem Leben dieses großartigen Lumpen Napoleon, der, an seine Pubertätsphantasien fixiert, von uner-

hörtem Glück begünstigt, durch keinerlei Bindungen außer an seine Familie gehemmt, wie ein Nachtwandler
durch die Welt geflattert ist, um endlich im Größenwahn
zu zerschellen. Es war kaum je ein Genie, dem alle Spur
des Vornehmen so fremd war, ein so klassischer Anti-
Gentleman, aber er hatte großartiges Format.« Welch
ein Schriftsteller!

Aber auch Arnold Zweig vermag – in Reflexion wie
Sprachkraft – diesem Briefpartner standzuhalten. Man
freut sich beim Lesen außerdem der Wiederbegegnung
mit dem »eigentlichen« Arnold Zweig, nachdem die letzten beiden Jahrzehnte – seit der Freund und Verehrer
Freuds sich in Ostberlin niederließ, wo man offiziell die
Psychoanalyse bloß als ideologischen Überbau spätbür-
gerlichen Verfalls registriert –, allzu oft einen Autor dieses Namens präsentierten, der entschlossen schien, als
Apologet seiner neuen Umwelt aufzutreten. Wer Zweigs
freiwillig-unfreiwillige Wanderungen zwischen 1933
und 1939 an diesem Briefwechsel miterlebt, vermag zu
ahnen, wie und warum er sich so und nicht anders entschied.

Ein aufregender Briefwechsel, den Ernst Freud, der
jüngste Sohn, hier vorlegt. Ein bewegender überdies. Immer wieder formuliert man beim Lesen den Eindruck mit
Hilfe von Vokabeln, die eigentlich nur noch ironisch zu
verwenden sind. Aber sie meinen etwas: das beweist
diese Korrespondenz zwischen leidenden, illusionslosen
und denkenden Männern. Wie anders als mit dem Wort
»sittliche Größe« wäre zu benennen, was sich offenbart.
Wenn es so etwas gibt wie »Männlichkeit«, dann hier, im
Leben, nicht in Hemingways Romanen.

Sigmund Freud und Arnold Zweig: der Forscher und
der Schriftsteller, der Lehrer und der Schüler, der Arzt
und der Patient. Zwei Leute aus der Heerschar des Mannes Moses.

Zweimal rebelliert Arnold Zweig in diesen Briefen gegen den von Freud illegal verliehenen Doktortitel. Gutmütig meint er schließlich: »Sie haben mich auf dem Kuvert wieder promoviert, von Ihnen nehm ich den Doktor gern an!« Der Rezensent mußte lachen, als er das las. Er selbst nämlich durfte, im November 1952, Arnold Zweig am 65. Geburtstag zum philosophischen Ehrendoktor der Leipziger Universität promovieren. Zweig freute sich der Ehrung und antwortete in seiner Dankesrede: »Ich finde, dieser Titel paßt zu mir.«

4. Der Briefwechsel
zwischen Walter Benjamin und Gershom Scholem

Scholem, der große jüdische Denker, der sich selbst auf Befragen vor allem als Theologe verstand und der in Palästina den Vornamen Gershom annahm, spricht in seinem Erinnerungsbuch über Walter Benjamin von der »Geschichte einer Freundschaft«. War sie es wirklich? Nach dem Tode ihres Mannes sprach die überlebende Fania Scholem, aus eigenem Erleben, von dieser Freundschaft in durchaus distanzierter und differenzierter Weise. Des Berliners Beziehung zu seinem um einige Jahre älteren Berliner Landsmann Walter Benjamin sei mehr gewesen als bloße Freundschaft. Das habe man als Bewunderung verstehen müssen, die einer Liebe nahekommt. Von alldem jedoch habe Walter Benjamin in seinem Verhalten zu Scholem kaum etwas spüren lassen.

In der Tat muß man beim Lesen und Wiederlesen des Briefwechsels zwischen Benjamin und Scholem stets daran denken, daß einer Vielzahl von Briefen gar nicht besonders viele wirkliche Begegnungen, also Gespräche, entsprochen haben. Es war ein Briefwechsel aus der Ferne und in die Ferne. Der Zionist Gerhard Scholem war früh schon nach Palästina ausgewandert. Ob der Zionist und Walter Benjamin ein ernsthaftes Existenzproblem bedeutet haben, wird durch den Briefwechsel mit dem Zionistenfreund, vor allem also zwischen Paris und Jerusalem, von Benjamins Seite her geradezu verhüllt, keineswegs aber geklärt. Wieder einmal, wie so oft in Benjamins Leben, und auch in nicht wenigen seiner wichtigen Arbeiten, die Entscheidung für die Nicht-Entscheidung. Dennoch ist gerade in dieser absonderlichen Konstellation auch eine besondere Art des jüdischen Gesprächs über Deutsche und Juden zu finden.

Gerhard Scholem hat die Art, wie er Walter Benjamin

kennenlernte und wie jene Freundschaft entstand, sehr ausführlich geschildert.

»Bevor ich Benjamin persönlich kennenlernte, sah ich ihn im Herbst 1913, als in einem Saal über dem Café Tiergarten in Berlin eine Zusammenkunft zwischen der zionistischen Jugendgruppe, der ich angehörte und die unter dem Namen ›Jung-Juda‹ Propaganda unter den Schülern der oberen Klassen der Gymnasien und verwandter Anstalten in Berlin trieb, und der in denselben Kreisen wirksamen ›Jugendbewegung‹, des unter dem Einfluß Gustav Wynekens stehenden ›Sprechsaals der Jugend‹, stattfand. Es waren etwa achtzig Menschen versammelt, die sich über ihr Verhältnis zum jüdischen und deutschen Erbe aussprechen wollten. Von beiden Seiten sprachen je zwei oder drei Redner. Der Hauptsprecher der Wyneken-Leute war Walter Benjamin, von dem das Gerücht ging, er sei ihr begabtester Kopf. Er hielt eine sehr gewundene, den Zionismus nicht von vornherein ablehnende, aber irgendwie beiseite schiebende Rede, deren Tenor und Einzelheiten ich vergessen habe. Unvergeßlich blieb mir aber die Art seines Auftretens. Ohne die Anwesenden anzuschauen, sprach er mit großer Intensität und durchaus druckfertig in eine obere Ecke des Saales hinein, die er die ganze Zeit über unverwandt fixierte. Auch was ihm von den Zionisten erwidert wurde, weiß ich nicht mehr.

Der ›Sprechsaal‹ verfocht nicht nur die Ideen der radikalen Schulreform, er stand auch für eine autonome Kultur der Jugend, deren klassischer Text Gustav Wynekens damals erschienene ›Jugendkultur‹ war.

Es war allgemein bekannt, daß aber die wichtigsten Aufsätze von Studenten wie Benjamin, der unter dem Pseudonym Ardor schrieb, stammten. Die Zionisten, die ein sehr lebendiges Geschichtsbewußtsein hatten, konnten mit der radikalen Geschichtslosigkeit, die im ›Anfang‹ vertreten wurde, nicht viel anfangen. Der heute bei verwandten Unternehmungen revolutionärer Jugend herrschende gesellschaftspolitische Index fehlte diesen Gruppen um den ›Anfang‹, denen ›Jugendlichkeit‹ als solche schon einen schöpferischen Neubeginn zu garantieren schien.«

So beginnt Gershom Scholems Buch über »Walter Benjamin – die Geschichte einer Freundschaft«. Es ist die Geschichte von zwei Berliner Juden, die aufgewachsen waren in scheinbarer Sicherheit einer deutsch-jüdischen Lebensgemeinschaft: einer »Symbiose«, wie man neuerdings recht gern zu sagen pflegt. Beide waren noch im letzten Jahrzehnt des neunzehnten Jahrhunderts zur Welt gekommen. Walter Benjamin als Jahrgang 1892, Gerhard Scholem fünf Jahre später, im Jahre 1897. Beide haben Jugenderinnerungen hinterlassen. Walter Benjamins »Berliner Kindheit um 1900« ist wohlbekannt. Er schrieb sie aber noch, wie der Briefwechsel zwischen den beiden Freunden bestätigt, in Berlin um das Jahr 1932, also noch vor der Emigration. Gerhard Scholems Erinnerungen, die er unter dem Titel »Von Berlin nach Jerusalem« und mit dem geänderten Vornamen Gershom im Jahre 1977 veröffentlichte, sind das Werk eines nahezu Achtzigjährigen.

Beide hatten sie, Scholem wie Benjamin, einen älteren Bruder, der sich zum Parteikommunismus bekannte, nach 1933 gefangengesetzt und schließlich ermordet wurde. Beide Brüder, der kommunistische Reichstagsabgeordnete Werner Scholem und der kommunistische Arzt Georg Benjamin, starben im Lager Buchenwald. Georg Benjamin hatte eine Nicht-Jüdin geheiratet, die Tochter eines Rechtsanwalts aus Magdeburg. Hilde Benjamin amtierte, wie man weiß, lange Jahre als Justizminister der Deutschen Demokratischen Republik. Sie schrieb Erinnerungen an den Schwager Walter Benjamin, die von der großen Vertrautheit zwischen den Brüdern Georg und Walter zeugen. Auch Gerhard Scholem hielt dem Bruder Werner die Treue. Seine Jugendgeschichte trägt die Widmung:

> »Dem Andenken meines Bruders Werner
> geboren im Dezember 1895 in Berlin
> ermordet im Juni 1940 in Buchenwald«

Durch diese simplen Hinweise auf Jahrgang, Herkunft und Familienbeziehung ist auch bereits eines der wichtigsten Themen genannt, das in der Freundschaft zwischen Walter Benjamin und Gerhard Scholem, folglich auch in ihrem Briefwechsel, die entscheidende Rolle spielen sollte. Gleich zu Beginn des Freundschaftsberichts von Scholem wird das Thema insgeheim intoniert: *die Beziehung nämlich zwischen Zionismus und Sozialismus*. Für Scholem ergab das, wie man weiß, den Primat des Zionismus, allein es war jener sozialistische Zionismus der frühen Siedler und ihrer Kibbuzim. Scholem zog bereits im Jahre 1920, unter den denkbar schwierigsten Verhältnissen, nach Palästina. In seiner Jugendgeschichte macht er sich ebenso herzlich wie spöttisch über den wohlhabenden Vater Scholem lustig, den Besitzer einer Berliner Druckerei, der sich nicht beruhigen kann über die Berufswünsche des Sohnes. Der Sohn interessiert sich für Naturwissenschaften, insbesondere für Mathematik? Einverstanden, also soll er Lehrer werden. Allein Gerhard Scholem will nicht Lehrer werden. Ihn interessiert die mathematische Forschung. Nun gut. Gerhard Scholem interessiert sich für jüdische Schriften und Lebensweisen? Einverstanden, also soll er Rabbiner werden. Allein

Gerhard denkt nicht daran. Ihn interessierte das jüdische Schrifttum, insbesondere das mystisch-kabbalistische, das zu seiner Jugendzeit niemand, selbst unter den Rabbinern, ernst nimmt und das er selbst erst, Gershom Scholem, ins wissenschaftliche Bewußtsein der Welt zurückholen sollte.

Auch Walter Benjamin steht ein Leben lang im Spannungsnetz des Zionismus und des Sozialismus. In den letzten fünfzehn Jahren seines Lebens, das er durch eigene Hand und als Flüchtling beenden sollte, am 26. September 1940 an der spanisch-französischen Grenze, hatte sich dieser Gegensatz in geradezu extremer Weise »personalisiert«: als Spannung und Kontrast zwischen den beiden Feunden und Mentoren Gerhard Scholem und Bertolt Brecht.

Kennengelernt haben sich die späteren Freunde im Juni 1915, also bereits nach Ausbruch eines Ersten Weltkrieges. Scholem studierte an der Berliner Universität Mathematik und Philosophie und nicht minder intensiv die hebräische Sprache und die Quellen des jüdischen Schrifttums. Ende Juni 1915 sind Scholem und Benjamin unter den Zuhörern bei einem Vortrag von Kurt Hiller.

»Er trug, sozusagen in Nietzsches Fußspuren, eine vehemente Denunziation der Historie als einer geist- und lebensfeindlichen Macht vor, die mir gänzlich unzulänglich und verfehlt schien. Geschichte? Unsinn! wir leben ohne Geschichte; was geht uns dieser ganze Kram der Jahrtausende an? Wir leben mit dem Geschlechte, das mit uns geboren ist! So faßte ich damals die Substanz seines Vortrages in meinem Tagebuch zusammen. Am Ende des Vortrags wurde verkündet, daß eine Woche später im Siedlungsheim der Freien Studentenschaft, irgendwo in Charlottenburg, eine Diskussion über den Vortrag stattfinden würde. Ich ging hin und meldete mich unter den vielen Diskussionsrednern zu Worte, protestierte in ziemlich hilfloser Rede gegen Hillers Konzeption von Geschichte, was mir aber die Ungunst des Vorsitzenden Dr. Rudolf Kayser, eines Freundes von Hiller, eintrug, der mir bei einer Stockung kurzerhand das Wort entzog. Dort sprach auch Benjamin, der mir wieder durch die oben beschriebene Haltung bei seiner Rede auffiel. Diese Haltung hing wohl mit seiner ausgesprochenen Kurzsichtigkeit zusammen, die es ihm schwer machte, bewegte Gruppen aufzunehmen.«

Ein paar Tage später kam Benjamin in der Universitätsbibliothek auf Scholem zu, »machte eine formvollendete Verbeugung und fragte, ob ich jener Herr sei, der auf dem Hiller-Abend gesprochen hätte. Ich bejahte. Nun, er wolle mit mir über die Sachen sprechen, die ich gesagt hätte und bäte mich um meine Adresse. Ein paar Tage später kam eine Einladung: ›Sehr geehrter Herr – Ich möchte Sie bitten, mich am Donnerstag dieser Woche gegen fünfeinhalb Uhr zu besuchen.‹«

Wer Benjamin erleben konnte, sieht ihn genau vor sich bei dieser Gelegenheit. Ernst Bloch, der sich jahrelang für einen Freund Walter Benjamins hielt, bis ihn die nachgelassenen Briefe Benjamins eines anderen belehrten, wußte immer wieder von Benjamins Lust am komplizierten Spiel der Formalitäten und Rituale zu berichten. Einen der schönsten Einfälle Benjamins in dieser Hinsicht hat Bloch immer wieder gern erzählt. Benjamin habe sich folgenden Fall aus dem deutschen hohen gesellschaftlichen Leben ausgedacht: zwei Männer wurden mit Ehrungen überhäuft, und zwar noch im Königreich Preußen. Der eine trägt den Orden Pour le mérite, der andere ist Ritter des Schwarzen Adlerordens. Benjamin fragte sich daraufhin, ohne natürlich eine Antwort zu finden, wer von diesen beiden Ordensrittern ungefähr desselben Ranges nun im Gespräch das Recht haben könnte, die Rede auf Orden und Auszeichnungen zu bringen?

Ein Gelächter ist jedoch unangebracht. Wer da von Scholastik spricht oder gar, recht abschätzig, vom Talmudismus, hat nicht verstanden, daß die geistige Größe des Schriftstellers und Denkers Walter Benjamin unmittelbar mit solchen Subtilitäten zusammenhängt. Das spürt man bereits an den frühen Briefen Benjamins, vor allem an einem sehr programmatischen und langen Schreiben, das er kurz nach dem Bekanntwerden mit Gerhard Scholem an *Martin Buber* richtet, der ihn offenbar gebeten hatte, an Bubers Zeitschrift »Der Jude« mitzuarbeiten. Der Brief vom Juli 1916 ist aus München datiert. Benjamin hatte seinen Freund Scholem besucht, der dort Mathematik und Philosophie studierte und später auch in München mit einem Kant-Thema promoviert hat.

»Sehr verehrter Herr Doktor Buber,

Ich mußte ein Gespräch mit Herrn Gerhard Scholem abwarten, um mir über meine prinzipielle Stellung zum ›Juden‹ und damit über die Möglichkeit, selbst einen Beitrag zu liefern, klar zu werden. Denn vor der Heftigkeit des Widerspruches, mit dem mich so viele Beiträge des ersten Heftes – ganz besonders in ihrem Verhältnis zum europäischen Krieg – erfüllten, war in mir das Bewußtsein verdunkelt, daß meine Stellung zu dieser Zeitschrift in Wirklichkeit keine andere war und sein konnte als zu allem politisch wirksamem Schrifttum, wie sie der Eintritt des Krieges mir endlich und entscheidend eröffnet hatte. Ich nehme dabei den Begriff ›Politik‹ in seinem weitesten Sinne, in dem man ihn jetzt ständig gebraucht. Vorher bemerke ich, daß ich mir des Werdenden in den folgenden Gedanken völlig bewußt bin, und daß, wo ihre Formulierung apodiktisch klingen sollte, ich damit zunächst ihre prinzipielle Geltung und Notwendigkeit für mein eigenes praktisches Verhalten im Auge habe. [...]

Schrifttum überhaupt kann ich mit dichterisch, prophetisch, sachlich, was die Wirkung angeht, aber jedenfalls nur *magisch*, das heißt un-mittel-bar verstehen. Jedes heilsame, ja jedes nicht im innersten verheerende Wirken der Schrift beruht in ihrem (des Wortes, der Sprache) Geheimnis. In wievielerlei Gestalten auch die Sprache sich wirksam erweisen mag, sie wird es nicht durch die Vermittlung von Inhalten, sondern durch das reinste Erschließen ihrer Würde und ihres Wesens tun. Und wenn ich von anderen Formen der Wirksamkeit – als Dichtung und Prophetie – hier absehe, so erscheint es mir immer wieder, daß die kristallreine Elimination des Unsagbaren in der Sprache die uns gegebene und nächstliegende Form ist, innerhalb der Sprache und insofern durch sie zu wirken. Diese Elimination des Unsagbaren scheint mir gerade mit der eigentlich sachlichen, der nüchternen Schreibweise zusammenzufallen und die Beziehung zwischen Erkenntnis und Tat eben innerhalb der sprachlichen Magie anzudeuten. Mein Begriff sachlichen und zugleich hochpolitischen Stils und Schreibens ist: hinzuführen auf das dem Wort versagte; nur wo diese Sphäre des Wortlosen in unsagbar reiner Macht sich erschließt, kann der magische Funken zwischen Wort und bewegender Tat überspringen, wo die Einheit dieser beiden gleich wirklichen ist. [...]

Und so wie mein Unvermögen, zur Frage des Judentums jetzt etwas klares zu sagen, mit diesem Stadium der Zeitschrift im Werden zusammenfällt, so verbietet nichts zu hoffen, daß es eine günstigere Koincidenz der Erfüllung geben möge.

Es ist möglich, daß ich Ende des Sommers nach Heidelberg kommen kann. Dann würde ich sehr gern versuchen, das, was ich jetzt so unvollkommen nur sagen konnte, im Gespräch zu beleben, und es wäre vielleicht von hier aus möglich, auch über das Judentum manches zu sagen. Ich glaube nicht, daß meine Gesinnung in diesem unjüdisch ist.

Ich bin mit den ergebensten Grüßen
Ihr Walter Benjamin«

Im Herbst dieses Jahres 1915 schreibt Benjamin auch den ersten ausführlichen Brief an Scholem, worin er zunächst auf Scholems zweispuriges Studium der Mathematik und der Philosophie zu sprechen kommt, um dann zum ersten Mal von eigenen Plänen zu berichten. Ihm schwebt eine Abhandlung vor über »Sprache überhaupt und über die Sprache des Menschen«. Diesem Thema ist er treu geblieben bis in die letzte Lebenszeit hinein. Sogleich aber kommt er auch, in diesem Brief an den »lieben Herrn Scholem«, auf jenes Thema ihrer ersten objektiv gemeinsamen Veranstaltung beim Vortrag von Kurt Hiller zu sprechen: auf das Phänomen der Zeit und der Geschichte.

»Über das ›Problem der historischen Zeit‹ ist in der letzten oder vorletzten Nummer der Zeitschrift für Philosophie und philosophische Kritik ein Aufsatz (ursprünglich als Rede zur Erlangung der venia legendi in Freiburg gehalten) erschienen, der in exakter Weise dokumentiert, wie man die Sache *nicht* machen soll. Eine furchtbare Arbeit, in die Sie aber vielleicht einmal hineinsehen, wenn auch nur um meine Vermutung zu bestätigen, daß nämlich nicht nur das, was der Verfasser über die historische Zeit sagt (und was ich

beurteilen kann) Unsinn ist, sondern auch seine Ausführungen über die mechanische Zeit schief sind, wie
ich vermute.«

Was Benjamin hier so scharf kritisiert, war übrigens die
Antrittsvorlesung Martin Heideggers.

Auch dieser frühe Brief muß nachgelesen werden im
ersten Band gesammelter Briefe von Walter Benjamin,
die im Jahre 1966 gemeinsam von Gershom Scholem und
Theodor W. Adorno herausgegeben wurden. Wenn sich
dieser Brief Walter Benjamins an Scholem nicht in dem
von Scholem noch kurz vor dem Ende edierten Band des
gemeinsamen Briefwechsels findet, so aus dem Grund,
daß für die Anfänge der Freundschaft, also zwischen
1915 und 1932, kein wirklicher »Briefwechsel« vorgelegt werden konnte. Erhalten sind Benjamins Briefe an
Scholem, doch es fehlen alle Briefe Scholems an seinen
Freund. Als Benjamin nämlich gleich nach Beginn des
Dritten Reiches sein Leben retten mußte und nach Paris
ins Exil ging, war ihm in Berlin bereits die Staatspolizei
auf der Spur. Sie beschlagnahmte alle Papiere und Hab-
seligkeiten. Die Manuskripte hatte der Emigrant mit sich
genommen. Die an ihn gerichteten Briefe blieben zurück,
wurden beschlagnahmt und später durch die Geheimpo-
lizei vernichtet.

Als dann Benjamin nach der französischen Niederlage im Jahre 1940 abermals flüchten mußte, diesmal
aus Paris, wurden von neuem seine Besitztümer und zu-
rückgelassenen Papiere von den deutschen Siegern beschlagnahmt. Der Koffer jedoch mit Benjamins wirklichen Manuskripten und auch mit dem von ihm schon
früh erworbenen Bild »Angelus Novus« von Paul Klee
war sichergestellt worden bei Freunden in der Pariser
Nationalbibliothek. Von dort gelangte die literarische
Hinterlassenschaft zunächst zu Theodor Adorno. Der

»Angelus Novus« hängt auch heute noch im Hause Gershom und Fania Scholems in Jerusalem.

Auch die von der Gestapo in Paris beschlagnahmten Briefschaften, also Scholems Briefe an Benjamin von 1933 bis 1940, galten als verloren. Sie waren nach Berlin verschleppt worden, um dort gleichfalls vernichtet zu werden. Irgend ein kluger und mutiger Saboteur jedoch scheint das verhindert zu haben. Der in Paris zurückgelassene Nachlaß Walter Benjamins blieb erhalten. Er befindet sich heute in der Ostberliner Akademie der Künste. Dort konnte Scholem im November 1977 die Kopien seiner Briefe in Empfang nehmen. Er schreibt dazu:

> »Ihr überraschendes Zustandekommen ist der Hilfe und dem Eingreifen des Dichters Stephan Hermlin und des Kulturministers der DDR, Johannes Hoffmann, zu verdanken, denen ich auch an dieser Stelle meinen Dank bezeugen möchte. Der Empfang dieser Kopien im November 1977 war das wertvollste und erfreulichste Geschenk, das ich zu meinem achtzigsten Geburtstag erhalten konnte.«

Die Parallele zum Schicksal des Briefwechsels zwischen Thomas und Heinrich Mann ist erschreckend. Heinrich Manns Briefe an den jüngeren Bruder gehen verloren durch das Wirken der Staatspolizei in München; Der Briefpartner Gerhard Scholem fällt aus für den Briefwechsel zwischen 1916 und 1932 wegen der Vernichtungsorgien derselben Polizeiinstanzen in Berlin. Durch Zufall erhielten sich einige Briefe Scholems an Benjamin noch aus dem Jahre 1932. Was als Briefwechsel von zwei deutschen Juden zwischen München und Berlin begonnen hatte, wandelte sich dann, bereits seit 1920, in einen Briefwechsel zwischen einem Briefschreiber auf dem europäischen Kontinent und einem anderen, der in Palästina lebt, im Heiligen Land. So hatte sich auch der Briefwechsel zwischen Sigmund Freud aus Wien, dann aus London, und Arnold Zweig aus Haifa transformiert. So kommt es zum Briefwechsel zwischen dem Einwanderer Gershom Scholem in Jerusalem, der dort kleinere Stellungen an der Hebräischen Universität bekleidet, doch immer wieder vertröstet wird auf ein künftiges Ordinariat, und dem deutschen Auswanderer Walter Benjamin in Paris.

Walter Benjamins letzter Brief aus Deutschland hat sich erhalten. Er wurde noch in Berlin geschrieben und trägt das Datum des 28. Februar 1933. Der Reichstagsbrand hat stattgefunden; nun erlebt man die Folgen.

»Lieber Gerhard,
    ich benutze eine ruhige Stunde tiefer Verstimmung, um Dir wieder einmal ein Blatt zu schicken. [...]

    Das bißchen Fassung, das man in meinen Kreisen dem neuen Regime entgegengebracht hatte, ist rasch verbraucht und man gibt sich Rechenschaft, daß die Luft kaum mehr zu atmen ist; ein Umstand, der freilich dadurch an Tragweite verliert, daß einem die Kehle zugeschnürt wird. Dies vor allem einmal wirtschaftlich; die Chancen, die von Zeit zu Zeit durch den Rundfunk geboten wurden und die überhaupt meine einzig ernsthaften waren, dürften so gründlich fortfallen, daß selbst dem ›Lichtenberg‹, wiewohl er in Auftrag gegeben war, eine Aufführung nicht mehr sicher ist.

    Die Desorganisation der Frankfurter Zeitung schreitet fort. Ihr Feuilletonredakteur ist von seinem Posten entfernt worden, obwohl er gerade kurz vorher durch Erwerb meiner ›Berliner Kindheit‹ zu einem lächerlichen Spottpreis eine zumindest kaufmännische Eignung erwiesen hatte. [...]

Soweit mich nicht die faszinierende Gedankenwelt Lichtenbergs fesselt, befängt mich das Problem, das mir die nächsten Monate stellen, von denen ich weder weiß, wie ich sie in noch außerhalb Deutschlands überstehen kann. Es gibt Orte, an denen ich ein Minimum verdienen und solche, an denen ich von einem Minimum leben kann, aber nicht einen einzigen, auf den diese beiden Bedingungen zusammen zutreffen.«

Auch Benjamin lebte damals, gleich vielen seiner Freunde, die klarblickend waren über die große politische Entwicklung, die nunmehr folgen werde, doch ratlos in den Fragen des eigenen künftigen Ergehens, immer noch in Illusionen. Man hatte sich nicht vorgestellt, was kommen würde. Sowohl Bloch wie Adorno wie Benjamin rechnen immer noch mit der Möglichkeit, in ihrer vertrauten »Frankfurter Zeitung«, notfalls unter irgendeinem Decknamen, weiter schreiben zu können. Was übrigens in gewissem Sinne eine Weile möglich war. Die »Frankfurter Zeitung« leistete sich noch eine ganze Weile die Kühnheit, den neuen Reichskanzler in ihren Berichten einfach als »Herr Hitler« zu bezeichnen, bis sich Goebbels diese Frechheit verbat.

Es wirkt daher sonderbar, fast ein bißchen komisch, wenn der Freund und Briefpartner Scholem in seinem ersten Brief aus Jerusalem nach Benjamins Emigration, der um den 20. März 1933 geschrieben wurde, zwar eingeht auf die nunmehr vollzogene Emigration des Freundes, dann aber sogleich wieder auf die »eigentlichen« Themen des Briefwechsels zurückkommt: Kierkegaard und Kafka und Lichtenberg.

»Lieber Walter,
   vorgestern fand ich, als ich aus der Gegend von Tiberias von einem Purimbesuch bei Freunden zurück-

kehrte, Deinen Brief vor, den ich mir gerade jetzt und in diesen neuen Verhältnissen sehr ausführlich gewünscht hätte, aber da ich genügsam veranlagt bin, freue ich mich, daß Du noch lebst und beeile mich Dir Ähnliches zu versichern. Vielleicht läßt Du nun doch öfter von Dir hören. Die Aufregung, die bei uns durch die Verhaftung meines Bruders, von der Du ja gelesen haben wirst, geschaffen wurde, hat sich wenigstens in diesem Detail gelegt, da er nach wenigen Tagen wieder entlassen worden ist und vorläufig mit nichts Weiterem rechnet. Sonst freilich hören wir nicht viel Gutes – soweit wir überhaupt etwas hören, was Du Dir nicht allzu reichlich dosiert vorstellen darfst. Die Aufregung über die Ereignisse ist sehr allgemein und nachhaltig, und das ruhmlose Ende der alten Verhältnisse erstaunt und verwirrt alle naiven Gemüter. Auf das Pendant zu Deinen Thesen in der ›Reise durch die deutsche Inflation‹ nach den Aufschlüssen der jetzigen Zeit erlaube ich mir sehr gespannt zu sein, obwohl du vielleicht noch gar nichts davon weißt, daß Du so etwas schreiben wirst. Daß Du aber Deine etwaige Muse und auf jeden Fall Deine Freundschaft dahin richten mußt, mir, und sei es um den Preis einer eigenhändigen Abschrift, die von Dir erwähnten Seiten einer neuen Sprachtheorie zu verschaffen, das denke ich wirst Du doch einsehen. Sonst habe ich noch Aussicht, irgend etwas von Dir und Deinem Aussehen und Ergehen in zwei oder drei Wochen zu hören. [...]

Das von Dir erwähnte Buch von Wiesengrund über Kierkegaard habe weder ich noch die Bibliothek erhalten. Ich wäre Dir also in der Tat sehr dankbar, wenn Du Deine Ankündigung in diesem Fall mir ein Korrekturexemplar schicken zu wollen, in die Tat umsetztest. Ich bin für solche Lektüre durchaus interessiert. [...]

Das Hörspiel Lichtenberg sende mir unbedingt! Wie dürfte das hier fehlen? Ich muß mich in diesem Jahr sehr in Punkto Arbeit einschränken, um mich mit jüdischer Philosophie (des Mittelalters) zu beschäftigen, über die ich von Oktober an wahrscheinlich werde lesen müssen, falls meine Ernennung zum Ordinarius für dieses Gebiet plus Kabbala diesen Sommer erfolgt, die nun endlich nach langem Kampf von hier aus formell vorgeschlagen worden ist. Andere Lösungen wären mir zwar lieber gewesen, aber es wird wohl, wenn nichts Unvorhergesehenes dazwischen kommt, bei dieser bleiben, die für mich natürlich starke Mehrbelastung durch Arbeitsverpflichtung bedeutet, ohne daß ihr übrigens bei der prekären Lage der Universität etwa eine finanzielle Besserstellung auf dem Fuße folgte.«

Benjamin hat in Paris inzwischen ein Hotelzimmer gefunden auf dem linken Seine-Ufer, selbstverständlich in der kleinen rue Campagne Première, wo einstmals, wie Benjamin natürlich weiß, die beiden Freunde Paul Verlaine und Arthur Rimbaud gehaust, gestritten und gedichtet hatten. Bald darauf aber wird Benjamins Brief aus Ibiza datiert, der Baleareninsel. Scholem kommt, was selbstverständlich ist, auf die Einwanderung deutscher Juden in Palästina zu sprechen.

»Ich freue mich sehr, daß Du den Berliner Brief, den ich ziemlich verloren gab, noch erhalten hast, den nach Paris wirst Du auch schon haben. Hoffentlich findest Du also wirklich in den nächsten Wochen oder Monaten die erwünschte Ruhe und weißt dann irgendwie was werden soll. Hier in Palästina ist, wie Du Dir ja denken kannst, ungeheure Erregung: jedes Schiff bringt hunderte von Menschen aus Deutschland, von denen man ein furchtbares Bild der mittelalterlichen Ereignisse bekommt, es hagelt seit der nach vielen Tausenden zählenden Massenflucht vom 30. März und 1. April links und rechts Telegramme der sämtlichen Verwandten und Bekannten (zufällig gerade nicht meine Familie, aber fast jede andere), aus denen man sieht, wie alles Hals über Kopf weggerast ist und vor allem offenbar wer nur irgend kann seine Kinder aus dieser neuen Hölle wegnimmt. Wen Du triffst, der denkt daran, wie er seine Familie herausholen kann oder einen Teil davon.

Es wird zweifellos eine sehr bedeutende Auswanderung der bürgerlichen Schicht des deutschen Judentums einsetzen, zu einem starken Teil wohl auch hierher, aber ob es nun dabei bleibt und nicht noch viel blutigere Zustände kommen? Das Schreckliche an der Sache ist aber, wenn man das überhaupt wagen darf zu sagen, daß es der menschlichen Sache des Judentums in Deutschland nur fruchtbar sein kann, wenn anstelle des kalten Pogroms den man versuchen wird einzuhalten, ein echter träte.«

Benjamin antwortet sogleich mit ein paar allgemeinen Bemerkungen, um sogleich zurückzukommen auf die eigene Misere.

»Deine Prognosen, das Schicksal der deutschen Juden betreffend, wurden gerade eingelöst, als sie hier ankamen. Unnötig zu sagen, daß sie sich mit den meinigen decken. [...]

Bei meinen eigenen Verhältnissen verweile ich ungern. Nachdem ich das Letzte, was mir zu tun blieb, durchgeführt habe – nämlich durch meine Reise hierher meine Lebenskosten auf das europäische Existenzminimum etwa 60 bis 70 Mark im Monat reduzierte –

kann ich im Augenblick nicht allzu viel Aktivität entfalten. Noch sind nicht alle literarischen Beziehungen zu Deutschland liquidiert – ein Aufsatz, hin und wieder eine Rezension schlüpfen vielleicht noch durch. Doch die Begründung einer ›Schriftsteller-Gewerkschaft‹, die die Juden von sich und von der Presse ausschließt, wird bevorstehen. Die Chancen einer Tätigkeit in Frankreich beurteile ich außerordentlich skeptisch, es sei denn, daß mir Emigrantenorganisationen für meine Arbeit einen Rahmen geben. [...]
Gedanken über die Rückwirkung der deutschen Vorfälle auf die kommende Geschichte der Juden suchte ich mir auch zu machen. Mit sehr geringem Erfolg. Auf alle Fälle steht die Judenemanzipation in neuem Licht da.«

Scholem wird nun dringlicher und versucht, gerade im Hinblick auf das Schicksal der beiden Brüder Georg Benjamin und Werner Scholem, den Freund aus einem Zustand zu reißen, den Scholem in diesem Brief als »Traumwelt der deutschen Juden« bezeichnet.

»Meine deutschen Bekannten laufen inzwischen in wachsender Anzahl hier ein, und davon abgesehen noch viel mehr Unbekannte. Dies wirkt sich auch nicht wenig in der Beanspruchung unserer Zeit durch beide Kategorien aus. Man hört hier jetzt in so starkem Maß deutsch auf der Straße sprechen, in Tel Aviv noch viel auffallender freilich als hier, wie ich vorigen Sonnabend beobachten konnte, daß unsereiner sich verstärkt ins Hebräische zurückzuziehen wünscht. Es ist mir leider sogar schon gelungen, durch lieblose Analyse der Traumwelt in der die deutschen Juden gelebt haben, ein Renkontre mit Weinkrampf seitens der Partnerin zu verschulden. Daß ich, mit meinen Anschauungen über die hiesigen Angelegenheiten, auch noch in den Ruf eines extremen Chauvinisten kommen könnte, hatte ich mir bisher nicht träumen lassen, ist aber wohl eine gerechte Rache des genius loci. Die alte These von uns, daß der Zionismus in der Diagnose des jüdischen Zustandes die größte Einsicht bewiesen hat, in der Therapie aber von tragischer Schwäche ist, wird sich angesichts der nun abrollenden Ereignisse wohl auf eine unheimliche Weise neu bestätigen. Na, das wird nicht der letzte Brief sein, den Du in diesen Angelegenheiten erhältst.«

Nun endlich scheint Benjamin bereit zu sein, die Trennung zwischen der allgemeinen Lage und seiner eigenen widerwillig aufzugeben, indem er auch die eigene Lage als allgemeine zu interpretieren sucht. Nicht so ganz indessen.

»Und somit habe ich mich an der Diskussion, von welcher ich durch Deinen Brief erfuhr, beteiligt. Ich will aber nicht leugnen, daß ich mehr dazu zu sagen habe. Zunächst, um auszusprechen, daß mich die Tatsache einer solchen Diskussion keineswegs gleichgültig läßt. Sie ist mir sogar ungemein wichtig. Ich müßte aber nicht vierzig Jahre sein, wenn ich an den Gedanken der bloßen Möglichkeit der in ihr beschlossenen Veränderung nicht mit äußerster Behutsamkeit herantreten würde. Ich sage mir, daß die Beleuchtung, unter der ich an diesem neuen Ufer in Erscheinung träte, zweideutig ausfallen könnte. Es sind jetzt tausende von Intellektuellen bei Euch angekommen. Eins unterscheidet sie von mir; und dies nur auf den ersten Blick zu meinen Gunsten. Dann aber – wie Du sehr gut weißt – durchaus zu ihren. Dies nämlich: unbeschriebene Blätter darzustellen. Nichts würde sich verhängnisvoller auswirken als eine Haltung von mir, die dahin sich verstehen ließe: hinter einer öffentlichen Kalamität Deckung für eine private zu suchen. Das will bedacht werden, denn ich habe nichts und ich hänge an wenigem. Unter solchen Umständen ist es geboten, jeder schiefen Situation auszuweichen, weil sie unverhältnismäßig folgenschwer werden kann. Ich werde gern und mit vollkommener Bereitschaft nach Palästina kommen, wenn Du, oder die, die neben Dir in Frage kommen, annehmen, dies sei möglich, ohne eine solche Situation heraufzuführen. Und wie mir scheint, ist es die gleiche Bedingung, welche sich in die Frage kleiden läßt: Ist dort für mich – das was ich kann und weiß – mehr Raum als in Europa? Denn ist es nicht mehr, dann ist es weniger. Dieser Satz bedarf keiner Erklärung.«

Benjamins Briefe aus dem Herbst und Winter dieses Entscheidungsjahres 1933 sind breit angelegt, geben um so weniger preis indessen. Er berichtet über kleine Hoffnungen in Paris, wo ihm die Baronin Goldschmidt-Rothschild für eine Weile unentgeltlich ein Appartement zur Verfügung stellen würde. Benjamin selbst ist skeptisch und zitiert eine angeblich in Paris umlaufende Redensart, wonach diese jüdischen Emigranten aus Deutschland schlimmer seien als die eigentlichen Deutschen, als die Boches. Man möge nicht vergessen, daß innerhalb der französischen Rechten damals die Action Française von Léon Daudet und Charles Maurras zur Hochform auflief. Man war zwar monarchistisch, wollte die verteufelte Dritte Republik stürzen, doch wichtiger waren der Judenhaß und der Deutschenhaß. Walter Benjamin kennt sich aus. Gerhard Scholem versucht immer deutlicher, wenn man genau liest, den Freund aus der Verpuppung und äußeren Erstarrung zu reißen. Scholem hat einige sehr schöne Gedichte hinterlassen. Zwei davon entstanden damals, im September 1933. Sie gelten den Themen Walter Benjamins. Das eine ist ein Gedicht über Benjamins Buch »Einbahnstraße«. Das andere bezieht sich auf jenes magische Bild Paul Klees vom Angelus Novus. Scholems Gedicht lautet so:

Gruß vom Angelus

Ich hänge edel an der Wand
und schaue keinen an
Ich bin vom Himmel her gesandt
Ich bin ein Engelsmann.

Der Mensch in meinem Raum ist gut
und interessiert mich nicht
Ich stehe in des Höchsten Hut
Und brauche kein Gesicht.

Der ich entstamme, jene Welt
ist maßvoll, tief und klar.
Was mich im Grund zusammenhält
erscheint hier wunderbar.

In meinem Herzen steht die Stadt
in die mich Gott geschickt.
Der Engel der dies Sigel hat
wird nicht von ihr berückt.

Mein Flügel ist zum Schwung bereit
ich kehrte gern zurück
denn blieb ich auch lebendige Zeit
Ich hätte wenig Glück.

Mein Auge ist ganz schwarz und voll
Mein Blick wird niemals leer
Ich weiß was ich verkünden soll
und weiß noch vieles mehr.

Ich bin ein unsymbolisch Ding
bedeute was ich bin
Du drehst umsonst den Zauberring
Ich habe keinen Sinn.

Walter Benjamin hatte in seinen Briefen aus dieser Zeit
zunächst darüber zu berichten, daß es inzwischen gelungen sei, seine Bibliothek aus Berlin zu evakuieren. Sie
wurde dann nach Dänemark zu Brecht geschickt.

> »Sie geht zu Brecht, der sie unterbringt; hier könnte
> ich sie weder aufstellen noch Lagergeld für sie aufbrin-
> gen.«

Ein sehr merkwürdiges anderes Projekt taucht auf, um
sogleich wieder zu zerrinnen. Benjamin wollte über drei
wichtige Autoren einer neueren deutschen Literatur in
französischer Sprache und vor geladenen Gästen in Paris
referieren. Vier Abende waren vorgesehen. Es sollte ein
Vortrag über neue Möglichkeiten des Erzählens am Beispiel von Franz Kafka gehalten werden. Neue Formen
des Essays wären am Beispiel von Ernst Bloch zu entwik-
keln. Der Aufriß einer neuen Dramaturgie war gedacht
als Interpretation des epischen Theaters von Bertolt
Brecht. Der Plan zerschlug sich. Erhalten haben sich Benjamins Studie über Kafka ebenso wie seine Anmerkungen zu Brecht. Als Benjamin in einem Brief aus Paris den
Freund in Jerusalem bittet, für eine Publikation des inzwischen entstandenen Kafka-Essays in einer von Erich
Reiß herausgegebenen zionistischen Zeitschrift ein Gut-

achterwort über Benjamins bewährten Zionismus einzulegen, wird Scholem zum erstenmal in diesem Briefwechsel wirklich zornig.

»Wie Du Dir denkst, daß ich an Deinem Buch zionistische Qualitäten etwa gutachtlich entdecken soll, ist mir ganz unklar und Du mußt mir da schon sehr mit Hinweisen an die Hand gehen. Die einzige ›jüdische‹ Stelle in Deinem Manuskript war die, die ich Dich seinerzeit dringend bat zu sekretieren, und wenn Du nicht etwa imstande bist, einige direkt in dies Gebiet stofflich – nicht nur einer dem Herrn Reiß sicher totgleichgültigen metaphysischen Haltung zufolge – einschlagende Stücke zuzufügen, weiß ich nicht, wie Du Dir die Prozedur denkst. Du überschätzt leider meine Weisheit bedeutend, wenn Du annimmst, daß ich die ›jüdische Seite‹ Deines Buches, die mir selbst sehr dunkel ist, dem Verleger klar machen könnte.«

Darauf muß Benjamin ebenso klar antworten. Ein nicht abgeschickter Briefentwurf vom 28. April 1934 hat sich erhalten. Der ausführlichere Brief, den er dann am 6. Mai absendet, ist weit stärker stilisiert als dieser erste Briefentwurf, der ganz ohne Rituale und Subtilitäten auskommt. Hier der Entwurf.

»Lieber Gerhard,
     ungewohnt prompt und in ungewohnter Form schreibe ich Dir.
     Ich möchte die seltene Konstellation, die mir eine Maschine zur Verfügung stellt, nicht unbenutzt lassen; um soviel weniger, als Dein Brief vom 19. d. Mts. mich lebhaft beschäftigt hat.
     Lebhaft und schmerzhaft. Ist unsere Verständigung wirklich gefährdet? Ist es einem so guten Kenner mei-

ner Entwicklung, wie Du es bist, einem so großen Kenner der weitaus meisten Kräfte und Verhältnisse, die diese Entwicklung beeinflußt haben, unmöglich geworden, sich auf dem laufenden zu halten? Sollte es Dir und mir drohen, daß Dein Anteil eines Tages die Farbe des Mitleids annimmt?

Ein Briefwechsel, wie wir ihn unterhalten, ist, das weißt Du, etwas sehr Kostbares, aber auch etwas Behutsamkeit Erheischendes. Diese Behutsamkeit schließt keineswegs aus, daß schwierige Fragen berührt werden. Aber das können sie doch nur als persönlichste. Soweit das geschehen ist, sind die betreffenden Stücke – das kannst Du sicher sein – in meiner ›inneren Registratur‹ wohl aufbewahrt. Auf der einen Seite habe ich manchmal den Eindruck, daß Du die Fragen nicht als die persönlichsten, welche es sind und bleiben, sondern mehr als Stücke einer Kontroverse aufrollst. Nur so kann ich es mir erklären, wenn Du den letztgesandten Aufsatz mit der Frage erwiderst: ›Soll das ein kommunistisches Credo sein?‹ Du weißt doch sehr gut, daß ich – vielleicht von verschwindenden Ausnahmen abgesehen – immer meiner Überzeugung gemäß geschrieben habe, nie aber – es sei denn in ganz außerordentlichen Fällen und wohl nie anders als mündlich – den Versuch gemacht habe, das widerspruchsvolle und bewegte Ganze, das meine Überzeugungen in ihrer Vielheit ausmachen, zum Ausdruck zu bringen.

Und da sollte mir eine schäbige Literatur-Übersicht den Anlaß zu einem Credo geben?! Der Materialismus ist, noch in seiner vulgärsten Form, den Fragen, die das Studium der heutigen Belletristik aufwirft, gewachsen.«

Allmählich enthüllt sich die Konstellation, die Walter Benjamin nach wie vor, gleich einem Mobile, in Bewegung zu halten sucht. Zwischen Bertolt Brecht, den er in Svendborg besucht hat, und dem fernen zionistischen Freund Scholem in Jerusalem. In seinen Briefen 1934 und 1935 versucht Scholem immer wieder, nachdem die zionistische Position vom Freund offensichtlich nicht akzeptiert wird, wenigstens die marxistische Position zu verhindern. Um Benjamin von den Leuten des Frankfurter Instituts geistig stärker zu entfernen, beruft er sich sogar auf Karl Kraus, weil er weiß, daß dieser Hinweis für Benjamin wichtig sein wird. Karl Kraus hatte damals, zur allgemeinen Überraschung, das berühmte Sonderheft der »Fackel« veröffentlicht mit dem Titel »Warum die Fackel nicht erscheint«.

»Ich las: Fr. Borkenau ›Der Übergang vom feudalen zum bürgerlichen Weltbild‹, ein dicker marxistischer Wälzer über Pascal und Descartes. Kennst Du das? Ein warnendes Beispiel für Marxisten und solche die es werden wollen. Dieses ›Institut für Sozialforschung‹, das so etwas publiziert, scheint doch eine Neigung zum rechtgläubig aufgemachten intelligenten Geschwätz zu haben. Viel sensationeller ist da die plötzlich mit 320 Seiten wiedererschienene ›Fackel‹ – ja was sagen Sie dazu? Und ich hatte sie mir schon abschließend binden lassen!!« [...]
So bleiben wir wohl lange ohne die Möglichkeit einer persönlichen Aussprache, es sei denn umgekehrt, es würde einmal gelingen, eine Reise von Dir hierher zu finanzieren. Das würde immer noch zu erwägen sein: ich frage mich ob es nicht eine Möglichkeit gäbe das zu realisieren, für sagen wir drei bis vier Wochen. Palästina selbst würde Dich kaum etwas kosten, da läßt sich manches arrangieren, bleibt die Frage, ob Du

nicht eine besonders billige Überfahrt, etwa in einem Frachtdampfer oder sonstwie, von Genua oder Triest oder Marseille aus erkunden könntest. Eine Retourfahrt an Deck eines Schnelldampfers ist meines Wissens sogar noch billiger. Ich würde gern mit Dir in eine Diskussion über solchen Reiseplan eintreten, wenn es irgendeine Möglichkeit dazu in Gestalt der Überfahrt für Dich gibt. Denke noch einmal darüber nach. Der Sommer wäre hierfür eine sehr günstige Zeit.

Nachdem, wie ich gelesen habe, in Deutschland in diesem Jahr sechzehn Juden auf die Universitäten (alles in allem) als erste Semester neu zugelassen wurden, wirkten wir schon ganz phantastisch. Es hat ein ziemlicher, in seinen Tendenzen reichlich unklarer Zustrom eingesetzt: viele hunderte neuer Studenten füllen unsere paar Institute und Fächer.«

Diesmal antwortet Benjamin in einem Weihnachtsbrief vom 26. Dezember 1934 in aller Offenheit. Er hat Dänemark wieder verlassen und befindet sich nun in San Remo an der Riviera.

»Den Worten, mit denen dein letzter Brief meine Lage streift, läßt sich ein Irrtum nicht nachsagen. Das Schlimmste ist, daß ich müde werde. Und dies ist weniger eine unmittelbare Einwirkung meiner ungesicherten Existenz als der Isolierung, in die deren Zufälle mich versetzen. Sie war kaum je vollendeter als hier, in einem Bade- und Fremdenpublikum, von dem für mich schwerlich etwas Ersprießliches zu erwarten ist, zu dem ich aber die Distanz, unter den obwaltenden Umständen, täglich von neuem herzustellen habe. Es bedürfte nicht soviel, um mir eine Reise nach Palästina als erwünscht erscheinen zu lassen; in der Tat wäre ja nichts angezeigter, als wenn wir die Fundamente unseres Briefwechsels, der mit den Jahren zu einem Wolkenkratzer herangewachsen ist, einmal gemeinsam inspizieren würden. Auch würde ich das Fahrgeld am Ende zusammenbringen, wenn die – Hin- und Rückreise bestreitende – Summe sich auf einen genügenden Zeitraum verteilen ließe. [...]

In diesen Tagen ist, wie Du gewiß gesehen hast, der erste Teil des ›Kafka‹ erschienen und was lange gewährt hat, ist nun leidlich geworden. Mir wird diese Publikation ein Anstoß sein, demnächst das Dossier von fremden Einreden und eigenen Reflexionen zu öffnen, das ich mir – ein in meiner Praxis durchaus neuer Fall – zu dieser Arbeit angelegt habe. In absehbarer Zeit wird nun auch wohl in der ›Zeitschrift für Sozialforschung‹ mein großes Sammelreferat zur Sprachtheorie erscheinen, das ich – wie Du vielleicht schneller merken wirst als mir lieb ist – als ein Lernender geschrieben habe. Immerhin habe ich aus diesem coram publico erfolgenden Lehrvorgang Nutzen gezogen, und zwar noch ganz neuerdings durch die Bekanntschaft mit Karl Bühlers ›Sprachtheorie‹.

Um auf das Archiv für Sozialforschung zurückzukommen, so hast Du vielleicht – durch mich oder von anderer Seite – bereits gehört, daß dessen Leitung sich nach Amerika hinauf gezogen hat – und zwar zu einem Zeitpunkt, wo mir rebus sic stantibus eine Besprechung mit seinen Leitern besonders angelegen war.«

Im März 1935 berichtet Scholem über das Schicksal seines kommunistischen Bruders Werner.

»Morgen kommt Buber auf einige Wochen nach Jerusalem, gegen den übrigens von der Ge Sta Po in Preußen ein Redeverbot erlassen worden ist, wie Du viel-

leicht in Zeitungen gelesen hast. Eine sehr mysteriöse
Sache, deren wahre Gründe bisher völlig im Dunkel
liegen. Er wird neben uns bei Bergmann wohnen. Anfang dieses Monats ist mein Bruder Werner nach fast
zweijähriger Untersuchungshaft in einem großen Prozeß mit ca. 25 Angeklagten vor das ›Volksgericht‹ gekommen und nach viertägiger geheimer Verhandlung
als einer von 4 freigesprochen worden, wurde sofort
in Schutzhaft genommen und seitdem fehlt jede Spur
von ihm. Zweifellos ist er in irgendein Konzentra-
tionslager gebracht worden. Die Aufregung ist sehr
groß, meine arme Mutter, die in dieser Sache schon
sehr viele und allzu dramatische Zwischenfälle mitgemacht hat, tut mir noch mehr leid als mein Bruder
selbst, dessen Verhalten in den kritischen Tagen ich ja
bis an mein Ende nicht begreifen werde.«

Benjamin geht in seinem ausführlichen Brief vom 20.
Mai 1935, der wieder in Paris entsteht, überhaupt nicht
auf diese Umstände ein. Dafür entwickelt er dem
Freunde den Plan seines projektierten Hauptwerkes, der
sogenannten »Passagen«, die Benjamin unter dem Titel
»Paris als Hauptstadt des 19. Jahrhunderts« interpretieren wollte.

»Das Genfer Institut forderte, ganz unverbindlich, aus
Höflichkeit, möchte ich sagen, ein Exposé der ›Passagen‹ ein, von denen ich dann und wann raunend etwas
hatte vernehmen lassen ohne viel davon zu verraten.
Da in die gleiche Zeit die clôture annuelle der Biblio-
thèque Nationale fiel, so war ich wirklich und seit vielen Jahren zum ersten Male, mit meinen Studien zu
den Passagen allein. Und wie Dinge der Produktion
oft um so unvorhergesehener eintreten je wichtiger sie
sind, so ergab sich, daß mit diesem Exposé, das ich

zugesagt hatte, ohne mir viel dabei zu denken, die Arbeit in ein neues Stadium eintrat, das erste, das sie – von ferne – einem Buch annähert. [...]

Im übrigen gebe ich ab und zu der Versuchung nach, in der innern Konstruktion dieses Buches Analogien zum Barockbuch mir zu vergegenwärtigen, von dessen äußerer es recht weit abweichen würde. Und ich will Dir soviel andeuten, daß auch hier die Entfaltung eines überkommenen Begriffs im Mittelpunkt stehen wird. War es dort der Begriff des Trauerspiels so würde es hier der des Fetischcharakters der Ware sein. Wenn das Barockbuch seine eigene Erkenntnistheorie mobilisierte, so würde das in mindestens gleichem Maße für die Passagen der Fall sein, wobei ich aber weder absehen kann, ob sie eine selbständige Darstellung finden noch wieweit sie mir glücken würde. Endlich ist der Titel Pariser Passagen verschwunden und der Entwurf heißt ›Paris die Hauptstadt des neunzehnten Jahrhunderts‹ und im stillen nenne ich ihn Paris capitale du XIXe siecle. Damit ist eine weitere Analogie angedeutet: wie das Trauerspielbuch das siebzehnte Jahrhundert von Deutschland aus, so würde dieses das neunzehnte von Frankreich aus aufrollen.«

Der Briefwechsel in der zweiten Hälfte der dreißiger Jahre trocknet auf beiden Seiten immer stärker aus. Die Entscheidung Benjamins scheint gefallen zu sein: selbstverständlich als eine Nicht-Entscheidung. Das hat Scholem wohl verstanden. Nun spricht man über Pläne und Arbeiten: über die eigenen und die des Freundes. Scholem hat seine Ausgabe und Interpretation des wichtigsten Buches einer jüdischen Mystik, des »Schar«, an Benjamin geschickt, der darauf in einer Form antwortet, die fast dem Tonfall einer hochachtungsvollen Rezension entspricht. Aber auch Benjamin hat von eigener Arbeit zu berichten in diesem langen Brief aus Paris vom 24. Oktober 1935, wenn er, neben so viel kleinerer Brotarbeit, auf seine »eigentliche« Arbeit zu sprechen kommt.

»Diese ist in der letzten Zeit durch einige grundlegende Feststellungen kunsttheoretischer Art in entscheidender Weise gefördert worden. Zusammen mit dem historischen Schematismus, den ich vor ungefähr vier Monaten entworfen habe, werden sie – als systematische Grundlinien – eine Art Gradnetz bilden, in das alles einzelne einzutragen sein wird. Diese Überlegungen verankern die Geschichte der Kunst im neunzehnten Jahrhundert in der Erkenntnis ihrer gegenwärtigen von uns erlebten Situation. Ich halte sie sehr geheim, weil sie zum Diebstahl unvergleichlich besser als die meisten meiner Gedanken geeignet sind. Ihre vorläufige Aufzeichnung heißt ›Das Kunstwerk im Zeitalter seiner technischen Reproduzierbarkeit‹.«

Auf Benjamins Gedanken über das Kunstwerk im Zeitalter seiner technischen Reproduzierbarkeit war aber Scholem in seinem Antwortbrief nicht eingegangen. Nun kommt es bei Benjamin zu einem erschreckenden Ausbruch gegen den Freund.

»Lieber Gerhard,

welcher der Götter immer die Korrespondenzen der Irdischen unter seinen Obliegenheiten haben mag, es scheint, daß die Fäden der unsrigen seinen Händen entglitten sind, um in die Gewalt irgend eines Schweigeteufels zu fallen.

Ich gestehe freilich, daß dessen Walten – soweit mein eigenes Innere ihm zum Schauplatze dient – mir keineswegs undurchschaubar ist. Die vielfältigen und enttäuschenden Schwankungen im Termin unseres Wiedersehens, fallen dabei sehr ins Gewicht. Und sie belasten mich noch mehr, wenn sie in mir die Frage hervorrufen, ob du von der Bedeutung, ja Fälligkeit dieses Wiedersehens in gleichem Maß durchdrungen bist wie ich. Die Zeit, seit der wir es erwarten, stellt einen Fluß mit zunehmendem Gefälle dar, gegen das unsere schriftlichen Botschaften immer schwerer ankämpfen.

Ich meine damit nicht nur die Briefe sondern auch Kommunikationen wie meinen letzten Sonderdruck, auf den ich vielleicht nicht zufällig ohne Lebenszeichen von Dir geblieben bin.

Und vergegenwärtige ich mir in solchem Zusammenhange das Wagnis, das ich doch meiner neuesten Arbeit noch weniger als manchen vorangegangenen (da sie wichtiger ist) ersparen kann: in die Zone unseres Briefwechsels (und somit auch seiner Latenzzeiten) einzutreten, so kann ich mich der Besorgnis nicht immer erwehren.«

Nun muß Scholem auch seinerseits den Tonfall des Rezensenten und ideologischen Briefpartners aufgeben. Die Freundschaft ist in Gefahr. Der Grund des Schweigens wird enthüllt. Scholems Ehe ist in Jerusalem zerbrochen. Er selbst hat die Scheidung verlangt und muß jetzt für zwei Haushalte aufkommen. An die Finanzierung einer Reise Benjamins nach Jerusalem ist nicht zu denken. Jetzt rettet auch Walter Benjamin die gefährdete Freundschaft.

»Lieber Gerhard,
Es ist ein trauriger Epilog, den die letztjährige Periode unseres Briefwechsels mit deinem Schreiben bekommen hat. Ein Epilog, bei dem ich dazu nicht mehr

als einen stummen Hörenden abgeben kann, der ihm, auch wo er sich in Andeutungen bewegt, zu gut folgen kann, um ihm mit Worten ohne Gewicht in die Rede zu fallen. Das Wenige, das sich aussprechen läßt, lege ich in den Wunsch, daß die Einsamkeit, wenn sie sich einstellen sollte, ihre Befristung von außen und ihre Befruchtung von innen erfahre.

Ist es in dieser letzten Zeit unserem Briefwechsel nicht besser als dir ergangen, so kannst du mir keinesfalls das Zeugnis versagen, ihm mit Geduld zur Seite gestanden zu haben. Es war nicht umsonst, wenn er mit der Zeit etwas von seinem alten Adam zurückgewinnt. Darum müssen wir beide wünschen, daß diejenigen Elementargeister unseres Daseins und unserer Produktion, die ein Anrecht auf unser Gespräch haben, nicht unbegrenzt lange mehr auf der Schwelle zu warten haben. Andererseits darf man freilich ihre Chance nicht außer acht lassen, dank einer fälligen Bereinigung weltpolitischer Differenzen aus unseren Leibeszonen befreit miteinander konversieren zu können. [...]

Was meine eigene Arbeit betrifft, so wird ihr jeweiliger Stand von deinen ihr zugewandten Gedanken offenbar stets weit überflügelt. Jedenfalls nehme ich an, daß du unter dem großen Vorhaben, das du erwähnst, die ›Pariser Passagen‹ verstehst. Da bleibt es bei der alten Sache, daß vom eigentlichen Text noch kein Sterbenswort existiert, wenn auch das Ende der Studien zu ihm absehbar geworden ist.«

Doch kommt es sogleich wieder zu neuer Entfremdung. Benjamin war abermals zu Besuch bei Brecht in Dänemark. Die Folgen ihrer Gespräche bekommt Scholem in Benjamins Brief vom 18. Oktober 1936 zu spüren. Der Vorwurf, der hier erhoben wird, wiegt schwerer als alle früheren Mißverständnisse und Streitpunkte zwischen den Freunden. Benjamin scheint zu spüren, daß seine eigenen neuen Arbeiten kein Verständnis mehr finden in Jerusalem. Scholem könne oder wolle sie offenbar nicht mehr zur Kenntnis nehmen. Benjamin spricht von einer »weitgehenden Impermeabilität«, einer Undurchlässigkeit, als handele es sich bei dieser geistigen Ware um einen Regenmantel.

»Lieber Gerhard,

vor mir liegt dein inhaltsreicher Brief vom 26. August. Er hat mich in Dänemark erreicht, wo ich einige Wochen bei Brecht war, ehe ich zu Dora nach San Remo herunterfuhr.

Die Pause, die der Sommer unserer Korrespondenz gebracht hat, scheint mir darum weniger folgenreich als manche frühern, weil die öffentlichen Vorgänge, die den einen oder andern von uns unmittelbar und damit den andern oder einen zumindest mittelbar betreffen und angehen, immer durchgreifendere Gestalt annehmen. So ist dem Bild, das ich mir von deinem Dasein mache, mitunter ein Bericht, den ich von dritten aus Palästina bekam, zu gute gekommen. Und wie es in der mich näheren angehenden, wenn schon nicht umgebenden politischen Welt aussieht, das hast Du dir hin und wieder auf deine Weise gewiß gleichfalls vergegenwärtigt.

Auf der andern Seite läßt sich wohl nicht verkennen, daß die nun schon sehr lange zwischen uns bestehende räumliche Trennung infolge der ungeheuren, auch ungeheuerlichen Zeitereignisse unsere Kommunikation mehr belastet als es anders der Fall gewesen wäre. Meine Meinung ist, daß wir darum den Arbeiten, die dem einen vom andern zu Gesicht kommen, desto mehr abzugewinnen suchen müssen. [...]

Ich will dir, im gleichen Zusammenhange, denn auch gestehen, daß die weitgehende Impermeabilität, die meine letzte Arbeit deinem Verständnis (das Wort nicht im technischen Sinn allein genommen) entgegenzusetzen scheint, mir traurig aufs Herz gefallen ist. Wenn dir in ihr scheinbar nichts mehr in Gedankenbereiche zurückgedeutet hat, in denen wir früher gemeinsam zu Hause waren, so will ich den Grund davon, vorläufig, weniger darin suchen, daß ich eine sehr neue Landkarte einer ihrer Provinzen gezeichnet habe als darin, daß sie dir französisch beschriftet vorlag. Ob ich sie dir allerdings deutsch in gedruckter Form je werde zugänglich machen können, ist eine ebenso offene Frage, als die, ob sie dich dann zur Aufnahme eher gestimmt fände.«

Daran hat sich lange Zeit dann nichts mehr geändert. In einem kurzen und kühlen Brief Benjamins vom 6. September 1937 steht der Satz:

»Dein Brief nahm und gab. Ich halte mich an das letztere und freue mich an der sicheren Aussicht auf unser europäisches Wiedersehen im nächsten Jahr.«

Im Jahr 1938 kam es dann endlich zu einem Wiedersehen der beiden Freunde in Paris. Scholem hatte die Bewilligung erhalten, zu Forschungen nach Zürich und nach New York zu reisen. Einen langen Brief schreibt er nach der Begegnung aus New York. Er schlägt ein neues Zusammentreffen mit Benjamin, möglicherweise in Italien, vor. Dort könne man dann wohl auch mit dem Kafka-Verleger Schocken aus Jerusalem zusammentreffen, von dessen Entscheidung die Möglichkeit abhing, für Walter Benjamin eine Arbeit in Palästina zu finden. Interessant ist eine Stelle aus Scholems New Yorker Brief vom 6. Mai

1938, wo er über eine Begegnung mit Horkheimer und Wiesengrund-Adorno berichtet, also mit den Leuten vom Frankfurter Institut für Sozialforschung.

»Inzwischen sah ich Wiesengrund dreimal und auf sein Drängen auch Horkheimer einmal, vor wenigen Tagen. H. schien sich mit mir (mit guter Miene) totzulangweilen, was ich von Wiesengrund nicht behaupten könnte, mit dem ich sehr menschliche Relationen knüpfen konnte. Er gefällt mir außerordentlich gut und wir fanden uns viel zu sagen. Ich gedenke den Verkehr mit ihm und seiner Frau hier recht lebhaft zu pflegen. Es ist angenehm und aussichtsreich mit ihm zu sprechen, und ich finde eine Möglichkeit mich mit ihm zu verständigen. Daß wir Deiner sehr viel gedenken, braucht Dich nicht zu wundern. Kurz, ich bin aufs angenehmste von diesem Paar enttäuscht.«

Es kommt dann zu dem wichtigen Briefwechsel vom Sommer 1938, worin Benjamin ausführlich über eine Kafka-Interpretation berichtet und die theologische Kafka-Deutung von Max Brod mit Heftigkeit ablehnt. Scholem antwortet ebenso ausführlich und genau. Das Ergebnis ist, daß Benjamin eine neue Fassung seines Kafka-Essays unternimmt. Aber das ist ein besonderes und eigenes Thema. Zusammenzufassen etwa in der Formel: Walter Benjamin und Kafka, situiert zwischen Gerhard Scholem und Bertolt Brecht. Benjamin sammelt alle Reaktionen seiner Freunde und Denkpartner über den Kafka-Essay und legt dafür, wie er mitteilt, ein eigenes kleines Literaturarchiv an. Dann fährt er, wie er am 12. Juni 1938 mitteilt, wieder einmal zu Brecht nach Svendborg.

Zu Beginn des Jahres 1939 veröffentlicht die »Zeitschrift für Sozialforschung« ein Stück aus Benjamins großer Arbeit über Paris als Hauptstadt des neunzehnten Jahrhunderts in Form von Bemerkungen zu Baudelaire. Das glanzvolle Heft veröffentlicht gleichzeitig Max Horkheimers große Studie über »Egoismus und Freiheitsbewegung« und eine erste Fassung von Adornos »Versuch über Wagner«. Ich schrieb damals für Max Rychner und seine Züricher Zeitung »Die Tat« eine Rezension dieses ungewöhnlichen Heftes einer Zeitschrift. Benjamin, der mit Rychner befreundet war seit den Tagen seiner Beziehung zu Hofmannsthal und seiner Arbeit über Goethes »Wahlverwandtschaften«, hat meinen Text noch gekannt.

In Paris hat Benjamin, der sich sehr über die fortschreitende Isolierung beklagt, noch Umgang mit Hannah Arendt, die auch über Benjamins letzte Lebenszeit ausführlich berichtet.

Nach Beginn eines Zweiten Weltkrieges am 1. September 1939 schreibt Scholem auf französisch an Benjamin und zeichnet als »ton ancien combattant Gérard«. Auch Benjamin antwortet auf französisch im November 1939.

Wieder versucht Scholem, den Verleger Schocken für eine Unterstützung Benjamins zu gewinnen. Was er darüber zu berichten hat am 15. Dezember 1939, ist eine Groteske.

»Utinam, o daß ich doch in der Propaganda Deiner Bedeutung und Vorzüge ebensoviel Erfolg gehabt hätte wie in der eigenen! Ich habe es pflichtschuldigst an nichts fehlen lassen, und als kurz vor seiner Abreise Schocken, der das Manuskript der ›Letzten Tage der Menschheit‹ gekauft hat, einen kleinen Abend über Karl Kraus veranstaltete, zu dem er Werner Kraft und mich als Redner lud, habe ich unter heftigem Donner, statt eigenen Senf zu produzieren, größere Teile Deines Essays vorgelesen. Jedermann war wirklich tief

beeindruckt von Dir – außer dem, an dessen Beein-
druckung Deinem Verehrer allein gelegen war. Es ist
direkt eine Abwehraktion der Dämonen gegen Dich
im Spiel!«

Benjamin antwortet am 11. Januar 1940.

»Die Schilderung, die du mir von dem Vorlesungs-
abend bei Schocken lieferst, ist äußerst packend. Ich
habe sie Hannah Stern – die deine Grüße herzlichst
erwidert – nicht vorenthalten. Dein Bericht läßt mich,
der ich nicht so schnell bei der Hand bin, im schäbigen
Benehmen der Leute das Werk der Dämonen zu sehen,
nach Rache dürsten. Aber ich müßte, um diesen Durst
zu befriedigen, wohl die erste Publikation von Schok-
ken selbst abwarten. Hannah Stern meinte begüti-
gend, in der Tiefe seines Gemüts hielte Schocken gewiß auf Max Brod allein weitaus höhere Stücke als auf
dich und mich zusammengenommen. *Rebus sic stantibus* wünsche ich dir und, in gemessenem Abstande,
deinen Collegen auch, daß seine amerikanische Expe-
dition von Erfolg begleitet sei.«

Hannah Stern ist identisch mit Hannah Arendt. Sie war
damals noch mit dem Philosophen Günther Stern verheiratet, dem Sohn des Psychologen William Stern. Günther
Stern veröffentlichte, wie man inzwischen wohl weiß,
seine Arbeiten unter dem Pseudonym Günther Anders.
Dieses Schreiben vom 11. Januar war Benjamins letzter Brief an den Freund. Scholem antwortete noch einmal
ausführlich im Februar 1940 in einer scharfen Polemik
gegen Max Horkheimers Aufsatz über »Die Juden und
Europa«. Besonders rügt er die Anmaßung des Titels.
Heute weiß man, daß dieser Titel von Theodor Adorno
vorgeschlagen wurde.

Benjamin hatte zu Kriegsbeginn als deutscher Emigrant ins Internierungslager gemußt. Am 25. November 1939 war er entlassen worden. Er war abgemagert, schien sich aber wohl zu fühlen. Der Hitler-Stalin-Pakt hatte ihn tief verstört. Anschließend schreibt er in jenem Brief vom 11. Januar 1940 über die politischen Ereignisse.

»Veranstaltungen des Zeitgeistes, der die Wüstenlandschaft dieser Tage mit Markierungen versehen hat, die für alte Beduinen wie wir unverkennbar sind.«

In einem Brief von Hannah Arendt an Scholem heißt es, sie sei Benjamins wegen in großen Sorgen. »Ich hatte versucht, ihm hier etwas zu vermitteln, und bin ganz kläglich gescheitert. Dabei bin ich mehr als je von der Wichtigkeit überzeugt, ihn für seine weitere Arbeit ganz sicherzustellen. Seine Produktion hat sich für mein Gefühl bis in stilistische Einzelheiten hinein gewandelt. Es kommt alles viel ruhiger, viel weniger zögernd heraus. Es scheint mir oft, als käme er jetzt erst an die für ihn entscheidenden Dinge heran. Es wäre abscheulich, wenn er da nun gehindert würde.«

Im Frühjahr 1940 schickt Benjamin ein Exemplar seiner Thesen »Über den Begriff der Geschichte« nach Jerusalem. Der Selbstmord Benjamins auf der Flucht aus Frankreich und an der spanischen Grenze, als man ihm den Grenzübertritt verwehrt, war jenes Ereignis, das Hannah Arendt in solcher Form vielleicht nicht geahnt hatte, als sie schrieb: »Es wäre abscheulich, wenn er da nun gehindert würde.«

In Benjamins Thesen zur Geschichtsphilosophie kommt er, mit Notwendigkeit, wieder auf die Anfänge seiner Beziehung zu Gerhard Scholem zurück und auf das Bild von Paul Klee, den Angelus Novus, dem Scholem ein Gedicht gewidmet hatte. Die vier Zeilen des Mottos zu jener weltberühmt gewordenen These über den Angelus Novus als *Engel der Geschichte* lauten:

> Mein Flügel ist zum Schwung bereit
> Ich kehrte gern zurück
> denn blieb' ich auch lebendige Zeit
> ich hätte wenig Glück.

> Gerhard Scholem, Gruß vom Angelus

Fania und Gershom Scholem haben, bis zu Scholems Tod, am Eßtisch in der Arbanel Street zu Jerusalem einander gegenüber gesessen. Vor ihren Blicken war stets das Bild von Klee an der Wand mit im Spiel. Sie konnten es stets anschauen, hatten aber nicht verhindern können, daß der Angelus Novus auch sie anschaute. Das Bild ist durchaus nicht groß, eher kleines Format. Der Engel der Geschichte schaut aber gar nicht geradeaus, sondern zurück, aus den Augenwinkeln, eine Art schielen. Die Grundfarbe der Zeichnung ist übrigens ein rötliches Braun. Wohin er zu schielen scheint: das eben ist die Zukunft, die im Sturm sein Gefieder bereits arg gezaust hat. Das Gesicht aber und der Körper sind nicht einem bisher noch Zeitlosen zugewandt, sondern einer abgetanen Vergangenheit. Weil sie eben nicht abgetan ist, sondern mit all ihren Untaten und großartigen Leistungen stets gegenwärtig blieb und bleibt.

Am 4. August 1966 fand in Brüssel im Rahmen einer Fünften Plenartagung des Jüdischen Weltkongresses ein allgemeines Gespräch statt mit dem Thema »Deutsche und Juden«. Karl Jaspers hatte eine Grußbotschaft verle-

sen lassen. Einer der Hauptreferenten war Gershom
Scholem. Was hier in Brüssel der Freund Walter Benjamins zu diesem seinem Lebensthema zu sagen hatte, darf
gleichzeitig als Nachruf auf den toten Freund wie als Le-
bensbilanz verstanden werden.

»Max Brod hat von der ›Distanzliebe‹ gesprochen, die
als die ideale Beziehung zwischen Deutschen und Juden hätte herrschen sollen, einem dialektischen Begriff, wo das Bewußtsein der Distanz allzu grobe Inti-
mität verhindert, zugleich aber aus dem Gefühl der
Entfernung heraus den Wunsch schafft, eine Über-
brückung zu vollziehen. Gewiß wäre dies für die hier
in Frage stehende Periode eine Lösung gewesen, hätten beide Parteien sich zu ihr verstanden. Aber Brod
selber hat erkannt: Wo Liebe ist, schwindet das Gefühl für Distanz – und das galt für die Juden –, und wo
Distanz ist, kommt keine Liebe auf, und das galt für
das Gros der Deutschen. Der Liebe der Juden zu
Deutschland entsprach die betonte Distanz, mit der
die Deutschen ihnen gegenübertraten. Gewiß, aus ›Distanzliebe‹ heraus hätten diese Partner mehr Güte,
Aufgeschlossenheit, Verständnis für einander aufbringen können. Aber historische Konjunktive sind
immer illegitim, und wenn Distanzliebe, die, wie wir
jetzt wahrnehmen können, zionistische Antwort auf
die unaufhaltsam sich anbahnende Krise zwischen Juden und Deutschen gewesen wäre, so kam diese Lösung der zionistischen Avantgarde zu spät. Die deutschen Juden, die durch ihren Sinn für Kritik bei den
Deutschen ebenso berühmt wurden wie sie ihnen dadurch auf die Nerven gingen, haben sich in diesen, der
Katastrophe vorausgehenden Generationen durch einen erstaunlichen Mangel an Kritik ihrer eigenen Lage
ausgezeichnet. Die erbauliche und apologetische Hal-

tung, der Mangel an kritischem Freimut verdirbt fast alles, was man von ihrer Seite über die Stellung der Juden in der deutschen Geisteswelt, in Literatur und Politik und Wirtschaft lesen kann.

Die Bereitschaft vieler Juden, eine Theorie für das Opfer ihrer jüdischen Existenz zu erfinden, ist ein erschütterndes Phänomen, das sich in vielen Varianten ausgedrückt hat.«

Max Brod lebte damals noch in Jerusalem, wo er auch, ebenso wie Gershom Scholem, begraben liegt. Vielleicht sind diese Sätze Scholems über die Geschichte eines sowohl materialen wie geistigen Miteinanderlebens von Deutschen und Juden in der Tat nicht anders zu deuten. Eine gescheiterte Hoffnung also. Vielleicht aber auch, um aus Shakespeares »Sturm« zu zitieren: »Auf andere Art so große Hoffnung.«

VII. Deutsche und Juden nach dem Widerruf

Erfahrungen und Erkenntnisse

Ein Datum wird nicht genannt im Titel dieses Vortrags: der 30. Januar 1933. Vielleicht war es der Wendetag unseres zwanzigsten Jahrhunderts, seitdem hat sich alles verändert. Es gibt kein Ereignis und kein Erinnern an menschliches Unglück, das nicht ursächlich zurückführte zu jenem Januartag, wo eigentlich gar nichts anderes geschehen war im Deutschen Reich, als daß der sehr alte Reichspräsident Paul von Beneckendorff und von Hindenburg wieder einmal eine neue Reichsregierung berufen hatte, der man am Abend durch wohlgeordnete und vorbereitete Fackelzüge von Königsberg bis Aachen huldigte.

In seinem historisch-politischen Buch über Louis Bonaparte, den späteren Dritten Napoleon, hat Karl Marx einmal die sarkastische Bemerkung gemacht, in der Weltgeschichte komme es bisweilen vor, daß sich geschichtliche Ereignisse ziemlich genau wiederholen. Mit einem Unterschied freilich: zuerst als Tragödie, beim zweitenmal als Possenspiel. Karl Marx meinte den Vergleich des Ersten mit dem Dritten Napoleon.

Mit dem 30. Januar 1933 verhält es sich umgekehrt. Da war zunächst eine ziemlich unernste, von heute aus gesehen, fast närrische Palastintrige. Großgrundbesitzer aus dem deutschen Osten, Großindustrielle aus dem Ruhrgebiet und ehrgeizige Militärs stellten eine neue Regierung zusammen, die so komponiert schien, daß der neue Reichskanzler im Braunhemd wenig Schaden anrichten konnte. Man wollte ihm helfen, die Gewerkschaften und die Arbeiterparteien ihrer Mitglieder zu berauben. Nach getaner Arbeit würde man ihn wieder fortschicken. Allein, was als Intrigenspiel einiger Ehrgeizlinge ohne viel Kenntnis der Wirklichkeiten vom Inland und Ausland geplant war, endete als Menschheitstragödie.

Ein geschichtliches Datum wie dieser 30. Januar 1933 kann nicht aus seinem Zeitvergang losgelöst werden. Jener Tag hat den Widerruf dessen bedeutet, was man *als deutsch-jüdische Symbiose zu bezeichnen pflegt*. Es gibt mithin ein Vorher wie ein Nachher. Zu jenem Nachher gehört auch der Staat Israel. Eines scheint mir sicher zu sein: eine Deutsch-Israelische Juristenvereinigung im heutigen Sinne wäre undenkbar ohne jenes Vorher des 30. Januar: ohne den Tag des Widerrufs. Wer die jeweilige Gegenwart nicht als ein Gewordensein verstehen und überdenken will, abhold aller Geschichtsbetrachtung, wird mit Notwendigkeit auch als Deuter der Gegenwart scheitern. Einer der großen Denker jener deutsch-jüdischen Symbiose, *Walter Benjamin*, dessen letzte, vielleicht wichtigste Gedanken den »Begriff der Geschichte« umkreisen sollten, hat mit Recht angemerkt: wo man die Geschichte nicht mehr respektiere, seien auch die Toten nicht mehr sicher in ihren Gräbern. Wir wissen heute, daß es stimmt und daß man es wörtlich nehmen muß. Alles Nachdenken über den Widerruf des Zusammenlebens und gemeinsamen Wirkens der Deutschen mit den deutschen Juden muß also vom Tag des Endes zurückschauen auf die Anfänge. Wer den Widerruf vom Winter 1933 als Vorgang einer gleichsam universalen Gegenaufklärung versteht (verstehen will), muß den historischen Prozeß deutscher Aufklärung nachvollziehen. Die rechtliche und gesellschaftliche Gleichstellung der in Deutschland lebenden Juden mit ihren deutschen Landsleuten entsprach einem philosophischpolitischen Postulat der Aufklärung. Abermals zeigte es sich, daß das marxistische Gerede von der vergleichsweise unwichtigen Bedeutung einzelner Menschen gegenüber der ausschließlichen Wichtigkeit der Völker oder Volksmassen allenthalben in der Vergangenheit durch die Tatsachen widerlegt worden ist. Auch das Aufklärungsdenken über eine deutsch-jüdische Symbiose war nicht das Werk einer Massenbewegung, sondern zunächst ein ebenso kühnes wie gefährdetes Denkspiel weniger Deutscher auf deutschem Boden und um die Mitte des achtzehnten Jahrhunderts. Zwei waren es vor allem: *Gotthold Ephraim Lessing und Moses Mendelssohn.*

Waren sie eine, wenn auch winzig kleine Minderheit, diese beiden, Lessing und Mendelssohn? Eine Minderheit in ihrem Bestreben nach Gleichberechtigung der Juden und tolerantem Umgang zwischen ihnen und ihrem deutschen sogenannten Gastgeber. Selbst daran darf gezweifelt werden. Sie haben fast allein gestanden in damaliger Zeit, also um die Mitte des achtzehnten Jahrhunderts. Jeder allein für sich, und allein in ihrem Zueinander. *Mosche ben Mendel*, der sich Mendelssohn nennen sollte, war durchaus nicht in unmittelbarem Sinne ein Sprecher oder gar Fürsprecher der damaligen deutschen Judenschaft in ihren vielen Gettos. Es ist doch wohl eine nachträgliche Schönfärbung gewesen, wenn unsereiner im jüdischen Religionsunterricht der zwanziger Jahre erfahren mußte, alle jüdische Geschichte führe stets zu einem Moses. Der Prophet vom Sinai als erster, dann im europäischen Mittelalter der Mosche ben Mainon, der große philosophische Denker Maimonides, schließlich eben dieser Mosche ben Mendel. Das orthodoxe Judentum auch innerhalb des damaligen moribunden Römischen Reiches Deutscher Nation war durchaus nicht allenthalben gewillt, den Denkspielen Mendelssohns zu folgen. Was heißen sollte, Aufgeben der eigenen Sprache und des

Sprechens, also des Hebräischen wie des Jiddischen. Verzicht auf alle rituellen Gesetze des biblischen Moses. Aufhören folglich, sich im Aussehen an die Gewohnheiten und Rituale der Deutschen zu halten. Mendelssohn ist stets von jüdischer Seite ebenso heftig angefeindet worden, wie er von Deutschen in seinem Leben immer wieder als verachteter und rätselhafter Außenseiter behandelt worden ist. Königsberger Studenten waren befremdet, als ihr großer Lehrer Immanuel Kant vom Katheder stieg, um den unvermuteten jüdischen Gast herzlich zu umarmen. Moses Mendelssohn hat ein dreifaches Leben geführt: als jüdischer Schriftgelehrter; als erfolgreicher Fachmann des Geldwesens; als angesehener philosophischer Denker und vorzüglicher Meister der deutschen Sprache. Dennoch wird man heute, nach nahezu 250 Jahren, fragen müssen, ob der Weg Moses Mendelssohns nicht dadurch verlustreich werden mußte, daß allzu viel von jüdischer Seite als Ballast abgeworfen werden mußte. Wer heute über das Ende der deutsch-jüdischen Symbiose nachdenkt, wird sich fragen müssen, ob Mendelssohns (und Lessings) Grundbegriff der *Assimilation*, die so lange fast unangreifbar schien, nicht zu den Ursachen des Widerrufs gehört haben.

Auch *Gotthold Ephraim Lessing*, Sohn eines evangelischen Pfarrers aus dem sächsischen Kamenz, hervorragend gebildeter Zögling der Fürstenschule zu Meißen, war weder ein von der deutschen Basis her befugter Sprecher, noch gar ein Fürsprecher. Daß alle deutschen Obrigkeiten, die das jüdische Geld brauchten, aber die Geldgeber in ihren Gettos zu halten wünschten, alles Tun dieses ersten wahrhaft freien deutschen Schriftstellers mißbilligt haben, ist bekannt. Am Ende seines recht kurzen Lebens war Lessing überall gescheitert nach bürgerlichen Erfolgsbegriffen. Er muß in seiner letzten Lebenszeit, nach dem Tode von Frau und Kind, fast gespensterhaft gewirkt haben, wenn er in Braunschweig durch die Straßen schlich. Bewundert von vielen schon damals. Allein nur wenige Deutsche gedachten sich an Lessings Gedankenwelt zu halten. Deutsche Juden haben wohl früher bereits gegen das Ende des achtzehnten Jahrhunderts eher erkannt als Lessings deutsche Landsleute, was der Humanitätsbegriff in »Nathan der Weise« und in dem Traktat über die »Erziehung des Menschengeschlechts« von ihnen allen verlangte: von den Deutschen wie den Juden.

Der jüdische Philosoph und Soziologe *Theodor Lessing* aus Hannover, den gedungene deutsche Mörder im August 1933 im tschechischen Exil zu Marienbad umbringen sollten, hat in seinem Erinnerungsbuch »Einmal und nicht wieder« mitgeteilt, daß seine Vorfahren den deutschen Familiennamen Lessing in Dankbarkeit für den Dichter des »Nathan« adoptierten.

Auch bei Lessing war das Problem einer deutsch-jüdischen Symbiose zunächst ein Denkspiel. In dem dramatischen Einakter »Die Juden« glaubt der junge Lessing noch, das jüdische Außenseitertum lasse sich unschwer umwandeln zur gesellschaftlichen Normalität. Lessing stellt einen edlen Juden auf die deutsche Schaubühne, wo der Jude bis dahin nur als pöbelhaftes Zerrbild gezeigt worden war. Bemerkenswert übrigens, daß die scheinbare Normalität dieses Juden, den man nicht als solchen zu erkennen vermag, auf den berühmten zwei bürgerlichen Grundwerten ruhen durfte: auf *Bildung und Besitz*. Als er sich jedoch mit dem kurzen Satz »Ich bin ein Jude« zu erkennen gibt, ist die Komödie zu Ende und mit ihr auch alle Hoffnung auf ein glückliches Lustspielende.

Es waren gerade deutsche angesehene Aufklärer, die Lessings Lustspiel ablehnten. Der Göttinger Philologie-Professor Michaelis, Vater der späteren Caroline Schlegel, griff Lessing an mit der Behauptung: solch einen Juden wie in Lessings Einakter gäbe es gar nicht. Lessing nahm den Einwand sehr ernst und antwortete mit einem scheinbaren Gegenbeweis: er wies hin auf jenen Moses Mendelssohn aus Dessau. Inzwischen nämlich gab es diese Freundschaft zwischen diesen beiden Männern. Lessing hat, was kaum sehr bekannt ist, im Umgang mit Moses Mendelssohn viel für sein eigenes Denken gelernt. Die Hauptgedanken in der späteren Polemik mit dem Hauptpastor Goeze zu Hamburg und damit auch in »Nathan der Weise« haben ihr Vorbild gehabt in Moses Mendelssohns Polemik mit dem ebenso begabten wie judenfeindlichen Johann Kaspar Lavater aus Zürich. Er hatte die Juden schroff aufgefordert, auf ihr Judentum zu verzichten und sich taufen zu lassen. Dann erst könne über Assimilation gesprochen werden. Mendelssohn stellte in seiner Antwort das Alleinvertretungsrecht des Christentums in Frage. Er verwies auf die *Grönländer*, zu denen kein Missionar gekommen sei. Waren sie nun von Anfang an ausgestoßen aus aller Heilsgeschichte?

Genau diesen Gedankengang finden wir auch bei Lessing. Er argumentiert nicht mit den Grönländern, sondern mit seiner geliebten Antike, den Griechen und den Römern. Waren auch sie verloren für die Heilsgeschichte? Beim späten Lessing finden wir bereits den durchaus ketzerischen Gedankengang, daß sowohl das Alte wie das Neue Testament in Zukunft »transzendieret« werden müsse.

Auf einer wichtigen neuen Etappe der deutsch-jüdischen Symbiose, nämlich bei *Heinrich Heine*, wird dieser Gedankengang von neuem aufgenommen. Heinrich Heine entwirft in seinem für die Franzosen geschriebenen Buch über die »Geschichte der Religion und Philosophie in Deutschland« eine Art Genealogie des Humanitätsprozesses in Deutschland. Beginnend mit Luther, erstaunlicherweise. Lessing habe dann »den Luther fortgesetzt«, meint Heine. Von Luther zu Kant, zu Hegel, weiter dann wohl auch zu Heinrich Heine, dem Hegel-Schüler. Moses Mendelssohn gehört für Heine nicht in diese Geschichte deutscher Religion und Philosophie. Doch Lessings Gedanke vom »Dritten Testament« wird von Heine weitergeführt. Eine neue Welt, eine neue Etappe der Aufklärung als Transzendierung sowohl der Nazarener wie der Hellenen. Als Nazarener sind bei Heine die Juden wie die Christen gleichzeitig gemeint.

Auch Heine scheint das Problem der deutschen Juden als einen Assimilationsvorgang verstanden zu haben. Er hat sein evangelisches Christentum doch sehr ernst genommen, was Thomas Mann zu Unrecht bezweifelte, ebenso ernst wie es Felix Mendelssohn, der Enkel, mit seiner Taufe nahm. Die geistliche Musik Mendelssohns, die Darstellung der Himmelsvision, welche den Saulus zum Paulus werden ließ, ist redlich und tief gefühlt.

Der dritte der großen deutsch-jüdischen Wortführer aus der so folgenreichen Epoche zwischen 1830 und 1848, *Karl Marx*, wollte sich nicht begnügen mit einem jüdischen Assimilationsprozeß, der die Juden zu Christen machte. In den bereits im französischen Exil im Jahre 1844 herausgegebenen »Deutsch-Französischen Jahrbüchern« steht ein Text von Karl Marx mit der Überschrift »*Zur Judenfrage*«, der seitdem immer wieder sowohl von deutsch-jüdischer wie gerade auch zionistischer Seite scharf abgelehnt wurde. Als Max Horkheimer, gleichfalls im Exil und gleichfalls in Paris, im Jahre 1939 in der emigrierten ehemals Frankfurter »Zeitschrift für Sozialforschung« einen Aufsatz »Die Juden und Europa« publizierte, worin er die Gedanken von Marx weiter zu entwickeln suchte, antwortete ihm beispielsweise *Gerhard Scholem*, wie man in seinen Briefen an Walter Benjamin nachlesen kann, mit äußerster Erbitterung.

In schneidender Diktion meint Marx, die Judenfrage

könne nur dadurch gelöst werden, daß die Juden aufhörten, Juden zu sein, womit er nicht Kaftan und Schläfenlocken und Speisegesetze meinte, sondern die Rolle der Juden im damaligen Kapitalismus. Ein anderer deutscher Jude, Löw Baruch, der sich *Ludwig Börne* nannte, sah diesen Prozeß wohl ähnlich. Wenn Börne von »giftiger Geldwirtschaft« sprach, so meinte er die Welt des Hauses Rothschild. Bei Heines Freund *Honoré de Balzac* ist der Baron Nucingen natürlich eine durchaus nicht karikierte Erinnerung an den damaligen französisch-jüdischen Phänotyp des zeitgenössischen Bankiers. Übrigens war in jenem Sammelband der Deutsch-Französischen Jahrbücher von Marx und Arnold Ruge auch ein berühmter Text Heinrich Heines zum erstenmal gedruckt: mit dem Titel: »Deutschland. Ein Wintermärchen.«

Von *deutscher Seite* ist die deutsch-jüdische Assimilation niemals als eine Aufforderung zur völligen Gemeinsamkeit, gar Brüderlichkeit verstanden worden. Daß die Juden alle staatsbürgerlichen Rechte erhalten sollten, wenn sie in Deutschland zur Welt kamen, deutsche Schulen besuchten, einen deutschen Beruf ausübten, wurde auch in den deutschen Fürstentümern und Reichsstädten seit der französischen Revolution für richtig gehalten und auch innerlich angenommen. Die antisemitische und antifranzösische Deutschtümelei des Wartburgfestes von 1817 war scheinbar nur eine Episode gewesen. Auf dem liberalen Hambacher Fest von 1832 sprach mit großer Begeisterung der aus Paris angereiste Emigrant Ludwig Börne. Ihn ehrten die Heidelberger Studenten mit einem Fackelzug. Dennoch hat man das in all dieser Zeit bis zum Widerruf von 1933 kaum jemals im öffentlichen Leben nachweisen können, daß die Deutschen den jüdischen Mitbürger als ihresgleichen empfunden und behandelt hätten. Die Juden waren auch bei ihren Freunden doch immer die – im Einzelfall vielleicht schätzenswerten

– Anderen. Auch überzeugte liberale Bürger und plebejische Demokraten vermochten den inneren Vorbehalt nicht zu überwinden. Die Juden waren, auch nach der christlichen Taufe, nach wie vor »getaufte Juden«. Bis heute ist es in Österreich allgemein verpönt, nach der Familiengeschichte von Vater und Sohn Johann Strauss genauer zu fragen. An Beispielen für das Vorhandensein der unsichtbaren gläsernen Wand fehlt es wahrlich nicht.

Man lese die gemeinsamen Tagebücher von Robert und Clara Schumann, die ihre Ehe nicht zuletzt der Fürsprache Felix Mendelssohns zu verdanken hatten. In einem fast ungeheuerlich erfolgreichen Volksbuch wie dem Roman »Soll und Haben« hat Gustav Freytag streng unterschieden zwischen dem guten und bösen Juden. Der Schurke Veitl Itzig, noch dazu rothaarig!, auf der einen Seite. Auf der anderen der edle Literat Bernhard Ehrenthal, von dem man sich einladen läßt, auch wenn man Baron ist, der aber früh sterben muß. Dazwischen Vater Hirsch Ehrenthal, eine lieblos und bösartig gezeichnete Karikatur des reichen jüdischen Assimilanten.

Genau so empfanden es doch wohl die meisten Deutschen zwischen 1850 und 1933. Gustav Freytag war alles andere als ein Antisemit. Auf den unsäglichen Traktat Richard Wagners »Über das Judentum in der Musik« von 1869 hat keiner schärfer reagiert als eben dieser Gustav Freytag. Bei Freytag befindet sich bereits die Behauptung, alles äußere Verhalten, alle Redeweise dieses Richard Wagner erinnere den Betrachter unwillkürlich an das von Wagner gerügte »jüdische Verhalten«. Sicherlich ohne Kenntnis dieses Gedankens Gustav Freytags findet sich eben diese wohl kaum widerlegbare Diagnose wieder in unserem Jahrhundert bei Theodor W. Adorno in seinem »Versuch über Wagner«.

Es gibt ganz wenige Ausnahmen für ein Verhalten bedeutender Deutscher, wenn sie Umgang halten wollten mit jüdischen Freunden und Zeitgenossen. *Johannes Brahms* war eine solche Ausnahme. In den Gesprächen aus seiner letzten Lebenszeit in Österreich, wo der aktive politische Antisemitismus damals zum erstenmal allgemein sichtbar wurde, spricht Brahms voller Zorn und als Warner. Seine Freunde haben das vermutlich nicht besonders ernst genommen.

Man wird beim Rückblick unterscheiden müssen zwischen den ideologischen und soziologischen Tatbeständen im Kaiserreich der Habsburger auf der einen Seite, im deutschen Kaiserreich der siegreichen Hohenzollern auf der anderen. Das Kaiserreich Österreich hatte, nach vielen Erfahrungen mit der ungarischen Rebellion, im Jahre 1867 die Staatsformel Kaiserreich Österreich und Königreich Ungarn erfunden. Abgekürzt als k. und k. In seinem großen Roman »Der Mann ohne Eigenschaften«, dessen Thema als Agonie des Habsburger Reiches zu verstehen ist, bezeichnet *Robert Musil* diesen Tatbestand mit dem Ausdruck *Kakanien*. Es ist durchaus nicht abwegig, heute zu vermuten, daß jene judenfeindliche Strömung, die schließlich zum Völkermord ausarten sollte, auf einen »kakanischen Bazillus« zurückgeführt werden kann. Johannes Brahms hat das vermutlich sehr früh schon erkannt. Er war ein Zeitgenosse des judenfeindlichen Politikers Karl Lueger und jenes österreichischen Adeligen Lanz von Liebenfels, der den politischen Antisemitismus Luegers wissenschaftlich bereits mit der wohlbekannten Rassenlehre verband. An Lueger erinnert immer noch ein Straßenname auf dem Ring zu Wien. Im Alten Rathaus hängt nach wie vor, wie eine Ikone, das Bild dieses Bürgermeisters und Judenhassers, der in Einzelfällen sehr wohlhabender »Israeliten« mit sich reden ließ.

Der bäuerliche aber und plebejische Judenhaß im

Habsburger Reich begeisterte sich für das rassisch begründete Herrenmenschentum gegenüber den jüdischen Untermenschen. Es führt ein unmittelbarer Weg von den Rassenlehren jenes Liebenfels, oder des französischen Grafen Gobineau, den Richard Wagner begeistert in Bayreuth empfing, zu den Anträgen des deutschen Juristen Carl Schmitt, der im Namen nationalsozialistischer Juristen im Dritten Reich den Antrag stellte, den Begriff »Mensch« aus den Gesetzbüchern zu entfernen. Schmitt formulierte, man müsse unterscheiden zwischen »Volksgenossen, Reichsbürgern, Ausländern, Juden usw.«. Was aber konnte noch tiefer angelegt sein in dieser Hierarchie als die Juden. Es war daher folgerichtig, wenn die jüdische *Gegenbewegung des Zionismus* in eben diesem Kakanien entstehen mußte. *Theodor Herzl* hatte nach den Grundsätzen der Assimilation gelebt und erfolgreich gewirkt. Als wichtiger Redakteur jener »Neuen Freien Presse«, die ihren erbittertsten Gegner in *Karl Kraus* finden sollte, hatte Herzl im Sinne des Liberalismus und seiner Toleranzdoktrin gewirkt. Zwei geschichtliche Ereignisse am Ausgang des neunzehnten Jahrhunderts aber zwangen ihn, alle seine bisherigen Denkweisen und Handlungen in Frage zu stellen. Einmal das Schreien jener Lueger und Liebenfels und ihrer lautstarken Anhänger, zum anderen die *Affäre Dreyfus* in Frankreich. Der Fall aber des unschuldig verurteilten, degradierten und auf die Teufelsinsel verbannten jüdischen Hauptmanns Alfred Dreyfus erschütterte das Gesellschaftssystem der französischen Dritten Republik. Eine große Bewegung nicht allein der Intellektuellen, sondern gerade auch der Volksschullehrer, vieler kleiner Honoratioren in der französischen Provinz, erzwangen eine Wiederaufnahme des Verfahrens, die Aufdeckung von Betrug und Rechtsbeugung, schließlich die Rückkehr des rehabilitierten Offiziers nach Frankreich. Namen wie Emile Zola, Anatole France, Georges Clemenceau sind verbunden geblieben mit diesem Kampf gegen eine Judenfeindschaft, die verbrecherisch zu werden drohte.

Dazu hat es weder im Deutschen Kaiserreich noch in Kakanien eine entsprechende Gegenbewegung gegeben. Verursacher des Widerrufs vom 30. Januar 1933 wurde ein Mann aus Oberösterreich, der sich ausdrücklich sowohl auf Lanz von Liebenfels wie auf Richard Wagner zu berufen pflegte. Sein eigentlicher Lehrer sei Richard Wagner gewesen. In Wagners Traktat von 1869 finden sich bereits Ausdrücke wie »Austilgung«: bezogen auf das Judentum in Deutschland.

Theodor Herzl und die frühen Zionisten konnten davon ausgehen, daß die angebliche Assimilation weder im Deutschen Reich noch gar in Österreich-Ungarn zur Integration der Juden geführt hatte. Wenn dies aber nicht zu leugnen war, so hatte sich das Prinzip der Assimilation als trügerisch erwiesen. Die Folgen sind bekannt. Es führt ein unmittelbarer geschichtlicher Weg vom Widerruf des Jahres 1933 zur Gründung des Staates Israel im Jahre 1948. Es ist auch nicht zu leugnen, daß der Holocaust bereits von Richard Wagner geistig an vielen Stellen vorweggenommen worden war, wie Cosimas Tagebücher beweisen. In einer Tagebuchaufzeichnung Cosimas vom November 1880 erläutert der zornige Richard Wagner seinem jüdischen Kapellmeister Hermann Levi, der den Parsifal in Bayreuth zu dirigieren hat: die Juden hätten eines nur noch zu lernen, »nämlich zu sterben«. Es ist also doch wohl mehr als ein scheinbar anachronistisches Ressentiment, wenn im Staate Israel nach wie vor die Musik dieses großen Künstlers und schlimmen Ideologen abgelehnt wird. Das Geheimnis allen Geschichtsdenkens beruht nach wie vor darauf, daß alles Hinterlassene: Landschaften, Siedlungen, Kunstwerke, niedergeschriebene Gedanken, als *gleichzeitig* vorhanden ist. Einiges kann stärker oder schwächer belichtet sein zu Zeiten, doch es bleibt als *Ungleichzeitigkeit* nach wie vor virulent.

Heinrich Heine hat aus seiner Göttinger Studentenzeit über ein durchaus ernst gemeintes Gespräch mit einem deutschen Mitstudenten berichtet. Das war in den zwanziger Jahren des neunzehnten Jahrhunderts. Die antifranzösische und antijüdische Deutschtümelei war wirksam. Der Historiker Friedrich von Raumer veröffentlichte damals eine Geschichte der Hohenstaufen, die zum Kultbuch der jungen Deutschen wurde. Weshalb jener Student in der Kneipe dem Dr. Heine auseinandersetzte: es komme nun vor allem darauf an, abermals einen siegreichen Krieg gegen die Franzosen zu führen. Einen Rachekrieg. Dr. Heine fragte nach dem Grund für diese Rache. Der Student antwortete: »Rache für Konradin von Hohenstaufen.«

Das war ein Geschehen aus dem dreizehnten Jahrhundert, allein es war immer noch gleichzeitig auch im neunzehnten. *Am Ende unseres zwanzigsten Jahrhunderts aber ist der Widerruf vom 30. Januar 1933, der von vornherein eine »Endlösung« der Judenfrage vorbereiten sollte, als Gleichzeitigkeit und Ungleichzeitigkeit in einem zu interpretieren.* Die Konferenz in der Wannsee-Villa, die Deportationen im Viehwagen, die Gaskammern und Verbrennungsöfen: das war Vergangenheit. Allein es gab überlebende Juden in aller Welt, die nicht vergessen konnten und durften. Es konnte keinen Widerruf des Widerrufs geben, und es ist auch nicht ernsthaft versucht worden, danach zu streben. Keine deutsche Regierung, auch keine österreichische übrigens, hat die vertriebenen Juden und ihre Nachkommen zur Rückkehr in die einstige Heimat aufgefordert. In dem Erinnerungsbuch der österreichischen Germanistin und Publizistin *Elisabeth Freundlich* mit dem Titel »Die fahrenden

Jahre« hat sie beschrieben, mit welcher Feindseligkeit und Härte die Rückkehrer, sie selbst als Tochter eines angesehenen österreichischen Juristen und ihr Mann Günther Anders, der das berühmte Buch über »Die Antiquiertheit des Menschen« geschrieben hatte, von den überlebenden Wienern aufgenommen wurden.

Ähnliches haben wir alle erlebt, die Heimkehrer, wir überlebenden Heimkehrer in die deutsche Fremde. Im Jahre 1947 stand ich in Köln vor dem schönen Familienhaus meiner Großmutter und meiner vertriebenen Eltern. Die entsetzten und feindseligen Blicke der damaligen Bewohner, als ich mich als Erbe zu erkennen gab. Ich habe dann diese Erbschaft nicht antreten wollen. Ein Widerruf des Widerrufs war nicht möglich.

Erfahrungen und Erkenntnisse. Wie soll man dergleichen, über das persönliche Fühlen hinaus, als Einsicht zusammenfassen? Vielleicht hilft am besten eine Denk- und Sehweise, die einer der großen Menschen deutsch-jüdischer Symbiose, nämlich *Walter Benjamin*, mit Meisterschaft einzusetzen verstand. In seinem Buch »Einbahnstraße« von 1928 entwickelt er eine Art Minimal Art der Gesellschaftsbetrachtung, die er in seinen späteren Büchern, vor allem über deutsche und französische Zustände, fruchtbar zu machen wußte. Ihn faszinierte das Türschild eines berühmten Arztes, nicht das Sprechzimmer des Mediziners, die Lebensart des Alltags und das kleine Ritual menschlichen Zusammenlebens. Vielleicht ist es an dieser Stelle und an diesem Ort nicht abwegig, bei Betrachtung heutiger Beziehungen zwischen den Deutschen und den Juden von solchen Vorgängen auszugehen, die ein Freund Walter Benjamins, nämlich *Theodor W. Adorno*, als Minima Moralia bezeichnet hat. Beginnen wir mit einer Kleinigkeit aus den deutschen zwanziger Jahren. Damals erschienen die großen russischen Emigranten in unseren Konzertsälen und machten Sensation. Vor allem der Pianist Wladimir Horowitz, bald nach ihm der Geiger Nathan Milstein. Auf den Konzertplakaten gewährte man aber nur Horowitz seinen Vornamen. Der Vorname Nathan blieb ungenannt. »Milstein« werde spielen. Das mußte genügen, und es genügte natürlich auch. Sonderbar aber: außerhalb von Deutschland wurden alle Konzerte dieses großen Künstlers mit dem vollen Namen Nathan Milstein angesagt. Für deutsche Sensibilität schien der jüdische Vorname abträglich zu sein für das Geschäft.

In den fünfziger Jahren hatte ein guter Bassist auf deutschen Bühnen viel Erfolg, wenngleich er Kohn hieß, aber mit deutschem Vornamen. Sonderbar, als der Erfolg dauerhaft war, las man auf dem Programmzettel den Namen des Künstlers mit einem zweiten Vornamen. Der zweite Vorname schien wichtig zu sein, denn er lautete ausdrücklich »Christian«. Ich glaube in solchen Zusammenhängen nicht an Zufälle. Man dürfte den Sänger genötigt haben, nach außenhin sein Nichtjudentum zu deklarieren, denn ein Jude heißt nicht Christian.

Einen Juden als Chef einer deutschen Landesregierung, von einer Bundesregierung zu schweigen, hat es nicht gegeben. Hamburg machte eine Ausnahme mit dem heimgekehrten Emigranten *Dr. Herbert Weichmann*. Man zitterte für ihn bei den nächsten Wahlen, allein er gewann diese Wahlen. Zwischen dem Verhalten im Volk, von welchem die Staatsgewalt ausgeht, und den ängstlichen oder boshaften Vorurteilen vieler Stammtische bestand doch ersichtlich ein Unterschied.

In Österreich wurde ein jüdischer Emigrant und Heimkehrer, der Sozialist Dr. Bruno Kreisky, ins Bundeskanzleramt gewählt. Auch er konnte Wahlen gewinnen und Achtung erwerben. Dennoch brodelte gegen ihn der

Haß. Im Jahre 1970 luden mich Freunde zur Feier ihrer Silberhochzeit nach Innsbruck. Sie lebten in der Bundesrepublik, hatten damals aber, 1945, als Ärzte in Innsbruck geheiratet. Nun feierten mit uns die damaligen Kollegen und Freunde aus dem letzten Kriegsjahr. Als man gut gegessen und getrunken hatte, lockerten sich die Zungen. Nun erzählte man sich antisemitische Kreisky-Witze. Der letzte, den ich noch anhörte, lautet so: »Wissen Sie, warum der Kreisky immer so langsam spricht? Weil er sich doch alles aus dem Hebräischen übersetzen muß!« Da stand ich von der Tafel auf und bin sogleich nach Deutschland zurückgefahren. Minima Moralia.

Ein alter Mann kann nur von Vergangenem reden, also von Erfahrungen und Erkenntnissen. Er sollte nicht über eine Zukunft reden wollen, die nicht seine ist. Daß es keinen Widerruf des Widerrufs von 1933 geben wird, ist für ihn evident. Es wäre auch nicht wünschenswert: auf beiden Seiten nicht. Die einstige Formel von den »Deutschen Staatsbürgern jüdischen Glaubens« ist ebenso hinfällig geworden wie Mendelssohns und Lessings Postulat der Assimilation. Judesein ist keine Frage des Glaubensbekenntnisses. Da genügt übrigens jener Blick in das Alte Testament. Es gibt im heutigen Deutschland die Deutschen und eine Minderheit von sehr alten oder recht jungen Juden. Dennoch gibt es einen offenkundigen und angreiferischen Judenhaß. Angesichts der Nichtexistenz eines in irgendeiner Weise »verjudeten« Deutschlands von heute, erinnern mich die antisemitischen Schmähungen an jenen Göttinger Studenten, der Rache zu nehmen gedachte für Konradin von Hohenstaufen. Allein es ist eine schreckliche Wahrheit von heute, daß es in breiten Schichten des deutschen Bewußtseins von heute offenbar positive Erinnerungen gibt an ein Drittes Reich, das mit

Stolz als judenfrei deklariert werden konnte. Dergleichen ersehnen viele auch heute noch abermals herbei. In keiner tiefen Schicht aber des heutigen deutschen Bewußtseins findet sich irgendeine traumatische Erinnerung an die von Deutschen begangenen Menschheitsverbrechen. Nach 1919 hatte es im deutschen Bewußtsein keine deutsche Niederlage gegeben. Heute hat es offenbar für die Mehrheit der nun Heranwachsenden auch den Holocaust nicht gegeben. Was war das eigentlich gewesen? War da überhaupt etwas gewesen? Finanziell gut gepolsterte Zeitschriften behaupten, das sei alles nichts anderes als jüdischer Schwindel. Sorgen machen mir nicht die jungen Glatzköpfe. Sorgen machen mir die Geldgeber der Organisationen, die Goebbels-Epigonen. Dergleichen ist natürlich auch ein juristisches Problem, allein vor allem wäre es eine Aufgabe der intellektuellen Redlichkeit in deutscher Politik.

Unsereiner ist beruflich oft ins Ausland eingeladen, wo man ihn bittet, seine Gedanken und Erfahrungen zu entwickeln. Da kann ich aus der letzten Zeit von Erfahrungen in Rom und in Prag sprechen, in Amsterdam und mit den vielen Franzosen, in Zürich wie in Wien. Allenthalben tiefes Entsetzen über die heutigen deutschen Zustände. Furcht und Schaudern: wie damals während unserer Emigration nach dem großen Widerruf von 1933.

Ich bin ein deutscher Universitätsprofessor und ein deutscher Schriftsteller. Deutscher bin ich nicht mehr und kann es auch nie wieder sein. Allein ich bin als noch junger Emigrant im Oktober 1945, als die amerikanische Militärregierung mich dazu aufforderte, aus der Schweiz zurückgekehrt in das verwüstete, ratlose, hungernde und doch so hoffnungsvolle Deutschland. Auch heute müssen wir vor allem eines bedenken: *wir wollen nicht ohne Hoffnung leben*. Jeder einzelne für sich und wir alle miteinander. Ein Leben in Hoffnung ist aber nur denkbar als

445

ein Leben in der Wahrheit. Auch hier hat Theodor W. Adorno recht mit der These, daß es auf die Dauer auch im Einzeldasein kein wahres Leben geben kann in einem Allgemeinen-Falschen. Darum sind wir hier und gerade an diesem Orte zusammengekommen.

Anhang

Wovon wäre noch zu sprechen? Vom Zusammenhang der drei Bücher »Der Turm von Babel« (1991), »Wendezeiten« (1993) und »Der Widerruf« (1994). Sie stellen sich nun gleichsam dar als »Eine Deutsche Trilogie«.

Nichts dergleichen war vom Verfasser geplant worden. Erzähler wie Thomas Mann mit den »Josephsgeschichten« oder Uwe Johnson mit den »Jahrestagen« hatten von Anfang an ein Erzählwerk in drei Bänden im Sinn. In beiden Fällen wurde die geplante Trilogie zur realen Tetralogie. In unserem Fall fehlte es noch zu Beginn des Jahres 1990 sogar an jeglicher Planung dessen, was dann als »Erinnerung an eine Deutsche Demokratische Republik« im Laufe dieses Jahres 1990 niedergeschrieben werden sollte. Geplant war lediglich die Niederschrift einer Erzählung mit dem Titel »Hanna und Kurt«. Sie wurde zur Keimzelle des Buches »Der Turm von Babel«.

Die Geschichte der beiden Kommunisten Hanna und Kurt, deren unbedingte Parteitreue sich auch noch im sibirischen Arbeitslager zu bewähren hat, wurde geraume Zeit vor den Ereignissen des 9. November 1989 konzipiert. Plötzlich war alles verändert. Die Geschichte dieser Hanna und dieses Kurt war, um es höhnisch zu sagen in Anspielung auf unnötige Realismus-Debatten der Stalinisten, durch ebendiese neue »Realität« zu Ende geschrieben worden. Als die Erzählung dann in dem Buch »Der Turm von Babel« gelesen werden konnte, nahm sie sich durchaus anders beim Leser aus als in irgendeinem Vorjahre.

Als das Buch, dessen Titel an ein Gedicht »Turm von Babel« von Johannes R. Becher erinnern wollte, im Frühjahr 1991 erschien, wurde über jene Deutsche Demokratische Republik zumeist nach dem Grundsatz geurteilt: Ende schlecht, alles schlecht. Dagegen wurde in unserem Buch, also dem späteren »Ersten Band«, bewußt angeschrieben. Im deutschen Inland erregte diese Schreibweise viel Mißfallen. Außerhalb von Deutschland sah man es anders. Die japanische Ausgabe liegt vor, im Oktober 1993 erschien auch zu Paris das Buch »La Tour de Babel«.

Im selben Jahr 1993 wurde im April das Buch »Wendezeiten« vorgestellt. Der Untertitel lautete »Über Deutsche und Deutschland«. Im Text des Buches selbst wurde Bezug genommen, in der Gesamtstruktur dieses Zweiten Bandes, auf Thomas Manns Rede über »Deutschland und die Deutschen« aus dem Jahre des Kriegsendes 1945. In unserem Band geht es zuerst um die Deutschen, dann erst um die Unschärfe-Relation des Begriffes Deutschland. Der Titel Wendezeiten sollte auch nicht mit dem Klischeebegriff einer bloßen Wende verwechselt werden. Die zeitliche Spanne in dem Buch »Wendezeiten« reicht von der deutschen Aufklärung und Romantik, also von Friedrich Schiller und Ludwig Uhland, bis in unser vergehendes zwanzigstes Jahrhundert.

Seit es diese neu zu fassende Realität Bundesrepublik Deutschland vom 3. Oktober 1990 gibt, worin neue Bundesländer seit 1948 wie Rheinland-Pfalz, Niedersachsen oder Nordrhein-Westfalen als »alte Bundesländer« gehandelt werden, während historisch vertraute Namen wie Sachsen oder Thüringen oder Brandenburg mit der Etikette »neue Bundesländer« vorlieb nehmen müssen, gibt es auch ein virulentes neues Phänomen in diesem wahrlich »neuen Deutschland«. Es gibt eine zahlenmäßig ernst zu nehmende »*Sehnsucht nach dem Dritten Reich*«. Diese Formulierung wird mißfallen, das versteht sich. Doch wie anders wäre er zu erklären, der allenthalben neu hervorbrechende Judenhaß in einem

Land ohne Juden. Die neuen Hakenkreuzler, die jüdische Grabsteine beschmieren und den Gedenkstein geschändet haben, der im Berliner Grunewald an der Stelle steht, wo der deutsche Jude Walther Rathenau ermordet wurde, haben vermutlich niemals in aller Bewußtheit irgendeinen Juden getroffen, geschweige denn hassen können. Sie möchten jedoch dort wieder hassen dürfen, wo einstmals gehaßt wurde. Wobei der damalige Haß in den Völkermord führen sollte. Perfekt organisiert.

Aus solchen Erfahrungen eines alten Mannes in den Jahren 1991 bis 1993 entstand das vorliegende Buch, das in der Tat von ebendiesem Verfasser unter diesen Zeitumständen noch geschrieben werden mußte. Es beginnt mit der Erinnerung an den Tag des großen Widerrufs in unserem zwanzigsten Jahrhundert: an den 30. Januar 1933. Auch dieser Dritte Band umfaßt die Zeitspanne von deutscher Aufklärung und Romantik bis in unser zu Ende gehendes Saeculum. Also von Gotthold Ephraim Lessing und Moses Mendelssohn bis zu heutigen Debatten über den beschönigenden Begriff des sogenannten Rechtsradikalismus. Gemeint war natürlich die Braune Welt und Sehnsucht der neuen Hakenkreuzler. Das letzte Kapitel des vorliegenden Buches spricht deshalb von Deutschen und Juden am Ausgang unseres Jahrhunderts. Der vorliegende Text wurde, wie in den Hinweisen nachzulesen ist, am 14. Oktober 1993 im Sitzungssaal des Bundesverfassungsgerichts zu Karlsruhe vorgetragen, im Rahmen einer Jahrestagung der »Deutsch-Israelischen Juristenvereinigung«. Auch der Staat Israel nämlich ist in einem durchaus unmittelbaren Sinne eine Folge des Großen Widerrufs vom 30. Januar 1933.

Tübingen, den 1. Dezember 1993   Hans Mayer

I. Der Tag des Widerrufs

Erinnerung an den 30. Januar 1933

Das Eingangskapitel des vorliegenden Buches wurde, aus gegebenem Anlaß, am 30. Januar 1993 in der Neuen Zürcher Zeitung veröffentlicht.

II. Hoffnung des Beginns

Felix Mendelssohns geschichtlicher Augenblick

Erweiterte Fassung eines Vortrags, der am 8. Juni 1993 im Leipziger Gewandhaus gehalten wurde. Es handelt sich um den Eröffnungsvortrag zu einem internationalen Symposion über Leben und Werk des einstigen Gewandhaus-Kapellmeisters Felix Mendelssohn Bartholdy. Das Symposion war ein Bestandteil der Festlichkeiten zum 250. Jubiläum der Leipziger Gewandhaus-Konzerte.

III. Lebensläufe aus Österreich-Ungarn

Das Kaiserreich Österreich und Königreich Ungarn pflegte sich seit einem Kompromiß zwischen den Österreichern und den Ungarn im Jahre 1867 durch die Abkürzung »K. u. K.« zu repräsentieren. In Robert Musils Roman »Der Mann ohne Eigenschaften« wurde diese Abkürzung zu einem Staatsnamen Kakanien erweitert.

Die vier Texte des vorliegenden Kapitels demonstrieren an vier sehr divergierenden Lebensläufen, wie stark

der mitteleuropäische Antisemitismus des späten neunzehnten und frühen zwanzigsten Jahrhunderts gleichsam
als eine »kakanische Krankheit« verstanden werden
muß. Da Unterdrückung unweigerlich den Gegendruck
erzeugt, mußte auch der Zionismus als Gegenbewegung
zum öffentlichen und amtlichen Judenhaß gleichfalls zuerst als ein kakanisches Phänomen auftreten.

1. *Karl Kraus*

Der Text entstand 1957 und erschien unter dem Titel
»Karl Kraus und die Nachwelt« in der von Peter Huchel
in Ostberlin herausgegebenen Zeitschrift »Sinn und
Form«. Nachdruck in: Hans Mayer, »Der Repräsentant
und der Märtyrer«. Konstellationen der Literatur,
Frankfurt am Main 1971, edition suhrkamp, Band 463,
Seite 45 ff.

2. *Hugo von Hofmannsthal*

Der Text, ursprünglich als Vortragsmanuskript konzi-
piert, erschien als einleitender Essay zu einem Buch von
Jürgen Haupt über »Konstellation Hugo von Hof-
mannsthals«, Salzburg 1970. Nachdruck in: Hans
Mayer, »Der Repräsentant und der Märtyrer«, a. a. O.,
Seite 14 ff.

3. *Otto Weininger und der jüdische Selbsthaß*

Vortrag, gehalten in Wien auf Einladung der Öster-
reichischen Gesellschaft für Literatur am 29. April 1975.
   Der Wiener Vortrag bestand aus Weiterführung von
Gedanken, die bereits in des Verfassers Buch »Außensei-
ter« von 1975 skizziert worden waren. In den letzten
Jahrzehnten wurde der Fall Otto Weininger sowohl als

Thema wissenschaftlicher Forschung wie als literarische Konstellation behandelt. Die wissenschaftlichen Forschungen des französischen Germanisten Jacques Le Rider haben das Phänomen Weininger, weit über den individuellen Fall hinaus, aus dem Zusammenhang eben jener kakanischen Konstellation interpretiert. Aufsehen erregt hat auch das Schauspiel »Weiningers Nacht« des israelischen Dramatikers Joshua Sobol.

4. Arnold Schönberg

Vortrag, gehalten in Zürich am 2. November 1987 auf einer Veranstaltung zur Erinnerung an die Züricher Erstaufführung der Oper »Moses und Aron« am 6. Juni 1957.

IV. Deutsche Staatsbürger jüdischen Glaubens

Die Überschrift ist eine ironische Erinnerung an einen im Deutschen Kaiserreich und auch noch in der Weimarer Republik sehr einflußreichen »Centralverein deutscher Staatsbürger jüdischen Glaubens«. Der Verein ging folglich vom Grundsatz der Rechtsgleichheit aus. Die Unterschiede der jüdischen von den nichtjüdischen deutschen Staatsbürgern wurden als Gegensatz religiöser Bekenntnisse interpretiert.

1. Walther Rathenau

Die bisher ungedruckte Studie entstand 1992-1993. Sie versucht vor allem, die sehr divergierenden Urteile eines Mussolini, Robert Musils oder Karl Radeks mit dem Bild in Einklang zu bringen, das Walther Rathenau in seinen Schriften und Reden von sich selbst entworfen hat.

2. Theodor Lessing

Vortrag, gehalten 1969 zur 50-Jahr-Feier der von Theodor Lessing mitbegründeten Volkshochschule in Hannover. Erstdruck in: Hans Mayer, »Der Repräsentant und der Märtyrer«, a. a. O., Seite 94 ff.

3. Anmerkungen zu Ernst Bloch

Der Text »Utopie und Literatur« wurde 1979 in Jerusalem geschrieben und in englischer Übersetzung auf Einladung der israelischen Akademie der Wissenschaften am 26. Februar 1979 in Jerusalem vorgetragen. Bisher ungedruckt.

Auch der Text »Philosophie als Ästhetik«, der im Süddeutschen Rundfunk vorgetragen wurde, wird hier zum erstenmal veröffentlicht. Der Text über Ernst Blochs berühmten Erstling »Geist der Utopie« entstand als Nachwort zu einem Neudruck von »Geist der Utopie« innerhalb eines Buchklubs.

4. Käte Hamburger

Rede, gehalten am 8. Dezember 1992 in der Universität Stuttgart zum Gedenken an die mit 95 Jahren verstorbene Germanistin und Philosophin Käte Hamburger. Erstdruck in: Universität Stuttgart, Reden und Aufsätze 43, Stuttgart 1993.

V. Deutsche, Juden, Kommunisten

1. Anna Seghers

Gedenkrede, gehalten am 19. November 1983 im Rathaus zu Mainz aus Anlaß einer Gedenkfeier der Stadt Mainz und der Johannes-Gutenberg-Universität:

Erstdruck in: Hans Mayer, »Aufklärung heute«, Reden und Vorträge 1978-1984, Frankfurt am Main 1985, S. 237 ff.

2. Hanns Eisler

Der Text entstand 1992 und ist bisher ungedruckt.

VI. Jüdische Dialoge über Deutsche und Juden

1. Max Brod und Franz Kafka

Der Text entstand 1993 und stützt sich in großer Dankbarkeit auf ein umfangreiches Forschungsmaterial von Herrn Dr. Andreas Herzog (Universität Leipzig), der eine wissenschaftliche Arbeit über den von Max Brod sogenannten »Prager Kreis« vorbereitet.

2. Albert Einstein und Walther Rathenau

Dieser bisher unveröffentlichte Text ist auch im Zusammenhang zu sehen mit der ausführlichen Darstellung Walther Rathenaus im Kapitel »Deutsche Staatsbürger jüdischen Glaubens«.

3. Vater Freud und Meister Arnold

Die Rezension des Briefwechsels zwischen Sigmund Freud und Arnold Zweig (Frankfurt a. M. 1968) erschien im »Spiegel« Nr. 39 vom 23. September 1968.

Nachdruck in: Hans Mayer, »Vereinzelt Niederschläge«, Kritik – Polemik. Neske Verlag, Pfullingen 1973, S. 38 ff.

4. Der Briefwechsel zwischen Walter Benjamin und Gerhard (Gershom) Scholem

Zum Buch: Walter Benjamin / Gershom Scholem, Briefwechsel 1933-1940, herausgegeben von Gershom Scholem, Frankfurt am Main 1980.

VII. Deutsche und Juden nach dem Widerruf

Erfahrungen und Erkenntnisse

Der Vortrag wurde am 14. Oktober 1993 im Sitzungssaal des Bundesverfassungsgerichts in Karlsruhe gehalten. Er wurde geleitet und eingeleitet durch Herrn Prof. Dr. Ernst Gottfried Mahrenholz, den Vizepräsidenten des Bundesverfassungsgerichts. Anlaß war die Jahresversammlung 1993 der Deutsch-Israelischen Juristenvereinigung, die in den Räumen des Bundesverfassungsgerichts getagt hatte.

Personenregister

Hans Mayer
im Suhrkamp Verlag und im Insel Verlag

Abend der Vernunft. Reden und Vorträge 1985–1990. Leinen

Ansichten von Deutschland. Bürgerliches Heldenleben. BS 984

Augenblicke. Ein Lesebuch. Herausgegeben von Wolfgang Hofer und Hans Dieter Zimmermann. Leinen

Außenseiter. Leinen und st 736

Ein Denkmal für Johannes Brahms. Versuche über Musik und Literatur. BS 812

Ein Deutscher auf Widerruf. Erinnerungen. Band I. Leinen und st 1500

Ein Deutscher auf Widerruf. Erinnerungen. Band II. Leinen und st 1501

Frisch und Dürrenmatt. BS 1098

Gelebte Literatur. Frankfurter Vorlesungen. es 1427

Georg Büchner und seine Zeit. st 58

Das Geschehen und das Schweigen. Aspekte der Literatur. es 342

Reden I. Nach Jahr und Tag. 1945–1977. Leinen

Reden II. Aufklärung heute. 1978–1984. Leinen

Reden I und II in Kassette. Leinen

Reden über Ernst Bloch. Engl. Broschur

Stadtansichten. Berlin, Köln, Leipzig, München, Zürich. Leinen

Thomas Mann. Leinen und st 1047

Der Turm von Babel. Erinnerung an eine Deutsche Demokratische Republik. Leinen und st 2174

Die unerwünschte Literatur. Deutsche Schriftsteller und Bücher 1968–1985. st 1958

Das unglückliche Bewußtsein. Zur deutschen Literaturgeschichte von Lessing bis Heine. Leinen und st 1634

Versuche über die Oper. es 1050

Versuche über Schiller. BS 945

Weltliteratur. Studien und Versuche. Leinen und st 2300

Wendezeiten. Über Deutsche und Deutschland. Leinen und st 2421

Der Widerruf. Über Deutsche und Juden. Leinen

Das Wiedersehen mit China. Erfahrungen 1954–1994. Leinen

Der Zeitgenosse Walter Benjamin. Engl. Broschur

Vor- und Nachworte, Editionen

Volker Braun: Der Stoff zum Leben. Gedichte. Mit einem Nachwort von Hans Mayer. BS 1039

Brecht für Anfänger und Fortgeschrittene. Ein Lesebuch. Ausgewählt von Siegfried Unseld. Mit einem Vorwort von Hans Mayer. es 1826

Bernard von Brentano: August Wilhelm Schlegel. Geschichte eines romantischen Geistes. Mit einem Nachwort von Hans Mayer. Leinen

34/1/12.95

Hans Mayer
im Suhrkamp Verlag und im Insel Verlag

Max Frisch: Gesammelte Werke in zeitlicher Folge. Sieben Bände. Herausgegeben von Hans Mayer unter Mitwirkung von Walter Schmitz. Leinen

Max Frisch: Gesammelte Werke in zeitlicher Folge. Jubiläumsausgabe in sieben Bänden. 1931–1985. Herausgegeben von Hans Mayer unter Mitwirkung von Walter Schmitz. st 1401–1407

Goethe im zwanzigsten Jahrhundert. Spiegelungen und Deutungen. Herausgegeben von Hans Mayer. Leinen

Heinrich Heine: Insel Taschen-Heine. 4 Bände in Kassette. Herausgegeben von Christoph Siegrist, Wolfgang Preisendanz, Eberhard Galley und Helmut Schanze. Mit einer Einleitung von Hans Mayer. it 1628

Hermann Hesse. Sein Leben in Bildern und Texten. Mit einem Vorwort von Hans Mayer. Herausgegeben von Volker Michels. Leinen

Hermann Hesse. Sein Leben in Bildern und Texten. Mit einem Vorwort von Hans Mayer. Herausgegeben von Volker Michels. it 1111

E. T. A. Hoffmann: Insel-E.T.A. Hoffmann. Texte neu durchgesehen, mit Anmerkungen versehen und herausgegeben von Herbert Kraft unter Mitwirkung von Manfred Wacker. Mit einem Nachwort von Hans Mayer. Leinen

Peter Huchel: Margarethe Minde. Eine Dichtung für den Rundfunk. Mit einem Nachwort von Hans Mayer. BS 868

Heinrich von Kleist: Prinz Friedrich von Homburg. Ein Schauspiel. Mit Lithographien von Karl Walser und einem Nachwort von Hans Mayer. IB 1029

Karl Kraus: Nestroy und die Nachwelt. Mit einem Nachwort von Hans Mayer. BS 387

Zu Hans Mayer

Hans Mayer zu ehren. Vorwort von Karin Kiwus und Hans Dieter Zimmermann. Gebunden

Über Hans Mayer. Herausgegeben von Inge Jens. es 887

Deutschsprachige Literatur
in den suhrkamp taschenbüchern:
Essays, Reden, Briefe, Tagebücher

256/2/11.95

Deutschsprachige Literatur
in den suhrkamp taschenbüchern:
Essays, Reden, Briefe, Tagebücher

256/3/11.95

Literaturwissenschaft
in den suhrkamp taschenbüchern

Literaturwissenschaft
in den suhrkamp taschenbüchern

259/2/11.95

Biographien
in den suhrkamp taschenbüchern

Biographien
in den suhrkamp taschenbüchern

260/2/11.95

Biographien
in den suhrkamp taschenbüchern

260/3/11.95